建党百年

中国翻译传播研究

王建华 ◎ 编著

中国人民大学出版社
·北京·

序　言

近年来，在世界百年未有大变局背景下，讲好中国故事，传播好中国声音，展示好中国形象成为时代任务之一。时代要求我们把中国优秀文化翻译出去，传播开来，从而提高中国文化软实力，增强中国文化的国际影响力，构建中国国际话语体系。强国路上，翻译和传播发挥着提升中国文化国际影响力不可或缺的作用。

纵观中国文化发展的历史，翻译与传播对中国文化发展的贡献主要体现在文化交流互鉴上。文化因交流而精彩，因互鉴而丰富。通过文化交流互鉴，中国文化可以吸收借鉴其他民族的优秀文化成果，从而更好地发展和丰富我国的文化。同时，通过文化交流互鉴，可以增强其他民族对中华文化的了解，提升中华文化的国际影响力，增强中华民族的自信心和自豪感。中华民族具有海纳百川的传统，对世界各个民族创造的优秀文明成果，中华民族都善于吸收和借鉴，通过不断学习和汲取各种文明养分，丰富和发展中华文化。季羡林先生对语言文化翻译的意义有一段深刻的讲解："倘若拿河流来作比，中华文化这一条长河，有水满的时候，也有水少的时候；但却从未枯竭。原因就是有新水注入。注入的次数大大小小是颇多的。最大的有两次，一次是从印度来的水，一次是从西方来的水。而这两次的大注水依靠的都是翻译。中华文化之所以能常葆青春，万应灵药就是翻译。翻译之为用大矣哉！"

历史上中国翻译与传播有三次翻译高潮，第一次高潮出现在公元一世纪左右，伴随着佛经从印度传入中国而蓬勃展开。佛经的翻译不仅对中国的语言文字产生了久远的影响，而且对中国的文学和艺术同样产生了深远而持久的影响，尤其对中国历朝历代的思想界产生了启蒙作用，对知识界起到了启发和鼓舞的作用。第二次高潮出现在明末清初，西方科技知识翻译传播进入中国，对中国科技进步发挥了推动作用，给中国社会带来了"西学东渐"和"中体西用"的改制思想。第三次高潮是五四运动前后，大量日本和西方的社会、经济及政治思想类书籍翻译传播到中国，对中国新文化运动起到了启蒙作用。可见，翻译传播在中华文化发展史上发挥了提升中华文化竞争力不可替代的交流借鉴作用。

2021年正值建党百年，百年来翻译不仅在中国文化对外交流互鉴方面发挥了重要作用，而且对中国共产党的成立乃至对新中国的革命、建设和改革开放事业都发挥了理论指导和外宣译介作用。梳理百年来中国翻译传播对中国党建和社会发展的贡献将为未来中国文化强国建设提供借鉴和指导。可以说，没有翻译，就没有马克思主义在中国的传播，也很可能没有中国共产党的产生。

王建华教授带领的学术团队经过近一年的努力写出了《建党百年中国翻译传播研究》一书，这在翻译界是一件意义重大的事情。该书分（上）、（中）、（下）三个部分对中国翻译传播在中国人民迎来从站起来到富起来再到强起来伟大飞跃过程中所发挥的作用进行梳理和研究，发现建党百年中国翻译传播对中国的贡献体现在两条线索上，一是始自建党前的马克思主义中国化过程，二是建党后中国化马克思主义国际化过程。前者提供了指导中国革命、建设和改革开放的理论体系；后者构成了让世界了解中国并提升中国国际影响力的外宣话语指导体系。20世纪早期中国通过摘译和节译把马克思主义传播到中国，为中国共产党的成立做好了思想上和理论上的准备。中国共产党的成立是开天辟地的大事，自从有了中国共产党，中国革命有了自己的主心骨，中国革命的面貌焕然一新。伟大的革命需要伟大的理论做指导。翻译传播到中国的马克思主义与中国革命实际相结合产生了中国化马克思主义，实现了马克思主义中国化，毛泽东思想是中国革命和建设时期马克思主义中国化的集中体现，毛泽东思想指导中国革命取得巨大胜利，建立了新中国。新中国成立后社会主义制度的确立离不开毛泽东思想的正确指导。改革开放新时期中国特色社会主义发展道路离不开马克思主义中国化理论指导，这包括邓小平理论、江泽民"三个代表"重要思想、胡锦涛科学发展观。进入新时代，习近平新时代中国特色社会主义思想是马克思主义中国化的最新成果，是新时代中国特色社会主义建设强大的思想引领和理论指导。

一百年前中国共产党成立以后，中国化马克思主义逐渐开始了国际化翻译传播过程，这对国际社会了解中国、了解中国共产党发挥了重要作用。1927年毛泽东同志的《湖南农民运动考察报告》首先翻译成俄文在共产国际机关刊物《共产国际》上刊载，以此为标志开启了国际化翻译传播毛泽东思想，扩大了中国共产党在国际社会的影响力。抗日战争时期为了争取国际社会的支持，中国共产党主动外译毛泽东著作，获取国际社会的支持。新中国成立后中国积极开展对外翻译和传播，成立了以引入马克思主义为主要方向的中共中央马恩列斯著作编译局和以对外翻译介绍新中国为主要方向的中国外文出版发行事业局。几十年来，这两个机构加上其他外宣部门翻译和传播毛泽东思想、中国的外交方针和社会主义建设成就，从而促进了国际社会对中国的了解，提升了中国国际影响力。改革开放新时期中国对外翻译和传播中国特色社会主义理论，提升了中国化马克思主义的国际影响力。进入新时代，中国通过对外翻译和传播向国际社会展示中国哲学社会科学新成果，特别是习近平新时代中国特色社会主义思想、中国治国理政的理念和经验，从而强化了对外讲述中国故事，传播中国声音，展示中国共产党的形象这一翻译传播活动。

《建党百年中国翻译传播研究》一书共八章，全面梳理了中国翻译和传播对建党百年来中国社会发展的价值与贡献。每一章首先从社会需求角度分析中国翻译传播的价值；其次从译本、译者和翻译机构三个翻译主体展开研究，呈现了翻译传播的主要内容背后的人与事；再次从文化角度分析翻译传播的社会贡献；最后从马克思主义中国化和中国化马克思主义国际化视角分析翻译传播在理论发展上对中国革命、建设和改革开放事业及新时代中国特色社会主义建设所发挥的推动作用。该书紧扣百年党建对翻译传播的时代要求、展示翻译传播的社会贡献、贴近马克思主义"三化"对翻译传播的需求，梳理建党百年中国翻译传播的发展脉络和发展动力，挖掘建党百年翻译传播与中国强国之路的内在关系，提出了"没有中国翻译传播，就没有马克思主义中国化；没有翻译传播，就没有中国化马克思主义国际化"的观点，把中国翻译传播与建党百年来中国社会、政治、经济和文化发展紧密联系起来，集学术性与可读性于一体，为马克思主义为什么行，中国共产党为什么能，社会主义为什么好从翻译和传播角度提供了一种答案，是翻译传播研究者献给建党百年的一本难得的鸿著。

2021 年 5 月 2 日

前　言

2021年适逢建党百年，中国共产党志在千年伟业，百年风华正茂。党的百年风雨历程是一部伟大的奋斗史。伟大斗争需要伟大的理论作指导，中国共产党百年奋斗史离不开马克思主义理论的指导。随着十月革命一声炮响的消息翻译传播到中国，诞生于西方的马克思主义通过翻译传播进入中国，先进知识分子通过摘译、节译或编译把马克思主义传播到中国，实现了马克思主义中国化，产生了一批早期的马克思主义者，为中国共产党的成立提供了理论指导和组织准备。正是在中国化马克思主义理论的指导下，在早期中国马克思主义者的推动下，1921年中国共产党成立了。中国共产党的成立是开天辟地的大事，自从有了中国共产党，中国的面貌焕然一新，中国革命有了主心骨，有了坚强的领导力量。中国结束了过往一盘散沙无组织的状态，中国共产党团结带领中国人民经过28年浴血奋战，建立了新中国，中国人民从此站起来了。可以说，没有翻译传播就没有马克思主义中国化，没有翻译传播就没有指导中国革命胜利的伟大理论。梳理百年来中国翻译传播对中国革命、建设和改革发展的贡献有着极强的时代价值，既是时代的要求，也是中国社会发展的需求所在，总结中国翻译传播对中国革命、建设和改革发展的贡献会对未来中国社会主义强国建设提供有益的借鉴和指导价值。

翻译传播的价值不仅体现在把国外优秀的文化译介到中国来，使中国文化吸收和借鉴人类的优秀文化营养从而丰富和发展我国文化，翻译传播的价值还体现在把中国优秀文化翻译传播到世界各地，使其他民族了解中国文化，从而提升中国文化的国际影响力。建党百年来中国翻译传播把马克思主义翻译传播到中国来，马克思主义与中国社会实际相结合产生了中国化马克思主义。在中国新民主主义革命时期和社会主义探索时期马克思主义中国化的最大成果为毛泽东思想；

改革开放新时期马克思主义中国化的成果为中国特色社会主义理论，这包括邓小平理论、江泽民"三个代表"重要思想、胡锦涛科学发展观；进入新时代马克思主义中国化成果为习近平新时代中国特色社会主义思想，是中国原创的马克思主义。建党百年来，翻译传播把中国文化译介到世界各地，提升了中国文化国际影响力。更重要的是，翻译传播把中国化马克思主义译介到世界各地，提升了中国化马克思主义的国际影响力，提升了中国共产党的国际形象，实现了马克思主义理论的再升华。总之，建党百年翻译传播在讲好中国故事、传播好中国声音、展示好中国形象方面发挥着不可或缺的译介传播作用。

《建党百年中国翻译传播研究》一书梳理了建党百年来翻译传播的社会文化价值，呈现了翻译传播的主体内容（包括译者、译本和翻译机构），提炼了翻译传播在马克思主义中国化和中国化马克思主义国际化中的巨大贡献，总结了建党百年来翻译传播为中国人民迎来从站起来到富起来再到强起来伟大飞跃的重要作用。本书分（上）、（中）和（下）三个部分，共八章，以翻译传播与马克思主义中国化和翻译传播与中国化马克思主义国际化为两条平行的线索，梳理了建党百年来翻译传播对中国社会文化发展不同阶段的历史性贡献，全书突出知识性和趣味性。《建党百年中国翻译传播研究》一书的研究与写作过程有近二十位教师和博士生及硕士生参与，经过将近一年的努力，无数次查阅文献，无数次集体讨论，群策群力，请教多位马克思主义中国化研究专家和政党文献翻译大家，书稿终于付梓，在此对参与此书编写过程的各位老师和学生深表感谢。

感谢山西师范大学席静老师、史俊老师和我在山西师范大学挂职工作期间带的硕士生郑淑媛同学，她们三位参与两个不同章节的文献查阅，席老师还带着自己的学生参与，为书稿的第二章和第七章写作付出了不少心血。感谢河南农业大学的胡茜老师，胡老师和中国人民大学外国语学院我的同事王佩玉老师为第一章的文献查阅和写作付出了不少努力，特别感谢胡茜老师不辞辛劳帮着校稿。感谢我的博士生任岳涛、张茜、李润美和康怡斐，还有我的硕士生胡林鸾、宋慧文、邱钦、王诗雨和袁颖一起为书稿的第三章、第四章、第五章、第六章和第八章的文献查阅和书稿写作投入了很多时间，积极参与书稿的修改过程，对几位博士和硕士生在此书撰写过程中的投入我铭记在心。特别感谢王筱依博士在书稿第三章写作过程中的时间投入，感谢筱依博士为之付出的心血。最后要感谢北京开放大学周莹副教授在书稿写作过程所给出的宝贵建议。

书稿的写作过程得到学校和学院领导的大力支持。杜鹏副校长把中国人民大学成仿吾老校长五译《共产党宣言》的事迹转发给我，给予了我莫大的鼓励，外国语学院党委阎芳书记多次过问书稿项目的进展，当她看到厚厚的书稿时说："这本专著才能称为学院的标志性成果。"我对他们的支持表示衷心的感谢和敬意。本专著是"到二〇三五年建成社会主义文化强国研究"项目阶段性成果。

书稿成型之时正赶上我院党史学习教育活动开展之际，我们有幸邀请到中国翻译协会黄友义常务副会长来院做党史学习教育报告，我把厚厚的书稿交给黄会长请先生批评指正时，黄会长翻阅书稿后动情地说："你为翻译界做了一件有意义的大事。"黄会长是翻译界的大家，我敬仰已久，先生能如此鼓励我，令我顿感备受鼓舞。我顺势请求先生赐序，先生答应读三遍后再做定夺，月余之后的今天，终于拿到先生所赐之序，我亦借此前言表达对先生的无尽谢意，感谢先生不吝提携后生，更感谢先生对此书的肯定，我们整个《建党百年中国翻译传播研究》编著团队衷心感谢先生的厚爱。

特别感谢中国人民大学出版社外语分社对本书撰写和出版的大力支持！

适逢建党百年，谨以此著献礼建党百年！

王建华

2021 年 5 月 2 日夜

目 录

（上）

引语 ·· 3

第一章　建党前的中国翻译传播（1840—1921） ················ 6

第一节　建党前中国翻译传播的社会背景 ······················ 7
一、翻译传播的社会价值 ······································ 7
二、翻译传播发展的国内外形势 ····························· 8

第二节　鸦片战争前后的翻译传播 ································ 11
一、翻译传播者及其指导思想 ································ 11
二、翻译传播主要内容 ··· 14
三、翻译传播机构与期刊 ······································ 21

第三节　甲午海战前后的翻译传播 ································ 23
一、翻译传播特点 ··· 23
二、翻译传播主要内容 ··· 24
三、翻译传播的机构 ·· 32
四、翻译传播的革命贡献 ······································ 33

第四节　翻译传播与马克思主义中国化 ·························· 35
一、翻译传播与早期马克思主义中国化 ···················· 35
二、翻译传播新思想推进马克思主义中国化 ·············· 38
三、翻译传播推高马克思主义中国化 ······················· 41

第五节　马克思主义中国化与中国共产党成立 ················· 42

一、"五四"时期翻译传播与马克思主义中国化 ………………… 42
　　二、翻译传播马克思主义与中国共产党成立 ………………… 47

第二章　中国共产党成立后的翻译传播（1921—1949）………… 53
　第一节　翻译传播目的 ……………………………………………… 54
　　一、翻译传播的国内外社会背景 ……………………………… 54
　　二、翻译传播的国内外文化背景 ……………………………… 56
　　三、翻译传播的指导思想 ……………………………………… 57
　第二节　译入作品的内容及影响 …………………………………… 63
　　一、翻译传播者及机构 ………………………………………… 63
　　二、重要译入作品 ……………………………………………… 67
　　三、译入作品的社会文化影响 ………………………………… 76
　第三节　译出作品的内容及影响 …………………………………… 80
　　一、毛泽东思想的对外传播与影响 …………………………… 80
　　二、文学作品的对外传播及影响 ……………………………… 82
　　三、中国文化英文译创作品及影响 …………………………… 88
　第四节　翻译传播与马克思主义中国化 …………………………… 93
　　一、马克思主义著作的翻译传播者及机构 …………………… 93
　　二、马克思主义著作译入代表作品 …………………………… 96
　　三、马克思主义中国化的进程及影响 ………………………… 99

（中）

引语 …………………………………………………………………… 109

第三章　新中国成立至改革开放前中国外译传播（1949—1978）… 113
　第一节　中国翻译传播的社会背景 ………………………………… 114
　　国内外社会背景 ………………………………………………… 114
　第二节　新中国的外译传播工作 …………………………………… 123
　　一、国外翻译传播中国的工作 ………………………………… 123
　　二、国内对外翻译传播中国的工作 …………………………… 134
　第三节　翻译传播的国内外社会文化影响 ………………………… 144
　　一、社会文化影响 ……………………………………………… 144

二、翻译传播其他影响 …………………………………………… 148
第四节　翻译传播与中国马克思主义国际化 ……………………………… 152
　　一、党建理论的对外宣传 ………………………………………… 154
　　二、毛泽东思想对外翻译传播 …………………………………… 157
　　三、翻译传播与中国马克思主义国际化的典型案例 …………… 159

第四章　新中国成立至改革开放前中国译入传播（1949—1978） …… 160
第一节　翻译传播目的 ……………………………………………………… 162
　　一、翻译传播的社会语境 ………………………………………… 162
　　二、翻译传播的内容需求 ………………………………………… 163
　　三、翻译传播的指导思想 ………………………………………… 167
第二节　翻译传播主体、内容与策略 ……………………………………… 168
　　一、翻译传播者 …………………………………………………… 168
　　二、主要译入作品 ………………………………………………… 174
　　三、翻译传播的策略 ……………………………………………… 184
第三节　翻译传播的贡献 …………………………………………………… 186
　　一、社会影响 ……………………………………………………… 186
　　二、外交影响 ……………………………………………………… 190
　　三、文化影响 ……………………………………………………… 197
第四节　翻译传播与马克思主义中国化 …………………………………… 201
　　一、新中国成立初期马克思主义理论发展的新要求 …………… 201
　　二、翻译传播的主体、内容与策略 ……………………………… 203
　　三、新中国成立初期翻译传播对马克思主义中国化的贡献 …… 206

第五章　改革开放时期中国外译传播（1978—2012） ………………… 211
第一节　翻译传播目的 ……………………………………………………… 213
　　一、翻译传播的社会语境 ………………………………………… 213
　　二、翻译传播的社会需求 ………………………………………… 216
第二节　翻译传播主体、内容与策略 ……………………………………… 218
　　一、翻译传播机构 ………………………………………………… 218
　　二、主要译者 ……………………………………………………… 220
　　三、主要外译作品 ………………………………………………… 226
　　四、翻译与传播策略 ……………………………………………… 231

第三节　翻译传播的社会影响……………………………………233
　　　　一、经济建设影响………………………………………………233
　　　　二、文化发展影响………………………………………………236
　　第四节　中国马克思主义的国际化………………………………240
　　　　一、马克思主义国际化概况……………………………………240
　　　　二、马克思主义国际化代表作品………………………………242
　　　　三、马克思主义国际化影响……………………………………246

第六章　改革开放时期中国译入传播（1978—2012）……………250
　　第一节　翻译传播目的……………………………………………252
　　　　一、翻译传播的社会语境………………………………………252
　　　　二、翻译传播的内容需求………………………………………254
　　　　三、翻译传播的策略需要………………………………………257
　　第二节　翻译传播主体、内容与策略……………………………259
　　　　一、主要传播主体………………………………………………259
　　　　二、主要译入作品………………………………………………263
　　　　三、主要译者……………………………………………………269
　　　　四、翻译与传播策略……………………………………………272
　　第三节　翻译传播贡献……………………………………………275
　　　　一、译入传播对政治制度的影响………………………………275
　　　　二、译入传播对社会发展的影响………………………………278
　　　　三、译入传播对文化建设的影响………………………………283
　　第四节　译入传播与马克思主义中国化…………………………287
　　　　一、马克思主义的传播…………………………………………287
　　　　二、马克思主义中国化的进程…………………………………290
　　　　三、马克思主义中国化的影响…………………………………293

（下）

引语……………………………………………………………………299

第七章　习近平新时代中国外译传播………………………………301
　　第一节　翻译传播目的……………………………………………303

		一、翻译传播的社会语境	303
		二、翻译传播的内容需求	310
		三、翻译传播的指导思想	316
	第二节	翻译传播主体、内容、策略与对象	320
		一、翻译传播主体	320
		二、翻译传播内容	322
		三、翻译传播策略	328
		四、翻译传播对象	331
	第三节	翻译传播影响	334
		一、经济影响	334
		二、文化影响	336
	第四节	翻译传播与中国马克思主义国际化	340
		一、新时代中国马克思主义国际化的内容	341
		二、中国马克思主义国际化的路径	347
		三、中国马克思主义国际化的影响	349
第八章	习近平新时代中国译入传播		353
	第一节	翻译传播目的	355
		一、翻译传播的国内外社会语境	355
		二、翻译传播的内容需求	355
		三、翻译传播的指导思想	357
	第二节	翻译传播主体及内容与策略	359
		一、翻译传播主体	359
		二、主要译入作品	367
		三、翻译与传播策略	373
	第三节	翻译传播的社会贡献	377
		一、对社会思想的影响	377
		二、对经济发展的影响	379
		三、对文化发展的影响	381
	第四节	新时代翻译传播与马克思主义中国化	384
		一、代表作及翻译传播机构	384
		二、马克思主义著作的翻译传播策略	388
		三、新时代翻译传播瞄准马克思主义"三化"	391

建党百年中国翻译传播研究

（上）

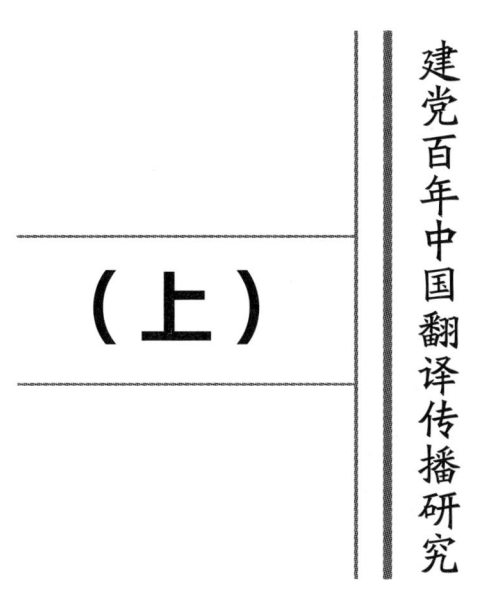

主线：翻译传播对中国人民站起来的贡献

中国共产党成立前至新中国成立翻译传播的引入期

（1921—1949年）

引　语

　　建党前中国近代三次翻译传播小高潮分别因不同的历史使命而兴起，改变中国发展进程的作用一次比一次大。第一次翻译传播小高潮以改变器不如人为目标，翻译传播西方科学技术，讲究"经世致用"，带来了近代中国的革新图强运动；第二次翻译传播小高潮以改变制不如人为目标，翻译传播西方社会科学和政治经济学说，带来了推翻封建帝制的辛亥革命；第三次翻译传播小高潮以改变中国无组织状态为目标，翻译传播马克思主义，带来了中国共产党的诞生。建党前近代中国翻译传播实现了早期马克思主义中国化，马克思主义的翻译传播为中国共产党的成立奠定了思想和组织基础，中国共产党成立后领导中国人民建立了新中国，使中国人民从此站起来了。

　　1840年鸦片战争之后，西方列强的坚船利炮打开了中国的大门，西方列强逐步把中国变为殖民地半殖民地社会，当时的中国被世人称为"东亚病夫"。孱弱的清政府无力抵挡西方列强的侵略，一味割地求和，丧权辱国。清政府中的有识之士在与西方打交道的过程中，开始睁眼看世界，提出"师夷长技以制夷"和"经世致用"的主张，中国近代出现了第一次翻译传播的小高潮。通过翻译传播引进西方的科学技术，提升中国的科技和国防实力，改变器不如人的局面，以打败西方列强的侵略为目标，试图通过一系列运动挽救腐朽的封建专制统治。中国先后经历了洋务运动、维新变法和立宪运动等一系列运动。但随着甲午海战的惨败，当时号称亚洲第一舰队的北洋舰队全军覆没，中国知识分子和仁人志士认识到中国落后于西方不是器不如人而是制不如人，中国知识分子的代表们开始翻译引进国外的革命小说以改变中国人的思想和文化，以推翻腐败无能的清朝封建统治为目标。当时的清朝封建统治已经到了土崩瓦解的边缘，清朝封建专制统治集团已经沦为西方列强统治中国、殖民中国的代理人。清朝封建王朝的少数守旧精英人士在思想上坚持通过改革运动维护封建专制统治，毫不顾及广大农民的死活与疾苦，改革运动缺乏广泛的群众基础，接连的运动失败使得少数的封建守旧精英阶层已无力通过变革图强来改变中国的未来，国防的惨败更使清朝统治阶层中少数守旧精英人士对未来绝望。此时农民运动爆发，农民运动虽然以扶清灭洋为口号，但与封建统治者是对立的两个阶级，对封建统治者来讲是一个统治的威胁。在清朝封建统治者和洋人的联合绞杀与残酷镇压下，农民运动的首领们倒于封建统治者的铡刀之下。变革运动和农民运动极大动摇了清朝封建统治，促进了民族觉醒，为五十年后中国革命的伟大胜利奠定了基础。

国门被列强打开，中国翻译传播使新的思想传入中国，中国近代出现了第二次翻译传播小高潮。甲午海战后中国大量翻译传播日本和其他西方国家社会科学和政治经济学思想及成果的书籍，资产阶级获得发展。少数的封建统治者，为了维护旧体制成为改革派精英，资产阶级的发展带来了一个新阶层的精英人士，广大农民的觉醒产生了农民领袖，这些不同力量中的精英人士构成了当时救亡图存的仁人志士。当时的中国，不同势力的仁人志士都在寻求救国真理，试图通过变法改良运动和农民起义推翻旧体制等方式救中国于水火之中。但是，第二次翻译传播小高潮唤醒了民众的民权和民主意识，为辛亥革命做了充分的思想和舆论准备。1911年的辛亥革命是近代中国一次比较完全意义上的反清王朝统治的资产阶级革命，辛亥革命实现了推翻旧体制的目标，结束了中国两千多年的封建帝制，但是并没有结束西方列强的殖民统治和中国旧的封建主义。虽然辛亥革命短期统一了中国，但是随着袁世凯的复辟，封建统治卷土重来，封建思想仍未根除。辛亥革命并没有把旧中国从四分五裂的军阀割据中统一起来，连年的军阀混战和西方列强的殖民统治继续屠戮着中国人民。中国社会亟须思想解放和思想运动，中国翻译传播的勃兴带来了西方启蒙思想，催生了新文化运动，传来了十月革命的胜利，点燃了五四运动，中国人民的思想得到全面解放。

五四运动前后，中国翻译传播进入近代以来第三个小高潮，中国翻译传播的重点转向译介指导中国革命的马克思主义，社会主义和马克思主义学说大量翻译传播到中国。《共产党宣言》的全译与传播发展了中国马克思主义者，翻译传播成就了马克思主义中国化，为中国共产党的成立做好了思想和组织上的准备，翻译传播俄共（布）党章为中国共产党一大召开提供了党纲文本基础。1921年中国共产党成立，中国革命从此有了坚强的领导核心和组织力量，中国革命改变了过去无组织状态和一盘散沙的局面，中国共产党的成立开辟了中国革命的新纪元,是马克思主义中国化历史进程的开端。早期马克思主义在中国的广泛翻译传播,为中国共产党的成立奠定了思想基础。

中国共产党成立后到新中国成立前,中国翻译传播又有三次小高潮,第一次是在大革命阶段(1924—1927年),大量马恩列斯经典著作通过苏俄路径翻译传播到中国指导中国革命,革命文学也大量翻译传播到中国,激发了中国人民新民主主义革命的热潮。这一时期第二次翻译传播小高潮出现在全面抗日战争期间(1937—1945年),该时期是马列经典著作翻译史上最有成效的时期,该时期对马列著作的翻译和传播超过以往任何历史时期,这一时期的最大贡献是1938年中共中央在六届六中全会上明确提出"马克思主义中国化"的口号。大量的马列著作在抗战时期得以翻译和传播,形成了自建党以来前所未有的学习和研究马克思主义的高潮,使马克思主义理论的学习和研究更加系统化和全面化,马克思主义中国化的进程得到了高度的发展。这一时期第三次翻译传播小高潮出现在解放战争时期,马克思主义著作大量发行和出版,中共中央编审了一套马克思主义中国化"干部必读"书目,共计12种,解放战争时期马克思主义经典著作的翻译对于党建工作具有很大的推动作用。同时,抗日战争爆发后,为了赢得国际社会和人民的支持与理解,中国共产党开始主动翻译毛泽东思想著作,中国马克思主义国际化开始加快发展的步伐。

《建党百年中国翻译传播研究》对中国共产党成立一百年来的社会背景进行分析,对几次翻译传播小高潮的内容选择和翻译策略进行梳理,对翻译传播主题所发挥的作用进行介绍,对这几次翻译传播小高潮的价值和贡献进行总结和提炼,从而提升我们对建党百年中国翻译传播的社会作用获取新的认识,对马克思主义中国化和中国马克思主义国际化的发展脉络和价值有更清晰的了解。建党前近代中国翻译传播研究为中国革命的成功找到了根,这个根就是早期马克思主义中国化,马克思主义中国化从翻译传播开始。建党后中国翻译传播为中国人民在抗日战争和解放战争时期战胜国内外和党内外敌人提供了武器,这个武器就是马列主义。可以说,中国翻译传播点燃了中国革命的思想火花,带来了中国革命的指导理论并把中国革命推向成功。

第一章
建党前的中国翻译传播（1840—1921）

导语：中国翻译传播在中国共产党成立之前对中国社会的影响以改变中国社会的科技能力为先，以"师夷长技以制夷"为目标，以"经世致用"为导向。鸦片战争之后，中国翻译传播以翻译西方先进的科技和技术为主，改变中国"技不如人"的落后局面；甲午海战之后，中国翻译传播转向改变中国人的思想，以唤起民众改变自我任人奴役、麻木愚昧和对社会麻木冷漠的状况，以改变中国"制不如人"为目标，中国翻译传播转向以翻译引进国外的革命小说和社会政治与经济类书籍为主，以图改变中国腐朽的清朝统治和落后的文化观念；辛亥革命之后，中国仍处于军阀混战、国家四分五裂和半殖民地状况，中国翻译传播以改变中国一盘散沙和无政府状态为目标，以翻译引进救国救民的革命真理为导向。十月革命一声炮响的消息翻译传播到中国带来了马克思主义，中国翻译传播转向翻译传播马克思主义，进步青年通过接触马克思主义理论，通过读《共产党宣言》摘译本和全译本变成了早期的马克思主义者，他们把成立中国共产党，依靠工农联盟的领导以建立无产阶级专政作为目标，希望通过无产阶级革命建立新中国。马克思主义的翻译与传播为中国共产党的诞生做好了组织上和思想上的准备。自从中国有了中国共产党，中国的面貌焕然一新，中国革命有了自己的领导核心，中国从此结束了无组织和无政府的状态，中国共产党领导中国人民经过28年浴血奋战，推翻了旧世界，建立了新中国，中国人民从此站起来了。中国共产党成立之前的翻译传播研究以时间为主线，梳理了鸦片战争之后中国翻译传播的社会背景、主要的译者和机构以及翻译传播的主要内容和翻译传播所产生的社会影响，从翻译传播的发展脉络中挖掘其社会价值和作用，为新时代更好发挥中国翻译传播的作用，为推进中国社会的发展提供指导和借鉴。

★ 第一节　建党前中国翻译传播的社会背景 ★

一、翻译传播的社会价值

中国是一个多民族融合的国家，具有悠久的历史和底蕴深厚的文化。中国文化源远流长，具有顽强的生命力和强大而持久的民族凝聚力。中国文化从孕育、发展、成熟、壮大，经历了一个漫长而曲折却精彩的过程。文化融合、交流与互鉴一直是中国文化发展的主线，不同民族的融合发展是内生文化交流互鉴的强大推动力。同时，各民族文化的交流互鉴极大地促进了民族的大融合大发展，文化交流互鉴离不开翻译传播的推动。中国的翻译史历程悠久，翻译传播为中华文化的成长与发展打下了坚实的基础，做出了巨大的贡献。季羡林先生对语言文化翻译的意义有一段深刻的讲解："倘若拿河流来作比，中华文化这一条长河，有水满的时候，也有水少的时候；但却从未枯竭。原因就是有新水注入。注入的次数大大小小是颇多的。最大的有两次，一次是从印度来的水，一次是从西方来的水。而这两次的大注水依靠的都是翻译。中华文化之所以能常葆青春，万应灵药就是翻译。翻译之为用大矣哉！"[1]中国翻译传播的第一次高潮出现在公元1世纪左右，伴随着佛经从印度传入中国而蓬勃展开。[2] 佛经的翻译传播不仅对中国的语言文字产生久远的影响，而且对中国的文学文化和教理思想的发展同样产生了深入而持久的影响。佛经的翻译传播不仅对中国历朝历代的思想界产生了启蒙作用，而且对知识界起了启发和鼓舞的作用，其部分教理是晚清思想启蒙运动者的思想武器。[3] 但是，近代翻译传播活动的兴起赋予了翻译传播新的使命。翻译传播的作用不仅仅是古代的文化交流与感情沟通和近代的思想启蒙，而是同国家的命运深刻地联系在了一起。

19世纪中叶，面对西方列强的殖民侵略，腐败的清政府内外交扰，中国文化被迫改变。1840年，鸦片战争的失败打破了腐朽的清朝统治者天朝上国的美梦，清帝国自视为世界中心的风光不再。清政府中的精英人士开始正视西方，被动或者主动地了解、学习西方成为当时时代的大课题。探索救亡图存的有识之士先后提出"师夷长技以制夷"、"译书救国"和"译书强国"等一系列口号，想借

---

[1] 季羡林.《中国翻译词典》序言[M]//林煌天. 中国翻译词典. 武汉：湖北教育出版社，1997.
[2] 谢天振，等. 中西翻译简史[M]. 北京：外语教学与研究出版社，2010.
[3] 同②.

助学习外国的经验和先进技术，实现挽救国家和民族的目的。在一系列救亡图存的过程中，翻译活动虽然与流血斗争的战争在形式上不同，但它对近代反帝反封建革命的最终胜利有着不容置疑的贡献。这是因为，由人民选择的用以指导近代反帝反封建革命胜利的马克思主义理论就是通过翻译活动实现其在中国的传播、发展以及与中国实际相结合的一系列中国实践的。近代的翻译传播活动不仅开启民智，推动科技进步，促进社会变革，带来中国的思想启蒙运动，同时它也为中国共产党领导中国人民取得新民主主义革命的胜利，走向伟大复兴做出了不可磨灭的贡献。

二、翻译传播发展的国内外形势

1. 翻译传播兴起的国内外社会背景

19世纪初，资产阶级革命和工业革命在一些欧洲国家先后完成，资本主义取得了前所未有的发展。海外扩张和殖民主义成为西方资本主义国家掠夺世界财富的手段。然而，这一时期的中国，政治上是封建君主制，经济上是落后的小农经济，对外采取闭关锁国的政策。随着欧洲资本主义的高速发展，资本主义的本质逐渐显现——剥削、扩张和掠夺。资产阶级在国内剥削工人阶级，榨取劳动人民的剩余价值，对外不断开拓殖民地，寻找新的资本市场。为了进一步扩大市场和积累财富，1840年，英国发动了对华鸦片战争，采用武力胁迫的方式暴力打开中国市场。资本的这一本质，为马克思、恩格斯所洞察。在《共产党宣言》中，他们指出：“不断扩大产品销路的需要，驱使资产阶级奔走于全球各地。它必须到处落户，到处开发，到处建立联系。资产阶级，由于开拓了世界市场，使一切国家的生产和消费都成为世界性的了。”① 当时的中国，清政府在政治和军事上腐败无能，经济发展和技术落后，却又拥有巨大的市场，这对资本有着巨大的吸引力。为了在中国的庞大市场迅速掠夺财富，英国向中国倾销大量鸦片。尽管清政府明令禁止鸦片贸易，但鸦片贩子通过走私等方式，攫取了巨额的财富。鸦片不仅带来了白银外流，严重影响清政府的税收，也对中国人民的身心健康造成严重危害。大量士兵因吸食鸦片致使战斗力严重削弱，清政府陷入严重的统治危机。1839年，林则徐被派往广州主持禁烟工作。然而，这场正义的禁烟运动却遭到英国的野蛮抵制，英国随即对中国发动了鸦片战争。在这场战争中，虽然中国人民英勇抗击了英国殖民侵略者，但由于清朝统治者的软弱无能、将士们战

---

① 马克思，恩格斯．马克思恩格斯选集：第1卷．3版．北京：人民出版社，2012：404．

斗能力的落后等原因，抗击殖民入侵的战争皆以失败告终。腐朽无能的清政府被迫与英国签订了丧权辱国的《南京条约》。自此中国沦为半殖民地半封建社会，受到西方帝国主义列强在政治、经济、文化上的剥削压迫后，中国人民和中华民族面临着空前的危机。在救亡图存的时代主题下，中国人民为争取中华民族的独立和解放，开启了长达一个世纪的反帝反封建艰苦斗争。在这场斗争中，翻译活动将国外先进技术、制度译入中国，成为先进分子探索救国救民的一条途径。这种社会背景成了近代中国翻译活动兴起和发展的基础。

2. 翻译传播兴起的国内外文化背景

（1）中国文化自陷桎梏亟待外译传播。

明清两代，中国文化已然达到相当的高度。中国传统文化在走向成熟的过程中，不仅仅有《四库全书》《永乐大典》《康熙字典》等书籍的积淀，亦有古典现实主义文学发展的助力如《红楼梦》《水浒传》《三国演义》《金瓶梅》等。然而，明清统治者厉行严酷的文化专制政策，大兴文字狱，压制文化自由，制造恐怖，剪除异端，严重束缚了中国文化的生机和活力。中国文化发展长期处于封闭状态之下，亟须与国外文化进行交流，吸收借鉴西方优秀的文化发展成果，通过文化翻译传播，实现文化交流与文化互鉴，为中国文化的绵延发展注入新的血液与新的活力。

（2）欧洲传教士翻译传播西方文化到中国。

16世纪中叶，中国与西方开始较大规模的文化交流活动。当时，欧洲处于大航海时代，文艺复兴运动使西方文化得到空前发展。文艺复兴运动促进了人文主义的发展，解放了人们的思想，培植了西方的开拓进取和科学创新精神。文艺复兴标志着欧洲资本主义文明的崛起，被视为继希腊、罗马之后，欧洲文化史上的第二个文化发展的高峰，在这一时代背景下，欧洲传教士来到中国。

以利玛窦、汤若望等人为代表的传教士，为了更好地传播西方宗教文化采用"合儒"策略，具体包括"儒服华冠"，学习汉文，接受中国礼俗，尽可能避免中西文化间的直接冲突。为了打开中国人民的大门，他们不断进行"学术传教"，通过宣传科学、哲学和艺术，获得学者和官员的重视，从而通过这种方式扩大基督教会在中国社会的影响。正是在这一时期，西方近代的地理、天文、数学、历法、医学、水利等现代知识被引入中国。[1]

---

[1] 陈登. 从西学翻译看利玛窦对中国文化的影响 [J]. 湖南大学学报（社会科学版），2002（1）：70 - 73；代国庆，林金水. 改革开放以来的利玛窦研究（1978—2018）[J]. 国际汉学，2020（3）：191 - 196.

首先，在地理学方面，利玛窦在翻译的帮助下绘制出中国最早的世界地图——《坤舆万国全图》，在此之前中国历代绘制的地图都没能涵盖世界全貌，仅以中国为中心附带邻近的"夷狄"。利玛窦将"地圆"概念引入中国，同时介绍了球面划分与经纬度概念。这张地图对于中国人放眼世界起到了重要作用。

其次，在天文学方面，利玛窦着手制作天文仪器，翻译传播天文知识。他与中国学者李之藻合作翻译了《乾坤体义》，这本西方天文著作介绍了天文知识以及天文仪器的构造。《乾坤体义》一书着重讲解了托勒密—亚里士多德的宇宙理论，为中国天文学研究开启了新的认知。

再次，在数学方面，利玛窦与中国学者徐光启合作翻译了《测量法义》和《几何原本》等著作，给当时的中国人带来了前所未闻的知识。《几何原本》的译入弥补了中国传统数学中重应用、轻理论的不足。《几何原本》传入后，其中的理论证明和新奇算法折服了不少中国学者，以至晚明、盛清几何学盛行。利玛窦将当时欧洲先进的天文学、医学等科学文化传入中国，为中西文化交流做出了巨大贡献。

最后，由意大利传教士艾儒略编撰《职方外纪》，把世界地理状况和各国民族风俗翻译传入中国，对中国传统地理观念形成了猛烈冲击，普及和加深了中国人对地球的认识，包括亚里士多德、托马斯·阿奎那等在内的哲学家的著述也被译入中国，增加了中国士大夫的见闻，开阔了眼界。传教士来华传教与西学知识的翻译传入，吸引了部分士大夫的关注，此后，中国开始兴起翻译介绍和学习西方文化的风气，翻译传播西方知识和文化进入中国正逐步改变中国人的思想和对当时世界的认知。

利玛窦同时还是"文化适应政策"的实践者和发展者。在翻译传播西方文化进入中国的过程中，"文化适应政策"在中西方文明之间架起了交流沟通的桥梁。此后，数以百计的西方传教士来到中国，传播西方文化，并逐渐形成"西学东渐"的文化交流与传播活动。在"西学东渐"过程中，其学科传播几乎涵盖了今天中国所有的学科门类，使中西文化的交流空前繁荣。

作为一名传教士，利玛窦的主要目的是到中国传播天主教，为了实现这个目的，他同时也翻译传播了西方的科学文化。利玛窦因其在翻译和传播西方科学文化方面的巨大贡献，被称为"西学东渐"的第一人和先驱者，他传入的西学为中华文化注入了新鲜的血液，为中华文化发展做出了很大的贡献。

（3）西方传教士把中国文化翻译传播到西方。

在文化传播过程中，利玛窦不仅将西方的科学文化译入中国，还将中国文化传向世界，在东西方两大文明间架起了一座沟通的桥梁。如他将儒家经典《四书》翻译成意大利语，将儒家思想介绍给欧洲，为中国文化的翻译传播做出了不可忽视的贡献。① 在和教会通讯时，他称赞中国天文学、数学和制造工艺的发达，并把自己绘制的中国地图寄回欧洲。他在《中国札记》中记录了在中国的所见所闻，向西方介绍了中国的社会、文化、哲学思想和生活状况。

来华传教士将中国文化传入欧洲，为欧洲文化的发展和"中国热"打下了基础。中国文化也为欧洲的启蒙运动提供了借鉴，在"西学东渐"的大背景下为"东学西渐"做出了贡献。利玛窦等耶稣会士对于中西文化的交流贡献不只是架起了东西文化的桥梁，更重要的是在文化翻译传播的方式和理念上以将文化传进中国并传播开来为导向，秉持了互通和互鉴理念，实现了平等交流和相互促进。在当时西方崇尚弱肉强食，对外进行殖民扩张的时代，利玛窦等传教士能在不同国家间进行文化翻译传播与交流互鉴时，平等交流相待、取长补短学习，这种精神是文化翻译传播和交流互鉴的意义所在。

在新时代中国文化走出去的大背景下，以利玛窦为代表的西方耶稣会士在文化翻译传播方面的"文化适应"策略对我们推进中国文化走出去有宝贵的借鉴价值。我们要坚持讲好中国故事，传播好中国声音，阐释好中国文化，展示好中国形象，秉持文化翻译传播与交流互鉴的理念，使中国文化能"走出去"，更能"走进去"和"传开来"。要重视对外翻译传播过程中的文化适应性，用西方和"一带一路"沿线国家人们听得懂、易接受的方式翻译传播中国文化，真正发挥文化翻译传播与交流互鉴在提升国家文化软实力方面的价值和作用。

★ 第二节　鸦片战争前后的翻译传播 ★

一、翻译传播者及其指导思想

1. 中国近代翻译先驱林则徐

林则徐被誉为近代中国"睁眼看世界第一人"。他是中国近代翻译活动最早的组织者，同时也是近代史上第一位进行西学东传的地主阶级改革派人士，因而被认为是中国近代翻译的先驱。

---

① 代国庆，林金水. 改革开放以来的利玛窦研究（1978—2018）[J]. 国际汉学，2020（3）：191 - 196.

在广东禁烟运动期间,为更好地实现"师敌之长技以制敌"的策略,主张经世致用的林则徐主持了西文书报的翻译活动,以实现"探访夷情,知其虚实,始可以定控制之方"。[①]他派专员潜入澳门收集西方国家军事、经济、政治制度等方面的资料,为抵抗侵略做准备。这一期间,林则徐开展了以下几个方面的工作:一是编译了《澳门新闻纸》。林则徐组织幕僚将《广州纪事报》《广州周报》《新加坡自由报》等西方报刊中有关当时中国的新闻报道及评论加以汇编,制成《澳门新闻纸》,后又以专题归类出版《澳门月报》。二是组织翻译并编译了《四洲志》。《四洲志》是中国近代第一部较为系统的世界地理志书籍译著,该书译自英国人慕瑞的《世界地理大全》,由林则徐组织译员翻译并进行编译。《四洲志》的完成是中国近代翻译史上具有里程碑意义的事件,林则徐也因此成为中国近代翻译活动的开拓者;三是引入了国际法。为办理禁烟等涉外事宜,林则徐通过翻译西方文献资料,制定了符合国际惯例的斗争策略。他选择瑞士法学家德·瓦泰尔(Emmerich de Vattel,1714—1767)所著《万民法》中的部分文本,分别委托伯驾译成《滑达尔各国律例》、袁德辉译成《法律本性正理所载》。这些译本为引进、研究西方国际法提供了重要参照,在一定程度上开创了清末外交的新局面。林则徐也因此成为中国引入国际法的第一人。

第一次鸦片战争的失败,致使林则徐遭到贬斥。1841年秋,林则徐被发配到新疆伊犁,途经江苏镇江,与故友魏源相逢,他将全部译稿交托好友魏源,并嘱托魏源完成一本介绍世界以唤醒国人的著作。在这些书稿的基础上,魏源完成了对后世影响深远的《海国图志》。自此,林则徐等有识之士觉醒,开启了"睁眼"看世界的时代,也在不断地交流与传播中,激起了人们学习西方"长技"的思潮,也正是他们开创了中国近代翻译活动的先河,以学习西方先进科学技术为重点,在中华民族救亡图存的征途上做了有益的探索和尝试。

2. 中国近代早期翻译家魏源

魏源(1794—1857),名远达,字默深。出生于湖南邵阳,是清代著名的思想家、政治家、文学家。他一生著作宏富,主要作品有:《皇朝经世文编》《老子本义》《两汉经师今古文家法考》《海国图志》等。其中,《海国图志》是魏源的代表作,奠定了他在中国近代思想史上的地位。作为一部编译作品,《海国图志》引入了西洋文明的因素。

受"经世致用"思想和晚清今文公羊学说的影响,魏源为了中华的存亡生

---

① 李鼎文. 读王权《笠云山房诗文集》[J]. 西北师大学报(社会科学版),1988(3):34-41.

计，顺应时代课题，提出"以夷制夷""以夷款夷""师夷长技以制夷"的新思想。"师夷"思想的提出，扭转了国人对世界的错误认知，从魏源提出向西方学习开始，一个有着几千年文明史的古国开始从思想上向现代转型。

以林则徐、魏源为代表的开明地主阶级抵抗派，通过译书活动体现出他们对外开放、积极融入世界的思潮，并带动一批有识之士的觉醒。从洋务运动到资产阶级改良派、维新派，都在一定程度上受"师夷"思想的影响。并且在此后很长一段时间，先进的中国人在魏源这一思想的影响下，逐步将中国引向现代化之路。[1]

3. 翻译传播指导思想

中西方文化的相遇，意义非凡。梁启超就曾讲过："凡天下之事，必定在比较之后才能发现他们的本质，无比较不仅很难发现自己的缺点，更难认清自己的长处。"[2] 与西方文化的激流碰撞，为重新认识和重新评价中国文化提供了重要参考。

18世纪60年代，英国开始了工业革命，资本主义工业化的序幕就此展开。1789年，法国爆发资产阶级革命，革命党人攻占了巴士底狱，通过了《人权宣言》，法国大革命向世界传播了自由、民主、平等的进步思想，为各国革命树立了榜样。1793年，英国人马戛尔尼带领一个由600人组成的代表团来华进行通商谈判，然而乾隆皇帝在给当时的英王的敕书中却写道"无所不有""不贵奇巧"的内容。清朝著名学者俞正燮也视"翻夷书，刺夷情"为"坐以通番"，视西方科技为"鬼工"。

19世纪20年代到60年代，清朝进入衰败乱世。社会各方危机全面爆发，全国各地农民起义接连不断、此起彼伏，西方殖民列强接踵而至，将中华民族推向水深火热之中。在这一背景下，一些有识之士不甘列强欺辱，主张学以致用，倡导经世入世，解决社会现实问题。因此，鸦片战争前后，经世致用思想成为一种颇具社会影响力的思潮。受经世致用思想的影响，科技类、史地类西方著作译入中国，特别是在鸦片战争后，这些类型的作品译入大幅增加。

在这一西学东渐的过程中，传播的主体主要可以分为三类：一是清朝统治集团内部较为开明的官员，如林则徐、徐继畬、魏源等；二是研究西学的学者，如李善兰、徐寿、华蘅芳等；三是西方传教士，如伟烈亚力、林乐知、傅兰雅等

---

[1] 刘勇.《海国图志》研究[D].扬州：扬州大学，2015.
[2] 梁启超.饮冰室合集：第7册[M].北京：中华书局，1989.

人。早期的翻译传播思想呼应当时的时代背景又不可避免地受翻译主体的影响。总的来说，这一思想是在民生凋敝、列强入侵、内忧外患背景下，"经世致用"与"师夷长技"思想的结合体，具有进步性和时代性。

二、翻译传播主要内容

鸦片战争前后，翻译的西方书籍主要有科技著作、社会学著作和文学著作。译入西方书籍的类别在不同时期翻译占比不同。这一现象的原因在于，受"经世致用"和"师夷长技以制夷"思想的影响，早期的书籍译入以自然科学尤其是应用科学类著作为主。随着对西方认识的深化和中国近代民族危机的不断加深，在译入西方书籍的占比中社会学类别著作成为主体。

1. 翻译传播西方科技著作

鸦片战争的失败以及屈辱条约的签订，迫使有识之士看到了清政府的腐败，还看到了与先进西方在实力上的鸿沟。西方书籍的翻译出版和报刊的创办发行，是洋务运动时期引进和传播西方各类学说与知识的重要方式。从19世纪60年代起，中国开始集体性规模化地翻译和出版西方书籍。洋务派在实践活动中认识到，要想实现富国强兵，就必须学习西方先进的科学技术。因此，洋务派把西学翻译的重点放在自然科学特别是应用科学方面，对于社会学的译入与传播仅限于法律和史地等通识知识，很少有介绍资产阶级哲学与理法知识的内容。[1] 同时，这一时期翻译采用由外国学者口译、中国学者笔述的方式。参与译书活动的西方学者有傅兰雅、伟烈亚力、林乐知、金楷理等，中国学者有数学家李善兰、华蘅芳，化学家徐寿等。

（1）李善兰

李善兰（1811—1882），字壬叔，号秋纫，浙江宁海人。近代著名的数学家、物理学家、天文学和生物学家。1852年，受西方传教士的邀请，李善兰开始在上海墨海书馆参与西方书籍的翻译活动，合作的西方学者有伟烈亚力、韦廉臣、艾约瑟等。李善兰涉猎广泛，译书种类丰富，既包括数学类、天文学类，也包括力学类和生物学类，如《几何原本》后九卷、《谈天》、《重学》和《植物学》等等。李善兰还创译了大量沿用至今的科学名词，如微分学、积分学、代数学、植物学等。他还自己进行科学研究，亲自撰写《火器真诀》，运用数学方法研究弹

---

[1] 马祖毅. 中国翻译简史·五四以前部分[M]. 北京：中国对外翻译出版公司，1998.

道学，是我国几千年来首例。① 不仅如此，他还将自己的研究成果辑刻为《则古昔斋算学》，成为当时涵盖内容丰硕的数学著作。可以说，李善兰对西方科学的翻译与吸收，在西学东渐初始阶段产生了重要影响。

(2) 徐寿

徐寿（1818—1884），字生元，号雪村，江苏无锡人。徐寿既是清末著名化学家，同时也是近代造船工业的先驱。作为曾国藩的幕僚，徐寿的成就始于军械和造船事业。在安庆大营军械所，徐寿同其子徐建寅、好友华蘅芳通过观察江面行驶的外国轮船，设计并制造了黄鹄号，中国自制的第一艘轮船由此诞生。造船为徐寿提供了蒸汽机方面的经验积累，也为其日后的翻译工作打下契机。1867年，徐寿也因出众的才学，被调往从事军工生产的江南制造总局。在江南制造总局期间，徐寿所译的第一本书就是《汽机发轫》。他不仅重视对技术的研究，更深究技术背后的科学原理。作为江南制造总局翻译馆的首倡者，徐寿提出，办好江南机器制造总局。一上任，他便考察事情，依据国家的"刚需"，提出四项建议，即翻译西书，采煤炼铁，自造枪炮，操练水师。② 但是在曾国藩看来，只要学习"夷之长技"满足造船需要即可，"其轮船以外之事，勿遽推广言之"。由于上级的掣肘，徐寿无法自行采煤炼铁、自造枪炮、操练水师，但是译书这项工作却可以自己操控。徐寿想到了一个迂回的策略。他找到江南制造总局的冯骏光和沈宝靖，提出先尝试翻译几本西书，三人一拍即合。在完成几本西书的翻译后，徐寿将书呈到曾国藩的案头，曾国藩看到后大为赞赏，并表示支持徐寿的译书工作。于是，江南制造总局翻译馆成立，徐寿担任总管，同时选聘华蘅芳、徐寅成等一批中国学者，并高薪聘请了傅兰雅、伟烈亚力等西方传教士，共同合作完成译书工作。

徐寿始终将译书放在首位，是因为他认为译书是学习西方先进科学技术的有效方式，译书工作在徐寿一生之中都占据着十分重要的地位。其中化学著作的翻译是徐寿译著的代表，被誉为近代化学先驱。他将西方化学中有机、无机、定量、定性等分支引入中国，同时介绍了化学实验方法和相关仪器，翻译的书籍还成了我国第一批化学教材。他翻译的化学书籍和工艺书籍有十三部，如《化学鉴原》《化学鉴原续编》《化学鉴原补编》等，徐寿还翻译命名了化学元素周期表，在规范元素符号和化学名词方面做出了重要贡献。在化学元素的命名过程中，徐

---

① 李迪. 十九世纪中国数学家李善兰 [J]. 中国科技史料，1982 (3)：15-21.
② 杨根. 我国近代化学先驱者徐寿的生平及主要贡献 [J]. 化学通报，1984 (4)：61，71-76.

寿使用与罗马音的首音（或次音）相同的同音字，然后添加上偏旁，用作译名，这在中国近代历史上属于首创。元素周期表中的大部分元素中文名都是他翻译的，由他翻译定名并沿用至今。

对于徐寿上述以"经世致用"为理念的翻译传播人生，你可能会认为对于化学元素的翻译并不是一件值得称道的事。但是只要看看以音译为主日本的元素周期表，其复杂程度会让你对之前的认识大为改观。徐寿父子一生不求名利，在他去世的十多年后，徐建寅也死于一次无烟火药的意外，他们终其一生都在致力于科学技术的引入、研究和传播。他们的成就或许在科学史上并没有留下浓墨重彩的一笔，但在当时的时代，他们为中国的进步提供了烛照。

(3) 华蘅芳

华蘅芳（1833—1902），字若汀，江苏无锡人。清末著名的数学家、科学家、翻译家、教育家。同时，他是继徐光启、李善兰之后，较有成就的翻译家，擅长西方近代科技和数学书籍的翻译与编译。[①] 华蘅芳一生致力于研究、著述、译书、授徒，他涉猎数学、地质学、航海、天文学等学科领域，与西方学者合译了《金石识别》《防海新论》《代数术》《数根术解》等著作，1887 年于天津武备学堂任教，后又担任湖北两湖书院的院长和自强学堂主讲，光绪二十二年受邀任常州龙城书院和江阴南菁书院院长，其著述辑录于《行素轩算稿》一书。华蘅芳的数学研究主要集中在开方术、数根术和积较术，成就主要在离散数学方面，其著作推动了中国近代数学的发展。

(4) 傅兰雅

傅兰雅（1839—1928），原名 John Fryer，英国传教士。咸丰年间，傅兰雅来到中国，将自己的大部分时间都用于传播和普及西方科学，[②] 他先后担任京师同文馆英文老师、江南制造局翻译馆编译，是翻译馆第一位专职外国译员。他在华工作 28 年，译作丰厚，从数量上看占该馆全馆译书总数的三分之一，单译或合译书籍多达 77 种，129 部。不仅如此，傅兰雅还与徐寿合办了期刊《格致汇编》，这是中国近代第一份科学杂志，为近代中国科学技术的传播和普及做出了重要贡献。

2. 翻译传播西方社会学著作

鸦片战争之前的很长一段时间，中国对西方世界知之甚少。虽然早在 19 世

[①] 燕学敏. 晚清数学翻译的特点：以李善兰、华蘅芳译书为例 [J]. 内蒙古大学学报（自然科学版），2006（3）：356-360.

[②] 龚昊. 传科学的传教士 [D]. 北京：中国社会科学院研究生院，2013.

纪，部分沿海地区已经有少数有识之士开始关注、研究西方世界，并留下了一些介绍西方世界的著述，但是这一时期，译入书籍主要还是讲解外国的地理环境与风土人情，只是偶尔提出"采阅夷情""以夷伐夷"的主张。总体上，对西方世界的介绍仍然是模糊的、零碎的、非体系化的。

严酷的现实成了最好的教科书。随着鸦片战争清政府的战败，中国人认识到，西方殖民者绝不是朝贡体系下的蛮夷之地。"不悉敌势，不可以行军；不悉夷情，不可以筹远。"身处中西冲突加剧下的士大夫带着"经世致用"的思想开始"睁眼看世界"。于是有了《四洲志》、《海国图志》、《瀛环志略》、《朔方备乘》等一批介绍外部世界及各国概况的著作（表1-1）。[①]

表1-1　1840—1921年介绍外部世界及各国概况的主要著作

著作名	作者	研究对象
《英吉利国夷情纪略》	叶钟进	英国
《海录》	谢清高	英国
《海防余论》	颜斯综	英国
《俄罗斯事辑》	俞正燮	俄罗斯
《记英吉利》	萧令裕	英国
《海岛逸志》	王大海	爪哇岛和马来半岛
《英吉利兵船记》	汤彝	英国
《英夷说》	何大庚	英国

（1）《四洲志》

《四洲志》是近代中国第一部世界地理志书籍，具有相对完整、系统的架构，由林则徐主持编译。书中介绍了世界四大洲30多个国家和地区的历史、地理概况。在《四洲志》的成书过程中，林则徐做了以下几个方面的工作：一是对慕瑞的原著《世界地理大全》进行了内容的选摘，精选后编出的《四洲志》与原书相比，内容简明扼要；二是在文章的编排顺序上，以中国为主，不同国家与地区的介绍按照由近及远，由东及西的方式排布，体现出以我为主的意向；三是纠正了原著中的部分谬误，如慕瑞的原著将中国分裂为中国（China）、西藏（Tibet）和东鞑靼里（Eastern Tartar），制造了"三个中国"的谬论，[②] 林则徐在编译过

[①] 周武. 鸦片战争前后中国社会变迁散论 [J]. 史林，1990（4）：24-31.
[②] 萧致治. 从《四洲志》的编译看林则徐眼中的世界 [J]. 福建论坛（文史哲版），1999（4）：51-55.

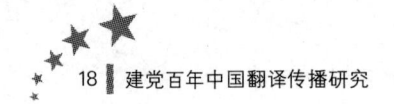

程中对这些谬误进行了纠正。此外，在译制过程中，林则徐还加入了本人的观感和必要的补充说明。

《四洲志》中被学者津津乐道的或许是有关美国政体的评论。原著末章介绍美国概况，其中第四节"国民与社会状况"论及殖民美国以来的蓬勃发展，并将之归功于勤劳智慧的国民品质和自由平等的社会制度。

原文："The United States," says a very clever English writer, "were colonized a century later than Spanish America; but their brilliant and rapid progress shows, in a striking light, how much more the prosperity of nations depends on moral than on physical advantages. The North Americans had no gold mines, and a territory of only indifferent fertility, covered with impenetrable woods; but they brought with them intelligence, industry, a love of freedom, habits of order, and a pure and severe morality. Armed with these gifts of the soul, they have converted the wilderness into a land teeming with life, and smiling with plenty; and they have built up a social system, so pre-eminently calculated to promote the happiness and moral improvement of mankind, that it has truly become the envy of nations. The characteristic facts in their conditions are the non-existence of tithes, of privileged classes, of corporations in our sense of the term, of a landed aristocracy, of mendacity except to a very limited extent, and of an endowed church; the cheapness and efficiency of the government, the universality of education, the omnipresence of its periodical press, the high feeling of self-respect which exists in the very humblest classes, and the boundless spirit of enterprise which pervades society from top to bottom. The higher classes are less polished than in England, the middle are, perhaps, less carefully instructed; but the American people, taken collectively, are better educated, and have more intelligence and manliness of character, than any other nation in the world."

弥利坚固即育奈士迭国篇译稿：传闻大吕宋开垦南弥利坚之初，野则荒芜，弥望无人；山则深林，莫知矿处；壤则启辟，始破天荒。数百年来，育奈士迭速成富强之国，足见国家之勃起，全由部民之勤奋。故虽不立国王，仅设总领，而国政操之舆论，所言必施行，有害必上闻，事简政速，令行禁止，与贤辟所治无异。此又变封建郡县官家之局，而自成世界者。① 然而通过与原文比照，却发现

---

① 陈华. 有关《四洲志》的若干问题 [J]. 暨南学报（哲学社会科学），1993 (3)：73-82.

林则徐的译稿中存在误译、改写、编译和过度解读等内容失真翻译处理的情形，这种违背翻译准则的处理方法有其必然的内在要求，译者出于"师夷长技以制夷"的目的，如从政治视角过度解读"the omnipresence of its periodical press"（出版期刊的数量如星罗棋布）和"the cheapness and efficiency of the government"（政府工作廉洁高效），而平等、自由等文中所含要素则在所不问，诸如此类的情况在译文中凸显。特别是总括一句高度点评民主政治的话——"与贤辟所治无异"，突出制度表述的翻译，还称其"此又变封建郡县官家之局，而自成世界者"。这只可能是其本人的真实想法。林则徐编译《四洲志》的宗旨是希望了解世界各地的概况，寻求以夷制夷的方略。因而悉心记载世界各国的地理、历史、政治、军事、经贸、物产、民情、风俗等方面的资料。译稿特别关注政治制度与军事力量，追溯其历史沿革，探究国运兴衰之根源。譬如书中感慨：曾经横跨欧亚大陆的奥斯曼帝国屡经变乱，终致民不聊生，"陵谷沧桑，今古丘壑，人能兴地，非地兴人，信夫！"；同时又对欧洲军事技术颇感兴趣，藩属国越南"在阿细亚洲诸国罕与匹敌"；北方俄罗斯"其兴勃然，遂为欧罗巴最雄大国"，皆因善于仿造兵船火器。[①] 这促使林则徐出于维护清朝封建统治、捍卫国家领土完整的迫切需要，倡导学习西方先进的"长技"，贯彻"以夷攻夷"的意图。另外，译稿对弱肉强食的国际形势亦多有描述，内容既包括列强瓜分世界的野心，又涉及欧美国家的尔虞我诈。永无止息的纷争让林则徐清醒地意识到强国之心固然不可松懈，西方列国之间的矛盾与冲突亦可资利用，合纵连横或能"以夷款夷"。

（2）《海国图志》

《海国图志》是魏源以《四洲志》与林则徐的其他译稿为基础所著的中国近代第一部介绍世界史地知识的著作。该书分为50卷本、60卷本和定稿的100卷本。作为近代中国第一部系统的御侮图强的方案，《海国图志》不仅介绍了西方火炮等西洋器艺的使用方法知识，还广泛征引了历代史志和中外著述，包括西方传教士马礼逊的《外国史略》、马吉斯的《地理备考》等20多部著作，该书系统地介绍了世界各国的地史气通、文化风俗、宗教科学等。它作为包罗万象的百科全书，被视为中国人看世界的"望远镜"，书中更是发出了时代最强音——"师夷长技以制夷"。

除"师夷长技以制夷"之外，《海国图志》中还体现出作者的海防军事思想、

---

① 魏源. 海国图志：卷20. 古微堂聚珍版·道光甲辰（1844年）：4800，4782，4892.（以下凡《四洲志》引文均见此书卷28，不一一注明。）

发展资本主义与改革开放的思想,以及对英美等国的民主政治制度的浓厚兴趣。如《筹海篇》中提出了现代的"海权"思想和"议守"的积极防御思想,书中提出的重视民办企业、给予商人生产自由和出卖商品自由也体现出重商论、对外贸易论等思想。书中介绍了西方民主政体,这就拉近了中国人与民主政治观念的距离,为后来各种民主思想的接受做了铺垫与准备。[①] 在世界范围来看,《海国图志》也对中国的近邻日本产生了重要影响,书中发出向西方学习的号召,与日本的维新思想家产生了强烈的共鸣,进而促成了日本近代史上著名的明治维新运动。

(3)《瀛环志略》

《瀛环志略》是徐继畬任福建布政使、福建巡抚兼闽浙总督时编著的一本世界史地名著。该书以美国传教士雅裨理提供的地理资料和相关知识为参照,结合搜集当时刊行的多种地理著作与西方人士的汉文书籍编纂而成。作为近代初期完整、系统介绍世界地理大势、探求域外新知的著作,《瀛环志略》的产生与传播具有重要意义。

该书突破了华夏中心观,指出华夏文明并非世界上唯一的文明,突破了明清时期统治阶级逐渐形成的妄自尊大、抱残守缺的思想桎梏。这种客观实际看世界的视角,使得徐继畬能够关注到许多士大夫视而不见的历史动向。《瀛环志略》中也体现了强烈的海防意识和御侮思想。书中讲道:"成功悉锐渡海,夺鹿耳,据安平相持一年,荷兰大困,成功乃纵之去,由此绝意中国,不敢复觊片土。"徐继畬以郑成功抗击荷兰侵略者的事迹表露出抵御西方侵略的意图。此外,《瀛环志略》中的介绍与评论,积极地讲解了近代资本主义民主政治,有意识地分析了国家强盛之道,缩短了中国与外部世界在文化上的距离,[②] 有力地推动了国人认识和了解世界,追求新知。

3. 翻译传播西方文学著作

(1) 马礼逊与《圣经》

马礼逊(1782—1834),原名 Robert Morrison,他是"第一个踏上中华大地的新教徒"。1807 年 9 月,马礼逊以官方翻译员的身份来到中国,并开展传教工作,他是英国派往中国的第一个传教士。在华期间,他编译了《圣经》,首次将这部宗教著作译成中文。《圣经》是基督教的经典著作,它的译入,不仅具有宗

---

① 王劲.《海国图志》与近代民主思想[J]. 甘肃社会科学,1994(6):75-79.
② 潘振平.《瀛环志略》研究[J]. 近代史研究,1988(4):65-87.

教层面的意义，其中许多西式名词的译法成为后续翻译活动中的重要参照，而且对中国近代的西学翻译和文学发展起到了重要的推动作用。[①] 此外，他还编纂完成了《华英字典》，参与创办《中国丛报》。马礼逊在华期间所做的工作，为东西方文化交流和基督教在中国的传播打下了良好的基础。同时，对早期开眼看世界的中国人了解西方提供了一定的帮助。

(2) 王韬与《马赛革命歌》

王韬（1828—1897），字紫诠，号仲弢，苏州长洲人，清末学者、文学家、报人。他是近代中国"开眼看世界"的代表人物，同时也是改良主义思想的先驱。王韬一生著述颇丰，其作品涉及经学、史地、政论、目录、笔记、小说、散文、译著等多个类目。其中影响最大的当数《普法战纪》和《弢园文录外编》。[②] 成书于19世纪70年代的《普法战纪》，详细记录了法国和普鲁士争夺欧洲霸权的全过程。在此书中，王韬还翻译了法国的《马赛革命歌》曲歌词，是最早见于书籍的外国歌曲。《普法战纪》与《马赛革命歌》流露出变法自强的精神，在当时中国广受欢迎。

(3) 寓言和童话作品

鸦片战争以后直到19世纪末，西方文学作品的译入相对较少，且多数为短篇寓言、童话作品。这其中以《伊索寓言》的译介数量最多。1840年，《广东报》发表了由英人罗伯特·汤姆编译的《伊索寓言》，后定名为《意拾蒙引》。1888年，天津时报馆出版发行了《海国妙喻》，其抄录了《意拾蒙引》中的部分内容，并加入了一些模仿或编写的作品。作为世界文学经典，《伊索寓言》的译入，是中英文化交流史上的一个重要事件，它是英国人用汉语译介的第一部欧洲文学名著。同时，该书具有一定的讽喻意义和战斗性，其直白的语言和汉民族化的表达，受到底层民众的喜爱和欢迎，在开启民智、警醒国人等方面发挥了一定的作用。

三、翻译传播机构与期刊

随着洋务运动的发展，清朝统治者开始兴办各类文馆、译馆。因为只有学习西方的器械制技术与科学原理，重视西方书籍的翻译工作，才能进一步助力洋务事业的成长与发展。大多数官办翻译传播机构附设在洋务企业，或者设在新式学

---

① 王音音. 第一次鸦片战争时期的西学东传研究[D]. 济南：山东师范大学，2013.
② 孙巧云. 晚清报刊新闻出版家：王韬著述概说[J]. 晋图学刊，2014 (3)：62-64.

堂各种机构之中，如京师同文馆、江南制造总局翻译馆、上海广方言馆等。

1. 京师同文馆

京师同文馆是清末第一所官办培养翻译人才的专门学校，同时也兼有译书职能。清末洋务派代表人物奕䜣在上奏中提出，"与外国交往，必须先了解他们的性情，但是现在语言不通，文字不识，彼此中有巨大的隔膜，怎么可能交谈协商呢？"为了快速提升译者能力，同文馆从翻译实践着手训练，将西文中译作为同文馆学生的必修课。学生掌握基本语法后，要练习翻译公文，并以考试的方式检验学习成果。高年级学生要翻译书籍，挑选质量较好的出版发行。1876年，同文馆附设印书处，刊印馆译著作，并分送各省府衙门。京师同文馆的翻译教学活动，培养了一大批有用的外交、翻译人才，制作了大量的西方著作，在中西方文化交流史上发挥了重要作用。

2. 江南制造总局翻译馆

江南制造总局翻译馆是清政府官方设办的第一个翻译出版机构，也是近代中国重要的西学中心。在近代的图书出版机构中，所译出版的图书以自然科学技术方面的著作为主。以江南制造总局翻译馆为例，所译书籍一般由清政府官员根据当时社会的需要确定。洋务运动初期，译书以兵法和科技类为主。据记载，到1899年，江南制造局翻译馆共出书126种。1909年，翻译馆译员陈洙所编《江南制造局译书提要》共收录书籍178种。[①] 从数量上看，兵学、兵制类书籍所占比例较大，其次是工程技艺、自然科学技术及各国史地等。另外，江南制造局还根据英国版本翻译出版了许多地图、海道图和科技挂图。据记载，截至1879年，制造局翻译馆已翻译出版各种图册27种。翻译馆出版的西书，有些被选作广方言馆等近代新式学堂的教材。甲午战争前后，随着中国人学习西方的日益深入，翻译馆也翻译出版了一些西方书籍，包括社会学、政治学等社会科学方面的文献，江南制造总局翻译馆对中国近代化意义重大。作为晚清译书最多、影响最广的翻译机构，通过译书活动，将近代数学、化学、医学、地质学等西方先进的科技知识系统引入中国，开拓了国人的视野，影响了康有为、梁启超等一批近代知识分子，推动了近代中国科技的进步，为中国建立近代科学体系做出了重要贡献。

3. 翻译传播报刊

最先创办中国近代报刊的是外国传教士。早在19世纪早期，英国传教士马礼逊与米怜创办了近代第一份中文报刊——马六甲《察世俗每月统记传》，随着

---

① 张路莹. 洋教习与晚清新式学堂的建立 [D]. 哈尔滨：哈尔滨师范大学，2010.

教会刊物的传播发展，报刊内容逐渐由宗教向政治时事内容转换。随后林乐知等传教士创办了《万国公报》（原名为《教会新报》），成为当时在中国办刊最久、发行量最大、影响最广的报刊，受到地方各要员和维新人士的重视。其第 121 期刊载了《大同学第一章·今世景象》，在这篇文章中，第一次出现了中文的"马克思"，《万国公报》也由此成为最早将马克思和《资本论》介绍到中国的刊物。总的来说，从鸦片战争到洋务运动时期，中外人士创办了一批中外文报刊。尽管办报处于发展初期阶段，专业水平较低，且部分报刊带有传播基督教、干涉我国内政等明确的目的，但不可否认它们在传播西学、开启民智、解放思想等方面仍然有重要作用。

★ 第三节　甲午海战前后的翻译传播 ★

一、翻译传播特点

1. 翻译传播日本社会文化热

甲午一战，让国人从迷梦中惊醒。人们在震惊、痛苦之余，开始认真思考日本战胜中国的根源。在封建制度的影响下，当时的士大夫认为日本得以战胜中国是因为日本的全面西化。于是，效仿日本、学习西学被奉为最有效的救国途径。张之洞就在《劝学篇》中讲道，"出洋一年胜于读西书五年，入外国学堂一年胜于中国学堂三年"。他极力主张中国以日本为师，增派留学生赴日本学习。19 世纪末，清政府选派 13 名优秀学生留学日本，他们也成为中国历史上首批赴日留学的中国学生。也正是从那时起，此前主要由日本人到中国留学的历史被彻底改写。截至 1899 年，大清留日学生已过百人。发展到 20 世纪初，全国上下更是出现了赴日留学热潮。

与此同时，日文学校在国内次第设立，日文书籍的译入不断增加。1897 年，由康有为、梁启超等人创办的大同译书局在上海正式成立，并提出译书的挑选原则是"着重翻译东文著作，并同时翻译有益的西文书籍，以政学为先，而次以艺学"。甲午战后，日书中译数量激增。据不完全统计，1896 年至 1911 年间，译入的日文书籍数目高达 1 000 多种，这一数据远超过 19 世纪上半叶中国译入书籍的总和。[①]

---

① 张霞. 出版与近代文学现代化的发生 [D]. 上海：复旦大学，2011.

随着日语书籍的译入，国内产生了越来越多的新名词，如社会、政策、民族、阶级、生产力，或是科学、自然、物理、漫画、内分泌、甲状腺，抑或是古典、社交、硕士、干部、农民等。这些新词或是来源于日语，或是由唐代传入日本，又通过汉译的日文书籍，再次传回中国。语言的变化，往往伴随着大众思维习惯的变化，社会意识的前进，文化底蕴的渐变。白话文的兴起与日译新名词的传入休戚相关。① 可以说，日译新名词的传入是一场传播范围广、影响程度深、内涵丰富的文化传播。

2. 翻译传播的勃兴

维新运动开始后，翻译活动发生了明显变化。主要有以下三个方面：一是书籍翻译的选择范围不断扩大，其转向经历了由实用技术到自然科学，再涵盖到社会科学原理及各国文学等；二是翻译活动纵深发展，翻译成果快速并高质量增加；三是翻译人才不断增多，许多在国外接受过新式教育的有识青年成为翻译队伍的主力，促进了翻译活动的快速发展。在这一时期，不仅翻译出版物的种类增加，数量也高速增长。其中，1900年到1911年间，中国翻译出版的各种西书至少有1 599种，② 类别涉及史志、法政、兵制、矿务、工艺、商务、船政、测绘、哲理、宗教等多个方面，全国大的翻译出版机构有9家，小的翻译出版机构则更多。因此，这一时期可以称为翻译传播的勃兴。

二、翻译传播主要内容

1. 翻译传播自然科学

19世纪60年代至90年代，西方科学技术，特别是应用科学成为西学输入的主体。清政府设立的江南制造局翻译馆为此类西学书籍的传输中心。其范围包含军队操练、兵器兵法、探矿采煤、冶金制器、农工经济等方面。③ 这些西书多由传教士与中国学者合译，如金楷理所译的《行军指要》《克虏伯炮说》，舒高第、赵诒琛合译的《农务全书》，傅兰雅、华蘅芳合译的《防海新论》，汪振声、舒高第合译的《探矿取金》等。

就自然科学的各学科而言，在西书译入的过程中，一般将译入书籍分为普及读物与学术专著两个层次。④ 这一做法的原因在于，当时民众的科学素养普遍较低，专业的学术著作对于他们来说晦涩难懂，不利于科学知识的传播。以《地理

---

① 王勤滨. 周作人传播接受研究［D］. 开封：河南大学，2014.
②③ 熊月之. 晚清西学东渐史概论［J］. 上海社会科学院学术季刊，1995 (1)：154 – 163.
④ 郭亚文，张政. 明末清初和清末民初的西哲中译［J］. 上海翻译，2017 (5)：63 – 68.

歌略》《天文歌略》等为代表的启蒙读物在当时传播的范围远超同类专业书籍。另一方面，西方轮船、武器装备等工业品的生产，又需要专业的自然科学知识做支撑。这种译入自然科学著作的策略，做到了传播过程中深度与广度的良好结合。

2. 翻译传播社会科学思想

新型思想观念、新型文化氛围的形成与成长，是根植于广泛的社会基础和群众基础之中的。维新人士通过组建学会、创办报刊、开展革新运动、改良社会旧习等方式，把当时西方的人文科学知识和维新思想传入中华大地。维新人士创办的报刊种类丰富，有议论时事政治的，有谈论学术知识的，有变法维新的，还有的介绍并宣传了西方的新思想与新文化，促进了士大夫向新式知识分子的转型。

甲午战后，人文社会科学类译入著作数量占比明显大幅上升。如美国传教士林乐知编译的《中东战纪本末》《文学兴国策》，慕维廉的《格致新机》，李提摩太的《百年一觉》《时事新论》等。以严复、章太炎等为代表的学者通过译书活动将社会学引入中国。1902年，上海广智书局出版了由章太炎翻译的《社会学》一书，其原作者是日本学者岸本能武太，该书是近代中国最早系统介绍西方社会学的著作。1903年，上海文明编译书局出版了《群学肄言》，该书由严复翻译，原著为英国社会学家斯宾塞所著社会学书籍《社会学原理》的绪论。社会学在译入中国的过程中，出现过两种不同的流派。[①] 分别是以严复为代表的西学派，还有以留日学生为主体的东学派。前者主张直接翻译西方社会学家赫胥黎、斯宾塞等人的经典著作；后者主张以日文译著为中介，再将社会学译入中国。社会学传入中国具有重要意义，资产阶级民主思想和社会学说得以广泛传播，为解决当时的社会问题提供了新思路。中国近代史上第一个民间社团强学会也由此诞生。译作的发行，使得西方的社会政治学说得以广泛传播。

(1) 严复翻译《天演论》

严复（1854—1921），字几道，福建侯官人。他是近代极具影响力的启蒙思想家、翻译家。《天演论》是严复的代表性译作之一。严复自1895年开始全力翻译《天演论》，毕三年之功，于1898年完成并正式出版。此时恰逢甲午战后，民族危机空前严重、维新变法持续高涨，严复大声疾呼，中国若仍旧妄自尊大，固

---

① 张超. 从"群学"到"社会学"：近代中国社会学学科的形成与演变 [J]. 中山大学研究生学刊（社会科学版），2012, 33 (1): 57-72.

守华夏中心主义，就会沦为他人砧上之肉，导致亡国灭种。《天演论》一经问世，"物竞天择"的观念便在社会上引起了强烈的反响。书中阐述了当前中华正身置四面楚歌的不利境地，但还不至于陷入毫无作为的悲观主义之中。《天演论》告诉人们，当前中国虽然积贫积弱，但仍有起死回生之法，即奋力竞争，转弱为强。

在翻译方面，严复提出了"信达雅"的翻译理念，确立了现代翻译规范的基础。他翻译《天演论》，向众人讲述"物竞天择"的思想，翻译《穆勒名学》，向世人介绍逻辑科学，翻译《原富》《法意》等资本主义政治基本理论，为中国人学习并效仿西方资本主义国家经济、政治理论模式提供了参考。

严复译介活动的特点是以西学"识古"，即寻求西学知识与中国古代典籍思想的相通之处。其翻译动机主要体现在文化层面。在《〈天演论〉自序》中，严复指出，"大抵古书难读，中国为尤。二千年来，士徇利禄，守阙残，无独辟之虑。是以生今日者，乃转于西学，得识古之用焉。"[①]严复认为，西学与中学并非水火不容的关系，中学可以从西学汲取养料从而焕发新生。中国古书之中蕴含着求进步的微言大义，而精妙的思想是不受时间和空间限制的，这种思想同样蕴于西方文化之中。学习和研究西方思想能够帮助解读晦涩难懂的古籍，更好地领会古人的思想。在翻译《天演论》的过程中，严复将中国传统中的典故与思想融入译本，从而跨越了"中国"和"外国"、"传统"与"现代"的阻碍，致力探寻人类文化发展的"公例"。[②]

(2)《天演论》的贡献

《天演论》讲解了当时西方先进的资产阶级思想理论，对戊戌变法运动的开展起到很大的推动作用。"物竞天择，适者生存"的物种进化观点和"世道必进，后胜于今"的社会进步理论，满足了国人批判腐朽的封建专制的需要，从理论上打破了顽固派秉持的"天不变，道亦不变"的陈旧观念，不仅为维新变法提供了学理上的支持，还为当时的先进知识分子及其他各类人士提供了有利的思想武器。[③]《天演论》警醒了国人，激发了国人团结一致、保卫中华的意识，推动形成现代民族主义。它的"呐喊"犹如春雷响彻中华大地，警示世人即将到来的亡国灭种的危机，为后来产生的一次次汹涌澎湃的救亡图存运动做了一次大宣讲、大动员，在中国近代史上有着广泛而持续的社会与文化影响。

[①] 严复. 严复集：第5册. 北京：中华书局，1986：320.
[②] 陶磊. 严复的中西文化观及其翻译实践［J］. 复旦学报（社会科学版），2020，62（1）：96-106.
[③] 马蕊. 晚清报刊民主思想研究［D］. 上海：上海大学，2014.

《天演论》对中国先进分子和有识之士的思想产生了深远的影响。如吴汝纶、梁启超、王国维、鲁迅、蔡元培、胡适等人都把读《天演论》作为自己人生的重要经历。① 通过这本著作，他们不仅了解了许多自然科学事实，激发了危机意识和救亡图存的爱国热情，还构建出新的世界观和人生观，用以指导个人生活、行动和斗争。

严复与《天演论》也对毛泽东产生了重要影响。毛泽东给予严复很高的评价，他认为，严复与洪秀全、康有为、孙中山在中国近代史上产生了重大影响，是"在中国共产党问世以前向西方寻找真理的一派人物"②。从毛泽东的文章著作中不难发现严复的存在。如《新民主主义论》中提到的"旧学"与"新学"、"西学"与"中学"的斗争，《天演论》中宣传的"物竞天择""与天争胜""在斗争中求生存"等理念都与毛泽东的个性和革命经历有很强的吻合度。毛泽东认为自然科学是人们争取自由的一种武器，《天演论》他曾反复研读过多遍。③"从1895 年到 1920 年中的中国社会思想演进历程来看，《天演论》的诞生为 20 世纪的中国人开创出一种全新的人生观与世界观，为此后数代人的成长提供了精神力量和思想源泉。同时，20 世纪上半叶的中国先进知识分子和革命者们又在对《天演论》的不断探讨中，发现了新的革命理论，为中国的变革发展指引方向。也正因如此，《天演论》被专家学者们视为 20 世纪中国革命的序言。"④可见，《天演论》对毛泽东革命思想以及革命理论的形成提供了坚实的思想基础。

3. 翻译传播经济学

相较于应用科学、社会学等著作，西方经济学著作译入中国的时间较晚。梁启超在《生计学学说沿革小史》中写道，"兹学（经济学）始盛于欧洲，仅一百五十年以来，今则磅礴烨烁，如日中天，支流纵横，若水演派。而我中国人，非惟不知研此学理，且并不知有此学科"⑤。甲午海战前后，经济学相关著作主要有艾约瑟的译著《富国养民策》，傅兰雅的译著《保富述要》、《佐治刍言》，严复的译著《原富》等。

---

① 周楠，谢柯．从传播学视角看《天演论》的译介及其对文化传播的启示［J］．外语研究，2018，35（6）：80-84．
② 毛泽东．毛泽东选集：第 4 卷．北京：人民出版社，1991：1469．
③ 张晋中．毛泽东学习人生：终生与书为伴 学而不厌诲人不倦．（2）[EB/OL]．（2010-04-12）[2020-08-30]．https://www.chinanews.com/cul/news/2010/04-12/222085/.shtml．
④ 田嵩燕．《天演论》：二十世纪中国革命的序言［EBIOL］．（2020-08-25）[2020-08-30]．https://www.fx361.com/page/2020/0825/6973212.shtml．
⑤ 梁启超．饮冰室合集：第 12 册［M］．北京：中华书局，1989，3．

《原富》由严复译成于1898年,原著为英国古典经济学家亚当·斯密的经典著作《国富论》。在译制过程中,严复加入了六万多字的"按语",并联系中国当时的实际,表达了自己的经济理论和见解,包括在当时中国资本主义初步发展过程中产生的一系列问题,① 这在当时的中国是空前的。

受墨家"义利合一"观点和亚当·斯密"利己主义"思想的影响,严复认为,义和利是不可分的,要创造更多的社会财富,就必须充分发挥民力,允许个人追求自己的利益。他推崇自由贸易,批判重商主义,但是受自身认识的局限,他对劳动价值论和资本本质的认识都出现了严重的偏差。总的来说,作为第一个将资产阶级古典政治经济学名著引入中国的学者,严复开拓了国人的视野,并在经济学方面迈出了重要的一步。

4. 翻译传播政治学

随着甲午战争的失败,中国先进的知识分子认识到,先进的西方器物固然是先进的西方技术和制造之花结出的果实,但是,先进的西方技术和制造之花,却是开放在与之对应的西方制度枝干上的。② 由此,中国掀起了一股介绍西方政治学的热潮。部分译作介绍如表1-2:

表1-2 1840—1921年部分介绍西方政治学的译作

类别	著作	作者/国籍	译者/译入时间	出版/刊载
西方政治学说	《民约通义》	卢梭,法国	中江兆民,1898	上海同文译书局
	《群己权界论》	约翰·穆勒,英国	严复,1903	商务印书馆
	《自由原理》	约翰·穆勒,英国	马君武,1903	译书汇编社
	《万法精理》	孟德斯鸠,法国	张相文,1903	上海文明书局
	《法意》	孟德斯鸠,法国	严复	商务印书馆

1898年,上海同文译书局刻印《民约通义》第一卷,由日本中江兆民翻译。1902年,《新民丛报》刊登了梁启超的《民约论巨子卢梭之学说》,卢梭的思想开始在中国传播。1903年,严复和马君武分别将英国思想家约翰·穆勒《论自由》译为中文。严复将其译为《群己权界论》,由商务印书馆发行出版;不久,马君武将其译为《自由原理》,在译书汇编社刊行。③ 20世纪初,由张相文转译

---

① 罗耀九. 严复的经济思想述评 [J]. 中国经济问题,1978 (2):64-72.
② 王浦劬. 近代中国政治学科的发轫初创及其启示 [J]. 政治学研究,2019 (3):2-12,125.
③ 龚书铎. 晚清西学约议 [J]. 近代史研究,1991 (2):1-17.

的《万法精理》在上海文明书局发行刊印，主要是原著《论法的精神》前20章的内容，1905—1909年间，商务印书馆陆续出版了严复的《法意》，这是《论法的精神》相对较完整的一个译本。

在翻译介绍西方新思想著作的同时，西方新的学说也被翻译引进中国，同一时期，马克思和恩格斯的社会主义学说也被介绍进来。部分译作介绍如表1-3：

表1-3 1840—1921年介绍西方社会主义学说的文章刊发概况

类别	文章	作者/发表时间	发表刊物
社会主义学说	《大同学》	1899	《万国公报》
	《中国之社会主义》	梁启超，1904	《新民丛报》
	《德意志革命家小传》	朱执信，1906	《民报》

5. 翻译传播哲学思想

19世纪末20世纪初，在社会变革的时代背景下，中国历史上第二次大规模西学东渐活动开启，以王韬、严复、康有为、梁启超、蔡元培、马君武等为代表的中国知识分子通过推介西方先进的思想、文化、学术理论，向封建旧思想发起冲击，[①] 西方哲学思想在这一浪潮的冲击下传入中国。

知识界译介西方哲学的工作主要表现在：一是介绍西方宗教学说，如1906年商务印书馆出版的汉译版的《妖怪学讲义录（总论）》，该书由蔡元培翻译，被现代哲学家张东荪誉为"中国之有西洋哲学"第一个时代的代表。二是系统介绍西方哲学的原理和体系，如翻译日人井上圆了所著《哲学要领》、姊崎正治所著《宗教学概论》。三是介绍西方哲学的重要哲学流派和哲学家。如1903年由国民丛书社翻译的《哲学十大家》，系统地介绍了苏格拉底、柏拉图、亚里士多德、培根、牛顿、孟德斯鸠等十位哲学家的各种哲学思想，为世人在哲学道路上前进指引方向。[②]

6. 翻译传播新思想启蒙文学

（1）林纾翻译传播西方新思想启蒙文学

林纾（1852—1924），字琴南，号畏庐。出生于福建闽县，是中国新文化先驱，近代著名文学家、翻译家。康有为曾评价说"译才并世数严林"。林纾译著颇丰，他先后翻译欧美小说达180余种，涵盖美、英、法、俄、德、日等多个国

---

① 郭亚文，张政. 明末清初和清末民初的西哲中译 [J]. 上海翻译，2017（5）：63-68.
② 龚书铎. 晚清西学约议 [J]. 近代史研究，1991（2）：1-17.

家的文学著作。其翻译风格轻快明朗,能够很好地还原原著的情调与特点。林纾译著简介如表1-4:

表1-4 林纾译著简介

译著名	作者/国籍	译者/译入时间	主要内容/备注
《巴黎茶花女遗事》	宫崎寅藏,日本	林纾,王寿昌	节译自《三十三年落花梦》
《块肉余生述》	狄更斯,英国	林纾	即《大卫·科波菲尔》
《天女离魂记》	哈葛德,英国	林纾,陈家麟	
《恨缕情丝》	托尔斯泰,俄国	林纾,陈家麟	为《克莱采奏鸣曲》和《家庭的幸福》两个短篇的合集
《魔侠传》	塞万提斯,西班牙	林纾,陈家麟	即《堂吉诃德》
《离恨天》	森彼得,法国	林纾,王庆骥	
《撒克逊劫后英雄略》	司哥特,英国	林纾,魏易	
《鲁滨孙漂流记》	笛福,英国	林纾,曾宗巩	

林纾提倡学习西学,赞成维新和变法立宪,他曾在《〈斐洲烟水愁城录〉序》中讲道,"欧人志在维新,非新不学,即区区小说之微,亦必从新世界中着想,斥去陈旧不言。若吾辈酸腐,嗜古如命,终身又安知有新理耶?"[①] 林纾对西方文学作品的翻译,引起了国人对西方文化习俗及生活方式的兴趣,改变了国人对西方认识的误解。通过林纾的翻译,中国的一部分知识分子认识到,"他们"原与"我们"是同样的"人","中"与"西"并非两个决然相异的名词。[②] 林纾的翻译不仅具有积极的文学意义,在反帝反封建的斗争中也发挥了积极作用。他的作品开拓了国人的视野,纠正了长期以来国人对西方的鄙夷,传播西方先进的文明教化,开启民智,激发中华人民反帝爱国热情。此外,以鲁迅、郭沫若、沈从文、谢冰心、叶圣陶等为代表的一大批"五四"新文化运动的作家也都受到林纾小说的影响。

(2)梁启超翻译传播启蒙新思想的小说

梁启超(1873—1929),字卓如,号任公,广东新会人。他是中国近代著名的思想家、政治家。作为近代史上的新文化先驱,维新派、新法家代表人物,梁启超大力提倡学习西学和译书工作。1895年,甲午战败,中国面临空前危机,

---

① 王爱荣. 论辛亥革命与中国近代文学的关系 [D]. 南京:南京师范大学,2011.
② 林元彪. 文章学视野下的林纾翻译研究 [D]. 上海:华东师范大学,2012.

维新派创立了强学会，梁启超在其中任书记员。强学会对译书的重视，构成梁启超译书思想的发端。梁启超提出，"使天下学子，自幼咸习西文。取西人有用之书，悉译成华字。"① 他在主办的《时务报》《新民丛报》《知新报》等刊物中，设译书专栏，并以序文的形式提倡翻译。利用报刊舆论，西学在中国得到了广泛传播，翻译事业也取得了很大的发展，对中国社会产生了深远的影响。

维新变法失败后，梁启超将重点转向西方文学，希望通过翻译外国小说引进西方的启蒙思想，以期改造社会。② 梁启超认为，文化可以改造国民思想，"欲新一国之民，不可不先新一国之小说"。中国的旧小说无法起到"新民"的作用，而日本在明治维新后，已经将大量的西方经典著作译成了日文，通过转译日译政治小说，可以达到以文治国、启迪民智的目的。

梁启超是最早提出利用小说改造社会的政治家，并大力倡导翻译外国优秀小说。他将小说誉为"文学之上乘"，先后翻译了《佳人奇遇》《世界末日记》《俄皇宫中之人鬼》等一系列西方小说，他的翻译活动具有"政治为先，应时而变"的特点。即以爱国救亡为目的，通过改变翻译的兴趣和策略，传达自己的政治抱负和主张。其政治小说的翻译，一般是通过日文转译，在翻译过程中进行改写和再创作，并通过新闻报刊发表自己的译作。梁启超翻译的西方译著概况如表1-5：

表1-5 梁启超翻译的西方译著概况

译著名	作者/国籍	刊载
《佳人奇遇》	柴四朗，日本	《清议报》
《世界末日记》	弗拉马利翁，法国	《新小说》
《俄皇宫中之人鬼》	阿普沃德，英国	《新小说》
《经国美谈》	矢野龙溪，日本	《清议报》
《十五小豪杰》	凡尔纳，法国	《新民丛报》

在梁启超等人的带动下，19世纪末到20世纪初，中国出现了一股政治小说译入热潮。部分书目简介如表1-6：③

---

① 梁启超. 梁启超全集：第1集 [M]. 北京：中国人民大学出版社，2018：78.
② 罗选民. 意识形态与文学翻译：论梁启超的翻译实践 [J]. 清华大学学报（哲学社会科学版），2006（1）：46-52.
③ 陆贝旎. 从《佳人奇遇》看梁启超的小说翻译观 [J]. 浙江海洋学院学报（人文科学版），2016，33（5）：54-58.

表 1-6　19 世纪末 20 世纪初政治小说译入简介

译著名	译者/译入时间	作者/国籍	刊载/出版
《东洋之佳人》	梁启超	柴四朗，日本	博文堂
《累卵东洋》	忧亚子，1901 年	大桥乙羽，日本	东京
《日本维新英雄儿女奇遇记》	逸人后裔，1901 年	长田偶得，日本	广智书局
《经国美谈》	周逵，雨尘子，1902 年	矢野龙溪，日本	广智书局
《极乐世界》	披雪洞主，1903 年	矢野文雄，日本	广智书局
《未来战国志》	马仰禹，1903 年	东洋奇人，日本	广智书局
《政海波澜》	赖子，1903 年	佐佐木龙，日本	作新社
《雪中梅》	熊垓，1903 年	末广铁肠，日本	江西尊业书局
《千年后之世界》	包天笑，1904 年	押川春浪，日本	群学社
《旅顺双杰传》	汤红绂，1909 年	押川春浪，日本	世界社

同不同阶级对中国近代化的探索相同，这些政治小说的翻译的目的也是"开启民智"，酝酿思想解放，这种译介活动不仅在主观上推动了政治运动的开展，在客观上也推动了 20 世纪初中国文学的革故鼎新。一方面，政治小说的译介，培养了导向革命的救亡意识，通过小说这一体裁形式，帮助国人了解世界，并惊醒民众，激发他们的爱国热情，这些小说多关注国民的思想变革，转变世人的价值观观念并更新大众的人格理想；另一方面，这些小说出于传播广度的考量，对旧文体的诗文雅韵进行舍弃，推动了白话文的发展和普通大众文化素养的提升。可以说，小说得以成为 20 世纪文学领域最为流行的文体，与这场世纪初把小说推到文学中心的"小说界革命"有着密不可分的联系。[①]

三、翻译传播的机构

从 1811—1911 年清朝统治结束，这百年之间，中国共翻译、出版西方各类学说书籍 2 291 种。[②] 清政府主持的翻译工作对当时中国国内引进西学及传播科学知识具有巨大的、直接的推动作用。官方翻译机构主要包括南洋公学译书院、江楚编译局、学部编译图书局、直隶学务公所等。

南洋公学的创办人是盛宣怀，他一直都认为"新政"的开展必须建立在社会

[①] 黄轶. "开启民智"与 20 世纪初小说的变革：从"政治小说"到"鸳鸯蝴蝶派"[J]. 郑州大学学报（哲学社会科学版），2004（2）：23-25.

[②] 熊月之. 晚清西学东渐史概论[J]. 上海社会科学院学术季刊，1995（1）：154-163.

各类机构的更新之上，因此从学校、军政、财务等各个方面都需要向西方学习，参考西方先进的组织架构，并把西方各类先进科技书籍列入编译计划之内。自成立起，南洋公学译书院陆续翻译出版书籍69种，包含兵书、政书及教材等。

1907年，江楚编译局出版了刘鉴译述的《埃及近事考》一书。学部编译图书局除了编辑教科书外，还制作了部分世界区域地志等著作，如《小亚细亚志》《印度新志》《苏门答拉志》《爪哇志》等书。

这些翻译机构在传播西学过程中产生了积极的推动作用。西方的社会学、政治学、经济学知识得以在中国广泛传播，对中国知识界产生了深远的影响。

四、翻译传播的革命贡献

甲午战争前后，翻译传播活动毋庸置疑推动了中国近代化工业化转型，不论是由清政府主导的洋务科技翻译，还是轰轰烈烈的社会科学翻译，抑或是戊戌变法失败后由梁启超推行的文学翻译，都从各个方面为中国的近代化转型做出了贡献，为中国发展提供了先进案例的借鉴，奠定基础，积蓄动力，推动凋敝的旧中国向近代化迈进。

1. 对维新变法的贡献

西学的输入带来了思想的解放。甲午战争后，外患日急，国内开始全面地输入西学，翻译活动呈现出前所未有的历史特点。主要体现为对翻译重要性认识的增强、翻译范围的扩大、翻译水平的提高和翻译队伍的壮大。[①] 翻译活动开启了民智，将西方先进的思想和技术引入中国，为维新派的政治主张和救国道路提供了重要参照。维新变法失败，表明由于封建统治的腐朽没落，试图通过改良的道路实现救亡图存的使命是不可能实现的。在中国大地的另一个角落，由孙中山领导的资产级革命派开始走向历史舞台的中央。

2. 对资产阶级革命的贡献

与维新派相同，资产阶级革命派的思想有基础，同样来源于晚清的西方译入书籍。资产阶级革命派不仅从欧洲经典革命史中获得点拨，还深受《天演论》的影响。但是，与改良派不同的是，资产阶级革命派秉持的是"天赋人权"思想，并以此为依据，试图冲破封建统治阶级"君权神赋"的思想束缚，从而从思想上瓦解封建统治阶级的统治，推翻压迫在人民头上的清政府的酷治，建立资产阶级共和政体。

---

① 连燕堂. 维新运动与近代翻译事业的发展 [J]. 文史知识，1998 (6)：47-53.

爱国青年学生孙中山在遭受现实的鞭打后，彻底认清了清政府的面目，接受革命思想的感召，联合创办《译学汇编》《开智录》，翻译刊载《民权真义》、《革命新论》、《法国革命史》、《代议政体》和《法兰西人权宣言》等革命理论学说，传播革命学说和资产阶级政体、法治、民权，为蓄力已久的革命运动注入了思想动力。并由此引发辛亥革命，并成功推翻了统治中华大地几千年的封建制度。

3. 翻译传播点燃辛亥革命

翻译传播活动为辛亥革命做了大量思想和舆论准备。1903年，章士钊出版了《孙逸仙》一书。该书以日本人宫崎寅藏所著自传《三十三年落花梦》为基础，以编译的方式介绍了孙中山的早期革命斗争史，着重讲述了孙中山的早期革命活动和政治主张，以此提升孙中山的政治影响力，并帮助确立孙中山先生在中国同时期内的资产阶级民主革命运动中的领袖地位。[①] 同年，马君武翻译了约翰·穆勒的《论自由》一书，译入了自由、平等、人民主权、公共精神等内容，希望借此唤醒国人。除此之外，革命派还翻译了许多外国的优秀书籍，部分译著简介如表1-7：

表1-7　20世纪初革命派译入的部分西方著作简介

译著名	译者/译入时间	作者/国籍/时间
《孙逸仙》	章士钊，1903	宫崎寅藏，日本，1902
《弥勒约翰自由原理》	马君武，1903	穆勒，英国，1859
《斯宾塞女权篇达尔文物竞篇合刻》	马君武，1903	斯宾塞，英国，1902
《共和政体论》	罗伯雅，1903	纳岌尔布礼，法国
《希腊独立史》	秦嗣宗	柳井纲斋，日本

这些译著，以揭露清王朝封建专制统治的真实面孔，抨击封建专制制度和思想的谬论，传播西方近代民主的真谛和政治理论与制度框架为目的。[②] 这一时期的革命派，编译了大量欧美资产阶级革命史和独立史，对英、法、美、意以及希腊等国的发展史做出了详细的介绍与有力的宣传，这一阶段的译入目的也很明确，就是希望从西方国家革命和独立的历史中汲取精神力量、理论基础和实践经验，走出中国自己的资产阶级革命道路。

1911年10月10日，武昌起义爆发，一场资产阶级革命派领导的民主革命拉

---

① 郭双林. 试论章士钊编译的《孙逸仙》在清末革命宣传中的地位和作用[J]. 河南大学学报（社会科学版），2000（2）：8-12.

② 周红. 现代汉语致使范畴研究[D]. 上海：华东师范大学，2004.

开了帷幕。以孙中山、黄兴、蒋翊武等为代表的民主革命活动家,为推翻清政府、建立民主共和国进行革命斗争,这场全国性革命在中国轰轰烈烈地展开,统治中国几千年的封建君主专制被瓦解,民主共和的理念得以广泛传播,对中国社会变革产生了深远影响。辛亥革命废除了封建帝制,西方民主社会的政治思想及价值观念广泛传播,民主共和观念深入人心,中华民族爱国主义空前高涨,民族资本主义经济得到初步发展,与之而来的是中国工人阶级在这一历程中开始成长发育,为中国共产党的诞生扫除了政治障碍并积蓄了阶级力量。

辛亥革命前后,当时的革命派对新兴的马克思主义、社会主义学说的认识存在一定的偏差,如1912年,孙中山在《社会革命谈》的演讲中指出:"今之吾国之革命,乃为国利民福革命。拥护国利民福者,实社会主义。"①他将社会主义与民生主义画上等号。这只能说是马克思主义在中国广泛传播的序幕。但它的出现,意味着马克思主义在中国早期传播条件的成熟。

★ 第四节　翻译传播与马克思主义中国化 ★

一、翻译传播与早期马克思主义中国化

在马克思主义传入中国之前,就已有介绍西方革命的读物。王韬、张德彝等是最早将巴黎公社事迹传播到中国的一批人。1871年,王韬根据国外报道并结合自己的见闻编纂完成了《普法战纪》,同年,张德彝根据对巴黎公社的见证撰成《随使法国记(三述奇)》,当时西方传教士所办的《中国教会新报》中也出现了巴黎公社运动的记载。但是受译者自身阶级立场的影响,他们对巴黎公社运动持反对态度,但在客观层面,他们将巴黎人民的英勇抗争记录了下来。1877年,外交家黎庶昌出使欧洲,他根据自己的见闻、经历著成《西洋杂志》一书,书中讲到了欧洲的社会主义运动,将Socialist(社会主义者)译为"索昔阿利司脱",Nihilism(无政府主义)翻译为"尼喜利司木"。② 1878年,李凤苞在《使德日记》中亦有关于社会主义运动的描述。如将Social Democratic Party(社会民主党)翻译为"莎舍尔德玛噶里会",将Communism(共产主义)翻译为"廓密

---

① 孙中山. 孙中山选集(上卷),北京:人民出版社,1981:104.
② 鲁法芹. 晚清社会主义思潮在中国传播的若干问题[J]. 当代世界社会主义问题,2012(1):107-115.

尼"。1896年，在中国人创办的第一份杂志——《时务报》上，维新党人刊发了《社会党开万国大会》一文，"社会党"的表述首次在中文的相关报道中出现。1898年受英国传教士李提摩太的委托，翻译家胡贻谷将英人克卡朴的《社会主义史》译成中文，译名为《泰西民法志》。该书详细介绍了欧洲各种社会主义学说，书名中的泰西泛指欧洲各国。

1. 翻译传播与早期马克思主义中国化

中国人很早就接触到了马克思主义。根据陈铨亚等人的研究，早在1898年马克思主义学说就由上海广学会出版的《泰西民法志》传播到了中国。学界较为认同的观点是，1899年，《万国公报》刊载的《大同文》最早将马克思介绍到中国，在该文中，马克思的名字首次出现在中国。《大同学》由英国学者颉德所著，原名《社会进化》。《万国公报》上多次提到"百工领袖"马克思的名字。书中写道："其以百工领袖著名者，英人马克思也。马克思之言曰：纠股办事之人，其权笼罩五洲，突过于君相之范围一国。"[①] 恩格斯的名字也由于《大同学》的出版而为国人所知。《大同学》也标志着《共产党宣言》的传入，书中引用了《共产党宣言》文件的部分内容，如"资产阶级，由于开拓了世界市场，使一切国家的生产和消费都成为世界性的了。"

关于社会主义学说，当时的报刊如《万国公报》《浙江潮》《新民丛报》等都刊载过介绍社会主义学说的文章。1904年，资产阶级改良派的《新民丛报》上刊载了梁启超的《中国之社会主义》，他说，"现如今的经济社会现状是，少数人掠夺多数人之土地而组成之者也"，把社会主义视为一种宏大理想。早期朱执信对马克思和社会主义的介绍最为详尽。1906年，他就在《民报》上发表《德意志社会革命家小传》一文，着重讲述马克思、恩格斯的事迹，同时摘录并评述了政治经济学著作《资本论》、科学社会主义理论纲领《共产党宣言》中的内容。[②]

2. 马克思主义中国化经典著作翻译传播

学术界认为《近世社会主义》是"近代中国第一部系统介绍马克思主义的译著"，该书作者是日本作家福井准造，经由赵必振翻译在上海广智书局出版。[③]作为早期在中国传播的社会主义初始文献，该书描述了当时多国社会主义的发展

---

① 张红兰.《共产党宣言》在中国的早期介绍与传播[J]. 党史天地，2002（10）：41-42.
② 彭明. 马克思学说何时介绍到中国[J]. 科学社会主义参考资料，1981（2）：36-37.
③ 周红. 现代汉语致使范畴研究[D]. 上海：华东师范大学，2004.

状况，介绍了各国是如何通过社会主义解决当时社会存在的各种问题的。①

全书约 16 万字，分为 4 编，分别介绍了社会主义思想的不同嬗变阶段。② 该书使用"使用价格""交换价格"等马克思主义学说的术语，将马克思主义学说术语与汉语进行了融合。同时介绍了马克思主义政治经济学的核心观点，阐述了生产力与生产关系之间的矛盾，论证了资本主义的兴起、发展和必然走向灭亡的规律。在译介过程中，该书对马克思主义理论进行了消化吸收，同时，对无政府主义思潮进行了批判。

书中虽然只是初步介绍了马克思及其学说，但马克思主义的基本内容得到了反映，为此后中国大规模和实质性的传播马克思主义及其哲学提供了思想先导。③ 同时，在戊戌变法和义和团运动相继失败的背景下，该书对探索救亡图存道路的先进分子也产生了一定的影响。④

3. 20 世纪初马克思主义中国化翻译传播

20 世纪初，马克思主义和社会主义的相关介绍日渐增多。这一时期，马克思主义译入的主体多为留日学生和赴日革命者，当时日本的马克思主义传播已经取得较好效果，一方面，数量众多的介绍马克思主义和社会主义的著作接连翻译出版，另一方面，以片山潜、安部矶雄为代表的早期马克思主义者在日本涌现。因此，这一时期，中国的马克思主义传播的主要输入源自日本。部分译著简介如表 1-8：

表 1-8　20 世纪初马克思主义中国化翻译传播部分译著简介

译著名	作者	刊载刊物	译者/译入时间
《近世政治史》	有贺长雄	《译书汇编》	1901
《进化论革命者颉德之学说》	梁启超	《译书汇编》	梁启超，1902
《社会主义与进化论比较》	马克思等	《译书汇编》	马君武，1903
《德意志社会革命家小传》	马克思、恩格斯	《民报》	朱执信，1906
《〈共产党宣言〉序》	马克思、恩格斯	《天义报》	刘师培，1908

1901 年，《译书汇编》上刊载了《近世政治史》，该书为日本人有贺长雄著。

---

① 鲜明.《近世社会主义》对马克思主义学说译介的贡献[J]. 社会科学论坛，2015（4）：220-225.
② 鲜明，修刚. 晚清系统译介社会主义学说的第一部译作[J]. 天津外国语大学学报，2013，20（4）：45-49.
③ 冯志杰. 中国近代翻译史晚清卷. 北京：九州出版社，2011：序言 2-3.
④ 田伏隆，唐代望. 马克思学说的早期译介者赵必振[J]. 求索，1983（1）：118-120.

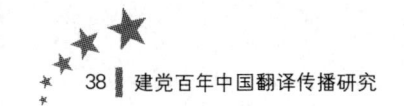

作为我国第一个日本留学生团体"励志会"创办的刊物,该刊专门翻译连载政法类日文书籍。《近世政治史》一书介绍了马克思及其学说,并将马克思的学说称为社会主义。

1902年,梁启超在《进化论革命者颉德之学说》一文中提及马克思,他写道:"麦喀士,日耳曼人,社会主义之泰斗也。"次年,在《二十世纪之巨灵托拉斯》一文中,梁启超再次写道:"麦喀士,社会主义之鼻祖,德国人,著述甚多。"①

1903年,马君武在《译书汇编》上发表了《社会主义与进化论比较》一文,他写道:"马克司者,以唯物论解历史学之人也,马氏尝谓阶级竞争为历史之钥。"② 文章介绍了《共产党宣言》《资本论》等马克思经典著作,为国人列出了一份学习了解马克思主义的书单。

1905年,朱执信的《德意志社会革命家小传》在中国同盟会的《民报》上发表,该文不仅讲述了马克思和恩格斯的生平,还介绍了马恩学说,并对《共产党宣言》进行了翻译,同时,对其时代背景、主体内容和历史意义做出介绍。朱执信在文中对《资本论》也进行了介绍,他是中国正式翻译《资本论》的第一批人。同年,宋教仁、廖仲恺等人也在《民报》发表了介绍共产主义运动和《共产党宣言》的一系列文章。

1908年,刘师培在《天义报》上发表了《〈共产党宣言〉序》,这是国人最早为《共产党宣言》作的序。中国学者还对马克思主义、社会主义进行了评说。

虽然这一时期,包括资产阶级改良派、资产阶级革命派和无政府主义者等在内的不同政治派别都关注到了马克思主义,但他们对马克思主义的介绍和认识各不相同,这些政治派别都没有将马克思主义作为自己的行动指南,也没有找到适合中国国情的救亡图存之路。

二、翻译传播新思想推进马克思主义中国化

1. 翻译传播马克思主义催化新文化运动

1915年,中国开始了新文化运动,其标志性事件是陈独秀创办了《青年杂志》。这场思想解放运动给传统封建礼教造成沉重打击,科学和民主思想开始在中国生根发芽。在这场运动中,西方思想的传入为马克思主义在中国的传播以及

---

① 李兴平. 马克思主义中国化历史进程的演进规律研究 [D]. 兰州:兰州大学,2010.
② 蔺淑英. "五四"前后中国先进分子选择唯物史观探源 [J]. 中共党史研究,2009(11):75-83.

五四运动的爆发奠定了思想基础。

在新文化运动中，翻译传播扮演了重要角色。通过翻译传播活动，马克思主义以及西方各种思想学说传入了中国，形成了百家争鸣的局面。与此同时，众多文学作品通过翻译传播活动进入中国，为中国现代文学经典的形成和学术话语的转型奠定了基础。① 在新文化运动时期，翻译传播活动进行语言文字转换、推动文化阐释、催化文化变革。特别是翻译传播马克思主义，对新文化运动产生了重要影响，主要表现在以下几个方面：

（1）翻译传播科学和民主、开启民智、解放思想

新文化运动前后，中国正在寻求从半殖民地半封建社会向新民主主义国家的转型。而要推进这一转型单靠本土的力量是不够的，新文化运动的先驱者们便借助翻译传播的力量，将有利于新文化运动的新思想、新观念以及西方现代国家的两个最重要的因素——科学和民主译介到中国。翻译传播作为一种催化剂催生了新文化运动，使得大量国外优秀的文学作品以及人文学术著作进入中国并启迪国人的思想和观念。将绝大多数中国人从黑暗的蒙昧状态中唤醒，为在黑暗中苦苦追求救国救民真理的先进分子提供了思想指导。

中国的一批先进分子和有识之士，如胡适、李大钊、鲁迅、陈独秀、蔡元培等，领导发起了"反传统、反儒学、反文言文"的思想文化运动，希望通过文化上的变革推动中国步入现代化。引进先进的思想和文化，就得依靠翻译传播。在新文化运动之前，这些知识分子就发起了大规模的翻译西学活动，诸如尼采、马克思这样的思想家的著述被大量引入，几乎当时所有主要的中国哲学家和文学家都在引用和讨论译入的思潮，他们对这些著述进行消化吸收，影响和开启民智。

（2）翻译传播催化思想文化运动，奠定新民主主义革命基础

新文化运动，不仅具有鲜明的政治意识色彩，还具有高度的思想解放性。翻译传播在这场革命中起到了决定性作用，西方的先进思想和理论的译入，不仅是文字的转换，更是跨文化的阐释。在这场运动的催化下，中国文化和文学开始从边缘向中心运动，逐渐缩短了与世界文化和文学的距离。在这方面，翻译所起到的作用不仅仅体现在语言的层面上，更体现在文化阐释的层面上：大量被直译过来的文学作品及人文学术著作经过译者和阐释者的评介和阐释，读者更加容易理解。

---

① 王宁. 翻译在新文化运动中的历史作用及未来前景[J]. 中国翻译，2019，40（3）：13-21，188.

马克思主义来自西方，要用它指导中国的发展，就必须使它适应中国文化，就必然缺少不了翻译这一重要环节。因而，在中国的社会文化环境下，马克思主义不仅仅只是"翻译过来的"概念，更是中国的马克思主义者的创造性阐释，在译入马克思主义的基础上，中国发展起来一个"中国化"的马克思主义思想体系。可以说，新文化运动之于现代中国的一个重要成果就是将马克思主义引入中国，这无疑也为其后中国共产党的诞生，及其所领导的新民主主义革命的胜利打下了坚实的思想基础。

2. 翻译传播十月革命加速马克思主义中国化

1917年11月7日，俄国爆发十月革命。三天后，由中国革命党人创办的《民国日报》就发表文章《突如其来之俄国大政变》报道了十月革命爆发的消息。随着俄国革命局势的迅猛发展，中国的相关报道不断增多。1918年2月，苏维埃政府宣布，废除沙皇俄国强加给中国的一系列不平等条约，这条消息在《申报》上登载，受到中国人民的热情欢迎。以孙中山为代表的资产阶级革命派，给予十月革命积极的评价。1918年5月，孙中山在《民国日报》发表的文章中写道，"俄国数千年之专制政府亦为提倡和平之列宁政府所推翻，行见东亚大陆将为民治潮流所充布，而侵并强霸主义绝难实现于今日矣。"[1] 这场布尔什维克党领导下的社会主义革命，对中国产生了前所未有的影响。

十月革命为中国送来了马克思列宁主义，这是对中国最大的影响。中国的先进分子逐渐形成了无产阶级世界观，并以此寻找救亡图存的道路，这是先进分子寻找中国出路的重要分野。在此之前，中国以欧美等西方国家为学习对象，寄希望于资产阶级革命，但是这条道路没有取得成功。十月革命将科学社会主义的抽象思想转化为鲜活的革命实践，对中国人产生了极强的吸引力和感召力。受到十月革命胜利的鼓舞，探寻救亡图存的中国先进分子觉察到光明前景和新的希望。李大钊、陈独秀等开始传播马克思列宁主义。

1918年，李大钊在《言治季刊》上发表了《法俄革命的比较观》一文，文章表达了对迎接社会主义革命大潮的期望。同年11月，李大钊发表《庶民的胜利》，表达了对十月革命胜利的赞誉，同时，庆祝欧战胜利。不久，《新青年》刊载了中国最早的马克思列宁主义文献，其名称为《布尔什维主义的胜利》。

十月革命前后，在传播马克思主义的过程中，旅俄华工是一支重要力量。旅俄华工成立了"旅俄华工联合会"，在布尔什维克党的领导下从事革命活动，部

---

[1] 李大钊. 李大钊全集：第2卷. 北京：人民出版社，2006：259-263.

分华工还直接参与了十月革命的起义活动。十月革命胜利以后，在俄共的帮助下，旅俄华工建立了党组织，积极宣传马克思主义，思想觉悟得到很大提高。①随着一战的结束和苏维埃政权的逐渐巩固，大批旅俄华工开始有组织地陆续回国，为马克思主义在中国的早期传播提供了人才保障。

三、翻译传播推高马克思主义中国化

1. 翻译传播马克思主义思想

在中国近代翻译史上，五四运动后开始的马克思主义的系统翻译和传播对中国政治和社会变革影响最大。马克思主义从此成为中国人民实现民族独立、民族解放和中华民族伟大复兴的强大思想武器。受国际十月革命，以及国内新文化运动和五四运动的影响，这一阶段马克思主义在中国的传播有其特点，由零星翻译转向广泛传播，并逐步成为当时革命运动的主导思想。②

1915年，陈独秀在上海创办《青年杂志》。在陈独秀所著《敬告青年》一文中，他提出了民主与科学的口号，号召中国青年"奋其智能，力排陈腐朽败者以去"，并提出六条宗旨和希望。

五四运动前后，马克思主义在中国的传播得到新的更大发展。这一时期，中国思想界空前活跃。五四运动为马克思主义经典著作在我国译介、宣讲和传播的主要转折点。1919年6月之后，由于十月革命与五四运动的合力影响，我国一大批进步知识分子正式从求索真理的意义上钻研马列主义，马克思、恩格斯、普列汉诺夫、列宁等的部分经典汉译本先后出版，报刊中译介、宣讲与辩论马克思主义与社会主义的文章猛增。这一时期，各类报刊积极传播马克思主义，刊载大量马克思主义相关的译文文献。

李大钊、陈独秀等在北京创办的报刊《每周评论》，发表了《共产党宣言》的节译稿。1919年5月，《晨报》开辟了"马克思研究"栏目，先后登载了马克思在布鲁塞尔德意志工人协会上发表的演说《雇佣劳动与资本》，以及马克思理论经典解读著作《马克思的唯物史观》（河上肇著）和《马克思的经济学说》（考茨基著）等经典篇目。李达则通过翻译《马克思经济学说》《社会问题总览》《唯物史观解说》等书籍，向国人介绍了马克思主义的各组成部分。

2. 翻译传播燃爆五四运动

翻译传播将西方先进思想引入中国，为五四运动的爆发做了思想准备、人员

---

① 石亮. 马克思主义在中国的早期传播研究 [D]. 北京：北京化工大学，2013.
② 吴向媛. 五四时期报刊译文与马克思主义传播研究 [D]. 南宁：广西大学，2018.

准备和行动准备，推动了五四运动的爆发。

在思想层面，翻译传播引入了西方的思想学说和国际理念。如西方关于国际关系和对外政策的理念和信仰。胡适曾说："我们必须承认引起全世界人类乐观态度的威尔逊主义思想确是五四运动兴起的一种原动力。"在翻译传播活动的推动下，美国威尔逊思想对中国大众产生深刻的影响，威尔逊提倡的"公理""平等""民族自决"等理念抵达中国大众。特别是翻译传播马克思主义，帮助中国人了解自然科学、工程技术以及西方文化中社会理论的精华。马克思主义和新文化的引入，传播了人文主义和科学理性，打破了传统的仁礼禁忌和以家庭为本位的传统观念。影响和激励了"五四"一代以及此后数代的中国人。

在人员层面，翻译传播实践培养了知识精英、资产阶级革命派和一部分初步具有共产主义思想的知识分子，他们具有爱国主义精神，多受过良好的教育，同时在开启民智、动员革命上付出了大量的努力，特别是具有初步共产主义思想的知识分子，他们后来大多成长为马克思主义者。

在行动层面，翻译传播为马克思主义大众化提供了经验积累。著名学者俞良早研究指出，中国马克思主义早期传播者在传播马克思主义的过程中，在实现马克思主义同中国工人运动的结合的实践中，对马克思主义的理解与运用表现出一种科学的态度。[①]"这种大众化体现在实现马克思主义中国化的过程中；体现在满足人民群众的理论需要和实现人民群众的根本利益过程中；体现在改进马克思主义传播方式探索中以及在与非马克思主义思潮论辩与较量中。"[②]

★ 第五节　马克思主义中国化与中国共产党成立 ★

一、"五四"时期翻译传播与马克思主义中国化

19世纪末马克思主义在中国开始传播，至"五四"时期，已形成一种文化思潮。"五四"时期，许多马克思主义著作竞相翻译出版，形成波澜壮阔的景象。这些译著为研究和传播马克思主义创造了条件。在这种背景下，马克思主义开始在中国迅速传播开来。部分翻译出版的著作如表1-9：

---

① 俞良早.信仰马克思主义和正确运用马克思主义：五四时期马克思主义者的科学态度.湖北社会科学，2002（5）：16-17.

② 吴艳东，李强.马克思主义在中国的早期传播与大众化.湖北大学学报（哲学社会科学版），2008（5）：20-24

表 1-9　五四时期译入马克思主义著作简介

马恩原著	《共产党宣言》(马克思,恩格斯)、《雇佣劳动与资本》(马克思)、《资本论自叙》(马克思)、《〈政治经济学批判〉序言》(马克思)、《社会主义从空想到科学的发展》(恩格斯)
列宁著作	《民族自决》[即《在俄共(布)第八次代表大会上关于党纲的报告》]、《过渡时代的经济和政治》(《无产阶级专政时代的经济和政治》)、《建设中的苏维埃》、《俄国的政党和无产阶级的任务》、《国家与革命》
考茨基	《马氏资本论释义》《阶级斗争》
马尔西	《马克思资本论入门》
克卡朴	《社会主义史》
河上肇	《唯物史观研究》

五四运动前后,对社会主义和马克思主义的译入和传播颇为流行。特别是 1920 年,由陈望道翻译出版的中文版《共产党宣言》,一经发行便在社会各界引发了社会主义和马克思主义的热议,并推动相关书籍火热译入中国。这一时期的著作译介主要有马克思主义原著、列宁著作以及马克思主义经典著作。部分翻译出版的著作介绍如表 1-10:

表 1-10　20 世纪初马克思主义著作翻译出版概况

年份	原著/作者	译名/译者	出版社/报刊
1919	《雇佣劳动与资本》/马克思	《劳动与资本》	《晨报副刊》
1920	《社会主义从空想到科学的发展》/马克思	郑次川/《科学的社会主义》	上海群益书社
1920	《资本论自序》/马克思,恩格斯	费觉天/《资本论自叙》	《国民》
1920	《社会主义从空想到科学的发展》/恩格斯	《科学的社会主义与唯物史观》/徐苏中	《建设》
1921	《〈政治经济学批判〉序言》/马克思	《马克思的唯物史观》/范寿康	《东方杂志》

除此之外,对列宁著作的翻译也如雨后春笋一般缤纷涌出。这一时期,对列宁经典著作的译介传播成果显著,列宁的思想观点传入后,指导了我党的中国革命道路探索。[①]部分翻译出版的著作介绍如表 1-11:

---

① 邱少明.民国马克思主义经典著作翻译史(1912 至 1949 年)[D].南京:南京航空航天大学,2011.

表 1-11　20 世纪初列宁经典著作的译介传播简介

年份	原著	译者/译名	报刊
1920	《关于党纲的报告》	震瀛/《民族自决》	《新青年》
1920	《无产阶级专政时代的经济和政治》	震瀛/《过渡时代的经济》	《新青年》
1920	《苏维埃政权的当前任务》	《建设中的苏维埃》	《新青年》
1920	《俄国的政党和无产阶级的任务》	《鲍尔雪佛克之排斥与要求》/范寿康	《新青年》
1921	《国家与革命》	《国家与革命》摘译	《共产党》

对马克思主义经典著作的译介在五四运动时期也极为盛行。众多马克思主义经典著作的译入，对先进知识分子及国内大众的思想及认知都产生了极大的影响，满足了他们对探寻救亡图存道路的需要。

这一时期，报刊也对马克思主义做了大量介绍。这其中以《新青年》等杂志为代表，该杂志由陈独秀和李大钊所创，越来越多的有关马克思主义的议论在此处刊载，受到当时众多青年知识分子的追捧，是当时马克思主义传播的主阵地；李大钊和陈独秀创办的《每周评论》，是中国第一本以"评论"命名的杂志，这本杂志侧重从不同角度对共产主义进行阐释；"五四"时期，进步学生团体创办了《国民》《觉悟》等杂志，译载《共产党宣言》等内容；国民党人创办的进步期刊，如《星期评论》，也用了很多篇幅介绍马克思主义的内核和当时在俄国发生的十月革命的原因与意义；《湘江评论》认为发生在俄国大地上的十月革命如同夜间的启明星必将照亮整个天空，这种胜利必将属于全世界；《新社会》宣传"马克思主义学派的直接行动是解救世人，共生共计的唯一有效办法"和"对世界不平、社会不公的根本改造"的观点等等。部分翻译出版的著作介绍如表 1-12：

表 1-12　20 世纪初报刊传播马克思主义著作简介

年份	原著	译者/译名	刊登机构
1919	《马克思的经济学说》	考茨基《马氏资本论释义》	《晨曦》
1920	《社会主义史》	李季	《新青年》
1920	《马克思资本论入门》	李汉俊	社会主义研究社

1.《新青年》翻译传播马克思主义

《新青年》原名《青年杂志》，是新文化运动时期中国最具影响力的革命杂志之一。该杂志由陈独秀创立，经过不断地发展，在五四运动前后，传入了大量的革命思潮，在马克思主义在中国早期传播的过程中，该杂志发挥了不可替代的作用。[①]《新青年》广泛传播马克思主义，让先进分子有了研究和学习马克思主义学说的契机，如受李大钊和《新青年》的影响，刘秉麟于1919年5月发表了《马克思传略》，文章讲述了《共产党宣言》的来源、产生起因、主旨内容以及所译书名的缘由。文章中称马克思的《共产党宣言》是世界上传播最广、译本最多的宣言书，书中的每一句话都犹如炮弹炸开了资产阶级与封建压迫势力的虚假外壳，字字珠玑，每一节都值得世人细读深思。

作为中国第一份现代意义上的新闻报刊，《新青年》高举民主、科学的大旗，通过对先进文化特别是马克思主义的传播，促进了资产阶级知识分子向马克思主义理论实践者的转变，加速了中国共产党的创建与成立，越来越多的理论讲解与辨析，越来越多的国情探讨，推动了马克思主义基本原理同中国具体实际相结合，创立了具有中国特色的共产主义理论与实践道路。此外，《新青年》的传播，在很大程度上发动了工人阶级和群众，特别是对于一大建党发挥了重要作用。

2. 李大钊翻译传播马克思主义

生于19世纪90年代的李大钊，家住河北乐亭。他是五四运动时期马克思主义传播的先驱并且是中国共产党的主要创始人。1918年，李大钊在北京创办进步刊物、撰写文章、发表演说，从事马克思主义的传播活动。这年7月1日，他在《言治》上发表了《法俄革命之比较观》，文章指出了法俄革命的本质不同，用国际的眼光评判了俄国十月革命取得胜利的世界意义与历史成就，并且用激昂的言语表达了对俄国人民解放的欣喜，转变了部分人对十月革命的胜利成果所持有的质疑态度。

1919年5月，李大钊在《新青年》上发表《我的马克思主义观》，文章架构清晰，逻辑严密，客观且深刻地讲解了马克思主义中的唯物史观、政治经济学和科学社会主义的基本原理。他认为中国应该建立自己的社会主义，应该建立富有中国特色的社会主义即无产阶级专政，国家运营一切经营产业，并对这些论述所包含的唯物史观和科学社会主义基本原理进行了阐释。他认为社会主义的发展一定要以实现人民共同富裕为目标，实现社会全面协调发展为方向。此书一经发行便在广大读者中产生了强烈的反响，并且直接影响和启迪了青年毛泽东。

之后，李大钊在《新青年》《新潮》《每周评论》等刊物上发表了一系列马克思主义学术文章，不仅阐释马克思主义的基本内涵，剖析中国实际的理论运用环

[①] 朱锐.《新青年》与马克思主义在中国的早期传播[D]. 济南：山东财经大学, 2013.

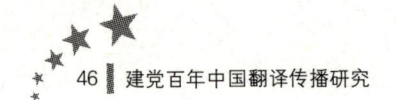

境，还运用马克思主义观点来解释中国革命的兴起与失败等若干问题。①

3. 陈独秀翻译传播马克思主义

陈独秀（1879—1942），字仲甫，号实庵，安徽怀宁人。五四新文化运动的主要领导人和中国共产党早期的主要领导人之一。五四运动——这反帝反封建的爱国运动成功划清了新民主主义革命与旧民主主义革命的界线。这次运动改变了陈独秀的思想方向和人生轨迹，使他由一名民主主义者转变为马克思主义者。

在传播马克思主义的过程中，陈独秀通过多种方式，扩大了马克思主义在中国的影响。如他翻译马克思主义经典著作，积极进行演说，携手章士钊、蔡元培、李大钊等人共同创办期刊，用来宣传马克思主义，同时与其他社会思潮进行论战。② 1920年春，他发表了题为《社会改造的方法与信仰》的演讲，提出改造社会的具体方法，即打破不合理的阶级制度，消除无产与有产的差异，③ 表1-13是陈独秀的部分文章及其观点：

表1-13　20世纪初陈独秀的部分著作文章及其观点介绍

文章	观点
《劳动者底觉悟》	宣传马克思主义，特别是剩余价值理论，呼吁工人运动，表示工人要通过阶级斗争的方式实现无产阶级专政，与无政府主义等错误的政治思潮做斗争。
《谈政治》	
《致罗素、张东荪的信：关于社会主义的讨论》	
《社会主义批判》	
《讨论无政府主义：给区声白的三封信》	

4. 翻译传播马克思主义成就国共合作

以孙中山为领导人的资产阶级革命派是"五四"时期马克思主义在华传播的重要群体与外宣力量，其主要代表人物有胡汉民、戴季陶、朱执信、陈炯明、徐苏中等人。

在内容的选择上，国民党人以唯物史观、政治经济学等内容为主。胡汉民积极传播和研究马克思主义的唯物史观，被誉为"五四时期中国人研究马克思主义的最高水平学术人员"④。他节译了《共产党宣言》《〈政治经济学批判〉序言》《资本论》等书的部分内容。戴季陶对马克思主义政治经济学的研究成就最大，他

---

① 李虹. 河上肇与中国的马克思主义传播 [D]. 武汉：武汉大学，2013.
② 郭元阳. 陈独秀与马克思主义中国化问题研究 [D]. 大连：辽宁师范大学，2014.
③ 陈独秀. 社会改造的方法与信仰. 国民新报，1920-2-7.
④ 唐宝林. 马克思主义在中国100年. 合肥：安徽人民出版社，1997：95.

对中国现实社会问题和经济问题进行了持续研究，他指出，彻底的改造社会，必须"投向资本家生产制下的工场去"，从实践中观察资本的真实面貌。①他认识到将马克思主义与工人相结合的重要性。除此之外其他各家都有较为深入的研究。除了定义阶级斗争，他们还结合现实情况分析了阶级斗争的原因，谈论社会改造的具体实现步骤，如运用阶级斗争考察历史、消除人们对阶级斗争的错误认识等方法。

在传播阵地上，国民党人多选择自办的报刊，如《建设》《星期评论》《觉悟》等，宣传马克思主义理论及有关学说。②当然他们也在其他刊物上发表文章，如李大钊、陈独秀等人主办的《新青年》《每周评论》《晨报》等。据统计，仅《觉悟》副刊就发表了共50篇左右的传播马克思主义的文章，这些文章部分由马克思主义者所作，但大部分还是国民党人撰写的。《新青年》、《觉悟》和《每周评论》非常有影响，是当时传播马克思主义最为出名的杂志。传播共产主义的先驱有多位，如李大钊、李达、陈望道等人，都在《觉悟》上发表过文章，可以说，《觉悟》对马克思主义学说的传播做出了重要贡献。《星期评论》杂志由戴季陶、沈玄庐等人创办，该刊也发表了很多介绍马克思主义的文章，其中大部分由戴季陶主笔。《建设》和《闽星》也发表了一些宣传马克思主义的文章，分别在20篇左右。

马克思主义在中国的第三次传播热潮中的重要力量中一定少不了国民党人的身影。虽然国民党人没有选择将社会主义作为自己的信仰，没有用适合中国国情的科学理论做指导，以使中国走向救亡图存的正确道路，但在早期马克思主义在中国的传播过程中，他们做了很大贡献。正是基于此，在孙中山的"新三民主义"中有有部分社会主义的内容，这也是后来国共两党可以实现合作的一个重要基础。

二、翻译传播马克思主义与中国共产党成立

翻译传播活动为中国共产党成立提供了坚实的思想准备。在马克思主义传入中国的过程中，主要有三条通道，分别为欧洲、日本和苏俄。②欧洲通道的传入时间最早，但只是马克思主义的零星传入，继欧洲之后日本成为由西向东传播马克思主义的重要中转站，20世纪初及辛亥革命后，掀起了两次传播热潮，继而在五四新文化时期，从苏俄传来的马克思主义著作掀起了马克思主义在中国的第三次传播热潮。虽然这一通道传入的马克思主义在时间上最晚，但它对中国的影响最为深远。

1. 翻译传播奠定中国共产党成立的经济理论基础

自近代以来中国遭遇了一系列的失利，从鸦片战争到甲午海战，从洋务运动

---

① 戴季陶. 工读互助团与资本家的生产制. 新青年，1920，7（5）.
② 石亮. 马克思主义在中国的早期传播研究［D］. 北京：北京化工大学，2013.

到民主革命的胜利果实被盗取,一直处于水深火热中的人们不知道该如何发展经济,采取哪种模式才能实现国富民强。在他们迷茫之际,西方世界凭借其先进的理念、成熟的经济模式、强大的经济实力,给国人带来深刻震撼,特别是近邻日本的崛起,更是引发探索救亡图存的先进分子的思考,他们希望通过探索和翻译西方的经济制度、政治制度,寻找到国家繁盛的深层动因,从而为中国经济的发展寻找正确的发展理念和发展道路。中国从鸦片战争到甲午海战时期的典型农业经济国逐步发展起孱弱的资产阶级经济,从晚清末年到辛亥革命时期经济的发展无法解决中国被西方列强侵略后被动挨打的惨状,马克思主义政治经济学思想的翻译传播为中国新型经济的发展奠定了理论基础,奠定了支撑中国共产党领导的新民主主义革命取得胜利的经济理论基础。

2. 翻译传播为中国共产党的成立提供了思想和组织准备

翻译传播对中国共产党成立具有重要作用,主要体现在以下两个方面:一是翻译为中国马克思主义思想提供了重要来源。19世纪40年代诞生于西欧的马克思主义,并不源于中国。中国的马克思主义是经翻译而来的,因此,翻译工作者在传播共产主义方面起了巨大作用。通过翻译,西方先进思想和马克思主义被翻译著作传入中国,为中国特色的马克思主义思想体系的形成与发展提供了可供参考的范本。

二是翻译传播培养了中国第一批马克思主义者。中国共产党培养了一大批工人阶级进步知识分子与马克思主义理论专家、翻译家,如李大钊、蔡和森、恽代英、陈望道、陈独秀、瞿秋白、李达、萧楚女、李汉俊等。他们为马克思主义经典著作的翻译与传播工作做出了巨大努力与贡献。尤其是陈望道翻译的全译本《共产党宣言》,引发了马克思主义理论和社会主义学说在我国进步知识分子间的传播热潮,具有相当深远的影响。[1]部分译著及作者汇总如表1-14:

表1-14　20世纪初中国第一批马克思主义者的部分译著汇总

译著名	作者
《马克思资本论入门》	李汉俊
《共产党宣言》	陈望道
《唯物史观解说》	李达
《社会问题总览》	李达
《马克思的经济学说》	李大钊
《阶级斗争》	恽代英

---

[1] 邱少明. 民国马克思主义经典著作翻译史(1912至1949年)[D]. 南京:南京航空航天大学,2011.

3. 陈望道全译《共产党宣言》奠定中国共产党成立的思想理论基础

《共产党宣言》的第一个全译本是由陈望道完成的。陈望道（1891—1977），浙江义乌人。教育家、语言学家、翻译家。他是我国马克思主义的早期传播者，中国共产党的创始人之一。1915 年，陈望道留学日本，在日期间，他结识了山川均、河上肇等人，逐渐认识了马克思主义。四年后，陈望道回国，他以浙江一师为阵地，倡导新文化运动，同时翻译了大量马克思主义著作，为马克思主义中国化的发展做出了巨大的贡献。

1920 年的春天，民生凋敝的中华大地看似毫无波澜，十分平静，但思想界其实早已波涛汹涌。万千热血青年、爱国主义分子、进步分子，有时慷慨激昂，有时却又踌躇迷惘；他们渴望有所作为拯救东方这条巨龙，却遭受接二连三的打击，不知道爱国护国的路到底在何方。但陈望道不忘心中理想，坚持信念在义乌分水塘村的一间四处漏风的木屋里，一字一句地将马克思主义经典文献《共产党宣言》首译成方块汉字。1920 年 9 月 30 日，全部译文经李汉俊、陈独秀校对后公开出版。

陈望道从思想理论准备上为党的创建工作做出贡献。他参与和主持改组《新青年》杂志，使之成为共产主义小组的机关刊物；翻译了一批介绍马克思主义的文章，如《马克思的唯物史观》《唯物史观的解释》等，笔耕不辍的他又接续翻译了《空想的和科学的社会主义》一书；以自己渊博的学识、清晰的逻辑对梁启超、张东荪等人进行了批判，指出基尔特社会主义与马克思主义是相悖的，在中国没有实现的途径；此外，他积极参加进步期刊的创刊和编辑工作，如上海共产主义小组出版的内部理论刊物《共产党》《劳动界》。

《共产党宣言》由马克思和恩格斯著成，原文为德语，赛米尔·穆尔在恩格斯的协助下，完成了《共产党宣言》的英译工作，之后穆尔的译本就成为权威的英译本。1919 年 4 月，《每周评论》发表署名"舍"摘译的《共产党宣言》。根据叶永烈的研究，陈望道所译《共产党宣言》主要是依据穆尔的英译本，同时也参考了日文版。[①]

中国早期先进的知识分子如政治活动家、教育家马君武，经学家刘师培，资产阶级革命民主派的革命家、思想家朱执信等都曾对《共产党宣言》做过介绍和摘译。国民党元老戴季陶曾想翻译《共产党宣言》，但是这本书的翻译难度相当

---

① 叶永烈. 红色的起点 [M]. 南宁：广西人民出版社，2005.

高，译者不仅要熟悉马克思主义、共产主义学说，精通其要义，还要擅长德、英、日三种语言中的一种，并且译者要有相当高的中文文学修养。[①]由此可见《共产党宣言》的翻译过程如此复杂，不仅体现了马克思主义在中国传播的曲折道路，也从侧面刻画了我国知识分子、爱国人士的责任与担当。

1977年10月29日，陈望道去世。但他首译中文版《共产党宣言》过程中"手沾墨水口来尝，信仰味道终觉甜"的佳话仍被人们传颂着。

陈望道在翻译《共产党宣言》的过程中，有一则"真理的味道真甜"的趣事广为流传。1920年的早春，山区的气候还相当寒冷。为了翻译工作陈望道找到老祖屋附近的一间破陋柴房。虽然条件艰苦，但可以专心思考。两条长板凳一块铺板就做成了桌子，稻草一捆就做成了凳子。陈望道夜以继日地翻译。夜晚的灯光昏暗，年久失修的破屋挡不住黑夜的寒风，但他即使被冻得手脚发麻，也从来没有放弃。

邓明以教授曾在其所著的《陈望道传》中讲过陈望道蘸墨汁吃粽子这个故事：母亲见他夜以继日地埋头工作，日渐消瘦，心疼极了，特意包了几个粽子，让他补一补身子。母亲将粽子端至柴屋时还随带送上一碟义乌盛产的红糖让他蘸着吃。不一会儿，心系儿子的母亲在屋外问他，是否还需添些红糖，陈望道回应母亲说："够甜够甜了。"晚上母亲来收拾碗碟时，却发现原来陈望道只顾全神贯注地译作，竟全然不知蘸了墨汁在吃粽子。[②]

习近平总书记曾在各种场合反复讲述这则故事，并意味深长地说，"真理的味道非常甜。"[③]

《共产党宣言》全译本的问世，使中国人民第一次看到这个伟大纲领的全貌。毛泽东曾说："我第二次到北京期间，读了许多关于俄国情况的书，我热心地搜寻那时候能找到的为数不多的用中文写的共产主义书籍，有三本书特别深地铭刻在我心中，建立起我对马克思主义的信仰。"[④] 这三本书是：《共产党宣言》、《阶级斗争》和《社会主义史》。"到了1920年夏天，在理论上，而且在某种程度的行动上，我已成为一个马克思主义者了。"[⑤]

---

① 陆茂清.《共产党宣言》的第一个译本［N］.人民政协报，2011-06-30（7）.

② "手沾墨水口来尝，信仰味道终觉甜"！陈望道首译《共产党宣言》始末，［EB/OL］.（2018-07-01）［2020-08-30］. https://www.sohu.com/a/238730607_679055

③ 张姚俊.真理的味道非常甜：陈望道首译《共产党宣言》往事［J］.中国档案，2020（7）：86-87.

④ 斯诺.西行漫记.北京：解放军文艺出版社，2002：116.

⑤ 斯诺.西行漫记.北京：解放军文艺出版社，2002：116.

《共产党宣言》首个中文版的译成意义非凡，它标志着马克思主义经典著作开始在中国完整地传播，为中国共产党的成立奠定了思想理论基础。

4. 李汉俊翻译传播社会主义，推动党的一大召开

李汉俊（1890—1927），湖北潜江人，名汉俊。他是中国共产党的创始人之一，被称为马克思主义的鞭炮手。1904年，李汉俊留学日本，成为日本东京法国传教学校小兴中学唯一的中国学生。在日本留学的14年里，李汉俊开始关注社会主义。回国后，他致力于马克思主义的传播，成为马克思主义在中国的早期传播者。李汉俊独译及与人合译介绍马克思主义文章一百多篇，[①] 积极介绍和宣传马克思主义，号召工人阶级进行斗争。

1920年，上海社会主义研究社出版李汉俊翻译的《马格斯资本论入门》。在李汉俊之前，《资本论》的中文诠释本就被介绍到中国。1919年6月，陈溥贤将其译成中文，并以《马氏资本论释义》的标题在《晨报》刊载。相较于《马氏资本论释义》，李汉俊的《资本论》语言更为平易通俗，对于书中抽象的表述，李汉俊还添加了注解，该书一经问世便广泛传播，受到中国先进知识分子的欢迎。

早期翻译传播马克思主义的重要书籍与刊物几乎都与李汉俊有关。陈望道翻译出版《共产党宣言》，李达翻译出版《唯物史观解说》都得到了他的帮助。同时，李汉俊在宣传马克思主义的过程中，已经注意到各国革命的具体国情与实践，他和陈独秀、陈望道一起，参与到马克思主义研究会和共产党小组的创办与设立中，组织并参加了中国共产党的第一次代表大会，这扩大了马克思主义在中国的传播范围，加深了理论宣传程度，对党后来的发展与壮大有很大的影响。[②]

5. 翻译传播提供了中国共产党一大纲领文本基础

1921年，中国共产党第一次全国代表大会召开，会议通过了《中国共产党纲领》。党的第一次全国代表大会纲领是党的第一个正式文件，它明确了党的奋斗目标和基本方针，提出了发展党员、建立地方和中央机构等组织制度。党纲的制定确立了中国共产党的历史任务和目标，意义重大。

在党纲制定的过程中，翻译发挥了重要作用，为一大纲领的形成提供了文本基础。根据现有研究，《共产党宣言》《共产主义者同盟章程》《共产国际纲领》《美国共产党党纲》《美国共产党宣言》《中国共产党宣言》《共产国际宣言》《共产国际章程》，以及各地共产主义小组起草的党纲党章草案、陈独秀给一大的关

[①] 田子渝.李汉俊在马克思主义早期传播中的杰出贡献[J].甘肃理论学刊，2011(4)：5-10，163.

[②] 胡华.中共党史人物传：第11卷.西安：陕西人民出版社，1987.

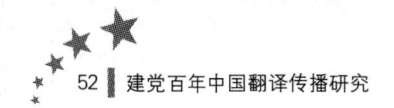

于党纲建议的信件、俄共（布）的党纲党章等都对一大纲领的制定提供了文本参考基础。①

1920年9月，陈望道将《共产党宣言》全文译出，这个伟大纲领开始完整地在中国传播，为中国共产党提供理论上的指导和制定党纲的依据。

1920年12月，中国《共产党》月刊上刊载中文版《美国共产党纲领》，《美国共产党党纲》和《美国共产党宣言》为中国共产党名称和内容的制定提供了重要参考。这些译文全部由沈雁冰一人完成。②

1921年5—6月份，沈雁冰翻译《国际通讯》杂志中的《俄国共产党党章》，作为一大定纲的参考。③

在理论上，《中国共产党纲领》吸收了马克思、恩格斯、列宁的思想，并以《共产党宣言》、《共产国际纲领》和《俄共（布）的党纲党章》为参照。俄国十月革命的胜利对中国和世界产生了广泛的影响。以俄罗斯为师，以俄罗斯共产党（布尔什维克）为师，已成为各国先进分子自觉遵循的信条。

在实践中，一大党纲的制定是经过反复考察和漫长摸索的结果。一方面，一大纲领充分听取全国各地以及国外共产主义小组的意见，是在吸纳大家的意见和建议后形成的，特别是有的早期党员的意见。如党纲内容在确定的过程中，针对党的当前工作是革命运动还是研究宣传，一大代表们就存在不同的意见，以刘仁静、包惠僧等为代表的党员认为，中国共产党应该积极投身于工人运动，为革命做准备，以李汉俊、李达为代表的党员认为，应当先侧重马克思主义研究和宣传工作，这种意见的充分表达和讨论，显示出党纲制定过程的严谨，彰显了党内的民主作风。另一方面，俄国共产党在中国组织的活动实践也对一大党纲内容的制定与修改产生了不小的影响。国内研究表明，早在五四时期俄国就已经存在由华人组成的俄共华人支部。①1920年，俄共（布）在中国的主要城市建立了革命局，中国共产党的早期创始人李大钊、李汉俊等人都参与在华俄共（布）组织的活动。俄共在华组织与中国共产党创始人的这种联系，使得党纲在制定的过程中，受到在华俄共人员的影响。

---

① 陈自才. 中共一大纲领若干问题再研究 [J]. 党史研究与教学，2015 (1)：13-22.
② 谢荫明. 中共一大党纲研究 [J]. 中共党史研究，2000 (5)：20-27.
③ 沈雁冰. 回忆上海共产主义小组(1957年4月) [M]. 中共中央党史研究室. 中国共产党第一次全国代表大会档案文献选编. 北京：中共党史出版社，2015.

第二章
中国共产党成立后的翻译传播（1921—1949）

导语：1921年中国共产党成立时，新文化运动已经完成了初始阶段的思想启蒙运动进程，在五四运动的冲击下，步入了马克思主义的传播时期。毛泽东曾说："五四运动时中国无产阶级开始有了觉悟，五四运动发生在一九一九年，一九二一年便产生了中国共产党。"[①] 可见中国共产党的成立与五四运动有着必然的联系。在国际上，资本主义巨大危机的日益深化和俄国十月革命的爆发与胜利对中国思想界起到了颠覆性的影响，并直接导致了五四运动后社会主义思潮在中国的兴起和发展。社会主义在五四运动后"以雷霆万钧之势兴起，一时压倒其他种种主义"[②]。

正是在这种背景下，一大批先进的刊物成为宣传马克思主义的思想阵地，翻译文学通过这些刊物引入了大量关于马列主义思想的经典文献，为推动社会主义思潮发展起到了关键性的作用。1918年，李大钊率先在《新青年》发表了介绍十月革命和研究宣传马克思主义的文章，随后陈独秀与李大钊等人共同创办《每周评论》，并开始刊登和发表《共产党宣言》等马列主义经典著作的译介和评论性文章。1918年至1922年前后5年多的时间里，刊发介绍和宣传马列主义思想的文章的报刊多达220余种，占这一时期出版的280余种重要的社会科学类杂志及其报纸的将近80%。[③]

这个时期翻译在中国社会发展和党的建设方面做出的贡献主要体现在两点：

[①] 毛泽东.毛泽东文集：第2卷[M].北京：人民出版社，1993：403.
[②] 许纪霖，宋宏.现代中国思想的核心观念[M].上海：上海人民出版社，2010：542.
[③] 杨奎松.海市蜃楼与大漠绿洲：中国近代社会主义思潮研究[M].上海：上海人民出版社，1991：192.

第一是五四新文学时期的文学翻译对中国社会文化的思想启蒙作用，第二是马克思主义理论著作的译介对马克思主义中国化进程的推动作用。

首先，五四运动后出现的中国新文学是中国历史上最伟大的一次文学革命，它不仅产生了深刻的社会影响，更成为"中国革命力量的一翼，起到了无法估量的作用"[1]。这个时期在由新文化运动启蒙的个性解放和思想革命影响下，表现个性和人性的解放，追求思想自由和进行社会批判的外国文学作品引起了广泛的共鸣，翻译文学的数量最为庞大，先后出现了"易卜生热"、"拜伦热"、"泰戈尔热"与"俄罗斯文学热"等体现出个性解放和思想革命的翻译文学热潮。

其次，从五四运动到新中国成立的这个时期，是马克思主义在中国传播的第一个重要时期，这个时期马克思主义的传播经历了新民主主义革命时期的启蒙阶段，抗战时期的探索阶段和解放战争时期的成熟阶段，实现并完成了马克思主义与中国革命实践紧密结合的中国化进程。这个时期，翻译为马克思主义在中国的传播提供了必要的初始条件和充分的理论资源，翻译者和翻译作品在宣传和传播马列思想方面起到了十分重要的作用，为马克思主义的中国化进程奠定了重要的文化和思想基础，可以说，"翻译马克思主义的过程，也就是马克思主义中国化的探索和准备过程"[2]。

本章将主要从上述两个方面阐述和探讨从中国共产党成立到新中国成立这个时期翻译的主体、内容、目的、过程和特点，并深入分析翻译在推动马克思主义中国化进程方面的贡献和作用，从而回望在这个重要的历史时期中国翻译走过的历程，探讨翻译在中国社会发展和党的建设方面的历史功绩。

★ 第一节　翻译传播目的 ★

一、翻译传播的国内外社会背景

中国共产党成立后，中国革命的面貌焕然一新。为了完成反帝反封建的革命任务，以毛泽东为代表的中国共产党人领导人民继续战斗，在实践中探索中国革命道路。在中国共产党的领导下，中国人民解放军和爱国群众英勇奋战、不畏牺牲，取得了抗日战争和解放战争的辉煌胜利，解放了全中国，并最终建立了中华

---

[1] 王秉钦，王颉. 20 世纪中国翻译思想史. 天津：南开大学出版社，2009：106.
[2] 李百玲. 马克思主义在中国的早期翻译及传播 [J]. 江苏行政学院学报，2008（5）：11-16.

人民共和国，让中国人民从此站了起来。在建设武装力量的同时，中国共产党也十分注重自身的理论建设，积极进行组织建设、作风建设，全方位地将自己逐渐培养成一支更强大、更成熟的队伍。

1927年，中国共产党仍处于"探索中国革命道路的初期，在国民革命失败后迫切需要马克思主义理论指导革命实践"[①]。在这种形势下，许多归国留学生和先进作家们翻译介绍了大量马克思主义理论作品，不仅为共产党人学习相关理论知识提供了宝贵资料，也促进了马克思主义在中国的传播，有力地回击了当时汪精卫等人对马克思主义的攻击。1929年起，国民政府开始查禁革命进步书刊，但这并没有阻挡国内翻译家们的脚步。他们在不断抗争的同时，通过将马列书籍化名、自创出版社、翻译时使用多个笔名等方式继续将马列主义引入中国。[②]

抗日战争时期，为了赢得国际社会和人民的支持与理解，中国共产党开始主动翻译毛泽东的思想著作，并创办了《新华周刊》《中国文摘》等英文杂志，让世界人民更好地了解中国共产党所从事的正义事业。在抵御日本入侵的同时，中国共产党也积极进行思想和组织建设。为实现马克思主义中国化、避免教条主义导致的"左"倾或右倾错误再次发生，中国共产党于1942年开展了延安整风运动。但批判教条主义并不是不学习马克思主义理论，仍然需要继续阅读和翻译马列作品。[③] 1943年，中央在《中共中央关于一九四三年翻译工作的决定》（以下简称《决定》）中指明了翻译工作的重要性。《决定》指出早期延安的翻译质量不够过关，需要重新整理和出版马列主义著作，把马克思、列宁经典著作的翻译工作作为党的重要任务之一。[④]

中国共产党在革命实践的道路上，坚持实事求是的思想路线，不断发展和完善思想和理论建设。中共中央的领导人和革命先驱们将马克思主义理论与中国的革命实践深入结合，构建了具有中国特色的马克思主义理论体系，毛泽东思想的形成就是马克思主义中国化进程中最为突出的理论成果。在抗战时期开展的延安整风运动中，毛泽东思想被确定为党的指导思想，从而有力地推动了革命进程，为革命的胜利奠定了重要的理论基础和胜利保障。

在中国共产党的革命过程中，共产国际不仅提供了物资和人员培训方面的援

---

①② 王海军. 土地革命战争时期社会科学工作者对马克思主义经典著作的翻译与传播评析[J]. 马克思主义研究, 2013 (6): 146-152.

③ 宋金寿. 纠正反教条主义中不译不读马列的偏向[J]. 中共党史研究, 2001 (3): 56-60.

④ 王保贤. 延安整风运动中的《共产党宣言》译本简考：纪念《共产党宣言》全汉文译本出版90周年[J]. 中国延安干部学院学报, 2010 (5): 104-106, 112.

助，积极对中国革命进行指导，促进了中国共产党的成长和理论成熟；此外，共产国际也将毛泽东理论思想的发展情况和中国革命实践经验传播到国际社会。比如，中国共产党结合革命实践，深刻意识到中国革命中需要特别关注农民问题。[①] 1927年，毛泽东在对湖南五县进行实地考察后，撰写了《湖南农民运动考察报告》。这份报告充分评估了农民在中国革命中的关键性作用，在国际上引起了巨大的反响。共产国际在其机关刊物《共产国际》上译载了此文，由此开辟了国际社会译介毛泽东著作的先河，此后该刊也多次译载毛泽东的作品。虽然1940年后，由于共产国际和毛泽东多次出现分歧，毛泽东作品在苏联的译介几乎停止，但不可否认的是，共产国际的译介吸引了许多海外学者研究毛泽东思想，扩大了毛泽东在国际社会的影响，促进了毛泽东思想在海外的传播。[②]

二、翻译传播的国内外文化背景

近代中国以来，随着大批西方传教士和外交官的涌入，国际上对中国文化的关注和了解日益深入，西方的一些学者们编撰了一系列中国相关著作，也翻译了部分中国文学作品，促进了汉学在海外的发展。但是由于当时传播手段的限制，以及第二次世界大战对汉学发展造成的沉重打击，新中国成立前各国的汉学仍处于初步发展或者萌芽阶段。尽管如此，这一段时间仍有阿列克谢耶夫、亚瑟·韦利等一些杰出的汉学家出于对中国文化的热爱，继续翻译中国文学作品，积极传播中国文化。同时，林语堂、王际真等在海外的中国作家、留学生也积极翻译中国古典文学，将中国古代先贤的智慧传播到西方世界，为新中国成立后海外汉学的蓬勃发展铺垫了道路。

20世纪二三十年代，以艾格尼丝·史沫特莱（Agnes Smedley）和埃德加·斯诺（Edgar Snow）为先驱者的一批美国记者，基于对中国革命的浓厚兴趣和对世界和平的期待，来到中国采访并报道中共领导人的事迹，向世界介绍毛泽东的思想、中国共产党和中国革命的情况。他们的报道或被直接刊登在海外报纸上，或被整理成著作后在海外出版，这些著作和报道让西方世界了解到了中国革命的真实面貌，也为日后西方研究中国共产党、研究毛泽东思想提供了宝贵的资源，更是间接促进了新中国成立后的中美建交。

中国共产党成立后，鲁迅、茅盾、瞿秋白等先进积极分子仍继续翻译介绍马

---

①② 陈金明，赵东升. 共产国际与毛泽东著作的海外传播［J］. 出版发行研究，2016（12）：100-102.

列主义和西方文学思潮,并不断地有更多翻译家加入他们的行列,以文学研究会为首的许多文学社和机构都先后组织和成立起来。① 这些团体翻译的作品在国家、类型和流派方面各有侧重,共译介了来自三十多个国家的作品,受到了许多青年的喜欢,也影响了鲁迅、茅盾、巴金等作家的创作风格,对中国文坛、中国现当代文学的发展都产生了巨大影响。

1930 年,国民革命失败后,国民党控制区的文化打击和压迫现象严重,国统区的一些先进知识分子和作家联合成立了中国左翼作家联盟。这个组织负责翻译介绍优秀的国际文学作品,积极参与革命斗争,为中国革命的胜利打下了重要的思想基础。② 从"左联"成立到其解散的六年间,翻译的作品主要是马克思主义哲学、社会科学、文艺理论、经济学等著作和苏联社会主义、现实主义文学作品等左翼文学作品。面对着国民党的"围剿"和镇压,翻译家们不顾生命危险,克复重重困难,把先进的思想引入中国,积极探讨翻译理论、培养翻译人才,取得了重大成就。

1937 年,抗日战争全面爆发。在国难当头的情况下,大批作家、翻译家加入中华全国文艺界抗敌协会,结成了文艺战线上广泛的统一战线。在马克思 120 周年诞辰时,即 1938 年,延安成立了马克思列宁主义学院,专门用于学习、研究和宣传马克思主义理论,培养了一批具有马列主义基础知识的骨干,为革命及新中国成立后的建设做了人才准备。学院的成立和马克思主义理论的宣传都离不开译者的辛苦耕耘。抗日战争和解放战争期间,即使在自身朝不保夕的情况下,翻译家们仍然心系中国命运,怀着一腔热血,笔耕不辍、坚持翻译,只为用先进的文学作品唤起中华民族的自尊心、自信心,实现抗日战争的全面胜利,推翻国民党的统治。

三、翻译传播的指导思想

20 世纪上半叶,中国传统的翻译思想发生了转折和改变,各种翻译思想也呈现出百花齐放的状态。五四运动时期被认为是中国传统翻译思想与现代翻译思想的分水岭。首先,中国翻译思想的现代性在五四运动时期开始萌芽,并在 20 世纪 40 年代呈现出快速发展的趋势,其中代表性的翻译家有鲁迅、瞿秋白、郭沫若、茅盾、成仿吾、朱光潜、朱生豪等人。③ 此外,近代翻译活动家们在介绍国

---

①② 孟昭毅,李载道. 中国翻译文学史 [M]. 北京大学出版社,2005.
③ 王秉钦,王颉. 20 世纪中国翻译思想史. 天津:南开大学出版社,2009.

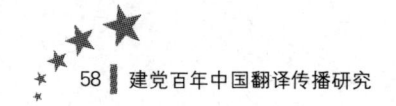

外作品的同时出现了两种对立的路线和方法，进而迸发了不同翻译思想和理论之间的激烈碰撞。在这些碰撞之中，以翻译的政治性为指导思想的理论占据了优势，并成为 20 世纪上半叶翻译作品的主要理论基础。

1. 翻译的现代性

20 世纪二三十年代，中国翻译思想开始由传统向现代转变，并发生了质的变化。面对动荡的时局，一些优秀的翻译先驱者将翻译的运用理念提升到民族进步和国家发展的高度，对翻译理论的探讨更趋近于现代知识分类的维度，并开始从世界大格局的角度看待翻译和多元文化。[1] 从这个时期开始，学者们对翻译的关注点由传统译学中的宗教和封建问题转向对国家民族命运问题的思考。这个时期的翻译思想家、理论家和译者大部分是五四新文化运动的先驱者，他们倡导西学，推行语言和文学革命，认为翻译具有启迪民智、推进社会发展、改变中国落后现状的社会性功能。比如翻译运动的先驱者梁启超认为："著译之业，将以播文明思想于国民也，非为藏山不朽之名誉也。"[2] 郑振铎则进一步指出，在选择翻译作品时要考虑到该作品是否能够"引导中国人到现代的人生问题，与现代的思想相接触"[3]，朱自清则提出"翻译是介绍外国文化到本国来的第一利器"[4] 的观点。

在同时期的翻译思想家中，鲁迅是最早对翻译现代性进行较为系统的阐释的学者之一，有研究者认为中国翻译的现代性就是在鲁迅的翻译思想和翻译活动中萌芽和发展的。[5] 鲁迅首先提倡"硬译"，即目标语译文在语言形式和内容上均与原文一致，以保留源语文字的风格与韵味。他认为"硬译"能够使读者更好地理解西方文化，是把西方文化介绍到中国的最好途径，认为以忠实为代价换来的译文的流畅是对不懂外语的民众的欺骗，而"硬译"则有助于在中国建构新语言和新文学，树立新文化，培养新民智，是实现翻译直接目的的最佳方式。[6] 瞿秋白支持鲁迅的看法，他认为翻译直接影响着中国现代新语言的创造，因此翻译时需要"绝对的正确和绝对的中国白话文"[7]。

---

[1] 蓝红军. 五四运动与中国现代性翻译思想的发生 [J]. 外国语（上海外国语大学学报），2019，42(5)：87 - 95.

[2] 郭双林. 沉默也是一种言说:论梁启超笔下的严复 [J]. 史学理论研究，2011，(2)：75 - 86.

[3][4] 陈福康. 中国译学史 [M]. 上海：上海外语教育出版社，2011：189.

[5] 罗选民. 翻译与中国现代性. 北京：清华大学出版社，2017：28.

[6] 杨宪益，戴乃迭. 鲁迅作品全集：第四册. 北京：人民文学出版社，1991：346 - 347.

[7] 瞿秋白. 关于翻译:给鲁迅的信 [M] //中国翻译工作者协会《翻译通讯》编辑部. 翻译研究论文集（1894—1948）. 北京：外语教学与研究出版社，1984：9

鲁迅随后提出了"易解"与"丰姿"的翻译思想，这是他对"硬译"翻译思想的补充与发展。"易解"可被理解为对语言、话语逻辑结构的清晰性追求。鲁迅主张翻译中的"易解"是希望通过翻译改造文言文，并进而实现对中国社会的变革，[①] 鲁迅的"硬译"实际上并非生硬的翻译，其翻译亦力求通俗易懂，其翻译过程主要体现在对文本的反思，对译文传达的思想的重塑，对旧语言的现代性的重新构建和处理。他希望通过翻译西方作品来颠覆中国传统文学，创造新的语言，改变中国社会。翻译作为一种语言表达方式，其本身就是一种打破旧有结构并建立新结构的质性改变过程。

鲁迅的翻译思想从翻译入手，他认为我们应该以"硬译"为基本方法，打破陈旧的模式，通过对西方优秀文化的引入，来破除中国旧语言体系的弊端，从而丰富并改善当时旧文学思想贫瘠、理念落后的现状，起到对国人思想智力的启蒙作用，以及对中国文化落后现象的改造作用。在这个理论指导下，鲁迅的翻译思想直接为中国现代语言文学的构建奠定了基础。此外，鲁迅认为翻译是一种改造旧体系的途径。翻译的目的在于通过引入国外文学体系中的新思想、新观念、新结构来改造中国文学，改进国民落后的思维方式，促进社会思想文化的时代性发展，这种翻译思想体现出翻译为构建中国现代性而服务的本质。

2. 翻译的政治性

20世纪三四十年代，贪婪的帝国主义侵略者仍对中国虎视眈眈，国内也存在着尖锐的阶级矛盾和斗争，政治局势动荡不安，文化冲突和政治冲突混合交织，各种文化力量在这些冲突中纷纷登场，中国译坛充满了各类思想的碰撞。近现代中国对外国译入作品的翻译思想可概括为两类不同的倾向：一类是基于社会政治诉求层面的，具有鲜明政治功用性的翻译思想，此类翻译观的支持者包括梁启超、鲁迅、郑振铎、茅盾等人；另一类翻译思想推崇西方文化翻译模式，以中庸的学术性思想为指导，受到西方"自由主义"思潮的影响，此类翻译观的支持者以梁实秋最为突出。从近代翻译界的实际情况来看，社会政治诉求层面的翻译思想倾向明显居于主导地位。

在近现代中国译入作品的选择上，鲜明的社会政治诉求是关键性的价值要求和核心准则。时局的动荡和危难的国情决定了这种核心准则，在饱经忧患的中国成长起来的近代知识分子，肩负着救亡图存、改造民众思想、推进社会进步的时代使命，基于"文以载道"思想而赋予翻译文学特殊性、政治性的价值。例如，

---

① 鲁迅. 鲁迅全集：第4卷. 北京：人民文学出版社，1999：199-200.

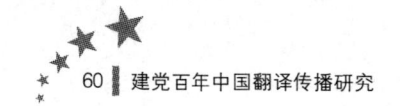

鲁迅认为文艺目标是为了改造社会，对文学的推动是改变国民精神的首要任务。[1]

在这种特定历史环境的制约下，文学的创作、翻译和研究等各领域均呈现出非常明显的社会政治功能倾向，中国先进的知识分子自觉地承担起社会政治使命，翻译者们大都从政治和现实角度来选择和翻译外来作品，现实主义文学作品的译介成为当时翻译作品的主要选择。

除了现实主义作品外，其他各类文学作品的现实主义价值也被充分发掘出来。以 20 世纪上半叶莎士比亚作品在中国的接受过程为例，在早期，莎士比亚的作品并未引起翻译者们的关注，而到了 20 世纪 30 年代，随着俄国的马克思主义莎评传入中国，莎士比亚在中国开始受到重视。早期对莎士比亚作品持否定态度的翻译者们开始积极翻译传播莎士比亚作品，并通过评论莎士比亚作品从不同角度阐释其现实意义。例如，茅盾在译介莎士比亚作品时，甚至将其提升到关系国家荣辱的高度，成为民族能力的标志。[2] 由此可见，从翻译的政治功能性角度而言，马列主义理论和研究者的态度与观点也决定了译者对翻译作品的筛选和接受程度。

翻译需要服务于社会政治性诉求这一指导思想成为近现代中国选择和接受主要外来作家的参照标准。俄国的托尔斯泰、契诃夫，挪威的易卜生，法国的巴尔扎克、雨果等现实主义作家在这个时期能够迅速被接受并广为人知，都归功于这一指导标准。这些作家作品中强烈的批判精神和现实主义情怀都满足了当时中国迫切的政治文化需要，被认为是帮助启迪国民思想和进行社会进步改造的力量之源。梁启超、鲁迅、胡适和茅盾等人的主张都充分显示了这种倾向。例如，胡适就在对易卜生的评价中说道："我们注意的易卜生并不是艺术家的易卜生，乃是社会改革家的易卜生"。[3] 他将这位现实主义戏剧文学家看作反抗传统思想，推动妇女解放运动和文化革新运动的象征。

翻译需要满足政治性诉求的指导思想也体现在当时译者对待重译作品的态度上。例如，梅益在翻译《钢铁是怎样炼成的》时并没有通过俄文直接翻译，而是用英译本转译而成，他认为翻译这部著作的主要目的是为青年读者提供革命课本，而非提供具有高度艺术性、欣赏性的晦涩巨著，针对年轻的读者群，尤其是文化程度相对不高的受众，翻译作品不能是紧扣字面的死译或者硬译，而要尽量

---

[1] 鲁迅. 鲁迅全集：第 1 卷. 北京：人民文学出版社，1981：417.
[2] 王建开. 五四以来我国英美文学作品译介史（1919—1949）. 上海：上海外语教育出版社，2003：94.
[3] 胡适. 通信·论译戏剧. 新青年，1919，6（3）.

提供通顺流畅的译文,以吸引读者的兴趣。①

3. 翻译的跨文化传播本质

20世纪上半叶的译出作品中,林语堂的译创作品在国外传播最广泛,影响最深远,这与林语堂的翻译思想密切相关。林语堂是迄今为止向世界传播中国文化最成功的一位译创作家,② 在近代中国与西方文化的交流中起到了重要的桥梁作用。在近代中国文化弱势的环境之下,林语堂译创作品的成功为对外传播提供了有益的参考范式,其对外传播思想时至今日仍有广泛的借鉴价值。当今诸多研究者从不同研究领域对林语堂创作的作品进行了研究,有从语言学领域研究的,也有从文化领域进行研究的。尽管部分研究者对其翻译思想存在一定的批判态度,但近年来主流研究群体对其翻译思想持支持和认可态度,并认为其翻译思想不仅对近代文学的对外翻译传播起着重要的引领作用,对当今中国文学"走出去"的需求也有不可忽视的价值。

林语堂的翻译观实质上是基于对翻译跨文化传播本质的理解和推崇。他的译创活动的成功说明了翻译传播对象的意识形态、语言习惯和出版社诸多方面共同决定了受众对翻译作品的接受程度和流行情况。翻译者的文化态度与其翻译思想密切相关,文化观直接影响着译者的翻译策略和方法的选择,此外,翻译作品呈现出来的特点也必然反映出了翻译者的文化取向。林语堂的翻译观基于其一直秉承的多元文化态度,他反对二元对立的文化观,提倡翻译作品的和谐统一,建议在翻译过程中采用直译与意译的结合、"归化"与"异化"翻译的兼容的翻译方式。

如果说同时期大多数翻译作品的翻译思想是基于洋为中用的文化态度,那么,林语堂在其译创过程中通常采用的则是中为洋用的文化态度。③ 在面对西方读者的汉英翻译过程中,林语堂以译文读者为最终服务对象。为了符合目的语读者的认知习惯与审美期待,林语堂在译创过程中会修饰甚至改写原文文本,从而满足目的语文化的认知需求。

鲁迅和林语堂的翻译思想被认为是对立和冲突的,鲁迅的文化翻译思想以"异化"策略为主,而林语堂则被认为是"归化"策略的代言人。尽管林语堂的文化翻译观受到同时期学者的猛烈批判和抨击,在现代却受到越来越多学者的认

---

① 访《钢铁是怎样炼成的》译者梅益[J]. 中国翻译,1983(1):21-23.
② 潘文国. 大变局下的语言与翻译研究[J]. 外语界,2016(1):6-11.
③ 冯智强. "译可译,非常译":跨文化传播视阈下林语堂编译活动的当代价值研究[J]. 外语教学理论与实践,2012(3):30-35.

可。文学或者文化的外宣翻译，一方面依赖于翻译家个人的翻译写作水平及其对读者的吸引力，另一方面则依赖于目的语国家民众的思想态度、语言习惯和出版商的支持三个重要因素，这些因素决定了译本策略的选择、翻译作品的被接受程度和最终的流通情况。[1] 因此，林语堂的翻译思想对当今的外宣翻译也提供了一定的借鉴意义，即如果想通过文学译介使中国文学"走出去"，必须充分考虑目的语的文化语境，以目的语读者的文化需求、认知习惯为参照，及时调整对外翻译模式，整合翻译的策略和方法，改变对译本的宣传和推广方式，等等。

林语堂翻译思想的先进性体现在其在比较文化视野方面的真知灼见。他的学习和人生经历使其能够一直拥有中西文化比较的视角，从跨文化对比的角度向西方阐释中国文化。林语堂通过中西文化的比较研究，能够更深入地解读西方受众的文化心理，更能随心所欲地与其畅谈中国文化。基于这样的国际视野，林语堂并不过分强调中国文化的独特之处，而是力求寻找中西文化间"和而不同"之处，重视中西文化之间的融汇与贯通，这种比较文化的方法使西方受众更容易产生文化认同，进而对中国文化产生浓厚的兴趣乃至热情，使中国文化在西方世界得到成功的传播。

此外，林语堂同时代的译者们，无论是国外译者还是中国学者，在译介中国文化时大多存在系统性不足和缺乏整体观的情况，译出作品大多为零碎的和片段性的内容，导致西方读者对中国文化的了解也是零散的和碎片化的。与他们相反，林语堂非常注意译出作品的系统性和完整性，加上其对中国传统文化的深厚造诣和对西方文化的深刻理解，他能够敏锐地通过系统化的翻译选材传递出中国文化的整体概貌。例如，林语堂在编纂《孔子的智慧》和《老子的智慧》时，不同于同时期的其他翻译家，只翻译了孔子和老子的一些格言和语录，而是选择全面地、体系化地讲述孔子和老子的哲学思想。在这一方面，林语堂被认为是"系统型"翻译的楷模，他的译创作品是对当时"概况式"传播模式的突破。[2]

尽管林语堂在中国文化处于弱势地位的环境下采取了迎合西方读者文化习惯的"归化"式策略，但他的翻译思想并非五四时期盛行的"弱国模式"或者梁实秋所推崇的"西化模式"。林语堂对自我的评价是拥有西式的思维和想法，然而内心仍然是中国式的。[3] 由此可见，林语堂的文化翻译取向是以中国传统文化为

---

[1] 谢天振. 中国文学走出去：问题与实质 [J]. 中国比较文学，2014 (1)：1-10.

[2] 冯智强. "译可译，非常译"：跨文化传播视阈下林语堂编译活动的当代价值研究 [J]. 外语教学理论与实践，2012 (3)：30-35.

[3] 林语堂. 林语堂自传 [M]. 西安：陕西师范大学出版社，2005：42.

本位的。林语堂的编译行为始终以传播中国文化、建立多元性的世界文化为核心目的，其写作自始至终都是建立在中国文化的基础上。他认为翻译不仅需要忠实地还原原著内容，也需要触动读者的感受，即"译文要承载原著最本质的美感来打动读者"[1]。在林语堂翻译的众多作品之中，无论是从语言方面，抑或是从文化角度，都一直保持着一种独特的"中国腔调"。对林语堂译创作品的深入研究解读发现，林语堂并非单一的使用归化策略，他的翻译作品的遣词造句、语篇构造等各个方面都体现出异化策略的使用，并且这些异化策略不仅在语言上丰富了目的语语言的维度，也将中国文化元素巧妙地融入了西方乃至世界文化之中。

★ 第二节　译入作品的内容及影响 ★

一、翻译传播者及机构

1. 翻译活动家

五四新文化运动中，留学浪潮与国内新式教育培养出来的翻译作家和活动家成为翻译界的中坚力量，胡适、鲁迅、刘半农、茅盾（沈雁冰）、郑振铎、赵元任、郭沫若、成仿吾、郁达夫、田汉等。这些先进的知识分子就是新文学创作的先驱者，也是优秀的译者和翻译思想家、理论家，他们对文学翻译倾注了极大的热情与投入了无限的心血，并取得了绚烂夺目的翻译成果。[2]

鲁迅是中国近代文学史上成就最高、影响最深远的翻译活动家之一。他不仅是伟大的文学家，创作了诸多流传于后世的文学作品，还是优秀的翻译家，译介了许多外国优秀文学作品。鲁迅希望通过对西方作品中先进思想的借鉴，启蒙动荡时代旧中国民众的观念与思想。鲁迅翻译的代表作有《域外小说集》《毁灭》等等。另外，他还翻译了很多日本科幻小说，比如《月界旅行》和《地底旅行》，他也翻译过马克·吐温的《夏娃日记》、厨川白村的文艺论文集《苦闷的象征》《出了象牙之塔》。不少学者指出，鲁迅首先是翻译家，其次才是作家。他的翻译活动不仅改变了近代翻译史的基调，而且开辟了我国文学翻译尤其是小说翻译的

---

[1] 梁满玲，胡伟华．林语堂"解殖民化"的话语翻译策略：后殖民视阈［J］．外语教学，2017，38(4)：78-82．

[2] 秦弓．论翻译文学在现代文学史上的地位：以五四时期为例［J］．文学评论，2007（2）：119-126．

新气象。关于鲁迅的翻译特点，他坚持主张直译和"宁信而不顺"，但此直译是针对"歪译"而言的。鲁迅曾把自己的直译形容为"硬译"，但鲁迅并没有真正提倡"硬译"。后世的诸多研究者都认为鲁迅的直译实际上是包括意译范畴在内的"正译"，他并不反对意译，而是反对带有偏见的所谓"顺译"等做法。[①] 他一生一共翻译了14个国家近百位作家的200多部作品，可以说是近代翻译界的中流砥柱级的人物。

郭沫若的翻译活动随着时代发展和个人思想的进步可以分为两个时期，第一个时期以浪漫主义文学作品的翻译为主，第二个时期以现实主义文学和非文学作品的翻译为主。他在浪漫主义文学翻译方面的成就主要表现在诗歌的翻译和创作方面。作为中国新诗歌的开拓者和奠基人，郭沫若将翻译融入创作之中，其翻译作品始终体现着他的浪漫主义风格，他认为翻译并不是平淡枯燥的重复和复述，而是艰难的创作工作，甚至比直接创作更为艰难，因为创作需要个人对生活的体验，然而翻译却需要能够体会他人的生活经验。[②] 郭沫若在《讨论注译运动及其他》等论著中提出了理想翻译的标准。他认为理想的翻译不能左右原文的词句和原文的意义，要能够传神地表达出原文的魅力。郭沫若相信，译者也是与原作者平等的创造者，移译是在另一种语言中完成的新的艺术创造。郭沫若翻译了一系列优秀的世界诗歌作品，其中最为知名的是对雪莱和歌德作品的引入和翻译。据统计，在20世纪初期，郭沫若译诗作品有240多首。同时，他提出了"以诗译诗"和"以诗译诗"的著名思想。[③] 20年代末期，郭沫若的世界观开始受到马列主义的深刻影响，他的翻译选择也由浪漫主义文学作品改为现实主义文学作品和非文学作品，如1924年，他翻译了日本马克思主义经典《社会组织与社会革命》，又于1931年翻译了托尔斯泰创作的长篇小说《战争与和平》。郭沫若在翻译传播歌德文学方面做出了杰出的贡献，他曾经翻译过歌德的杰出作品《少年维特之烦恼》(1922年)、《浮士德》(1928年)、叙事诗《赫曼与窦绿苔》(1942年)等，被誉为"中国的歌德"和"歌德翻译家"。

胡适的大量翻译作品都对近代翻译乃至现代翻译产生了深远的影响，他有着成熟的翻译思想和理论，格外看重翻译理论的建设和实践，他大力支持和鼓励专家翻译名著。坚持"但为开风气不为师"的态度，为中国文学翻译事业的发展做出了巨大贡献。胡适认为翻译的标准应该是"信"和"达"的统一，他主张采用

---

① 白丹. 鲁迅的翻译思想及其对翻译理论的贡献 [J]. 知识经济，2010 (18)：160 - 161.
② 郭沫若. 谈文学翻译工作 [N]. 人民日报，1954 - 8 - 29.
③ 王鹏飞. 论郭沫若诗歌翻译中的变异 [J]. 社科纵横，2009 (3)：85 - 87.

直译的方法，建议译者不要花太多的精力去做转述式的翻译。他认为翻译需要在内容上忠实于原文，在形式上力求流畅，即译文和原文在形式上达到忠实与流畅的结合。他一生的译著颇丰，其作品为后期的文学翻译提供了翻译依据和范本。胡适的翻译作品涉及诗歌、小说、戏剧、散文等众多领域，他翻译了30多篇诗歌，其中主要作品有《军人梦》《惊涛篇》《晨风篇》《乐观主义》《康可歌》《哀希腊歌》等。作为新文化运动的倡导者，他翻译了多篇表现现实主义的短篇小说，包括都德、莫泊桑等人的名著，如1921年他翻译的法国作家都德的《最后一课》在当时的文坛掀起了一阵法国文学的旋风，同时胡适还翻译了易卜生的知名戏剧作品《玩偶之家》，亦成为新文化运动激发思想改革的重要翻译作品之一。总的来说，胡适的翻译作品开创了中国文学进步的先河，对近代翻译文学的进步和现代性发展起到了重要的推动作用。

梁实秋有着与同时期主流群体不一样的翻译标准，与林语堂相似，梁实秋的翻译思想既受到传统儒家学说思想的熏陶，又受到了西方人文主义思想的影响。梁实秋的文化思想对其翻译作品有着深刻的影响，此外，他也通过翻译阐述和推广自己的文化思想。梁实秋不仅具有理性宽容的文化态度，也具有西方"自由派"知识分子所推崇的个性化、独立性的特点，能容纳外国语言和文化，其翻译作品处处体现出中西方融合的理念。例如，梁实秋在翻译《罗密欧与朱丽叶》时就利用了这种中庸翻译观，将中西文化理念融合，以儒家精神为根基，将两者融会贯通，力图展现人文主义的爱情理想与封建社会的恶习之间的冲突，阐释莎士比亚的人格解放思想。在翻译标准上，梁实秋认为翻译要忠实、流畅和传神，也就是说，要忠实地传达原作的精神、语调和风格。他的观点与严复提倡的"信""达""雅"相似，但更具体生动。在梁实秋看来，"忠实"是翻译中最重要的标准。"忠实"的内涵是对原文的忠实，翻译者不能改变原文的特色，应尽可能忠实地传递原文的语言、结构、文法等各个方面的内容。梁实秋对"忠实"的追求是其主要的个人翻译特征，并使其成为近代翻译家中成就最为突出的译者之一。

茅盾（沈雁冰）的翻译作品对促进近代中国的社会改良和民族进步都有积极的指导意义。他的翻译思想具有较强的政治性功能，明确地表明了他的革命思想态度和政治倾向，他对翻译作品的选择主要是为了服务于政治和革命需要，认为翻译的目的是改造社会、革新政治。他的这种政治实用主义的翻译态度体现在他对莎士比亚文学的评论上，他是中国最早引入马克思主义莎评的翻译家，推崇苏联学者的莎评立场，认为对莎士比亚作品的翻译和传播能够"加强我们的反法西

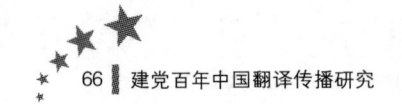

斯的文化斗争的力量"①。

郑振铎是新文化运动的倡导者和翻译家,他将西方先进翻译思想和理论与自己的翻译实践相融合,形成更为全面的、系统的翻译思想。他所提出的"译者主体性"概念不仅开拓了新时期的翻译思想范畴,也深刻影响着现代的翻译思想。在文学翻译的理论方面,郑振铎肯定了文学书籍的可译性以及文化文学书籍在国际交流与传播的可行性,倡议翻译者要发挥主体性功能,积极主动地承担起社会发展的责任。在对国外文学作品的翻译选择方面,他认为译者需要充分考虑国家和民族的基本情况,以改进国人旧有的落后文化态度和观念为目标,引导和帮助民众了解和接受先进的国际化思想。在翻译策略上,他强调欧化不是简单的模仿,可以适当地通过改进中国传统文体的方式来进行一定程度的欧化,但不能过度改变,以免影响国内读者的理解。郑振铎坚持翻译选材立足于现实原则,在中国五四运动和新文化运动兴起的时期,他充分发挥了译者的主观能动作用,其翻译作品以当代苏俄现实主义文学作品为主,包括俄国现实主义大文豪托尔斯泰、屠格涅夫,批判现实主义作家果戈理、契诃夫,以及高尔基等革命现实主义作家的作品。他的翻译目的是借由相类似的国情与社会问题,为解决中国当时的问题提供思路与方法。

2. 翻译社团与机构

20世纪上半叶的重要报纸和期刊创设了各类翻译栏目,比如"译丛""名著"等,并在不同时期选择不同类别的翻译专号或者特辑进行推广和介绍,成为翻译作品及评论介绍的主要阵地。《新青年》是新文化运动中最有代表性的期刊,其在创刊时期就非常重视对外国文学作品的翻译和介绍。20世纪20年代后《新青年》的刊发内容改进为以发表政治性的文章为主,译文仍然是期刊的重要组成部分,刊发的翻译作品更具有政治性,比如《国际歌》等。在一些综合性的刊物中,如《新社会》《每周评论》《少年中国》《曙光》等期刊中,翻译文学作品都受到较高的关注。同时,翻译文学作品在一些更具文艺性倾向的报纸和杂志中,如《小说月报》《晨报副刊》《时事新报》等,更是被大范围的刊载和发表。

出版机构也成为翻译文学的重要园地,不仅大量出版单部译著,而且时常推出整套的丛书。翻译在这些丛书中都占有很大的比重,其中受到广泛关注的丛书包括《小说月报》《文学周报》等报刊推介的整套丛书或者丛刊。另外,大量的翻译文学丛书源源不断地涌现出来,比较知名的有《未名丛刊》《欧美名家小说

---

① 茅盾. 茅盾全集:第33卷[M]. 北京:人民文学出版社,2001:470

丛刊》《世界名著选》《新俄丛书》《欧罗巴文艺丛书》《世界少年文学丛刊》等等。这些出版机构的全力推广使国外文学作品的翻译和阅读成为时代性的追求，翻译文学的出版与发行为时代发展和社会进步提供了思想的原动力。[①]

五四时期社团蜂起，百家争鸣，知名的社团包括文学研究会、创造社、新月社、未名社等。这些社团之间或多或少地存在不同的社会发展观、文学观及审美取向方面的分歧，新文学的思想体系中一直存在激进和保守两大阵营的较量与争论，后期又发展出中间派立场的思想和理念；同时，新文学各个思想派别的内部也有着各类观点的差异和分歧。尽管五四运动时期存在着各式各样思想上、观点上的碰撞和交锋，但事实上，这个时期文学翻译的繁荣发展正是源于这些百花齐放的流派的共同努力和踊跃的活动。

创造社的主要成员有郭沫若、田汉等，他们的翻译作品与创作一样，都流露出鲜明的浪漫主义倾向。例如，郭沫若翻译的歌德《少年维特之烦恼》和雪莱的《雪莱诗选》等，田汉翻译的王尔德作品《莎乐美》和莎士比亚作品如《罗密欧与朱丽叶》等。新月社的主要成员包括徐志摩、陈西滢等人，该社偏重对英、法等西欧国家文学的翻译，尤其是对诗歌文学的翻译，比如徐志摩翻译的德国哥斯《涡堤孩》、法国伏尔泰的《赣第德》等作品。未名社则主要关注对俄国现实主义文学作品的译介，有研究表明，《未名丛刊》中收录的20余种译作中近80%都为俄国文学作品，其代表作包括《苏俄的文艺论战》《外套》《黑假面人》等。社团中参与者最多、影响范围最广的是文学研究会，其翻译活动具有明确的计划和目标性，曾经组织了"俄罗斯文学研究""法国文学研究"等专有的现实主义体裁作品的翻译和研究刊本，也组织过"被损害民族的文学号""泰戈尔号""安徒生号"等专号对各个专题进行译介和推广。例如，《小说月报》从第12卷到18卷，译介了35个国家的270多名作家的作品；《文学周报》刊发的译介作品有300余篇。另外，文学研究会也编纂和出版发行了各类翻译丛书，其翻译著作大约有107种，其中1921—1927年有46种，1928—1939年有16种。[②]

二、重要译入作品

五四运动开启了中国历史上的第三次翻译高潮，是近代中国文学翻译史上最辉煌的一个时期。从新文化运动时期到新中国的成立，外国文学作品一直源源不

[①] 秦弓.论翻译文学在现代文学史上的地位：以五四时期为例［J］.文学评论，2007（2）：119-126.

[②] 贾植芳，苏兴良，刘裕莲，等.文学研究会资料（下）.郑州：河南人民出版社，1985.

断地译入国内,取得了前所未有的成绩。据统计,从五四运动之后到新中国成立的这段时间中,各类出版社发行的世界文学翻译作品约有4 500部之多,[①] 在推动社会思想进步和文化发展方面起到了巨大的推动作用。这段时期的翻译文学不仅是启蒙思想的载体和沟通精神文明的桥梁,也促成了白话文的形成,丰富了近代文学的表现空间和艺术形式,极大地推动了近代新文学的发展,在我国翻译史和文学史上都占据着不容忽视的重要位置。

1. 俄法现实主义文学作品的译介

五四运动之后,面对国内外严峻的社会环境和迫切的社会革命、思想更新的历史使命,文学翻译的指导思想受到了国外流行的现实主义思潮的深刻影响。外国文学的翻译作品中,大部分是在国际上获得高度评价的现实主义著作,这些著作中又以19世纪俄国和法国的现实主义作品为主。例如,仅在1917—1927年期间的200种文学翻译作品中,近一半都为俄法现实主义作品,图2-1所示为此类作品的分布情况,流行程度可见一斑。[②]

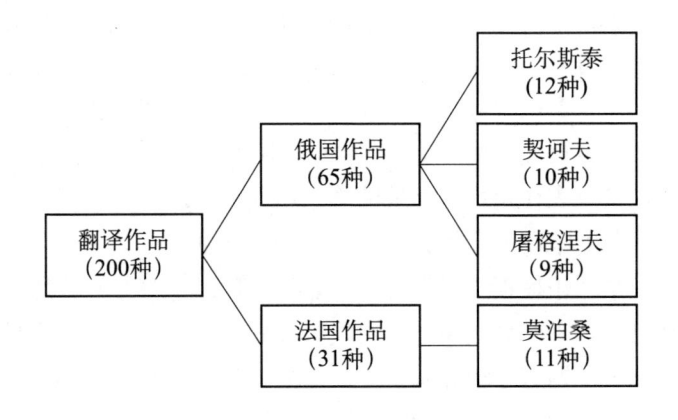

图2-1 1917—1927年文学翻译作品分布情况

俄国现实主义作品中受到的关注最广泛、影响最深远的是列夫·托尔斯泰的文学作品,这位俄国大文豪对中国传统文化非常感兴趣,他很推崇中国古代道家和儒家哲学,尤其喜爱老子的作品,曾翻译过《道德经》,写过数篇论述老子、孔子及孟子等人的文章。对饱受西方列国欺辱压迫、多灾多难的中国民众,托尔斯泰抱有真挚的同情之心,他相信中国必将迅速崛起,并在世界各个民族的发展

---

① 王建开.文学翻译:西方观念影响近现代中国社会的媒介[J].外国语(上海外国语大学学报),2019,42(4):9-12.

② 马祖毅.中国翻译通史(现当代部分):第1卷[M].武汉:湖北教育出版社,2006.

中起到重要的作用。五四运动之后，托尔斯泰的许多作品都被译为中文，包括其最为知名的作品如《安娜·卡列尼娜》和《战争与和平》等。国内的主要报纸和期刊都曾介绍和刊载过托尔斯泰及其文学作品，比如《新青年》、《小说月报》、《语丝》和《莽原》等，知名的翻译家和文学家如鲁迅、郭沫若、茅盾等也都撰写或翻译过论述托尔斯泰的文章。

抗日战争时期，尽管在极其艰苦的条件下，翻译者们也从未中断对托尔斯泰作品的译介工作，1937年周扬翻译出版了《安娜·卡列尼娜》，该著作一经出版就得到广大读者的热烈欢迎。托尔斯泰另一部在中国获得广泛关注的作品是《战争与和平》，这部现实主义著作一经出版就在欧洲掀起了一股热潮，获得了各国学者的高度评价，被看作是俄国文学史乃至整个欧洲文学史上的一块瑰宝，拥有前所未有的文学价值和地位。[①] 托尔斯泰的作品为中国大众带来巨大的震撼和激励，成为20世纪初我国人民在艰难的生活和斗争中的精神食粮和革命动力。

另一位对国内翻译界产生广泛影响的是俄国现实主义作家果戈理。果戈理的文学风格充满幽默感和讽刺性，众多中国文学家都被其诙谐风趣的写作风格、高超的写作造诣和深度的写作思想所折服。他的作品对中国近现代文学家的创作都产生了深远的影响，鲁迅、张天翼、老舍、赵树理等都曾从他的文学作品中获得过灵感和启发。果戈理是鲁迅最喜爱的作家之一，他将果戈理的讽刺艺术效应定义为"含泪的微笑"[②]。例如，鲁迅于1918年创作的《狂人日记》就受到了果戈理同名小说的启发，著名的讽刺作家张天翼的创作风格和创作选材都显而易见地受到了果戈理文学作品的影响。

果戈理的译入作品中最受欢迎的是《死魂灵》，这部作品被认为是俄国批判现实主义文学发展的基石，代表了果戈理现实主义创作的巅峰。《死魂灵》的翻译是鲁迅参考德国翻译者Otto Buek的德译本及其日译本翻译而成。鲁迅对于《死魂灵》的翻译，达到了移情和益智的目标，鲁迅在翻译这部作品时，采取了"直译"甚至"硬译"的方法，如加载不同语法等。鲁迅对《死魂灵》的文学价值有很高的评价，称其为"艰苦的奇功，不朽的绝笔"[③]。在对《死魂灵》进行研究和解读时，鲁迅阐释了这部著作对近现代中国的现实主义价值，认为作品中

---

① 张成军. 托尔斯泰小说在中国的再生成：建国前托尔斯泰小说在中国的传播与影响探析［J］. 邵阳学院学报（社会科学版），2015，14（2）：106-113.
② 鲁迅. 鲁迅文集：第6卷［M］. 哈尔滨：黑龙江人民出版社，1995：316.
③ 鲁迅博物馆，鲁迅研究室，《鲁迅研究月刊》. 鲁迅回忆录：上册［M］. 北京：北京出版社，1997：256

对人物的描绘格外生动活泼,即使处于不同国家,或者不同的时代,读者们仍然能够感同身受,如同描述自己身处的环境一样,鲁迅对其伟大的现实主义写作手法和能力感到格外敬服。①

在20世纪三四十年代,高尔基的作品被大量引入中国,他的作品极具革命思想性和独特的艺术性,对中国文学和革命发展都产生了深远的影响。高尔基的作品中体现出的对底层民众生活的关注和生动逼真的写作风格为近现代中国的文学创作提供了丰富的范例。他娴熟的现实主义创作手法深度影响了中国新文学的发展,成为投身于革命的年轻作家的写作参考范本。高尔基的作品不仅启迪了中国的无产阶级作家,也给予了他们文学创作上的灵感。1921—1949年俄法现实主义小说译入代表作部分文学作品翻译情况如表2-1:

表2-1 1921—1949年俄法现实主义小说译入代表作

作品名称	作者	写作时间	译者/译入时间
俄国现实主义小说			
《童年》	高尔基	1913	1. 蓬子 1930 2. 林曼青 1930 3. 陈小航 1931 4. 范泉 1949 5. 刘辽逸
《安娜·卡列尼娜》	列夫·托尔斯泰	1873—1877	1. 草婴 2. 周扬 3. 周笕,罗稷南 1937 4. 宗玮 1943 5. 高植 1941
《死灵魂》	果戈理	1842	1. 鲁迅 1935 2. 之江 1944 3. 鲍群 1948
《战争与和平》	列夫·托尔斯泰	1863—1869	1. 董秋斯 2. 高植 3. 郭沫若 4. 刘辽逸

---

① 鲁迅. 死魂灵百图·小引[M]//阿庚. 死魂灵一百图[M]. 北京:文化生活出版社,1936:1

续前表

作品名称	作者	写作时间	译者/译入时间
法国现实主义小说			
《欧也妮·葛朗台》	巴尔扎克	1833	1. 穆木天 1936 2. 高名凯 1946 3. 傅雷 1949
《包法利夫人》	福楼拜	1857	1. 李劼人 1925 2. 李健吾 1949

法国的现实主义小说中最受欢迎的是巴尔扎克的作品，其中以《欧也妮·葛朗台》的译本的影响最为广泛。作为欧洲批判现实主义文学的奠基人，巴尔扎克被誉为法国现代小说之父，他一生创作了 90 余部小说，塑造了 2 000 余个生动的人物形象，形成了《人间喜剧》系列作品，被赞为描述刻画资本主义社会人物生活的百科大全。巴尔扎克对人物的刻画栩栩如生，令人难忘，具有深刻的社会批判价值，启迪人们对资本主义社会的黑暗现实进行深刻的反思。例如，他在《欧也妮·葛朗台》中刻画的贪婪残忍的老葛朗台的形象，成功地描绘出了资本家无尽的贪婪和无情，无情地揭发了资产阶级金钱至上理念导致的道德沦丧和社会堕落的黑暗现实，抨击了资本主义社会中拜金主义带来的巨大破坏力。

早在 20 世纪 30 年代，穆木天就开始了对巴尔扎克作品的翻译，十年后，也就是 1944 年，傅雷开始翻译巴尔扎克的作品，但傅雷的翻译获得了更多的好评和欢迎。傅雷把翻译巴氏作品作为自己的终身事业，把启迪国人的精神与思想作为翻译工作的出发点。虽然傅雷再三强调"神似"，但他在翻译《欧也妮·葛朗台》时并没有一味地追求"归化"，而是将"归化""洋化"加以有机调和，在翻译方法上以直译为主，意译为辅，尽可能使用地道的汉语来还原统一完整的原文风格。

另一部对中国文学产生深远影响的法国现实主义小说是居斯塔夫·福楼拜（Gustave Flaubert）的《包法利夫人》。福楼拜作品的艺术价值首先体现在他对近代法国社会生活与人物风貌的生动逼真的描述上，同时，福楼拜也拥有超越时代的现代性思想和审美倾向。他的作品推崇客观性的描写，将现实主义与自然主义风格相融合，辅以独特的艺术语言风格，形成了创新性的现代主义风格，推动了世界现代文学的进步，其翻译作品的引入也深刻影响到 20 世纪三四十年代的中国小说家，推进了国内现代小说的进展。例如，福楼拜的代表作《包法利夫人》借助翻译在中国的文学土壤中扎根，并产生了深远的影响。

从《包法利夫人》的几个中译本比较来看，爱玛的形象在不同的译本中差异很大。不同的译者，由于语言、文化把握能力及表达能力的强弱，对作者意图和人物性格理解的差异，使得同一个原文翻译成中文后千差万别。几个译本中以李健吾的版本最为流行，李健吾主要通过归化式译法，通过四字成语或者四字的结构简洁地表达作者的意图，结合对背景知识的补充来诠释作品中的语言和文化信息。李健吾在叙述方式方面追求印象的、抒情的、顿悟的特色，他努力保持着作品的原汁原味，以直观的方式进行写作描述，引发读者的直观印象，激发读者的印象与感悟，达到与作者精神上的沟通。

2. 英国莎士比亚作品的译介

早在 19 世纪 30 年代，莎士比亚就被介绍到中国，但早期中国对莎士比亚的作品引入非常缓慢，直到 1921 年，才有了田汉以白话文翻译并以完整戏剧形式呈现的第一部莎士比亚作品《哈姆雷特》。五四运动前后，莎士比亚是有争议、遭排斥的作家。当时对其作品持排斥或否定态度的中国学者有郑振铎、胡适和茅盾等，他们对国外文学作品的翻译在选材上都秉持着服务于现实需要的态度，认为莎士比亚的作品有些不经济，因此呼吁翻译家先看当时中国的现实，然后再从事翻译。仅有少数学者，如王国维、朱东润，认为莎士比亚是杰出的现实主义戏剧家，他们发表了关于莎士比亚作品的评论性文章《莎士比传》和《莎氏乐府谈》，表明了从学术性角度分析和研究莎士比亚的部分学者对其作品的支持态度。

20 世纪 30 年代学者开始普遍接受莎士比亚，对其作品的翻译和评论受到越来越多的学者和翻译者的关注。许多诗人和翻译家都积极参与到莎士比亚作品的翻译活动之中，仅仅十余年时间，莎翁的大部分作品都被译出，其中，朱生豪和梁实秋是翻译莎士比亚作品最多的中国学者，朱生豪翻译出版了 27 余部莎士比亚的戏剧，梁实秋不仅翻译了多部莎士比亚戏剧，也发表了多篇关于莎士比亚作品的评论性文章，对莎士比亚作品的译介和推广做出了巨大的贡献。各类文学期刊也纷纷开辟专栏发表莎士比亚的作品，莎士比亚在中国掀起了一股热潮。从文学界和翻译界对待莎士比亚作品前后大相径庭的态度上可以看出，莎士比亚作品伟大的艺术造诣和现实主义价值得到了广泛的认可，引起众多学者们对其作品的关注和积极探索。

值得注意的是，这个时期一些最初对莎士比亚并不认同的学者和作家开始转变态度，接受并全力推广和宣传莎士比亚的作品，如郑振铎、胡适、茅盾等。胡适甚至把莎士比亚戏剧的翻译列入他庞大的翻译计划，并积极组织一群优秀的译者（如梁实秋、闻一多等）进行莎士比亚作品的翻译。茅盾对莎士比亚作品的态度也有一个由缺乏兴趣到积极宣传推广的转变过程。事实上，茅盾对莎士比亚的接受是基于社会政治层面的考量，他的态度受到了当时苏联莎士比亚评论家的影响，他们从马克思理论层面对莎士比亚作品进行了肯定的评论。在马克思和恩格斯对莎士比亚的积极评价的影响下，茅盾开始从现实主义角度研究分析莎士比亚的作品，并积极倡导对莎士比亚的传播与研究。茅盾是第一位引入"莎士比亚化"这一概念的学者，他对这个概念的含义进行解释和说明，认为在俄国文学界所流行的"莎士比亚化"，就是要找到一个活生生的真实形象，来展示正在进行的发展和运动。[①] 他的翻译和评论活动为当时和后来莎士比亚在中国的接受定下了基调。茅盾强调对莎士比亚作品的现实主义作用的发掘与推广，认为"学习莎士比亚以加强我们的反法西斯的文化斗争的力量，是我们的主要课题"[②]。茅盾对莎士比亚态度的转变和对其现实主义价值的认知与探索，都呈现出当时盛行的翻译的政治性功能，与茅盾一样格外注重莎士比亚现实主义价值的翻译者还有鲁迅、郑振铎等人。

与鲁迅和茅盾的政治化目的不同，另外一些学者如梁实秋、朱生豪、王国维等则是从文学审美性和语言艺术性角度去分析和研究莎士比亚作品，他们对莎士比亚的研究和阐述主要从学术层面进行，让日趋社会政治色彩化的莎士比亚阐释展现出一幅别样的面目。[③] 作为莎士比亚作品最重要的翻译者和评论者之一，梁实秋在其莎士比亚作品的评论文章中指出，莎士比亚作品的伟大之处在于其呈现出来的普遍意义上人性。梁实秋强调从莎士比亚作品文学性的角度进行欣赏，反对基于实用的考虑将其作品作为工具来使用，尤其反对把文学作品变为表现阶级性、政治性的工具。他没有给莎士比亚作品单纯地贴上浪漫主义或者现实主义的标签，他认为这种简单的派别分类是狭隘的，应该从中庸的、文化性的、艺术性的和文学性的理念出发来对莎士比亚的作品进行感知和评析。

3. 其他欧美国家文学作品的译介

在建党至新中国成立的这段时期中，美国的译入文学作品形式多样，包括小说、诗歌、戏剧、散文、传记类各种文学形式的作品。其中，受到较广泛关注和多次转译的作品有纳撒尼尔·霍桑和马克·吐温的作品，其中以霍桑的《红字》最受欢迎。霍桑被认为是19世纪美国影响最大的浪漫主义小说家。霍桑的翻译作品在其思想性和文学技巧性方面对近代中国的文学创作有着一定程度上的启蒙

[①] 茅盾.茅盾全集：第33卷.北京：人民文学出版社，2001：316-318.
[②] 同①，469-471.
[③] 李伟昉.接受与流变：莎士比亚在近现代中国[J].中国社会科学，2011（5）：150-166，222.

作用，他的作品中充满了对善恶的深度思考，对传统道德标准的反思和对人性弱点的批判，这些文学元素激发了读者对社会现实的深刻反思和对人性问题的多维度思考。此外，霍桑的艺术创作手法具有其独特的象征主义和浪漫主义特征，被近代小说家广泛学习、借鉴和使用。郭沫若、郁达夫等的作品的浪漫主义特征的形成都与受到霍桑等浪漫主义作家的影响有重要的关系。

《红字》是一部关于女性心理历程的著作，主人公赫斯特·普林的特殊境遇很能吸引读者的眼球。从最初由于通奸被世俗和道德所抛弃，到后来通过不懈努力和自尊自强的性格让胸前的红字不再代表着屈辱，反倒承载着美好的含义。霍桑的《红字》引起了人们对女性题材的关注，其成功传播促成了大量以女性为主人公的作品的译介和创作。

在德语文学作品的译介中，以郭沫若对歌德作品的翻译最为引人注目。郭沫若的德语文学翻译主要是完成于 20 世纪二三十年代，与近代中国的文艺启蒙运动密切相关。在这一时期，郭沫若翻译了数十首歌德的诗或章节，还有其最受欢迎的两部作品《少年维特之烦恼》及《浮士德》。郭沫若独到的翻译表达方式赋予歌德的诗歌作品以独特的文学风格，在当时的文学界流行一时。郭沫若对歌德的译介还包括《创造十年》《序我的诗》和辩证唯物史观的散文如《浮士德简论》等，歌德作品翻译的具体情况可参考表 2-2：

表 2-2　1921—1949 年歌德译入作品概览

作品名称	作者	写作时间	译者/译入时间
《少年维特之烦恼》	约翰·沃尔夫冈·冯·歌德	1774	1. 郭沫若 1922 2. 黄鲁不 1928 3. 罗牧 1930 4. 傅绍先 1931 5. 达观生 1932 6. 陈叕 1934 7. 钱天佑 1936
《亲和力》	约翰·沃尔夫冈·冯·歌德	1809	杨丙辰 1941
《浮士德》	约翰·沃尔夫冈·冯·歌德	1773	1. 莫甡 1926 2. 伍蠡甫 1934 3. 周学普 1935 4. 顾寿昌
《迷娘歌》	约翰·沃尔夫冈·冯·歌德	1973	郭沫若 1923—1925

续前表

作品名称	作者	写作时间	译者/译入时间
《列那狐》	约翰·沃尔夫冈·冯·歌德		1. 伍光建 1926 2. 郑振铎
《赫尔曼与窦绿苔》	约翰·沃尔夫冈·冯·歌德	1797	1. 郭沫若 1942 2. 邬侣梅 1945
《铁手骑士葛兹》	约翰·沃尔夫冈·冯·歌德		周学普 1935

郭沫若、田汉都是歌德的热情崇拜者，他们的书信集《三叶集》中主要的交流话题就是以歌德为中心的。例如，《三叶集》中记载了一则趣闻，讲到田汉如何将郭沫若与歌德相提并论，把歌德式的爱情与郭沫若的婚姻状况相比较，并从道德层面加以戏谑调侃。

伴随着新文学运动的发展，一些先进的知识分子开始关注弱小国家和被压迫民族的文学作品。鲁迅和周作人兄弟是最早开始关注和翻译被压迫民族的作品的学者，鲁迅认为弱国和被压迫民族的处境同中国一样，对中国读者来说更现实、更有针对性，能够促进中华民族的反思和觉醒，更能激发中华民族的血性、热情和斗志。[①] 鲁迅与周作人兄弟曾经在其作品《域外小说集》中翻译和介绍被压迫民族的文学作品，包括东欧和非洲的弱小国家如波兰、南非等国的文学作品。二人格外关注波兰作家显克微支的作品，曾经翻译过他的《乐人扬珂》《灯台守》《炭画》《酋长》等作品。

茅盾也很赞成对弱小国家和民族文学作品的译介，他曾在《小说月报》的刊载计划中明确提出需要特别关注饱受欺辱的弱小国家和民族的新兴文学，建议《小说月报》每期至少刊发一篇波兰、爱尔兰、捷克斯洛伐克、新犹太民族等小国和民族的文学译本，并多介绍一些这些国家的文学史。[②] 茅盾在弱小民族文学的翻译上付出了许多的心血和劳动，他的翻译作品涉及欧洲、南美洲和非洲等地诸多国家，如爱尔兰、阿根廷、智利、新犹太族等多个国家和民族。在他的这些翻译作品中，易卜生和泰戈尔的作品受到的关注最为广泛。当时的先进报刊是这些作品的主要来源，如1918年《新青年》专门开设"易卜生号"的专刊，用以专门发表弱小国家和民族的作品。

---

① 许钧. 翻译精神与五四运动：试论翻译之于五四运动的意义[J]. 中国翻译，2019，40(3)：5-12，188.

② 秦弓. 论翻译文学在现代文学史上的地位：以五四时期为例[J]. 文学评论，2007(2)：119-126.

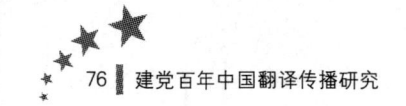

三、译入作品的社会文化影响

20世纪上半叶的翻译活动以翻译文学在中国的传播影响最为深远,由五四运动开启的文学翻译高潮对中国文学与社会的发展产生了深远而广泛的社会影响和文化影响,其影响范围包括现代汉语的变迁,现代文学作家、文学形式和写作方式的多样化和丰富化,对教育体制的改革以及促进翻译理论研究和发展等诸多方面。

1. 对社会的影响

翻译文学首先为新文化运动奠定了思想基础,"无论启蒙的思想还是革命的思想,都是通过翻译输入中国的"①。在五四运动前后,"新语汇、新观念的引进,给人们打开了新天地、新视野"②。五四运动时期的许多外国文学只有依赖翻译为媒介,才得以传播和推广给全国普通的大众读者。外国文学翻译作品中所传递的个性主义、人道主义、自由主义等先进的思想与理念,为新文化运动提供了必要的认知启蒙和思想武器。③ 通过翻译这条开放之路,中国先进的知识分子得以了解国际上的新理念、新思潮。当时重要的翻译家们,对其从事的翻译活动都有着明确的动机,例如,鲁迅就希望"通过翻译,改造汉语,从而最终改造中国人的思维方式"④。五四运动以来,这些伟大的翻译活动家们正是通过翻译为民众输入了新的观念和思想,帮助民众认识自己、解放思想,从而进一步改造社会,振国兴邦。

翻译也促进了妇女解放运动。在传统社会中,"男尊女卑"的概念根深蒂固,但吸收了西方先进思想的文人志士逐渐意识到这一思想的腐败,开始呼吁保护妇女权益。晚清时期就有了对妇女缠足陋习的唾弃,20世纪后,女性报刊如雨后春笋般涌现,许多女性题材的文学作品、女性作家的文学作品被译入中国,引起了国内对于男女社会等级、男女平等、贞操问题、女性教育的讨论,极大地推动了中国女性地位的提升。1931年11月颁布的《中华苏维埃共和国宪法大纲》使妇女们获得了更多的人权和自由权,实现了一定程度经济独立,在婚姻方面也获

---

① 许钧. 翻译精神与五四运动:试论翻译之于五四运动的意义 [J]. 中国翻译, 2019, 40 (3): 5 - 12, 188.

② 张卫中. 20世纪初汉语的欧化与文学的变革 [M] //朱竞. 汉语的危机. 北京:文化艺术出版社, 2005: 130.

③ 秦弓. 二十世纪中国翻译文学史·五四时期卷 [M]. 天津:百花文艺出版社, 2009: 5.

④ 王彬彬. 为批评正名 [M]. 北京:时代文艺出版社, 2000: 146.

得了更多的保护和自主权，包办婚姻、一夫多妻、童养媳等陋习都被明令禁止。[①] 20 世纪 40 年代，中共改革婚姻政策，"婚姻自愿/自主"被写入 1944 年的《修正陕甘宁边区婚姻暂行条例》和 1946 年的《陕甘宁边区婚姻条例》。这些探索都促进了新中国婚姻法条例的形成。

此外，辛亥革命后至新中国成立前，留学生的回国带来了西方的先进教育制度，促进了中国新学制的完善，促进了高校英语教育的发展。1923 年，商务印书馆出版的《全国专门以上学校指南》中的数据显示，当年全国的 30 余所高等学校中，有近一半开设了英语系，到 1947 年，这两个数据明显提升，专科以上招生院校有 207 所，其中开设英语系的院校有 77 所。[②] 开设英语系院校的增多不仅让更多的西方先进思想、先进科技知识传播到中国，成为中国与世界沟通的重要渠道，也为国内知识分子提供了学习英语的场所，为中国走向世界做好了国际人才储备。

2. 对语言和文学的影响

五四时期开启了白话文翻译的时代，通过翻译改进旧汉语体系的弊端，推进汉语的现代化进程，是新文化运动的先驱者们的共识。在传统汉语向现代汉语转变的过程中，翻译活动起着重要的作用。从 1905—1936 年期间，传统汉语在翻译的影响下开始向现代汉语转化，建立起现代汉语的基本面貌，为之后数十年现代汉语的变迁奠定了基调。[③] 通过翻译引入的新的语句、语法结构和修辞手段等充实了现代汉语，对现代汉语的发展奠定了关键性的语言基础，对白话文运动的成长和语言革新起着重要作用。

中国传统小说，如《红楼梦》《西游记》等，虽然使用的也是白话文，但这种书面体的白话文属于传统的"书本白话"[④]，在语言表达上主要为文言文与白话相间。随着五四新文化翻译活动而带来的大量外国文学作品涌入到中国文学界，中国的现代文学才真正引入了全新的、具有欧化特点的现代白话文。鲁迅、瞿秋白等新文化运动的先驱们认为旧的语言文化是束缚国人思想的枷锁，主张通过翻译西方著作实现对中国传统的文言文学的颠覆，创造新的语言，从而实现中国社会的变革与进步。他们倡议当代文学吸收由翻译传入的新的词汇、句法和表现手法，以建构新的语言和文学。他们提倡使用"直译"的翻译手法，打破传统

---

① 庄秋菊. 中央苏区婚姻政策的历史考察 [J]. 党史文苑，2019 (8)：51-55.
② 赵彦丽. 辛亥革命至建国前我国高校英语教育的发展 [J]. 兰台世界，2015 (28)：145-146.
③ 朱一凡. 翻译与现代汉语的变迁（1905—1936）[M]. 北京：外语教学与研究出版社，2011.
④ 谢天振. 翻译的理论构建与文化透视 [M]. 上海：上海教育出版社，2000：74.

的文言文的局限性,重构起一种融合新思想与文化的中国新式现代语言。瞿秋白认为翻译应该使用中国大众口语交流中习惯使用并能够理解的白话文来写作,[①]鲁迅认为翻译应该"洋气"[②],建议译者通过语言的使用展现出作品的现代性和时代性特点。

尽管翻译活动对五四以来的白话文运动起到了积极的推动作用,但由于当时的意识形态化翻译思想的影响,译文中过多的"直译"乃至"硬译"现象导致了现代汉语在变迁过程中出现了"欧化"的现象,即旧有的汉语语言体系在被西方语言影响后所呈现出的词汇、句法、语言结构等方面的西化现象。现代白话文与传统白话文区别的主要表现,就是经由翻译而引入的欧化语。[③] 欧化语在二三十年代的知识界曾经十分流行,在其受到支持的同时,也受到了一些知识分子的质疑,如林语堂在《论翻译》中就以批评的口吻谈及文学界"字字对译"和"语体欧化"的现象。[④]

在汉语的现代化变迁过程中,欧化语有其存在的必然性。随着现代汉语体系的日益成熟和文学思想的迅速革新,过度欧化的现象随着时代已经自然消解。总的来说,20世纪以来,汉语在向现代汉语过渡的过程中,经历了欧化的过程,吸收了大量新词、表达法、句法结构等,表示句法关系的连结词"因为、所以、但是、既然、那么、然而、当"也使用得越来越频繁,句法结构变得更加精密,还借鉴了不少西文中的篇章衔接手段,因此,现代汉语在描述能力上得到了很大的改观,在很大程度上克服了古代汉语笼统、模糊、单一的问题。

五四时期外国文学的翻译对近现代文学史都有着深远的影响,章回体等旧语言体系的结构逐渐消失,新的文学体裁被引入,这些文学体裁丰富和拓展了中国现代文学的形式。如英国系列侦探小说《福尔摩斯》的译入,促进了中国本土原创侦探小说的诞生,并催生了倒叙方式的运用,其自由转换叙事视角的变化也对近代小说家的叙事方法产生了影响。在理论方面,五四运动前后大量的国外文学理论的译介成为孕育我国现代文学理论发展的摇篮。另外,翻译还为中国作家的儿童文学创作提供范型和艺术灵感,可以说没有外国儿童文学翻译,就没有中国现代儿童文学。

中国近代的文学译介作品也影响了中国戏剧的发展,话剧的产生直接脱胎于

---

① 郭建中. 文化与翻译 [M]. 北京:中国对外翻译出版社,2000:132.
② 陈福康. 中国译学理论史稿 [M]. 上海:上海外语教育出版社,2000:85.
③ 朱一凡. 翻译与现代汉语的变迁(1905—1936)[M]. 北京:外语教学与研究出版社,2011:40
④ 林语堂. 论翻译 [C] // 罗新璋. 翻译论集. 北京:商务印书馆,2009:4.

翻译文学。中国首个剧团春柳社最早演出了改编自大仲马的译本《茶花女》和美国译本《黑人吁天奴》的话剧。另外，在新诗发展方面，胡适于1918年发表在《新青年》杂志上的苏格兰女诗人林赛的《老洛伯》被认为是现代新诗的第一篇，从此开启了中国文学史上的新诗翻译和创作。

20世纪上半叶盛极一时的文学翻译活动不仅成就了胡适、鲁迅等一代新文学运动的伟大翻译家和文学家，而且培养了新一代的作家，很多近代作家的创作生涯都是从翻译开始的。另外，翻译作品也为近现代文学爱好者提供了丰富的写作范式，引导他们走上了文学道路。许多近现代作家的文学创作都受到了翻译作品的影响，比如鲁迅的《狂人日记》就受到果戈理同名小说的启发，胡适曾借鉴《玩偶之家》创作了爱情小说《终身大事》，其女主人公被认为是中国的娜拉。[1]郭沫若、田汉等的诗歌创作，就深受歌德的作品如《浮士德》的影响。

3. 对翻译理论发展的影响

从中国共产党成立到新中国成立的这段时期，中国翻译史经历了近代翻译最重要的一次文学翻译高潮，这个时期多姿多彩的翻译思想、理论以及大量的翻译作品都为后期的翻译研究提供了丰富的研究资源，对形成中国翻译传播的思想理论体系，指明未来翻译传播事业的发展方向都具有指导意义。

20世纪上半叶，翻译理论出现了百家争鸣、百花齐放的新局面，新文化运动推动了翻译风格、语言和策略的彻底变革，促成了我国翻译史上传统的旧式翻译理论向现代性的发展和转变。翻译家们关于"直译与意译"、"信与顺"和"神似与形似"等翻译策略和标准进行了激烈的讨论和争辩，[2]为现代翻译理论奠定了坚实的思想基础，许多影响外国近现代文学的翻译思想都在这一时期涌现出来。例如，新文化运动的领军人鲁迅的"硬译"与"易解"相融合的翻译思想，林语堂提出的"忠实、通顺、美"的翻译准则，朱生豪注重保持原作的"神味""神韵"，等等，这些翻译理论为现代翻译理论的形成奠定了思想基础，对我国的文化产生了深远的影响。

不同的翻译思想也引发了许多争论，像是茅盾与郑振铎，巴金与王力，张友松与徐志摩，鲁迅与梁实秋、林语堂、瞿秋白之间都产生过争论，其中影响比较大的就是二三十年代鲁迅与梁实秋之间持续八年之久的论战。二人不仅就翻译标准、翻译方法、策略选择、重译等翻译相关问题一直争论不休，还涉及许多前所

---

[1] 张华丽. 中外翻译简史 [M]. 浙江：浙江大学出版社，2009：87.
[2] 谢天振. 中西翻译简史 [M]. 北京：外语教学与研究出版社，2009：68.

未有的方面，如文学作品中的普遍人性、文学的阶级性、文学批评的态度、翻译的标准等，对后期翻译理论的发展产生了深远的影响，论战结束后直到今天，国内对这一问题的讨论也从未停止过，并且变得更加深入、科学，被赋予了新的内涵。现在讨论欧化现象时，鲁迅先生的"削鼻剜眼""异国情调"等阐述也经常被人提及。不难看出，在这些争鸣中，翻译思想逐渐趋于成熟、丰富。

此外，由于译者不同的翻译观点和翻译所承载的政治任务的更迭，一书多译的现象屡见不鲜。对同一作品的不同翻译阐释使国内对外国文学的讨论更加深刻，也使读者有了更多选择。这一时期的译者们也对翻译目的和服务对象等非语言因素对翻译的影响进行了最初的讨论，意识到了要根据目标语读者调整翻译语言风格和翻译方法，例如，在儿童文学中插入插画，使其图文并茂，吸引儿童，使作品达到更好的传播效果。这也影响了新中国成立后至今的翻译，目标读者一直是翻译的重大考量因素之一。

★ 第三节　译出作品的内容及影响 ★

一、毛泽东思想的对外传播与影响

1927年3月，毛泽东发表了《湖南农民运动考察报告》，指出农民运动在中国革命中的重要性。由于这一思想符合当时共产国际对中国革命的观点，同年5月，该报告被共产国际执行委员会机关刊物《共产国际》（俄文版）翻译和转载，从此拉开了毛泽东思想外译的序幕，《共产国际》也成为毛泽东思想在苏联传播的重要渠道。同年6月，同一刊物的英文版又刊登了该报告，并给予此文高度评价，认为在对中国农村现状的介绍文章之中，这篇报告的内容最为清晰明确。[①] 共产国际还于1934年出版了名为《经济建设与查田运动》的第一本毛泽东文集俄译本。在接下来的六年间，该报刊相继刊载了毛泽东的《我们的经济政策》《中国共产党致中国国民党书》《国共合作成立后的迫切任务》《同世界学联代表团的谈话》《论新阶段》等多篇文章。

除了译载毛泽东作品之外，《共产国际》还发表了一些关于中国及其领导人的文章。在《中国苏维埃和中国红军领导人》的专栏中，介绍了毛泽东、朱德、

---

① 雍桂良．毛泽东著作在国外的出版与传播［J］．图书馆理论与实践，1993（4）：38-40．

方志敏，并盛赞毛泽东同志坚定的革命意志和伟大的革命领导者才能，[①] 之后刊登的《毛泽东》一文也对其进行了高度评价。然而让人遗憾的是，目前没有发现《共产国际》上刊登的俄文和英文译者的史料，故无从而知译者的身份。

毛泽东思想在英语世界的传播稍晚于俄语世界，主要通过一些来华记者的报道、专著以及毛泽东思想相关作品的翻译进行传播。在 20 世纪二三十年代，埃德加·斯诺（Edgar Snow）等美国记者先后前往中国，对毛泽东和中国共产党的事迹进行报道，把毛泽东思想传播到了英语世界。1934 年，记者艾格尼丝·史沫特莱（Agnes Smedley）撰写的《中国红军在前进》（China's Red Army Marches）于纽约出版，"这是西方记者向世界介绍井冈山时期红军战斗情况最早的作品"[②]。1936 年斯诺来到中国，次年出版了《红星照耀中国》（Red Star Over China），该书在美国大获成功，吸引了更多记者来到中国。许多记者亲身去陕甘宁边区访问，与毛泽东进行会谈，积极了解当时中国的实际情况，写下了许多关于毛泽东及其思想的报道，为传播毛泽东思想做出了十分卓越的贡献。1946 年 8 月，安娜·路易斯·斯特朗在和毛泽东进行会谈之后，其通过报道，将毛主席关于帝国主义都是纸老虎的论断传到了西方。次年，她根据对毛泽东、刘少奇等中国领导人的采访撰写的《毛泽东的思想》，[③] 是世界上第一篇论述毛泽东思想的文章。[④]

此外，许多记者或汉学家将其在中国的报道与经历整理成著作出版，为我们留下了宝贵的遗产。1938 年，尼姆·韦尔斯（Nym Wales）的《续西行漫记》（Inside Red China）在美国出版；1945 年，福尔曼所著《来自红色中国的报告》出版；1946 年，根室·史坦因的《红色中国的挑战》出版；1947 年，爱泼斯坦的《中国未完成的革命》出版；1948 年费正清出版了《美国与中国》（The United States and China）。

抗战爆发之后，为了获得国际社会和人民的理解与支持，中国共产党开始主动翻译毛泽东思想著作，先后创办了《新华周刊》（1946）和《中国文摘》（China's Digest，1946—1950）杂志，让世界人民更好地了解中国共产党所从事的正义事业，实现沟通中国与世界的作用，赢得国际社会的理解和支持。据李欣

[①] 何明星. 毛泽东著作俄文版翻译及出版特征研究［J］. 中国出版，2019（23）：42-46.
[②] 贾金玲. 国外毛泽东思想研究的历史进程及主要理论成果概述［J］. 国外理论动态，2011（4）：66-70.
[③] 斯特朗. 毛泽东的思想. 孟展，译. 香港：光华书屋，1947.
[④] 斯特朗. 安娜·路易斯·斯特朗回忆录. 陈裕平，译. 北京：三联书店，1982：9-10.

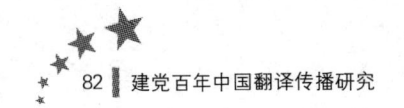

(2013)统计,1948年1月至1950年1月期间,《中国文摘》共刊登了15篇毛泽东的文章、讲话或声明的英译文。在这15篇文章中,译者多增加小标题概括每部分内容,使文章逻辑更加清晰,部分译者还在编者按中概括原文大意,使读者能够快速抓住文章的重要精神。但为了保持期刊的时效性和及时性,文章的翻译比较仓促,传神达意为主要目标,所以在译文精确度上稍有欠缺。

除了创办杂志之外,中共中央还成立了一些专门小组,如对外宣传小组、中共中央外事组、中共中央东北局俄文翻译小组,主要负责毛泽东著作的翻译和外宣工作,使毛泽东思想的对外传播过程更加规范化、系统化。

与美国、苏联相比,日本对毛泽东著作翻译较少。抗日战争结束前,毛泽东思想的日译主要由日本情报机构、新闻出版社、日本友好人士进行。1929年,佐佐木到一(笔名:高山谦介)翻译并出版了毛泽东的《湖南农民运动考察报告》。之后,中国国际新闻社和民主新闻社两家中国新闻出版社先后出版了《论持久战》和《在延安文艺座谈会上的讲话》的日译文。1946年,千田九一翻译出版了《现阶段中国文艺的方面》,其翻译的主要内容也是毛泽东在延安文艺座谈会上的讲话。中日战争结束后至新中国成立前,中日在合作翻译毛泽东著作方面进行了初步尝试,此间共有六种《毛泽东选集》译本问世。[①]

总的来说,从中国共产党成立至新中国成立前这一段时间,对毛泽东思想进行译介的主要是苏联、美国和日本这三个国家。这一时期,期刊报纸是人们获得信息的主要渠道,因此也成为传播毛泽东思想的重要媒介。和其他两个国家相比,毛泽东思想在美国的传播形式更加多样化,相关著作和文章也更多。但不论数量多少,它们都促进了毛泽东思想在海外的传播,扩大了毛泽东和中国共产党的国际影响力,让世界看到了更加真实的中国。同时,这些文章、报道和著作本身也是宝贵的精神遗产,不仅为日后的《毛泽东选集》、毛泽东诗词等毛泽东思想著作的翻译与传播奠定了基础,也成为之后西方研究毛泽东思想的重要信息来源。

二、文学作品的对外传播及影响

1. 中国古典文学的外译

20世纪上半叶,汉学在西方迅速发展,涌现出了许多优秀汉学家,他们积极翻译传播中国文学,尤其是中国古典文学,使更多西方读者认识到了中国传统

[①] 何明星,江蓝. 毛泽东著作日文版的翻译、出版和发行[J]. 中共党史研究,2019(10):111-124.

优秀文化。

早期对中国古典文学外译贡献和影响最大的非美国汉学家庞德莫属。埃兹拉·庞德（Ezra Pound，1885—1972）热爱中国传统文化，对中国传统文学作品的了解和造诣颇深，他认为生动形象的汉字具有深远的表意功能，经常在自己的诗作中加入汉字以充实其作品内容。[①] 1921 年前，他就已经开始翻译中国古典文学作品，在翻译《华夏集》（Cathay）时，他更是独创性地采用了创意英译的方法。中国共产党成立后，他先后翻译了《大学》（1928）、《中庸》（1947）等作品。翻译中国古典文学对庞德的创作也产生了影响，他在长诗《诗章》（The Cantos）中，有 12 章引用了汉诗、汉字、儒家哲学等中国元素。不仅如此，他对中国古诗中"意象"的研究也影响了庞德自己和众多西方意象派诗人的创作。

十月革命以后，苏联文学界对中国给予了极大的关注，先后成立了东方研究所（1918）、世界文学出版社（1919）和全俄东方学家学会（1921），主要负责研究和翻译中国文学。虽然出于历史和政治原因，在新中国成立前，中国人对俄苏文学的了解远超俄苏人民对中国文学的了解，[②] 但和 19 世纪相比，这一时期对中国文学作品的译介有了显著增长。这一方面是因为政府的支持，另一方面离不开汉学家们的不懈努力，阿列克谢耶夫就是其中之一。

瓦·米·阿列克谢耶夫（В. М. Алексеев，1881—1951）十分热衷于翻译、研究中国古典文学，一生中翻译研究了千余部中国文学作品。自 1922 年阿列克谢耶夫开始着手《聊斋志异》的翻译后，他不仅在《东方》、《谈话》和《苏联科学院院报》等期刊上发表了《聊斋志异》中部分故事的翻译，还先后选取《聊斋志异》中的共 155 篇故事分为四个选集译出，分别为《狐妖集》（1922）、《僧术集》（1923）、《异怪集》（1928）和《异人故事》（1937）。阿列克谢耶夫不仅对中国文化有着深刻的研究，还曾亲自到访中国，亲身感受中国社会和文化，因此，他对中国文化有着较为清楚到位的认识，极大地促进了他的翻译过程。其译文不仅语言优美流畅，还原原文语言风格，还通过许多详细的注释向俄苏人民介绍了中国民俗、礼仪、服饰等中国传统文化。虽然其译文中存在一些错译和误译，但瑕不掩瑜。随着时间的推移，其译本的影响越来越大，"至今未有其他俄译《聊斋》作品能与其媲美"[③]。

另一位俄苏汉学家鲍里斯·亚历山大洛维奇·瓦西里耶夫（Борис

[①] 方华文. 20 世纪中国翻译史 [M]. 西安：西北大学出版社，2005.
[②] KIM ALYONA. 中国文学在俄罗斯的译介研究 [D]. 上海：上海外国语大学，2019.
[③] 向阳. 阿列克谢耶夫《聊斋志异》俄译研究 [D]. 北京：北京外国语大学，2016.

Александрович Васильев，1899—1937）在翻译和研究我国古典文学方面也有突出的成就。他曾编写了《伯牙摔琴谢知音》《中国戏剧》《聊选译与探索》《中国九世纪小说〈李娃传〉》等文章，还翻译了《空城计》。其他一些汉学家翻译的中国文学作品也在苏联出版。例如，列文译自法语版本的《侠义风月传》于 1927 年由列宁格勒思想出版社出版；阿伊文翻译的《儒林外史》在《青年近卫军》杂志上刊发；体茨基翻译的《中国七至九世纪抒情诗集》于 1923 年由彼得格勒国家出版社出版，以及他所译的陶渊明的《桃花源记》在 1935 年出版，还有他的译作《古诗·为焦仲卿妻所作》发表于《东方》杂志。[①]

20 世纪上半叶英国的汉学也有着惊人的进展，涌现出亚瑟·韦利、翟林奈、爱德华兹等诸多知名的汉学家，为新中国成立前中国文化的海外传播、促进东西方文化交流立下了汗马功劳。

在这一时期一众英国汉学家中，最著名、影响最大的当属亚瑟·韦利（Arthur Waley，1888—1966）。他一生翻译、写作了共 200 余部作品，其中大部分都和中国文化、唐诗有关。在 1923—1949 年间，他先后在多家杂志上刊登中国古诗英译文，并译撰了《郊诗集庙》（*The Temple and Other Poems*，1923）、《汉诗选集》（*Select Chinese Poems*，1934）、《汉诗译集》（*Translations from Chinese*，1941）、《汉诗集（增补版）》（*Chinese Poems*，1946）、《白居易的生平及其时代》（*The Life and Times of Po Chu-I*，1949）等书籍。而在众多诗人中，他最青睐的无疑是白居易。"若将重译、复选计算在内，韦译白诗近 500 首"[②]。在 1949 年出版的《白居易的生平及其时代》中，韦利更是将 98 首白居易诗歌英译文穿插于基于史料的叙事中，讲述了白居易的一生。韦利对白居易诗歌的翻译和推崇，使白居易的诗歌对雷克斯罗斯（K. Rexroth）等多位桂冠诗人产生了深刻的影响，创作了一些以白居易为主题的诗，比如威廉斯（W. C. Williams）的《致白居易之魂》（*To the Shade of Po Chu-I*）和道依琪（Babette Deutsch）的《致白居易》（*To Po Chu-I*，Ⅰ&Ⅱ），更是"使得白居易在现代英诗读者中，崇拜者数量超过李白、杜甫"[③]。

韦利不仅翻译了大量唐诗，对于中国古典小说的翻译也有所涉猎，他翻译的中国四大名著之一——《西游记》于 1942 年由伦敦乔治·艾伦与昂温出版有限

[①] 方华文. 20 世纪中国翻译史［M］. 西安：西北大学出版社，2005.

[②] 葛文峰. "诗魔"远游：英国汉学家阿瑟·韦利的白居易诗歌译介及影响［J］. 华文文学，2016（6）：32-39.

[③] 赵毅衡. 对岸的诱惑：中西文化交流记［M］. 上海：上海人民出版社，2007：243.

公司出版，英文译名为 *Monkey*（《猴》），至今仍是学术界讨论较多的版本之一。此前，其他的一些英国汉学家也对《西游记》进行了翻译。最早的《西游记》节译本是1913年由英国传教士李提摩太（Timothy Richard）翻译的《出使天国：一部伟大的中国史诗与寓言》（*A Mission to Heaven：A Great Chinese Epic and Allegory*）。1930年，英国学者海伦·海耶斯（Helen M. Hayes）翻译的《西游记》译本 *The Buddhist Pilgrim's Progress*（《佛教徒的天路历程：西游记》）由伦敦约翰·默里出版社（John Murray）出版，成为首个在英国本土发行的西游记译本。[①]

除了《西游记》之外，其余三部名著也全都被英国汉学家翻译出版，并且都有多个英译本，极大地推动了中国经典走向世界。1925年，上海英商别发洋行出版了英国汉学家邓罗（Charles Henry Brewitt Taylor）翻译的《三国演义》，这是第一个《三国演义》英文全译本。翟林奈（Lionel Giles）于1938年译出《三国演义》中的部分片段。邓洛普（Geoffrey Dunlop）于1929年出版了《水浒传》英译本 *Robbers and Soldiers*，该译本由爱林斯坦（Albert Ehrenstein）德译本转译而来。1937年，杰克逊（J. H. Jackson）翻译了《水浒传》的70回，英文译名为 *Water Margin*，是继赛珍珠译本后的第二个全译本（如果把译70回以上视为全译本）。

在这一时期《红楼梦》的译本均是节译或摘译，1927年威妥玛（Thomas Francis Wade）译本和1928年的郝德生（Elfrida Hudson）译本篇幅都较短，不超过25回。相较之下，这一时期在美国出版的王良志译本（1927）和王际真译本（1929）更长，分别为95回和39回。尽管如此，《红楼梦》的译本在世界范围内仍然产生了广泛的影响，其具体版本和发行内容如表2-3所示。

表 2-3　1921—1949 年《红楼梦》外译本统计

语言	译者	篇幅	出版者	初版时间	类型/备注
英语（在国内出版）	威妥玛（Thomas Francis Wade）	前24回	仅见魏纳《汉语翻译论》引用其片段	1927	现存摘译
	高葆真（William Arthur Cornaby）	片段	上海《新中国评论》第1卷第4期	1919	摘译
	郝德生（Elfrida Hudson）	好了歌，第四回片段	上海《中国杂志》第8期	1928	摘译
	袁嘉华、石民	17回	上海北新书局	1933	节译
	高克毅	第39—40回	《中国智慧与幽默》	1946	摘译

---

① 王文强，单君. 跨洋出海记:海伦·海耶斯《西游记》英译本探析［J］. 中国文化研究，2019（2）：141-150.

续前表

语言	译者	篇幅	出版者	初版时间	类型/备注
韩语	梁建植（韩）	连载17回	《时代日报》	1925	摘译
	张志瑛（韩）	连载302回	《朝鲜日报》	1930—1931	节译
日语	幸田露伴解题、平冈龙城翻译	3卷前80回	国民文库刊行会	1920—1922	部分全译
	太宰卫门	前80回	三星社	1924	编译
	野崎骏平	前1—5回前半	《华语月刊》第20—42期	1932—1935	摘译
	松枝茂夫	14卷120回	岩波书店	1940—1951	全译
德语	丁文渊	第21、22回片段	法兰克福《汉学研究》5月和6月号	1929	
	库恩（Franz Kuhn）	第15回片段	法兰克福《汉学研究》第7卷	1932	
		39回	莱比锡岛社	1932	
法语	郭麟阁	前50回	法国报刊	1932	
	徐颂年	第19回、第27回、第32回片段（含《葬花吟》）	《中国现代文学选集》	1932/1933	
	鲍文蔚	第57回(中法对照)	《法文研究》第四期	1943	
英译本（美国）	王良志	95回	纽约	1927	序者Arthur Henderson Smith，该译本只有王农在其论文《简介〈红楼梦〉的一种英译本》中提到过。
	王际真	楔子、39回	纽约道布尔戴·杜兰公司	1929	
西班牙语	博尔赫斯（阿根廷）	第5、12回片段	《幻想文学作品选》	1940	

资料来源：唐均.《红楼梦》译介世界地图 [J]. 曹雪芹研究，2016（02）：30-46.

2. 中国现代文学的翻译

根据是毛泽东的《新民主主义论》，现代文学是指1917—1949年的文学作品。[①] 在1921—1949年期间，鲁迅、巴金、茅盾、丁玲等作家的作品在国外得到了初步的译介，为新中国成立后更多现当代作品的译介打下了基础。而在众多现代文学作品中，被各国译介最多的无疑是鲁迅的作品。

首先译介鲁迅作品的国家是日本。1924年，丸山昏迷翻译了鲁迅的《中国小说史略》，成为翻译鲁迅作品的第一个外国人。此前鲁迅就已将自己的《兔与猫》翻译成日文发表在1923年北京出版的日文报纸《北京周报》新年号上。[②] 丸山昏迷译作出版两年之后，井上红梅开始着手翻译鲁迅作品，并于1928年发表了自己翻译的《阿Q正传》。进入20世纪30年代年代后，越来越多日本译者意识到了鲁迅作品的文学价值，将其《呐喊》《彷徨》中的小说译为日文，比如长江阳、松浦珪、山上正义、佐藤春夫、增田涉等。1936—1937年间，京东改造社更是隆重推出了《大鲁迅全集》，该系列共分为7卷，由多位译者合作翻译，"全面地反映了鲁迅的文学创作情况，是30年代鲁迅外文译本中收录最为详尽的一部巨著"[③]。大量译作的出版发行，使鲁迅走入了日本读者的视野，为以后日本大众熟知鲁迅打下了基础。中日战争期间，由于中日之间的紧张敌对关系，鲁迅作品的日译基本停滞，到战后才得以恢复。

继鲁迅作品日译之后，法语、俄语、英语、丹麦语等其他语言的译本也相继发行，许多鲁迅作品的"第一个译本"都出现在这一时期，并且第一个鲁迅作品译本往往是《阿Q正传》的译本。敬隐渔翻译的《阿Q正传》第一个法语译本于1926年发表在《欧罗巴》杂志上；同年，梁社乾翻译的《阿Q正传》第一个英语译本由商务印书馆出版。王希礼（原名波·阿·瓦西里耶夫）的《阿Q正传》第一个俄语译本虽于1925年已经译就，但直到1929年才得以和读者见面。1930年，米尔斯（E. H. F. Mills）的《阿Q的悲剧及其他当代中国短篇小说》在伦敦出版，该译本转译自敬隐渔的《中国当代短篇小说家作品选》法语版，是第一个在海外出版的鲁迅作品英译本。1946，转译自英文版《活的中国：现代中国短篇小说选》的丹麦文译本面世，是第一个鲁迅作品的丹麦文译本。1947年，约瑟夫·卡尔迈翻译的德文版《祝福》在瑞士出版，是第一个正式发行的鲁迅作

[①] 陈平原，王德威，藤井省三. 中国现代文学研究的方向[J]. 学术月刊，2014，46（8）：161-170.

[②③] 袁荻涌. 日本对鲁迅作品的译介和研究[J]. 日本学刊，1994（3）：109-118.

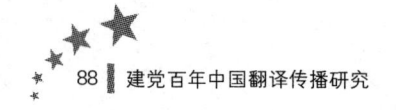

品德译本。①

三、中国文化英文译创作品及影响

五四时期以来中国文坛和译坛涌现出多名在世界范围内享有声望的杰出学者，这其中以林语堂最为知名，他以其学贯中西的底蕴，"两脚踏东西文化，一心评宇宙文章"②，致力于让西方人真正了解中国人、理解中国文化，在中西方的文学领域中均受到广泛关注和热议。林语堂的译创作品多维立体地向西方读者呈现了他所见所闻的关于中国人的生活艺术和人生智慧，生动形象地阐述中国传统的文化观，在国际上引起了巨大的反响和广泛的关注。

20世纪30年代起，林语堂移居国外，开启了向西方介绍中国传统文化的文学道路。他的第一部作品《吾国与吾民》一经发表便在西方社会中引起了巨大的反响，激发了西方读者对中国文化浓厚的兴趣。他随后发表了同样大受欢迎的《生活的艺术》，和《吾国与吾民》的创作宗旨一样，从不同层面向西方介绍了中国传统的生活哲学，尤其渲染了中国悠闲豁达和知足常乐的精神。在《生活的艺术》一书中，他生动形象地描述了传统中国文人所推崇的恬淡悠闲的生活，并诙谐地指出美国人以其劳碌而知名，中国人则以其悠闲而知名。③ 林语堂的诸多译创作品都旨在向西方读者阐述中国传统的历史文化，比如关于中国古典哲学思想的《孔子的智慧》《老子的智慧》系列作品，关于中国人传统的文化理念和生活艺术的著作《吾国与吾民》《生活的艺术》等，关于古典中国名人故事的《苏东坡传》《浮生六记》等，将古典文学名著的人物形象与我国近代生活相融合的小说《京华烟云》，等等。

林语堂的作品大都具有编、译、创相结合的特点，在其译创作品中，林语堂充分发挥了其编译能力，使改编、翻译与创作紧密结合、相辅相成，呈现出高水平的艺术和美学效果。比如林语堂颇负盛名的小说《京华烟云》就是以古典四大名著之一《红楼梦》为原型，与近代中国的生活相融合而创作出来的。《京华烟云》的语言内容和人物塑造都借鉴了《红楼梦》的写作手法，林语堂将黛玉的才气、宝钗的德行与湘云的潇洒相结合，塑造出了一个理想中的女性形象——小说

---

① 王家平. 20世纪前期欧美的鲁迅翻译和研究 [J]. 鲁迅研究月刊，2005 (4)：48-57.
② 冯智强. "译可译，非常译"：跨文化传播视阈下林语堂编译活动的当代价值研究 [J]. 外语教学理论与实践，2012 (3)：30-35.
③ 林语堂. 生活的艺术 [C] //梅中泉. 林语堂名著全集：第21卷. 长春：东北师范大学出版社，1994：153.

的主角姚木兰，这个人物形象是典型的林语堂式的编、译、创相结合的结果。林语堂付诸了大量心血的历史人物传记作品《苏东坡传》也是这种译创风格的代表作品，在这部作品中，他借鉴了大量的历史资料和苏东坡的诗词歌赋等素材，为苏东坡的生平事迹提供了史实依据，通过其娴熟的编、译、创一体的写作手法，生动形象地向读者展现了苏东坡的传奇人生。

林语堂是学者型翻译家，其译创活动的成功离不开他对中国文化的全面理解和深入系统的研究，他所编译的作品无不体现着他"整体的视域、中庸的思维、人文的精神、学者的本色、审美的情怀与和谐的思想"[①]。在翻译创作的写作技法方面，林语堂坚持多元文化的立场，在对中西方文化的对比呈现中成功地塑造了独特的中国文化形象。从传播效应的角度看，林语堂的作品在欧美国家受到巨大反响和持久的文化影响，都充分表明了他的编译、创作技能的成功之处。林语堂的成就首先在于他成熟的多元文化观、深厚的传统文化造诣和高超的写作技能，也在于他能够敏锐地感知西方读者的兴趣所在，林语堂译创作品在世界范围内的成功传播对现代讲好中国故事理念下的翻译传播要求提供了积极的借鉴价值和研究范例。[②]

林语堂投入大量的心血和力量去诠释和传播中国智慧，其作品如《生活的艺术》《老子的智慧》等，将道家的随性、儒家的理性和佛学的灵性融为一体，阐释出独具特色的中国传统文化生活。林语堂同时也致力于对理想中东方传统女性的形象塑造，比如《京华烟云》中知性、美丽的姚木兰，《浮生六记》中柔美、浪漫的芸娘，《桃花扇》中刚烈倔强的李香君等形象都是林语堂着力塑造的，集诸多美德于一身的理想的东方女性形象。

从林语堂的译创作品可以看出，他的翻译目标可以分为文化、文学和美学三个角度，他的文化目标是将以老庄哲学为主的中国哲学思想介绍给西方社会，这种思想以传统道家文化中推崇"道法自然"，追求淡泊超脱的生活态度为核心。这种生活态度恰好满足了当时西方社会普遍存在的一种对神秘的东方外来文化的好奇心态，也迎合了在高度工业化的社会压力下，人们对回归自然的向往和悠闲生活的需求，他的作品的文学目标则是通过对中国传统文化的翻译和英文创作，使中国的文学经典在世界范围内重焕光彩。

---

① 冯智强．"译可译，非常译"：跨文化传播视阈下林语堂编译活动的当代价值研究［J］．外语教学理论与实践，2012（3）：30-35．
② 王珏，张春柏．林语堂英文译创作品中的中国文化形象研究［J］．安徽师范大学学报（人文社会科学版），2019，47（2）：25-31．

除了译创作品之外，林语堂也对外翻译了大量的中国文化典籍，如《浮生六记》(1939)、《冥廖子游》(1940)、《寡妇、尼姑与歌妓：英译三篇小说集》(1951)、《英译重编传奇小说》(1952)、《帝国京华》(1961) 等多部译著，这些作品中以《浮生六记》的翻译造诣最高，影响最为广泛。

林语堂的译创作品中影响最广泛、文化造诣最高的是《吾国与吾民》和《京华烟云》两部作品。《吾国与吾民》在国际上畅销百年，《京华烟云》则获得诺贝尔奖提名，这两部作品可以认为是中国文化对外成功传播的典范。《吾国与吾民》的英文名为 My Country and My People，被认为是用英文书写中国文化的最佳作品之一，自 1935 年出版以来，已经走过了将近一个世纪的历程，其间不断再版、修订、增订、重印、翻印，并被翻译成多种文字在世界范围内发行，成为外国人了解中国的必读书。此书一经出版，便在西方引起了不小的轰动，连续登上畅销书排行榜。赛珍珠盛赞其为："最真实、最深刻、最完备、最重要的一本关于中国的著作"[①]。1935 年首版以来，My Country and My People 仅在美国当年就再版了 7 次，其后 1936、1937、1938、1939、1943、1946、2013 年在美国多次重印再版，甚至踏出美国国门，在英国、南非、新加坡、加拿大等国多次出版发行。

《京华烟云》是林语堂英文创作作品中最知名、影响力最大的小说，其英文名为 Moment in Peking，《时代》周刊认为《京华烟云》是近代中国最伟大的小说，瑞典学院高本汉赞其为"报道中国人民生活与精神非常宝贵的著作"[②]。《京华烟云》讲述了 19 世纪末 20 世纪初在北平的三个家族近 40 年经历的风风雨雨和历史沧桑，小说的人物塑造和写作手法都借鉴和参考了古典名著《红楼梦》，将传统经典文化与现实主义生活相融合，具有很高的写作水平和文学价值，一经出版便引起了轰动，被翻译成多国语言，时至今日在国际上仍然广为流传，是西方人了解中国文化的代表作品之一。

《京华烟云》共有三个完整的汉译本，20 世纪 40 年代由郑陀、应元杰二人合译的《京华烟云》是首个完整的汉译本，尽管此译本并未获得原作者林语堂的青睐，但其在抗战时期的国内仍受到广泛的欢迎与传播。第二个译本由台湾学者张振玉翻译，出版于 20 世纪 70 年代。该译本一经出版便受到台湾和香港地区民

---

① 林语堂. 吾国与吾民 [M]. 黄嘉德, 译. 西安：陕西师范大学出版社，2006：5.
② 马悦然. 中国现当代文学与诺贝尔文学奖：马悦然 4 月 25 日在澳门科学馆的演讲词 [J]. 华文文学，2015 (3)：5–10.

众的热烈欢迎。① 林语堂曾经委托郁达夫将《京华烟云》翻译为中文,郁达夫的译文名为《瞬息京华》,但其翻译工作进展缓慢,直到1941年才开始在《华侨周报》上连载,然而由于战事频发,郁达夫并未完成该作品,一直到20世纪80年代初,郁达夫之子郁飞才继续翻译完成了这部小说。

在西方话语霸权的环境下,林语堂融合编、译、创等多种写作方式,形成了中西结合的独特的人生哲学和生活故事,在中西文化的夹缝中成功地传播了中国传统文化的精髓。林语堂的译创活动有效地改变了欧美读者对中国社会的偏见和主观臆想,使他们开始从较为客观性的角度理解和看待中国社会的思想与文化生活,形成较为积极的对待中国文化的态度。林语堂的译创活动在一定程度上打破了中西方思想文化之间的障碍,成功地构建了联系二者的文化桥梁。对林语堂的文学观、翻译观、译创策略和写作方法的全面解读和学习,对于提升中西文化的效果,推广中国文化走向世界化具有重要参考价值(表2-4)。

表2-4 林语堂英文代表译创作品的出版情况

中文书名	外文书名	出版年份	出版国家	出版社
《吾国与吾民》	My Country and My People	1935,1939,1943,1946	美国	John Day
		1936,1937	美国	Reynal & Hitchcock
		1936	英国	Hesperides Press
		1936,1941,1948	英国	Heinemann
		1938,1939	美国	Halcyon
	Mein Land Und Mein Volk	1936	德国	Deutsche Verlags-Anstalt
		1946	德国	D. V. S
	Mit Land Og Kurtisanen	1938	丹麦	Gyldenalske

---

① 蔡天航. 布迪厄场域理论视角下张振玉译本《京华烟云》在中国大陆的译介与传播[J]. 鲁东大学学报(哲学社会科学版),2019,36(5):48-53.

续前表

中文书名	外文书名	出版年份	出版国家	出版社
《生活的艺术》	*The Importance of Living*	1937	新加坡	Cultured Lotus
		1937，1938，1942	美国	John Day
		1937，1938	美国	Reynal & Hitchcock
		1939，1940，1941，1943，1948	英国	Heinemann
	Importanza di vivere	1940	意大利	Bompiani
	Weisheit des Lachelnden Lebens	1938，1949	德国	Deutsche Verlags-Anstalt
	有閑随筆	1939，1940	日本	偕成社
	生活の発見	1940	日本	創元社
	La Imporiancia De Vivir	1945	阿根廷	Sundamericana
	Jordisk Lykke	1949	丹麦	Gyldenalske
	Konsten att njuta av livet	1940	瑞典	Bonniers
	L'importance de Vivre	1948	法国	Correa
《京华烟云》	*Moment in Peking*	1939	美国	John Day
	Moment in Peking	1940，1941	英国	Heinemann
		1942	美国	Sun Dial Press
	Peking: Augenblikc Und Ewigkeit	1943，1947	瑞士	Phoenix Publ.
		1943，1945	德国	Buchergilde Gutenberg
	Episod I Peking	1944	瑞典	Bonniers
	北京好日	1940	日本	四季书房
	Blatt im Sturm	1944	德国	Zurich

续前表

中文书名	外文书名	出版年份	出版国家	出版社
《苏东坡传》	*The Gay Genius: The Life and Times of Su Tungpo*	1947	美国	John Day
		1948	英国	Heinemann
		1948	美国	Random House
《孔子的智慧》	*The Wisdom of Confucius*	1938	美国	Random House
		1943	美国	The Modern Library
	孔子論	1939	日本	育生社
	La Sabiduria De Confucio	1946	阿根廷	Ediciones Siglo Veinte
《老子的智慧》	*The Wisdom of Laotse*	1948	美国	Random House
《啼笑皆非》	*Between Tears and Laughter*	1943	美国	John Day
		1944	英国	Longmans, Green & Co.
		1945	美国	Blue Ribbon Books
		1945	英国	Dorothy Crisp
	Tra Lacrime E Riso	1949	意大利	Arnoldo Mondadori

资料来源：玉珏. 林语堂英文译创研究［D］. 上海：华东师范大学，2016.

★ 第四节　翻译传播与马克思主义中国化 ★

一、马克思主义著作的翻译传播者及机构

1921 中国共产党成立以来，马克思主义经典著作的译介和传播工作一直是党的工作重点之一。在这个时期涌现出了一大批进步知识分子，如李大钊、陈独秀、瞿秋白、陈望道等，他们对马克思主义经典著作的翻译和马克思主义理论的传播做出了卓越的贡献。十月革命之前，马克思主义学说尚属于传入阶段；十月革命之后，李大钊、陈独秀等具有初步共产主义思想的知识分子开始进行马克思主义学说的翻译介绍活动，这才真正开启了马克思主义学说的传播阶段。

李大钊是马克思主义早期传播的引领者和主要代表，他曾经担任《新青年》杂志的编辑工作，与陈独秀共同创办了《每周评论》。1918 年，李大钊撰写《法

俄革命之比较观》一文，对俄国十月社会主义革命与法国资产阶级革命的异同进行了比较，充分肯定了俄国革命和法国革命的积极作用，认为这两场革命将对世界格局变化和发展产生巨大的影响。① 1919 年李大钊参加《晨报副刊》的编辑工作，开辟了马克思主义研究专栏，并通过撰写《我的马克思主义观》开始阐释和研究马克思主义的经典著作。后来他陆续发表了多篇论述和介绍马克思主义理论的文章，对马克思主义的阐述逐渐系统化和体系化，并开始思考如何利用马克思主义理论为中国革命寻找出路。1920 年 3 月，李大钊倡导成立了以研究马克思著作为目的的"马克思学说研究会"，该会成立了专门的翻译组对马克思主义著作进行翻译传播，对早期马克思主义理论的传播做出了突出贡献。

瞿秋白不仅是一位伟大的无产阶级革命家，也是一位卓越的翻译家，他对翻译理论与实践的探究在近代翻译史上具有先进的引领价值，现代译者和研究者们讨论翻译理论和技巧，都要参考他关于翻译的"信"与"顺"的论述，他提倡翻译作品需要首先保证其忠实性，并坚持使用白话进行翻译，建议在"直译"过程中需要适当使用灵活的翻译手法，但必须保持原著作品的核心精神。他所翻译的高尔基的《海燕》等作品至今读起来仍然脍炙人口。瞿秋白是最早系统性接受马克思主义经典著作的翻译者和研究者之一，他曾经翻译了恩格斯的《致玛·哈克奈斯的信》，列宁的《列甫·托尔斯泰和他的时代》和《托尔斯泰》等文章，还编译了《马克思恩格斯和文学上的现实主义》、《文艺家普列汉诺夫》和《关于左拉》等马克思列宁主义的相关理论和哲学思想著作。瞿秋白选择的翻译内容以切合革命运动的迫切需要为主要目的，具有明确的政治性。伴随着他对马列主义著作付出的辛勤翻译劳动，他实现了个人世界观的根本改变，成长为坚定的马克思主义者和成熟的马克思主义理论者，通过所译的马列经典著作不断向中国人民和革命群众传递着无产阶级革命思想。

陈独秀是五四新文化运动的主将之一，也是马克思主义的积极宣传者。他提倡民主与科学，反对旧道德，反对孔孟之道。1920 年，他在《社会改造的方法与信仰》一文中借鉴马克思主义的基本理论，阐述了实现社会改造和进步的具体建议和内容。② 此后，他又陆续发表了《劳动者底觉悟》《社会主义批判》《讨论无政府主义：给区声白的三封信》等多篇文章，详细地阐述了马克思主义关于剩余价值理论、阶级斗争和无产阶级专政学说，有力地批驳了基尔特社会主义和无

---

① 李大钊. 法俄革命之比较观[J]. 言治 1918（3）.
② 陈独秀. 社会改造的方法与信仰. 国民新报, 1920 - 02 - 07.

政府主义的错误观点。

在期刊方面，《新青年》《晨报副刊》等杂志成为传播和推广马克思主义理论和思想的重要战场，同时也是各种流派的社会主义思想在中国传播的重要阵地之一。[①]《每周评论》《国民》等杂志先后刊载过《共产党宣言》的部分节译本，《觉悟》《建设》等报刊则利用大量的板块宣传马克思主义理论；《湘江评论》高度评价俄国十月革命的胜利，认为十月革命的烈火终将燃烧到整个世界。

抗战时期中共中央格外重视马列主义著作的出版和发行，特别成立了两个翻译机构——马列学院编译部和军委编译处。马列学院编译部成立于1938年5月5日，该机构专职于马克思列宁主义经典著作的翻译和编辑，张闻天和张仲实曾经先后兼任编译部主任，机构中配有专业的编译人才，如何锡麟、景林、赵非克等人，马列学院的一些授课教师如王学文、艾思奇等人，以及一些党内领导同志如成仿吾、吴文焘等都参加了编译部的编译工作。这些翻译工作者编译了大量马克思列宁主义的经典著作，为抗战时期的革命思想发展提供了丰富的资源和营养，为全党和人民学习马列主义理论做出了重要的贡献。

军委编译处是编译局的前身，成立于1938年，是首个翻译马克思列宁军事著作的机构，中共中央创立该机构的目的主要是翻译马列主义以及共产主义革命的相关军事著作及资料。编译处由叶剑英指导，曾涌泉、何思敬、曹汀、焦敏之等人参加翻译工作，翻译的军事著作以恩格斯的作品为主，包括部分马克思、列宁的著作。

据统计，从中国共产党的建立到中国解放的这段时间内，抗日战争时期翻译和出版发行的马克思列宁主义著作最为丰富，超过了其他历史时期，占有将近一半的数量。在抗战期间翻译出版的马列主义译著的主要情况如表2-5所示。

表2-5　1921—1949年马克思、恩格斯、列宁、斯大林著作中译本统计

年份	马克思、恩格斯	列宁	斯大林	马恩列斯合著	总计
1921—1927	6	23	2	0	31
1927—1937	38	38	30	7	113
1937—1945	30	57	80	25	192
1945—1949	6	66	98	16	186
总计	80	184	210	48	522

资料来源：张静庐.中国现代出版史料.丙编.北京：中华书局，1957：247.

---

① 耿春亮.《晨报副刊》与马克思主义在中国的传播（1918—1926）[D].北京：清华大学，2015.

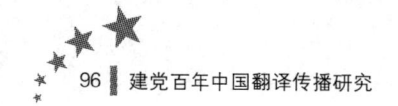

二、马克思主义著作译入代表作品

建党后至新中国成立之前,关于马克思主义理论的诸多翻译作品中,影响最广、最深远的无疑是《共产党宣言》和《资本论》,以及对毛泽东思想产生深远影响的著作《反杜林论》,本节将对这三部马克思主义理论著作进行详细介绍。

1. 《共产党宣言》:从中国化到大众化

自从1899年《共产党宣言》被译介入中国后,其翻译和传播经历了不同阶段,其阅读群体也由清末的士大夫阶层转变为新文化运动的先驱者,再由先进的知识分子转变为中国共产党员和普通大众,经历了一个由中国化到大众化的进程。

首先,在《共产党宣言》译入国内的初期,其翻译经历一个由零碎的、片段化的摘译、节译文本到系统性的全译本的文本形态转化过程。1899—1919年关于《共产党宣言》的文本仅有17篇文章,1899年由英国传教士李提摩太摘译、蔡尔康撰写的连载于《万国公报》的《大同学》被认为是最早介绍《共产党宣言》的文章,但该文章并未客观阐述马克思的主张和学说,只是将马克思主义学术作为传教士宣扬变革的学说的一部分。[①] 这个时期译者们对《共产党宣言》的翻译和理解都是碎片化的,不关心其内在逻辑,并未真正理解这部马克思主义经典著作。

1920年8月,上海社会主义研究社出版了由陈望道翻译的《共产党宣言》全译本,该书一经出版就大受欢迎,受到了进步学者和无产阶级革命者的广泛宣传和推广。新中国成立前,除了陈望道的译本之外,华岗、成仿吾、博古、陈瘦石等人也先后翻译了《共产党宣言》(表2-6),这五个版本中,除了陈望道和陈瘦石的译本,其他三个译本都是中共中央有组织、有计划的翻译,这些重译本标志着《共产党宣言》不再是资本主义改良派推行其改革的附属品,而是正式登上社会主义革命的舞台,成为推动中共无产阶级革命进程的有力的思想武器。

表2-6　中华人民共和国成立前《共产党宣言》汉译本分布

出版时间	1920	1930	1938	1943	1945
译者	陈望道	华岗	成仿吾、徐冰	博古	陈瘦石
依据	日文	英文	德文	俄文	英文
出版社	社会主义研究出版社	华兴书局	延安解放社	延安解放社	商务印书馆

资料来源:陈红娟.《共产党宣言》在中国的翻译与传播 [J]. 马克思主义研究,2018 (4):24-33,159.

---

① 方红,王克非.《共产党宣言》在中国的早期翻译与传播. 外国语文,2011,27 (6):107-116.

1920 年到 1949 年期间，翻译者们对《共产党宣言》的理解也比前期更为深刻，翻译策略更为成熟，由最初的经由俄语或英语进行转译到从德文进行直接翻译，翻译的译本更加准确和完整，其白话文和通俗化的语言风格也扩展了《共产党宣言》的传播范围。同时，中共的知识分子开始对马克思主义进行研究和论述，如瞿秋白的《现代社会学》（1924）、蔡和森的《社会进化史》（1924）、李达的《现代社会学》（1926）等著作先后出版，这些作品都加深了共产党人对《共产党宣言》的理解和认识。

随着马克思主义传播的日益深入，在陕西革命根据地尤其是延安地区，《共产党宣言》的阅读和传播主体由当时的社会知识精英转变为中共党员干部和普通民众，党严格规范的学习制度也促进了《共产党宣言》在党员干部群体中的阅读量。另外，中国共产党通过报纸和杂志的宣传扩大了《共产党宣言》的传播和影响，也进一步推动了马克思主义中国化和大众化的进程。

2. 马克思主义经济学说《资本论》

尽管《资本论》在中国的翻译非常广泛，但传播的过程也颇有一番周折。从《资本论》的第一部问世到最终出版完整的中文译本，历时近 40 年。[①] 俄国十月革命之前，国人主要通过报刊登载的相关文章和介绍来了解《资本论》，较早在报刊上介绍《资本论》的译者有梁启超、马一浮、朱执信等人，如梁启超在《新民丛报》上发表的《中国之社会主义》一文中就转述了一些《资本论》的内容；朱执信于 1906 年撰写的《德意志社会革命家小传》一文节译了部分《资本论》的内容。1904 年留日学者马一浮归国时带回了英文版和德文版的《资本论》，并将其送给两位好友，他被认为是第一个介绍《资本论》原版的人。俄国的十月革命之后出现了马克思主义在中国传播的热潮，马列著作的翻译也更具有系统性和完整性。这一时期比较系统地介绍《资本论》的译者是李大钊，他在于 1919 年发表于《新青年》第 6 卷上《我的马克思主义观》的文章中全面系统地介绍了《资本论》的基本思想，其译介内容具有更高的准确性、系统性和完整性。从 20 世纪 20 年代开始，随着译介马克思主义的作品增多，越来越多的译者摘译和介绍了《资本论》，如 1920 年，刊登在上海出版的《国民》期刊上的《资本论自叙》（费觉天译）；1923 年，发表于《新青年》第 2 期上的《马克思的资本论》（周佛海译）。1926 年李达在其所著的《现代社会》中详细介绍了《资本论》的

[①] 刘长军，陈光宇.《资本论》在中国的翻译传播及其历史地位[J]. 福建行政学院学报，2019(3)：36-50.

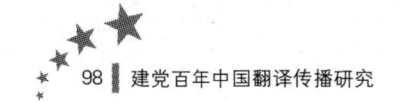

内容和基本原理。1927年10月由上海民智书局出版的考茨基的《资本论解说》一书被认为是"最先介绍马克思经济学于中国的译本"[①]。

我国最早的《资本论》分册单行本是于1930年由上海昆仑书店发行的陈启修的译本。1932年至1936年，侯外庐和王思华耗时四年，翻译了《资本论》第一卷，分为上中下三卷出版。1928年开始，著名经济学家郭大力、王亚南开始《资本论》全译本的翻译工作，两人耗费十年心血，终于在1938年翻译出版了《资本论》全套三卷。从此，这部伟大的马克思主义著作在中国共产党的革命和改革实践中一直起着巨大的指导作用。1938年，郭大力和王亚南的第1部《资本论》全译本运抵延安后，张闻天立即成立专门的小组进行《资本论》的学习，并要求学习小组每隔一天就进行资本论的学习和讨论活动，迅速推广和传播了这部马克思主义著作。同时，延安马列学院和中共中央党校的政治经济学教研室也开设课程讲授《资本论》，讲授者有王思华、何思敬、张闻天等。

《资本论》为培养合格的无产阶级队伍提供了思想之源，对工人阶级政党有深远的指导意义，恩格斯认为无产阶级政党"它的全部理论来自对政治经济学的研究"[②]，对《资本论》的理论价值进行了高度概括。中共中央的领导人们通过对《资本论》的学习和研究深入了解并实践马克思主义的经济学说，领导着中国革命走向成功之路；无数的革命先驱者们都通过阅读《资本论》坚定了马克思主义信仰和共产主义信念。

3.《反杜林论》：影响毛泽东思想的重要著作

1878年，恩格斯发表了《反杜林论》，该作品是对代表德国资产阶级社会主义的作家杜林的一部批判性著作。该书分为哲学、政治经济学和社会主义三大部分，总结了无产阶级的革命经验和自然科学方面的成就，系统阐述了马克思主义哲学、政治经济学和科学社会主义三个组成部分的主要内容和内在联系，达到了当时马克思主义理论著作的最高水平。

中华人民共和国成立前，《反杜林论》有9个版本，第一个版本是1920年出版的。与其他马列著作一样，《反杜林论》的早期翻译也是散见在各类文章介绍中的零碎片段，后来随着马克思主义传播的深入，出现了更多的摘译本、选译本和全译本。1930年11月由上海江南书店出版发行的吴亮平译本是《反杜林论》的首个全译本。该译本得到了毛主席的盛赞，他曾说吴亮平翻译的《反杜林论》

---

① 考茨基．资本论解说［M］．戴季陶，胡汉民，译．上海：上海民智书局出版，1927：1.
② 马克思，恩格斯．马克思恩格斯选集：第2卷［M］．3版．北京：人民出版社，2012：8.

"功不在禹下"①。

毛泽东在1932年得到吴亮平的《反杜林论》译本后,就一直将此书带在身边,并多次找吴亮平讨论该书的哲学内容。由于《反杜林论》把马克思主义的三个组成部分联系起来做了系统论述,《反杜林论》对毛泽东思想的启发比较集中地体现在两个方面:一是理解掌握唯物辩证法的精髓,二是运用发挥"自由与必然"这个哲学命题的含义。② 毛泽东在其著述中经常引用《反杜林论》的理论,比如他于1937年创作的《实践论》和《矛盾论》就充分借鉴了《反杜林论》中的认识论和唯物辩证法思想。

毛泽东对《反杜林论》关于认识和改造世界是人类从必然王国向自由王国的飞跃这一结论颇为关注,时常从自由与必然二者结合的角度来分析和探索中国革命的发展方向,并进一步拓宽了该论述的维度,认为:"人类的历史,就是一个不断地从必然王国向自由王国发展的历史。这个历史永远不会完结。在有阶级存在的社会内,阶级斗争不会完结。在无阶级存在的社会内,新与旧、正确与错误之间的斗争永远不会完结。"③

三、马克思主义中国化的进程及影响

马克思主义思想的最初引入始于19世纪70年代,早期译者的背景各异,有西方传教士,也有资产阶级改良派和革命派等,他们对马克思主义学说并不真正理解和认同。从这个时期到五四运动前期被认为是马克思主义在中国的早期传入时期。④ 尽管这个时期的翻译者对马克思主义思想的理解并不深入,翻译作品也缺乏科学体系,多为零碎化、片面化内容,但这些作品为马克思主义进入中国做出了必要准备,对推动马克思主义在中国的传播进程奠定了基础。

20世纪后马克思主义在中国的传播可分为两大时期,第一时期是从1919—1949年;第二时期是从1949—2000年。⑤ 本节将主要介绍第一时期马克思主义在中国传播的情况和影响,并将该时期进一步细分新民主主义革命时期、抗战时期和解放战争时期三个阶段。对该时期的马克思主义中国化的脉络进行梳理,并通过对各时期马克思主义经典著作翻译的分析来探讨马克思主义中国化的进程及

---

① 宋镜明,虞崇胜.毛泽东与现代人物论.武汉:华中师范大学出版社,1993:146-149.
② 陈晋.毛泽东与他喜欢的几部哲学著作[J].湘潮(上半月),2014(9):6-10.
③ 毛泽东.毛泽东文集:第8卷[M].北京:人民出版社,1999:325.
④ 李百玲.马克思主义在中国的早期翻译及传播[J].江苏行政学院学报,2008(05):11-16.
⑤ 马祖毅.中国翻译通史(现当代部分):第1卷.武汉:湖北教育出版社,2006.

其对建党纲领和理论的影响。

1. 新民主主义革命时期（1919—1937）

新民主主义革命时期马克思主义中国化的发生与发展是马克思主义理论与时代变革之间相互激荡的产物，这段时期马克思主义的翻译和传播开始产生了特殊的历史形式与文化形态。"五四"时期，新文化运动民主、社会、政治等层面全新的思想内涵为马克思主义理论的普及奠定了思想基础，其革命实践经验有力地推进了马克思主义中国化的过程。这个时期的马克思主义中国化是文艺理论中国化，是一种将马克思主义理论与当时的社会生活、审美与思想深度融合的过程。从五四运动开始，马克思主义理论在中国逐渐表现出越来越深入的社会影响和思想教育作用。这个时期马克思主义在中国的传播不再表现为单纯的翻译介绍与理论引入，而是翻译与研究并存，理论与实践同步，存在着一个从"译""介""引"到"学""研""化"的升华过程，[①] 为以后的马克思主义中国化提供了重要的历史经验。

"五四"前期是马克思主义中国化的启蒙时期，这个时期译入的马克思主义翻译著作和文献主要是由日文转译而来，其影响主要表现为文本和理论方面的思想启蒙作用。20世纪初随着俄国十月革命的一声炮响，马克思主义在中国的传播和发展发生了实质性的转折。为了借鉴俄国十月革命的成功经验，国内的马克思主义传播由早期的"日本路径"为主转向了以"俄苏路径"引入为主，这个时期的马克思主义著作和文献的译入则具有更多革命性的、政治性的和实践性的推动作用，马克思主义的理论导引发挥了更大的影响作用，具有更加鲜明的历史印记，对后期马克思主义中国化的进程提供了更坚实的思想储备。

从翻译内容来看，"五四时期，与俄国十月革命直接相关的马克思主义革命、政党和阶级理论著作，主要是通过俄苏路径翻译或传入中国的，这些著作不仅包括马克思、恩格斯等马克思主义经典作家的作品，还包括列宁、斯大林等的苏联社会主义著作。比如，沈泽民翻译了列宁的《讨论进行计划书》，茅盾翻译了《共产党的出发点》《国家与革命》等，李达翻译过《唯物史观解说》《政治经济学批判》等，瞿秋白译介了《费尔巴哈论》《列宁论托儿斯泰》等作品。从革命实践方面来看，我国早期的进步知识分子在翻译马列主义著作的过程中，结合自己对当时时局的观察和看法，从马克思主义角度探索中国社会未来发展的方向，

[①] 段吉方．"五四"文学文化经验与马克思主义文艺理论中国化的历史图景［J］．华南师范大学学报（社会科学版），2019（3）：26-33，191．

这一思想与新文化运动中所提倡的发展和科学理念有着共同的思想路线，为马克思主义理论与中国革命实践的结合提供了早期的实践经验。

1920年，陈望道译的《共产党宣言》全文出版。在此前后，各类杂志和出版社先后翻译出版了马克思的原著如《社会主义从空想到科学的发展》《雇佣劳动与资本》《资本论自叙》，和列宁的著作如《民族自决》《过渡时代的经济和政治》和《建设中的苏维埃》等。这些都为研究和传播马克思主义创造了条件。在这种背景下，马克思主义开始在中国迅速传播开来。

1927年大革命失败之后，以毛泽东为代表的中国共产党人，从中国的革命实际出发，带领无产阶级开始进行独立的武装革命，开始在马克思主义理论的指导下探索中国革命实践和发展的方向。在这一阶段，苏俄取代日本成为马克思主义经典著作翻译的主要渠道，诸多俄文版马克思恩格斯经典著作都被翻译成中文，包括《雇佣劳动与资本》《工资、价格和利润》《家庭、私有制和国家的起源》《费尔巴哈论》《德意志意识形态》（节译）等等。这段时期，由华岗翻译的首部《共产党宣言》全译本开始发行（1930），《资本论》的翻译也开始有了发展，前后有4个译本出版。

1928年，中共中央明确提出要"发行马克思、恩格思、斯达林、布哈林及其他马克思主义、列宁主义领袖的重要著作"①，从而开启了解放区翻译和介绍马克思列宁主义经典著作的热潮。在此背景下，越来越多的马克思主义著作被翻译介绍到中国。据粗略统计，1930—1936年间，翻译界共出版马克思主义经典著作20余种，相关的研究著作和教材40多种。陈唯实在《通俗辩证法讲话》一书中倡导辩证法的实用化和中国化，认为学习和应用辩证法的前提是将其具体化、实用化，能够举出很多的例子对其进行验证，同时阐述辩证法的语言要中国化、大众化，让读者能够理解和接受。②

也是在这个时期，中国共产党人在革命实践中，逐渐意识到将马克思主义同我国革命实践相结合的重要性，马克思主义中国化的概念此时被认识并正式提出，成为后期马克思主义在中国发展的重要指导思想。中国化的概念反映了思想理论界对马克思主义运用于中国实际的期望，1930年，毛泽东在《反对本本主义》一文首次提出了马克思主义和中国实际相结合的主张，他指出："马克思主义的'本本'是要学习的，但是必须同我国的实际情况相结合。我们需要'本

---

① 中共中央文献研究室. 建党以来重要文献选编（1921—1949）：第5册. 北京：中央文献出版社，2011：489.

② 陈唯实. 通俗辩证法讲话. 上海：上海新东方出版社，1936：7.

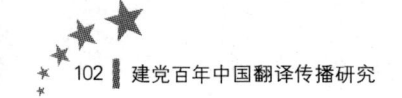

本',但是一定要纠正脱离实际情况的本本主义。"①

抗日战争全面爆发之后,以艾思奇为代表的一部分知识分子先后奔赴延安,继续强调文化的民族性和大众性,呼吁马克思理论研究的"中国化"和"通俗化",延安的知识分子认为需要用中国的方法来改变中国,认为将国外的理论应用于中国革命实践的话,需要将其中国化,并且认为如果这些理论发生了作用,对其理论本身也是一个中国化的过程。② 在党的六届六中全会关于新阶段的报告中,毛泽东明确提出了"马克思主义中国化"的口号,他认为:"离开中国特点来谈马克思主义,只是抽象的空洞的马克思主义。因此,使马克思主义在中国具体化,使之在其每一表现中带着必须有的中国的特性,即是说,按照中国的特点去应用它,成为全党亟待了解并亟须解决的问题。"③

2. 全面抗战时期（1937—1945 年）

全面抗战时期,中国的马列经典著作的翻译达到了新中国成立前翻译的高峰,这个时期的马克思列宁主义著作得到了大量的、系统的翻译,其广度和深度"超过以往任何历史时期"④。抗战时期的翻译活动被分为三大块地区:国民党统治区的翻译活动、解放区的翻译活动以及"孤岛"和沦陷区的翻译活动。在国民党统治区,马列著作的翻译作品经常被查封,翻译者也时常遭受恐吓和迫害;解放区缺乏配套的出版设施,条件比较落后;沦陷区的日本殖民者则致力于向中国大量移入日本文学作品,马列主义著作的翻译工作异常艰难。⑤ 尽管抗战时期翻译活动处境异常艰难,但在抗日救国的精神感召下,三大地区的马克思主义和外国文学翻译活动仍然积极顽强地开展着,并在艰难的环境中取得了可观的翻译成就与传播成果。

抗日民族统一战线的建立和陕北革命根据地相对稳定的环境为马克思主义理论的研究和学习提供了支持条件,中共领导抗战的中心地延安是译介传播马克思主义经典著作工作的中枢。在国民党统治区和沦陷区,党的工作者和信奉共产主义的先进知识分子们以隐秘的组织系统为依托,顽强地组织和进行马克思主义经典著作的编译、出版、发行及传播工作。当时的上海是在中国共产党的组织领导

---

① 毛泽东. 毛泽东选集:第1卷. 北京:人民出版社,1991:111—112.
② 张申府. 论中国化. 战时文化,1939,2(2).
③ 中国人民解放军总政治部. 毛泽东同志论政治工作 [M]. 北京:人民出版社,1964:25-26.
④ 王海军. 抗战时期马列著作翻译与传播的历史考察:以陕甘宁边区为中心 [J]. 中共党史研究,2011(5):24-34.
⑤ 陈言. 抗战时期翻译文学述论 [J]. 抗日战争研究,2005(4):26-45.

下，国统区出版和发行马克思主义相关作品的主要地区。比如，在 1938 年一年之内，读书生活出版社出版了郭大力、王亚南译的《资本论》三卷，沪珠林书店出版了《中国问题评论集》，上海言行出版社出版了郭沫若译、马克思与恩格斯合著的《德意志意识形态》等。但是，当时的艰难现状使该时期的马列主义著作无法得到完整的翻译，翻译中经常出现随意删减的现象，造成翻译内容的缺失，使读者无法准确理解作品。有的译者随意删去原作，导致翻译错误；有的作品因摘录过多，使读者无法了解和掌握原作品的总体结构及其传达的思想观念；有的作品对翻译内容报道不准确；还有一些译者缺乏专业性，在翻译时任意添加个人的想法和感受，扭曲了作品的原意。这些翻译行为直接影响到了翻译作品的质量，具有一定的时代局限性。

随着抗战形势的发展变化，中共深刻意识到培养大批具有较高理论和知识水平的青年干部的必要性，毛泽东指出"指导一个伟大的革命运动的政党，如果没有革命理论，没有历史知识，没有对于实际运动的深刻的了解，要取得胜利是不可能的"[1]。同时，毛泽东也肯定了翻译工作者对马列主义著作翻译传播的重要性，他在中共七大的报告中指出："我们现在需要大翻译家……我们党内能直接看外国书的人很少……首先要翻译马、恩、列、斯的著作，翻译苏联先进的东西和各国马克思主义者的东西。"[2]

中共中央对全党学习和研究马列主义理论的要求促使了翻译活动的快速发展，为了使马列主义著作的翻译规范化和制度化，中共中央成立了专业的翻译机构——马列学院编译部和军委编译处，进行马列经典著作的专项编译活动，从而使马列著作的翻译与传播进入有组织、有计划的实施轨道。20 世纪 30 年代中后期开始，在中共中央的号召下，全国各地优秀的知识分子纷纷涌入延安，这些知识分子群体中有很多人具有很高的外语水平和文学造诣，如艾思奇、何思敬、王思华、成仿吾、徐冰、柯柏年等人。翻译人才的储备加上当时经典著作出版中心的迅速发展，都为系统地大量翻译和出版马列著作与书籍创造了"较过去大为有利的条件"[3]，使抗战期间的延安成为翻译出版马恩著作的中枢所在。

抗战期间，全国编译发行的马克思恩格斯经典著作有 30 余种，在延安出版

---

[1] 毛泽东. 中国共产党在民族战争中的地位 [C]. 教育部社会科学研究与思想政治工作司组. 毛泽东思想基本著作选读. 北京：人民出版社，2001：83.

[2] 中共中央文献研究室. 毛泽东在七大的报告和讲话集 [C]. 北京：中央文献出版社，1995：147 - 148.

[3] 陈江. 中国出版史料：第 1 卷 [M]. 济南：山东教育出版社，2000：121 - 122.

的就占有大半，有 18 种之多。除了马列著作外，延安的翻译工作者们还编纂和翻译了各种各样的专题集，将马列主义的经典文献进行节选和摘录，形成短小精炼的语段，这种简短的片段化的翻译有利于战争时期的快速阅读和宣传推广，这些译著对马列主义在中国尤其是解放区的宣传、普及和教育中发挥了重要的作用。

抗日战争时期，马克思列宁主义经典著作的出版有着积极的革命影响和思想价值，其中大量译著"不仅在当时拥有众多的读者，产生过巨大的影响，即使是在今天依然不失其光辉，甚至在未来有些将作为历史名著时代相传"①。在中共中央的组织领导下，以及诸多知识分子和社会科学人才的共同努力下，大量的马列著作在抗战时期得以翻译和传播，形成了建党后马克思主义著作翻译、宣传和推广的高峰时期，使马克思主义理论更加系统化和全面化，马克思主义的中国化进程得到了高度的发展。

3. 解放战争时期（1945—1949 年）

解放战争时期，全国各个地区的出版机构都陆续出版发行过一些马列主义经典著作，然而，以延安为中心的解放区仍然是翻译传播和出版发行马列主义著作的主要阵地。在短短的三年时间内，延安解放社出版了大量马列主义经典著作的中译本，如 1946 年发行了张仲实翻译的《论民族土地问题》和博古翻译的《卡尔·马克思》；1948 年出版了《列宁论马克思恩格斯与马克思主义》、曹葆华翻译的《土地问题理论》以及何锡麟翻译的《论国家》；1949 年发行了张仲实翻译的《论民族殖民地问题》、曹葆华翻译的《黑格尔〈逻辑学〉一书摘要》以及何思敬译的《哲学底贫困》等等。

抗战胜利后，党中央认为全党对马克思主义理论的理解水平和学习深度仍需加强，尽管马克思主义理论在中国的发展已经基本成熟，但是众多党员干部的理论素养并不理想，他们中的很多成员无法深度理解马克思主义的中国化成果，也不能很好地运用马克思主义基本准则来认识、分析以及解决革命进程中的现实问题。毛泽东在中共中央第七次代表大会的报告中指出：我们的理论水平还不够……不能动摇和松懈马克思主义理论的普及和学习工作。②1948 年 9 月毛泽东在《在中共中央政治局会议上的报告和结论》中呼吁并要求中共中央干部把马列

---

① 中国近现代出版史编纂组. 新民主主义革命时期出版史学术讨论会论文集［C］. 北京：中国书籍出版社，1933：238.

② 中共中央文献研究室. 毛泽东在七大的报告和讲话集［C］. 北京：中央文献出版社，1995：147-227.

主义理论的学习当成一个政治任务来完成，并提出了干部的必读书目，包括《帝国主义论》、《共产党宣言》、《资本论》、《联共（布）党史》、列昂节夫的《政治经济学》和《列宁主义概论》等。

由于党中央对马克思主义著作翻译的高度重视，1949年仅一年时间，马克思主义的著作就得到了大量出版发行。其中，1949—1950年间，中共中央编审了一套"干部必读"书目，共计12种，由新中国书局出版。此外，新华书店出版了张仲实译的《马恩列斯论妇女解放》，中外出版社编印了列宁《论新经济政策》，解放社先后出版发行了《列宁文选》的六卷全集。

解放战争时期马克思主义经典著作的翻译对于党的建设工作具有很大的推动作用。例如，这一时期翻译出版并广泛传播的《共产党宣言》《共产主义运动中的"左派"幼稚病》《唯物主义和经验批判主义》等经典著作，对于提升共产党员和各级干部的马克思主义理论素养，强化党员的思想政治建设、纪律教育、党风建设及自我党性修养都起到重要的现实指导作用。

在中华人民共和国成立之时，毛泽东曾指出马克思列宁主义作为思想武器对革命胜利起到的关键作用，他指出马克思、恩格斯和列宁这些伟大的精神领袖"给了我们以武器，这武器不是机关枪，而是马克思列宁主义"[1]。马克思主义经典著作在中国的翻译过程一直伴随着显著的政治性和实用性，这些思想武器应用于中国革命实践过程并受其影响发生转化的过程，就是马克思主义中国化的过程。建党以来，马克思主义经典著作的翻译出版工作一直伴随着我们党的革命历史进程，中国共产党的发展和革命胜利与马列主义著作在中国的译介传播相辅相成，历史事实证明，新民主主义革命的胜利和新中国的成立，都离不开马克思主义的指导。

---

[1] 毛泽东. 毛泽东选集：第4卷 [M]. 北京：人民出版社，1991：1469.

建党百年中国翻译传播研究（中）

主线：翻译传播对中国富起来的贡献

新中国成立至改革开放前的初步发展期（1949—1978年）

引　语

从新中国成立到改革开放 30 年来，在中国共产党的坚强领导下，中国迎来了从"站起来"到"富起来"的伟大飞跃。中国翻译传播对中国发展的助力作用功不可没，对中国政治、经济和文化的发展均做出了无可替代的贡献。其贡献首先表现在对马克思主义理论的发展上。中国翻译传播对马克思主义中国化发挥了重要作用，同时推动了中国马克思主义国际化的有力发展。新中国成立后的 30 年出现了中国马克思主义国际化高潮，新中国成立之前中国翻译史上的翻译高潮基本上以翻译引进外国的作品为主，为国人打开了一扇思想的窗户；新中国成立后中国的翻译事业开始转变一直"引进"的身份，主动外译进入高潮，对于新中国国际形象的塑造发挥了积极的作用。中国翻译传播在新中国成立后的 30 年间，在中国马克思主义国际化方面取得了显著成就，主要体现在《毛泽东选集》的外译。在中央编译局将世界各国优秀的发展经验吸收到中国马克思主义理论体系的基础上，20 世纪 50 年代，经多次修订的《毛泽东选集》正式出版，被外文局和专门的翻译团队翻译为多语言译本，广泛传播到世界各地。在新中国成立初期，我国面临复杂的世界局势，毛泽东一系列著作的外译，创新对外宣传方式，努力打造和夯实中国政治话语体系建设，着力打造新的理论，创造融通中外的新概念、新范畴、新表达，为讲好中国共产党的故事，传播好中国声音起到了积极作用。以《人民中国》为代表的对外期刊，通过对外翻译和传播，使国外读者能够比较全面地了解发展中的中国，为打破西方国家对中国的交流封锁，克服西方对中国的长期偏见与文化话语体系障碍，构建中国自己的国际话语权提供了平台和机遇。在中国马克思主义国际化的过程中，高质量的翻译传播有效回应了对中国化马克思主义的相关质疑，促进了马克思主义理论的又一次提升，推动马克思主义再次进入国际主流视野。这个时期,中国外译传播在典籍外译传播、中国现当代文学互相交流借鉴、中国现当代翻译理论和学科发展等方面也起到了卓越的作用。总的来说,从新中国成立到改革开放这一段特定的历史时期,中国翻译传播无论是在内容还是在形式上都呈现出了空前的繁荣。虽然它不可避免地带着时代的印迹,但是我们仍能从它的过程和影响中感受到翻译的魅力和力量。同时,它也为改革开放时期乃至新时代的翻译之路奠定了良好的基石。

改革开放后,中国积极参与世界政治、经济和文化的交流,中国外译传播在其中扮演了重要角色。改革开放初期,党中央高度重视马克思主义思想的翻译与传播工作,中国马克思主义国际化传播得到快速发展。《毛泽东选集》的外译以及国际化传播为中国共产党在国际社会赢得了广泛的理解与支持。其后,《毛泽东外交文选》、《毛泽东传》和《毛泽东诗词》等陆续出版,为中国马克思主义国际化增添了新的思想财富,在海内外产生了深远影响。科学技术领域的外译事业取得了迅速发展,迎来了全面繁荣的发展时期。多个科技翻译期刊相继创刊,各大高校积极培养科技翻译人才,科技翻译人员积极参与国际学术交流活动,诸多关于科学翻译的研究专著与工具书陆续出版,如《中国科技翻译家辞典》等。在改革开放背景下,我国的文化外译传播获得了显著发展。我国翻译界重视向海外读者介绍中国当代文化发展现状,宣传中国文学作品价值。这一时期,国内著名文学流派和知名作家的文学作品被广泛译介,如王蒙的《蝴蝶》、萧红的《呼兰河传》、莫言的《红高粱》等。这些作品的外译传播展示了改革开放以来我国对外传播多元中国文化的积极姿态,对于中国文化走向世界、提升中国文化国际话语权做出了重要贡献。

总体而言,我国的外译传播事业取得了巨大进步和突破性发展,在服务中国马克思主义国际化、经济建设与文化发展等各个方面发挥着至关重要的作用。中国文化要走出去,中国马克思主义国际化不可缺席;中国理论要走向世界,党和国家领导人思想著作的外译与传播势必先行。在中国共产党的领导下,翻译传播机构与广大翻译学者主动开展马克思主义国际化外译实践,将中国化的马克思主义理论成果积极推向世界,为马克思主义中国化成果和经验的传播、中国共产党良好国际形象的塑造和国际话语权提升做出了卓越贡献,谱写了中国马克思主义国际化传播历程上的宏伟篇章。在经济建设层面,改革开放以后,全球经济一体化背景逐渐形成,我国的翻译服务产业开始蓬勃发展,成为经济发展新旧动能转换的"助推器"。在思想文化层面,中国翻译传播作为多元文化沟通的桥梁,顺理成章地成为中国文化"走出去"战略实现进程中的关键利器。改革开放以来的文化外译与传播积极向世界人民讲述中国文化的精彩故事，传递当代中国社会主义核心价值观念，极大地增强了国际社会对中华民族文化传统、先进文化以及价值观念的理解和认同，提高了中国文化的国际影响力、吸引力和感召力。

新中国成立至改革开放30年来，中国翻译传播通过译入引进为国家建设发挥了助推器的作用。中国翻译传播首先在马克思主义中国化中发挥了关键作用，同时，翻译引进国外先进的科技和管理经验，译入国外法制思想为我国奠定了法制基础，翻译引进的各类文化书籍丰富了我国文化的发展。新中国成立后，马克思主义中国化和大众化快速发展，中共中央编译局成立，马克思主义经典著作在我国成体系、有规划地翻译与传播。据统计，自1953—1983年期间，中央编译局共完成马恩列斯的著作、传记以及苏联共产党的重要文献209册，共计约9 000余万字的翻译；完成有关国际共产主义运动历史相关的著作资料841册，约1亿8 000万字的翻译。新中国成立后马克思主义经典著作的翻译与传播，极大地推动了马克思主义中国化和大众化的发展进程。

新中国百废待兴，只有建立自己独立的工业体系，新中国才能实现外交、国防和经济上的独立。奠定新中国工业、国防基础的"一五"计划从编制到实施完成都受到了苏联大力的支持与援助。苏联支援新中国建设了"156项工程"，156项工程建设资料的翻译传播为新中国留下了宝贵的科技文献资料。新中国于1954年制定了第一部宪法，简称"五四宪法"。在制定"五四宪法"的过程中，多部国外宪法以及相关的法学著作和教材经过翻译传播引入国内，奠定了我国的法学基础，是新中国70多年来依法治国的开端。新中国成立后，外交战线提出了和平共处五项原则，为新中国塑造了负责任大国的国际形象，成为了新中国的外交事务和外交活动的基本原则。新中国成立后不久，中国与苏联根据国家发展实际签订了《中苏友好同盟互助条约》。中美两国先后签署了三个联合公报，正式建立了外交关系。翻译传播就像"随风潜入夜"的春雨，潜移默化地影响着中国外交方针的制定、外交政策的调整和外交理念的更迭。

新中国成立至改革开放30年来，中国译入传播在政治、经济和文化三个方面为中国人民取得改革与发展的伟大胜利贡献了巨大力量。在政治上，马克思恩格斯的再翻译与再学习让党和人民实现了思想解放。中国共产党结合本国国情，走出了中国特色社会主义的独特道路，促进了马克思主义中国化，丰富了马克思主义的发展。在经济上，对西方国家先进的技术、管理方式、对外发展经验的翻译借鉴，助力成就了世界第二大经济体。在文化上，对外国文学作品和各类书籍的译入传播让中国群众放眼看到了世界，促进了文化的借鉴与交融，为人民群众生活增添了光彩。

1978年，改革开放后，我国开始重新编译马克思主义著作，实现了政治思想的解放以及马克思主义中国化。在中国共产党的带领下，中共中央编译局开始了继毛泽东后又一次马克思主义著作的编译，促进了国内的思想解放。在马克思主义指导下，中国坚持"实事求是"的指导思想，重新审视中国的经济情况，实施了改革开放的政策。

改革开放中期，我国大量翻译引进国外科技科普类书籍，借鉴和吸收国外先进技术和设备等方面的最新研究成果，促进了经济的飞速发展与生产力的大幅提高。随后，中国开始提倡翻译引进国外先进的技术、管理方式、对外发展经验。社会各界对西方经济理论与前沿学术的关注度越来越高，掀起了国外经济学经典著作、国外先进技术、管理方式等书籍大批引进的热潮，掀起了改革开放后的一次翻译传播热潮。

第三章
新中国成立至改革开放前中国外译传播
(1949—1978)

导语： 新中国成立至改革开放前的这段时期，丰硕的翻译成果呈现出自身独有的特点。本章主要从这个时期的军事思想外译、毛泽东思想外译、中国文学作品外译和中国外译机构等内容切入，探析党建理论、毛泽东思想、翻译机构建立这三个方面的翻译和传播对中国马克思主义国际化的过程起到的重要作用。

翻译活动和对外宣传、传播策略在新中国成立前30年间，主要的成就体现在《毛泽东选集》的外译上。中央编译局注重吸收世界各国优秀的发展经验，并将其吸收到中国马克思主义理论体系中。1950年，多次修订的《毛泽东选集》正式出版，出版后被外文局和专门的翻译团队翻译为多语言译本，广泛传播到世界各地。在新中国成立初期及成立前30年，我国在面临复杂的世界局势，毛泽东一系列著作的外译创新了对外宣传方式，努力建构中国对外政治话语体系，着力打造新理念，创造融通中外且能展示中国发展的新概念、新范畴、新表达，为"讲好中国故事，传播好中国声音"起到了积极作用。

在1949—1979年严峻的国际形势和国际政治背景下，以《人民中国》为代表的对外期刊，通过对外翻译和传播，实现了跨文化适应，使外国读者正确地、迅速地、不断地随着事业的发展，比较全面地了解发展中的中国。这30年间，以《人民中国》为代表的外文局对外期刊，对打破西方国家的长期偏见与文化话语体系障碍，构建中国自己的国际话语权提供了平台和机遇。翻译传播在中国马克思主义国际化的过程中，有助于回应对中国化马克思主义的相关质疑，有利于促进马克思主义理论的再一次提升，有利于推动马克思主义再次进入国际主流视野。这个时期的外译工作在中国典籍对外传播、中国现当代文学互相交流借鉴、中国现当代翻译理论和学科发展等方面也起到了卓越的作用。

总的来说，从新中国成立到改革开放，在新中国这一段特定的历史发展时期，翻译显示出了前所未有的繁荣。它虽然带有强烈的时代印迹，但是我们仍能从它的快速发展中感受到翻译的作用和价值。同时，它也为改革开放时期和后来新时代的翻译发展奠定了基石。

★ 第一节　中国翻译传播的社会背景 ★

国内外社会背景

1. 国内社会状况

从 1949—1979 年的社会时间线主要分为两个部分：1949 年到 1956 年和 1956 年至 1979 年。第一个时期：新中国成立初期的中国在社会性质上属于新民主主义社会，需要进行社会主义社会改造。新民主主义社会是中国社会主义社会发展的过程性阶段，也是我党根据中国在 20 世纪四五十年代的实际情况下，根据需要所做出的理智选择。中国经历这个发展时期，有它的过渡性需要，更是必然性选择。这个时期的中国社会，本质上既有社会主义成分，也有资本主义特征，是一种混合的历史形态。1956 年，三大改造的任务基本完成，中国在社会性质上提前进入社会主义社会，结束了新民主主义社会。新民主主义社会具有以下特征：一是新民主主义社会在中国的必然性存在。二是由于中国的经济文化发展的落后状态，中国当时的任务具有革命性质，需要反帝反封建，因而无法建立起无产阶级专政的社会主义共和国。三是在中国的经济发展起来之后，特别是随着社会主义因素的发展，必须而且能够实行社会主义。第二个时期即社会主义建设初期。这个时期，党和政府探索社会主义建设的模式，寻找最适合中国发展的模式。中国需要借鉴国外治国理政的经验，需要加强与国外的交流和合作，同时，为了把中国的社会发展翻译传播到国外，实现交流互鉴，新中国成立了中央编译局和外文局，从机构设置上为翻译传播促进社会发展建立起工作运行的平台，从而推动中国翻译传播活动的开展。新中国成立后的第一个翻译传播的高潮随着 1956 年编译局的成立而来到。

(1) 翻译传播的社会政治发展需求

新中国成立伊始，新中国面临的国内、国际形势错综复杂。第二次世界大战期间，出于抗击法西斯侵略者的共同目标，美苏两国都从自身利益出发考虑，对当时的国民政府表示支持。在抗战期间，中国共产党既要保持与苏联的亲近关系，还要对美国实行友好的政策。抗战结束后，美苏两国的合作还未中断，经苏方认可和中国共产党同意，中共接受美国派马歇尔来华进行国共调解。尽管如此，中国共产党仍对当时的国内形势和国际局势判断准确，保持着清楚的认识。为了保证国家的利益不受到损失，不能指望美苏两个大国，中国共产党必须开拓独立自主的道路。由于美苏两国是抗日战争的盟国，中国共产党采取的对外方针是"既不反苏，也不反美"，即既对苏联保持友好关系，同时也不排斥与美国的接触。但是好景不长。第二次世界大战结束后不久，美苏两国的同盟关系破裂，形成了资本主义和社会主义两大对立阵营。面对错综复杂的国际局势，新成立的中华人民共和国将采取什么样的内政外交政策？

在当时的历史背景下，中国共产党选择了站在苏联的一边。与苏联结盟是出于多方面的考虑。首先，苏与中两国意识形态相同，中共与苏共一直保持着组织上的联系。其次，抗日战争结束后，美国不顾中国人民的诉求，实行了"援蒋反共"政策，与苏联支持中国革命形成了鲜明对比。第三，与美国比起来，苏联有着更多的在华利益，这也是新中国选择与苏联结盟的更为深层次的原因。选择站在苏联的一边，新成立的中华人民共和国在内政外交政策各个方面都受到了苏联不同程度的影响。

新中国成立之初，中国社会处于重要的转型期，伴随这段时期发展要求的是国内社会制度的变革，国家对外关系的发展也是新中国在成立之初党的重要任务。中国作为社会主义国家，在当时国际大格局中如何找准定位发展壮大，如何处理好中国与苏联和美国的关系考验着新中国的开国元勋们。国家需要高度重视翻译传播工作，以求更好地与当时的美苏发达国家相处，更为与第三世界的发展中国家和平共处。在学习发达国家的发展经验之时，把我国的社会和文化发展成就翻译传播出去，讲好中国的故事，交更多的朋友，为新中国的发展创造一个良好的国际环境。20世纪五六十年代，中国国内面临经济发展的转变要求，要实现从新民主主义革命时的经济形式向社会主义公有制经济转变，需要学习苏联社会主义老大哥的成功经验，因为经济发展的成败关系到社会秩序的稳定与国民经济发展的水平，这就需要有强大的对外翻译传播能力。中央编译局和外文局机构的设置极其重要，为提升中国对外翻译传播能力提供了保障。

翻译传播活动与社会环境关系密切，二者始终存在着某种联系，我们要对翻译传播活动进行研究，就必须把握翻译传播活动的社会属性，将翻译传播活动看成基于特定社会背景的价值创造，并在此基础上分析翻译传播活动的外在社会需求。具体而言，翻译传播活动有外在环境需求，主要包括经济发展需求、政治环境需求、法律体系需求以及社会文化需求等。所有这些社会环境要素相互作用，主要作用于翻译传播活动的组织机构、译介方向和主题内容等，进而为翻译传播活动研究提供动力，影响翻译传播活动研究的选题和趋势。从翻译传播活动的社会环境因素视角出发，详细分析翻译传播活动研究的外在需求，以期促进我国翻译传播活动健康发展，帮助翻译传播活动研究顺应社会发展需求，更好地发挥其服务社会政治、经济和文化进步之功能。

翻译传播活动作为一种社会活动，必须为社会主义建设服务，必须与社会经济需求和时代发展密切结合。新中国成立后，我国经济已经昂首阔步发展了若干年，翻译传播活动也像其他诸多领域一样，迎来了发展的春天。随着社会经济发展日益加快，世界各国经贸往来日益频繁，中国翻译活动在产业规模、人才培养、对外宣介等多个方面呈现出"百花齐放和百家争鸣"之蓬勃发展态势。同时，翻译实践的变化推动了翻译传播活动研究的转向，影响了翻译活动研究的理论视域、发展方向以及研究方法等，拓展了翻译传播活动研究的问题领域，丰富了研究方法，有助于更全面地揭示翻译传播活动之本质与规律。

新中国成立后国家发展百废待兴，中国共产党领导中国人民不失时机地进行了社会主义改造，掀起了建设社会主义的热潮。中国翻译传播在新中国成立后的社会建设中发挥了中国马克思主义国际化的重要作用。中央编译局和外文局相继成立，《毛泽东选集》五卷本外译把新中国的政治发展、社会发展以及中国共产党领导中国人民如何进行社会主义建设的思想、理论和政策翻译传播出去，把新中国的故事讲给世界其他国家人民。中国翻译传播的社会属性体现在为社会主义建设服务上，体现在与社会经济与文化发展和时代需求的紧密结合上。

(2) 国内经济发展需求

党和国家历届领导人对于新中国发展做出了论述，对1949—1979年的经济发展评论分别如下：从具体数据来看，中国前30年属于社会主义建设的实践探索阶段，其创造的历史功绩不容否认。前30年的建设成就，可以归结为两个方面：其一是取得了社会主义建设奇迹；其二是成就了改革开放的发展奇迹。取得了社会主义建设奇迹，主要体现在：第一，GDP增长数据表明1949—1979年中国经济增长领先世界；第二，社会经济结构数据显示：1949—1979年中国经济成长领先于世界其他国家。具体表现为：第一、二产业比例占比的变化，1978年二产业占比上升至49.7%，一产业下降至28.22%。我国主要工业制成品产出成就惊人，农产品产量突出；第三，1949—1979年完成了较高水平的社会建设成就。如在这期间，中国人的寿命迅速提升，教育事业迅速发展，尤其是基础教育高速发展，大学在校生人数也有较大增加，医疗事业迅速发展，1978年，全国各类卫生医疗机构达到近17万个。另外，历史具有连续性和传承性，"应该看到，新中国前30年建设为改革开放后的发展奠定了很好的基础。"

1949—1979年的诸多成就，对于改革开放也起到了至关重要的作用。具体阐释如下：首先，1949—1979年的发展打下了基础，奠定了后来改革开放发展的物质基础；水利建设、农业生产基础设施建设等都快速发展，为改革开放奠定了坚实的基础。其次，1949—1979年间的发展探索意义重大，奠定了当代中国发展的制度基础。中国在这30年间实现了国家统一独立，确立了人民代表大会制度。中国共产党开创性地建立了其领导的多党合作与政治协商制度，建立了民族区域自治制度，奠定了中国发展的政治基础。按照发展中国家的经济和社会的实际条件，建立了社会主义计划经济。此外，这期间也奠定了人才基础，提供了改革开放经济发展的人才需求；计划经济时期建立起来的义务教育体系，以及公共医疗体系的建设，为中国的发展培养了一批高素质的劳动者。最后，新中国前30年建设经验宝贵，为改革开放的发展指明了方向和道路。翻译与社会的关系十分紧密。社会的变迁，可以依赖翻译，反过来，社会变迁也造成翻译的巨大变迁。比如1949年前后中国社会变迁和新中国的翻译与文化政策，大大影响了翻译活动，包括文学翻译活动的走向、取舍与翻译方法，以及翻译作品的署名、销路和接受评价机制等。不过，这样一个单方面的观点，由于受到传统的决定论思路的影响，很容易产生社会文化政治政策决定翻译的单项决定论的研究结论，但是其实在实际发生的过程中，翻译活动还受到除了政治决定、语言政策等以外的很多文化、价值观等方面的影响。不过，在目前国内的相关研究中，价值语境学观点的引进几乎形成了和语境决定论相互支持的一种固定的思路，这是需要特别警惕的。所以现在亟须解决的问题其实是厘清"翻译活动"与"社会发展"之间的具体关系。

只有中国特色社会主义才能发展中国，这是历史所形成的，是国家和人民的选择。中国特色社会主义理论体系建立起来了，它要求坚持和发展马克思列宁主义，是毛泽东思想发展的产物，是几代中国共产党人努力的结果，是党带领中国人民不懈探索实践的结果，是智慧和心血的结晶，是同马克思列宁主义、毛泽东思想一体化的科学理论。因此，毛泽东思想依然是我们党的指导思想的重要组成部分。毛泽东思想对新中国成立初期做了思考，对道路选择有清晰的表述。党在新中国成立之初对发展的方向相当明确，计划经济道路的选择尤其重要，为中国社会主义公有制经济发展指明了方向。这种经济模式的选择有明确的理论指导，是中国在马克思主义指导下的计划经济。这种计划经济模式推力强大，使中国经过一五计划快速建立起了完整的工业体系，为中国改革开放时期的经济腾飞打下了坚实的经济基础。这种计划经济模式离不开翻译传播的贡献，离不开马克思主义中国化的贡献。

(3) 国内文化发展需求

1956—1961 年间，国内文艺事业蓬勃发展。1956 年，毛泽东提出的"百花齐放、百家争鸣"的"双百"方针，使其成为繁荣我国社会科学和文学艺术发展的新方针。"双百"方针后来成为党领导文学和艺术发展的基本方针，更是党领导科研工作的基本方针，至今仍具有深远的指导意义。此外，在 1956—1961 年间，它带来了巨大的文艺成果。主要成果体现在以下几个方面：

第一，它带来了自"五四"新文学运动以来新的文学创作，开创了文学创作的新局面。

第二，在理论方面，它提出了反对教条主义，提倡文学创作要写人性，要开阔写作思路，要推陈出新。

第三，它展现出文学创作的新发展，创作出揭示时代发展的新作，这标志着社会主义文学创作开始走向成熟。

实行"双百"方针，在艺术和文学的创作中，在规律研究过程中，在科学和学术的研究讨论中，就需要包容和理解，不能有政治、艺术、学术的权威者对学术研究和艺术创作实行一家之言。因为艺术科学和学术的质量判断需要时代的检验，它要在历史的长期实践中去验证和证明。毛泽东就此明确指出："艺术和科学中的是非问题，应当通过艺术界科学界的自由讨论去解决，通过艺术和科学的实践去解决，而不应当采取简单的方法去解决。"[①] 这一时期的成果主要包括以下内容：

第一，主要文学成就有：老舍创作的多部作品，包括经典话剧《茶馆》；郭沫若创作的多部作品，有著名历史剧《蔡文姬》；还有杨沫创作的诸多作品，有影响的长篇小说是《青春之歌》等。

第二，这个时期主要期刊有 18 种之多，这仅是 1956—1957 年新出现的刊物，原有刊物的质量也有了大的提高。

第三，这个时期主要的电影创作成果丰富，著名的故事片有王公浦和赵继康创作的歌颂爱情的电影《五朵金花》，杨沫创作的属于革命精神传承片的《青春

---

① 中共中央文献研究室. 毛泽东文艺论集 [C]. 北京：中央文献出版社，2002：158-159.

之歌》，还有《红日》和《北国江南》等。

新中国的社会主义文化艺术发展成果卓著，大众的文化和艺术深受人民的喜爱。同时期，中国的翻译家把中国传统经典名著翻译传播到国外，对于中国文化走出去做出了新中国早期的贡献，使世界更多了解中国。新中国前 30 年涌现出了一批翻译传播中国文化的翻译名家如钱锺书、傅雷、杨宪益和戴乃迭夫妇等，其中杨宪益把《史记》《离骚》等名著翻译传播到西方世界，还有诸多国外的翻译名家如沙博理翻译的《水浒传》在西方产生了不小的影响。新中国前 30 年也有不少国外的汉学家把中国文化翻译传播到世界各地，其中有影响的如大卫·霍克斯、费正清等。

2.《毛泽东选集》外译的社会背景

首先，中国提出和平共处五项原则。中国于 1953 年提出和平共处五项原则，当年，中国政府就西藏地方的关系问题与印度进行了谈判。后来，周恩来总理在会见印度代表团时首次提出和平共处五项原则，这项原则包括互相尊重主权和领土完整、互不侵犯、互不干涉内政、平等互利、和平共处。1955 年 4 月 18 日至 24 日，周恩来总理在印度尼西亚的万隆会议上，发表了著名的《关于促进世界和平与合作的宣言》的讲话，宣言提出了十项国际关系原则，其中包括了这五项原则的全部内容。1957 年毛泽东主席在莫斯科访问期间，向全世界各国庄严宣告，中国坚决主张世界上一切国家实行和平共处五项原则。1963 年底至 1964 年初，周恩来出访亚、非、欧时，提出了我国经济援助原则，把和平共处五项原则扩展到经济领域。1974 年邓小平同志在联合国第六届特别会议发言时，向世界各国再次强调这一原则，重申国家间的政经关系要发展，都应建立在和平共处五项原则的基础上。

这一外交原则对于中国社会、经济、政治的国际化发展有重要意义，为了得到更多国家、地区的支持和理解，扩大影响，提高国际政治地位，促进中国与世界各国家的合作与双赢发展做出了不可磨灭的贡献，对毛泽东思想、中国外交思想、中国外交政策、中国外交和社会主义政治理论的翻译与对外传播就显得尤为重要和迫切。

其次，与亚非拉国家建交。和平共处五项基本原则提出之后，大批亚非拉国家表达了与中国建立外交关系的意愿。在国际社会，中国也经常秉持此原则，与西方发达国家进行斗争。因此，众多新独立的国家及落后的第三世界国家，都与我国保持非常友好的关系，在这些国家中，我国有着极高的声望和较大的号召力。亚非拉等广大第三世界国家与中国有着非常良好的关系。

在外交合作方面，离不开翻译也离不开对外宣传和传播。在这个过程中，中国外文局通过其官方出版的各类对外报刊，如《中国画报》《人民公报》《北京周报》等将新中国建立之后中国的实际文化、社会发展、经济发展状况以及中国人民生活状况，包括政治上的一些理论和重要大事传播和引介到国外，才带来了中国与这些国家人民、政权的深入了解。

3. 国际社会状况

第二次世界大战后至今（1945年至今），国际社会处于两种社会制度的发展与竞争期，也是世界联系的加强时期，世界政治、经济格局发生了深刻变化，推动着世界的整体发展。总的来讲，第二次世界大战后至今世界文明的演变和拓展主要体现在两种社会制度的共存与竞争上。这个时期世界政治、经济、文化的发展变化如以下概括内容和图示3-1：

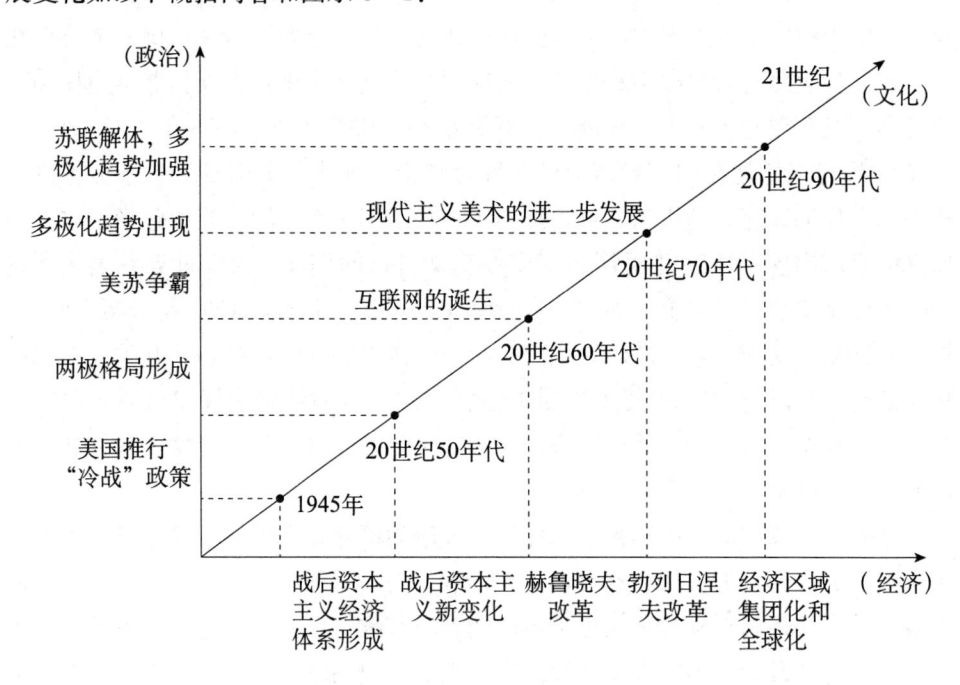

图 3-1 第二次世界大战后世界政治、经济、文化发展变化

（1）政治上

首先，第二次世界大战后，美苏争霸，两强主导世界。由于存在国家利益和意识形态之争，世界形成两极格局。其次，20世纪六七十年代，随着欧共体、日本、第三世界、中国等的崛起，世界出现多极化趋势。另外，20世纪八九十年代以来，苏联解体，"冷战"结束，多极化发展进一步加强。美国和其他国家

形成一超多强的世界格局。

（2）经济上

首先，第二次世界大战后，布雷顿森林体系成立，随后关贸总协定成立，世界经济朝国际体系主导的方向发展。其次，各国根据自身需要进行经济体制调整：苏联进行改革却失败了，最终导致其解体；西方国家加强对经济的干预，实行较高的社会福利制度等，实现对国家经济与社会关系的调整，资本主义经济快速发展。另外，20世纪末以来，经济区域集团化发展，经济全球化快速发展，成为世界经济的两大发展趋势。

（3）文化上

首先，第二次世界大战后信息技术迅猛发展，人类进入信息时代。其次，现代主义文学和艺术也得到了一定程度的发展。

在1949—1979年间，与中国关系较为密切的整体主要是社会主义国家和第三世界国家。1949年新中国建立后，苏联第一个承认新中国的存在。在此后的一段时期内，中苏关系发展良好，表现为新中国"一边倒"政策的实行。同时，中苏签订了《中苏友好同盟互助条约》，苏联大力援助中国经济建设，大批苏联专家到中国工作，帮助中国经济建设。例如，苏联专家在新疆开展重点援助，人数较多，主要集中在地矿、水利、农牧、卫生以及文教等领域，为新疆经济文化做出了贡献，也为中国对外翻译交流提供了广阔的天地。大量苏联作品经翻译传入中国，俄语是当时中国的热门外语。

新中国处于这样国际环境之下，国家势必要发挥翻译传播的作用，既要通过翻译传播架起与苏联的政治、经济和文化沟通联系的桥梁，又要根据自身发展需要加强与日本、欧共体和第三世界的经济与文化联系，促进自身的发展。同时，在当时美苏争霸局面下，中国作为崛起的第三极，需要加强对外翻译传播，把中国马克思主义国际化，扩大中国的国际影响力，提升中国的国际地位，增强中国的国家话语权。同时，通过翻译传播把中国的传统文化传播到世界其他国家，增加中国文化的国际影响力，提升中国的软实力。

4. 国外经济发展

与第一次世界大战结束时一样，第二次世界大战结束以后，全球的经济又一次经历了增长，而且这次增长持续的时间更长。对于第二次世界大战以后全球经济的发展，可以区分成两个部分进行观察：西方阵营与社会主义阵营。

在西方阵营中，第二次世界大战之后，经济发展具有鲜明的特点，即跨国公司迅速发展。这些跨国公司有先进的技术优势，在世界各地建厂，利用世界各地廉价的劳动力与丰富的资源，生产了人们需要的廉价商品，使发达国家的工人阶级甚至也能够从中受益。然而这种国际经济结构仍然是难以持续的，就像马克思的理论表明的一样，资本主义生产的最后一定是因为总需求不足而导致危机。跨国公司创造了全球生产模式，但是并没有创造合理的全球消费模式。虽然跨国公司利用自己先进的技术赚取了巨额利润，使发达国家的经济呈现了良好的上升势头，然而这种经济是建立在不发达国家廉价提供土地、劳动力和原材料基础之上的，这种不利于发展中国家的贸易条件使得发展中国家收入不足，因而背上了沉重的外债负担，债务负担使得发展中国家不得不降低自己的消费以支付外债，直接导致了对发达国家产品的需求减少，需求的减少也就意味着发达国家为这些需求提供劳动的劳动力失业。

西方的经济在快速增长的同时，社会主义阵营的经济也获得了快速发展。苏联的计划经济体制展现出优势，资源迅速配置到国民经济发展的部门。苏联经济的快速发展有超过美国之势。然而过于计划的经济弊端开始显现，苏联没有能够摆脱经济衰退的影响，到了20世纪60年代，其经济发展速度减缓，到了20世纪70年代以后，苏联的经济实际上已经停滞了。造成苏联经济停滞的原因可以包括：一、苏联的资源有限，无法与西方社会控制的资源相比，靠投入大量廉价资源取得经济增长的方法无法长期维持；二、苏联的计划经济体制天生有弊端，无法适应日益变化的社会需要，也无法有效管理日益复杂的经济内容；三、科学家、工程师与工人对于完全缺乏自由的生产方式感到厌恶。

经济发展速度的减缓对于西方资本主义社会与社会主义社会产生了同样的影响，人民的不满情绪开始出现。在西方，要求高关税的贸易保护主义重新抬头；在社会主义阵营，工人以消极怠工抗议僵化的计划经济体制。然而由于有着历史的教训，在西方，贸易保护主义政策没有被立即采取；而在社会主义阵营，情况则要糟糕得多，西方仅仅是受到了滞胀的困扰，而社会主义阵营的经济已经完全停滞，人民的消费需求又被长期压抑，因而在西方还没有采取贸易保护主义措施的时候，苏联与东欧国家已经因为无法挽救停滞的经济解体了。

现在回过头来看，苏东的巨变与中国的扩大改革开放对于全球经济在20世纪90年的复苏起到了巨大的推动作用，因为这为全球经济增长注入了新的而且是巨大的原料来源地和市场。然而，这种增长似乎在今天也面临着被耗尽的危险。全球性的巨大收入差距使得全球市场萎缩，生产能力过剩，从而使世界再一次陷入全球性的经济危机。对于这场危机将何去何从，我们仍未可知

(表 3-1)。

表 3-1　新中国成立以来世界政治、经济格局的演变及大国的兴衰历程

阶段	政治特征	经济特征
20 世纪 40~70 年代	西欧衰落，美苏两极对峙，"冷战"对抗成为主体	美国领导资本主义世界经济体系，美国成为世界经济霸主
20 世纪 70 年代至今	美苏两极格局终结，多极化趋势出现并不断加强	新兴经济体发展加速了世界经济区域集团化，推动经济全球化发展

★ 第二节　新中国的外译传播工作 ★

一、国外翻译传播中国的工作

1. 主要汉学家

（1）大卫·霍克斯（David Hawkes）

1923 年 7 月 6 日，霍克斯出生于英国伦敦。从 1945 年起，他在牛津大学学习中文，于 1947 年学成毕业。1948 年，霍克斯来到北京大学中文系读研。纵使当时局势不利，社会不稳，条件艰苦，霍克斯仍不放弃学习中文。1951 年他学成归国，在牛津大学任教，担任中文教授，开始了自己的汉学之路。

作为一名汉学家兼翻译家，霍克斯翻译了很多中国古典文学作品，他翻译的代表作包括《楚辞》（The Songs of Chu）、《杜诗入门》（A Little Primer of Tu Fu）等。他的译作 The Story of the Stone（《红楼梦》，又名《石头记》）更是一部卓越非凡的翻译著作。在 20 世纪 50 年代，《红楼梦》还没有完整的英译本，只有节选本。于是，霍克斯一回到英国就选择《红楼梦》作为翻译的对象，开始了他漫长的翻译研究工作。当时的《红楼梦》节译本有诸多错误，且有的错误很失真，令人啼笑皆非。例如，将林黛玉的名字直译为"Black Jade"（黑色的玉），霍克斯尽力还原本真，忠实于原文表达，采用了"林黛玉"的汉语拼音（Lin Daiyu）这种更合规范的人名翻译。1970 年，霍克斯辞去了牛津大学中文系主任的工作，全心投入《红楼梦》的翻译研究。这是一件前无古人、开天辟地的翻译工作，霍克斯花费了十年时间完成《红楼梦》前 80 回的翻译。之后，汉学家闵福德又接着将剩下的 40 回翻译完成。由此，西方世界第一部全 120 回的《红楼梦》呱呱坠地，这一版本的《红楼梦》至今无人超越。

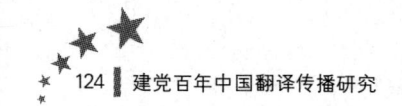

霍克斯对《红楼梦》的翻译传播做出了巨大的贡献。没有他的翻译,《红楼梦》这部中国古典文学名著的全貌就不会展现在西方读者面前。他的翻译壮举大大推动了《红楼梦》在国际上广泛传播,促进了改革开放文化"走出去"发展战略的实施。

(2) 闵福德(John Minford)

闵福德于1946年在英国伯明翰出生,少年时曾在英国温彻斯特公学上学,1964年,闵福德进入牛津大学攻读西方哲学,然后转学中文。1977年,闵福德在澳大利亚的国立大学攻读博士学位。闵福德在博士毕业后,开始从事中国现当代文学作品的翻译工作,译作书目繁多,如《中国现代诗一百首》《孙子兵法》等。值得一提的是,他与霍克斯共同完成了《红楼梦》英文全译本。

闵福德时常会依据自己对原文的理解进行有意增改,有时为避免读者难以理解原文中的文化信息,闵福德还会采取异化的翻译策略,将中华文化再现到英语译文中。他翻译的《聊斋志异》译本中的注释足足有63页,他不仅在书前写了长篇序言和文化注解,还将蒲松龄所写的《聊斋志异》的序言翻译为英文附到书后,以便英语读者了解和学习中国文化的内涵,从中我们可以体悟出闵福德尊重原著、不避艰难的良苦用心。在中国文学走出国门、走向世界的历程中,闵福德对古典作品的翻译起了非常成功的作用,对以后的文化传播影响广泛。

(3) 费正清(John King Fairbank)

费正清1907年生于美国南达科他州的休伦,他先后求学于威斯康星大学麦迪逊分校及哈佛大学。1929年赴英国牛津大学求学,在求学期间曾赴中国调查进修,在获得博士学位后,回美任教。1955年费正清主持成立东亚问题研究中心,该研究中心后更名为"费正清东亚研究中心"。

费正清不仅被称为"美国现代中国学的创建之父",更是享誉中美关系学界,被称为"头号中国通"。学术生涯60载,费正清一直投入中国问题的研究中,为美国的东亚区域研究事业做出了杰出贡献。他主要著作有:《中国士绅:城乡关系论集》《中国的世界秩序》《中国的思想与制度》《美国与中国》《中国:传统与变迁》《费正清论中国:中国新史》《观察中国》《伟大的中国革命》《剑桥中华人民共和国史》《费正清论中国》《剑桥中华民国史 1912—1949 年(上卷)》《剑桥中华民国史 1912—1949 年(下卷)》《剑桥中华人民共和国史:(上卷):革命的中国的兴起 1949—1965 年》《剑桥中国晚清史 1800—1911 年》等。

费正清的研究不仅丰富了美国东亚区域的学术研究,还因其翻译研究中国,极大地推动了中美文化交流。

(4) 高罗佩（Robert Hans van Gulik）

高罗佩，荷兰汉学家、外交官、翻译家、小说家。1910年生于荷兰聚特芬，1915年，他随父母侨居印度尼西亚，并在印度尼西亚接受学校教育，学会汉语、爪哇语和马来语。高罗佩先后在莱顿大学等多所大学学习汉学。1935年进入荷兰外交部工作，先后派驻东京、重庆、南京等地。1940年他创作完成《琴道》，20世纪40年代末将《武则天四大奇案》翻译成英文，这为他创作《狄公案》奠定了基础。

高罗佩的主要著作有：《中国古代房内考》《中国艳情：东方爱典》《明末义僧东皋禅师集刊》等社会著作，还有艺术著作如《中国琴道》《嵇康及其〈琴赋〉》《中国漆屏风》《中国绘画鉴赏》《砚史》等，他的文学艺术研究如《中国长臂猿》《中日梵文研究中论》《英语—乌足语词典》等也颇具影响。对于文学翻译高罗佩有时会打破常规，在小说的文学性与可读性上，高罗佩遵循了文学场域的规则，充分发挥了自己的文化资本；但是在选材、敏感情节的处理上他又违反文学场域的规则。当时外国侦探小说翻译正风靡一时，而高罗佩却逆流而上，在选择翻译题材时，把中国公案小说作为翻译的对象，好让荷兰人发现中国优秀的公案小说，从而使荷兰人重拾信心，特别是对本土侦探小说的信心，从而对翻译场域及文学场域的风气进行调节。高罗佩的行为说明，对场域中规则的革新并不是一件坏事，而是有利于场域的发展进步。

2. 主要作品

(1) 儒家思想和道家思想外译

儒家思想和道家思想凝结了数千年来中国人的智慧结晶，也引起了国外汉学家和学者的关注。承载儒家思想和道家思想的著作有《论语》、《庄子》和《道德经》等著作，这些中国传统思想著作，早在16世纪便引起了国外汉学家和学者的关注，他们主动译介诸子百家的哲学著作，向自己国家引入中国传统哲学思想。接下来将重点介绍这一时期《论语》、《庄子》和《道德经》在国外的翻译和传播。

美国意象派诗人艾兹拉·庞德（Ezra Pound）在1907年初次接触孔子和儒家文化后，对中国文化和汉字具有特别浓厚的兴趣，由此对中国文化结下了半个世纪之久的不解之缘。他先后学习了四书五经的经典作品，如《大学》和《论语》，还有《易经》和《中庸》。其后，基于包斯埃的法文本，他翻译出《论语》的英译本。1947年3月18日，新方向出版公司出版了庞德有影响的译作，就是他所译的《孔子：大学、中庸与论语》(Confucius: The Great Digest, The Unwobbling Pivot, The Analects)。1949 年 5 月，该书在印度被印度出版社重版。1951 年秋季，《孔子论语》(Confucius Analects) 再次出版，这次重版较前译而言有所改动。①

庞德曾将世界比作病入膏肓的病人，而儒家思想便是治愈病痛的一剂良药，他一直期望可以寻找一个与腐朽的西方文明相对的理想社会模式，自认为在儒家经典中找到了这种所期待的理想社会模式。庞德认为儒家思想是一把钥匙，可以打开未来世界和平的大门，有利于西方社会建立秩序。庞德对《论语》等儒家经典的翻译更侧重于诠释其对儒家思想的理解，并以此作为改造西方社会的理据。

自 19 世纪七八十年代以来，儒家思想再次引起关注，法国学术界及广大读者很关注儒家思想。19 世纪 80 年代初，巴黎让·德鲍诺出版社出版了孔夫子文集，为纪念孔子从教 2500 周年，出版了中法对照版《中国至圣先师孔夫子文集》，该书配有插图 26 幅。

在日本，从 1945—1984 年的 40 年间，《论语》注本先后有 50 多种，有的多次版印，一货难求。这里值得一提的是，鱼返善雄的《论语新译》独具特色，该书于 1957 年由东京学生社出版。该书的编法与之前不同，首列每章《论语》的日语口译，加标点的汉文原文为次，再次为训读，最后为华语口译。据说，编者早就试译《论语》，始于 1940 年，试译本屡经改订，历时 17 年始完成，②此《论语》译本影响巨大，为日本今日最通俗流行译本。

19 世纪《庄子》出现第一个英文全译本，出自詹姆斯·韦尔 (James Ware) 之手，书名为 The Sayings of Chuang Tzu，于 1963 年在纽约出版，但此译本伯顿·沃森 (Burton Watson) 则不太认可，他认为译文生涩词语太多，有些解释有失本义。1964 年，沃森翻译的《庄子》全译本出版，这一译本是目前为止公认为较好的译本。

在美国，1961 年，由纽约圣约翰大学出版社负责，出版了《道德经》英译本。1975 年，夏威夷大学哲学教授，美籍华人张钟元出版了译著，名为《道：一种新的思想方法》，该书为《道德经》的译注。

苏联汉学家高度重视中国经典，重视《庄子》的翻译传播。波兹涅耶娃教授全译《庄子》，精心译成俄文，并加以注释，同时撰写序言。1967 年，她将其收

---

① 高博．从"走出去"到"走进去"：埃兹拉·庞德对中国古籍的译介与借鉴 [N]．中国社会科学报，2019-11-19 (003)．
② 马祖毅，任荣珍．汉籍外译史 [M]．武汉：湖北教育出版社，1997．

入《中国古代的无神论者，唯物论者，辩证法家列子、杨朱、庄子》。

自19世纪40年代后，日本有诸多《庄子》的研究成果，出版专著多达30部，日本学界研究《庄子》精细，研究深入，涌现了多位《庄子》研究大家，诸如森三树三郎、福永光司和金谷治等。《庄子》对日本产生了深远影响，极大影响了其社会和文化。除了上述国家外，这一时期《道德经》的新译本在欧洲出现，如罗马尼亚和德国等国。

（2）毛泽东著作外译

毛泽东著作最初翻译成俄语对外传播，传播影响主要在苏联和共产国际。毛泽东著作俄译传播始于1927年，结束于1960年，首先在1927—1943年经历了前期共产国际阶段，其次在1943—1953年经历了后期斯大林阶段。1927年5月27日，《湖南农民运动考察报告》（《湖南的农民运动（报告）》）刊发于《共产国际》，这是共产国际执行委员会机关刊物。此外，《共产国际》杂志上还曾刊载10余篇毛泽东著作的重要内容，这些著作包括《我们的经济政策》、《中国共产党在抗日时期的任务》和《论新阶段》等。

中共中央从1949年6月开始，正式启动《毛泽东选集》俄文版翻译工作，苏联则委派尤金来京参加其中，《毛泽东选集》的编辑工作由此开始。先由陈伯达、田家英整理《毛泽东选集》的中文底稿，再由中国人师哲和苏联汉学家联合翻译，师哲精通俄文，苏联汉学家精通汉语，最后由尤金进行译文的审校。经过中文整理、中外对译和外文审校等诸多环节，《毛泽东选集》译稿最终完成。这不但解决了翻译过程中的问题，尤其是文化差异问题，还充分保证了译稿的翻译质量。①

1950年12月，《布尔什维克》转登了毛泽东的《实践论》，发表了其写作背景和原因。同年12月23日，《真理报》全文转载该文，《实践论》由此被介绍给了广大苏联读者。次年1月，《实践论》单行本在苏联出版。1952年5月，《毛泽东选集》第一卷俄文版发行，由苏联外文书籍出版社出版，1953年12月发行后续三卷。对于《毛泽东选集》的翻译和出版，从共产国际时期开始，到后来斯大林亲自提议并主持，经历了毛泽东思想的被发现和认可，再到后来获得信任和充分肯定的历程。俄文版《毛泽东选集》的翻译与出版，是毛泽东思想得到信任和充分肯定的一个标志。②

Mao's China：Party Reform Documents，1942—1944（《毛的中国：1942年

---

①② 何明星. 毛泽东著作俄文版翻译及出版特征研究［J］. 中国出版，2019，000（23）：42-46.

至 1944 年整风文献汇编》），最早由鲍德·考普顿英译，1951 年 12 月由美国华盛顿出版社出版，共收入毛泽东著作六篇。1962 年，*Mao Tse-tung：An Anthology of His Writings*（《毛泽东选集》）在美国出版，由新美国图书馆出版社出版。1970 年，*Mao Papers：Anthology and Bibliography*（《毛的文章：选集与书目》）在英国出版，由英国牛津大学出版社出版。1971 年，*Seleted Works of Mao Tse-tung：The First and Second Revolutionary Civil War Period*（《毛泽东选集》）在美国出版，由美国太平洋大学出版社出版了一部。1974 年，*Chairman Mao Talks to the People：Talks and Letters*：1956—1971《毛泽东同人民的谈话：1956—1971 年的讲话和书信》在美国出版，由施拉姆主编，由美国神殿图书公司出版。[①]

毛泽东著作在日本早有影响，日共很早便意识到了其价值，日本于 1952 年成立翻译委员会，开始翻译出版日文版《毛泽东选集》。在日共希望继续翻译出版《毛泽东选集》第 4 卷后，中日双方开始合作翻译，于 1962 年 6 月出版了《毛泽东选集》第 4 卷。该选集由中日双方合作完成，发行 7 000 册。日本同期还出版了许多毛泽东著作，都是以单行本形式出版，如《矛盾论》《实践论》《关于正确处理人民内部矛盾问题》等。从 1970 年到 1972 年，日本毛泽东文献资料研究会编辑出版了 10 卷本《毛泽东选集》，共收录毛泽东 427 篇著作，时间跨度从 1907 年到 1949 年 10 月 1 日。后来，又出版了《补卷》和《别卷》，收集了《毛泽东选集》以外的文章和著作 500 多篇，时间跨度从毛泽东少年时代到 1949 年。在外国学者编辑的毛选版本中，这套日文版本收篇最多、编辑最系统。

毛泽东著作阿拉伯文版也有发行出版，传播地区主要集中在西亚和北非地区，受众对象以信仰伊斯兰教的阿拉伯国家为主。阿拉伯国家左派人士翻译出版毛泽东著作时，开始以英文版毛选为底本，底本由劳伦斯出版社出版。1959 年，第一个阿拉伯文版毛选翻译出版，由巴格达出版社出版，比中方出版早了近 10 年，该出版社还翻译出版了其他作品，如《抗日游击战争的战略问题》《实践论》《矛盾论》等，都是以单行本的形式翻译出版。1965 年，第二个阿拉伯文版毛选，由叙利亚大马士革出版社翻译出版，后来该出版社和中方继续合作，翻译出版了多种中方书刊。毛泽东著作是集大成者，凝结了中华民族站起来的宝贵经验，为争取民族独立的国家提供借鉴，阿拉伯国家也因此受益，当时的阿拉伯文版新中国书刊，有的以毛泽东著作为核心，站在阿拉伯世界一边，明确支持阿拉

---

① 冯瑾. 毛泽东著作英译本翻译出版述略［J］. 党的文献，2020（1）：65 - 69.

伯国家独立运动，支持其反对帝国主义、殖民主义和霸权主义运动，因此获得了阿拉伯世界人民的广泛赞誉。毛泽东选集的阿语译本提升了中国的国际影响，不仅改变了中国"贫穷、软弱"的东方古国形象，也间接发挥了作用，推动了阿拉伯国家与新中国建交高潮的形成，即20世纪50年代、60年代、80年代三次建交高潮。①

（3）中国军事思想外译

中国的孙子享有"兵圣"的世界美誉，其所著《孙子兵法》在世界范围内产生了广泛的影响。《孙子兵法》在全世界的影响离不开翻译和传播，在世界范围内的广泛传播离不开对它的准确翻译。《孙子兵法》是世界军事史上具有重要地位和影响力的著作。据不完全统计，该书已被翻译为20余种文字在世界各国出版发行。

1950年，苏联科学院进行《孙子兵法》翻译与传播研究，出版了《孙子兵法：翻译与研究》。该书由康拉德译注而成，是第一本将《孙子兵法》直接汉译俄的书籍/著作，开启了俄罗斯对《孙子兵法》的研究新阶段。在此之前，《孙子兵法》在俄罗斯仅有两种类型的译本，一种是缩减转译本，另一种是全文转译本。1957年，苏联军官西多连科将《孙子兵法》译成俄文。他以《诸子集成》中《孙子十家注》为底本，译本由莫斯科国防军事出版社出版。

第二次世界大战以后，美国在朝鲜战争中受挫，接着在越南战争中受挫，常常遇到阻力，阻力来自革命地区游击队。美国海军陆战队准将格里菲斯读书受到启发。他认为毛泽东的游击战思想受启发于孙子，于是他开始翻译和研究《孙子兵法》。1963年，他所著 Sun Tzu：The Art of War（《孙子：战争艺术》）由牛津出版社出版。英国著名战略家利德尔·哈特曾评价《孙子兵法》，认为该书是研究战争最早的军事名著，高度赞扬了《孙子兵法》的翻译价值。他曾说，"在灭绝人性的核武器研制成功以后，人们就更需要重新认识《孙子兵法》，重新更加完整地翻译《孙子兵法》这本书了。"格里菲斯从军事家的视角看待《孙子兵法》，从军事战略角度诠释和演绎《孙子兵法》，他的研究激起了美国军界对《孙子兵法》的学习热情。

在这一时期，亚洲国家对《孙子兵法》的热潮同样不减，研究成果更是著作纷繁。日本的军人和学者也争相研究《孙子兵法》，他们从不同视角对孙子思想进行诠释，各书店发行的《孙子兵法》有20余种版本。1952年，泰国学

---

① 何明星. 毛泽东著作阿拉伯文版的翻译，出版与发行 [J]. 中国出版，2020 (17)：62-67.

者沙天·唯拉昆翻译了《诗歌兵法与中国兵法》，是《孙子兵法》的第一部泰语译本。1978年，披差·瓦萨那松将格里菲斯译本转译成泰语，这是格译本进入亚洲的开始。1956年，《孙子兵法》的首个缅甸语译本出版，译者是钦温貌。越南于1961年出版了施达志的《孙子兵法》越南语译本。1973年，以色列出版了一部《孙子兵法》希伯来语译本，是西亚地区第一次用本国语言翻译该书。①

毛泽东的军事思想受《孙子兵法》影响很深，其既是马列主义与中国革命实际相结合的产物，该产物由革命战争理论与中国革命实际相结合，也是对中国古代军事文化遗产的借鉴、运用和发展，尤其是《孙子兵法》。②《孙子兵法》开篇便说："孙子曰：兵者，国之大事，死生之地，存亡之道，不可不察也。"而毛泽东提出"兵系国事"的思想，他把这种思想运用在中国革命战争的实践中，他曾在1927年八七会议上指出："以后要非常注意军事。须知政权是由枪杆子中取得的。"③他还在党的六届六次全会上指出："我们的原则是党指挥枪，而绝不容许枪指挥党。"④毛泽东以"枪杆子里面出政权"和"党指挥枪"为基础，领导中国人民进行了长达22年的革命战争，新中国成立以后，又进行过抗美援朝战争，而后是中印、中越、中苏边境自卫反击战，这些战争均取得了辉煌胜利。

新中国成立，中国革命战争取得胜利，这使得各国开始重视毛泽东军事思想，并且对其进行研究，特别是抗美援朝战争的胜利，还有中国人民支持中南半岛人民抗美的胜利，这些都引起了西方对毛泽东军事思想的研究热情。苏联在新中国成立前便把东北解放区出版的《毛泽东选集》译为俄文。日本不仅进行毛泽东思想研究，还设立了机构，并在军校开设毛泽东军事思想课。1961年，肯尼迪下令研究毛泽东，要求美国陆军研究毛泽东游击战争理论。同一时期，在欧美一些国家的军事院校也学习毛泽东，开设了毛泽东军事思想的课程。毛泽东的军事思想也对第三世界国家产生了巨大影响，20世纪五六十年代，亚非拉各国人民的斗争热火朝天，他们运用毛泽东的军事游击战争经验，在本国实践中取得了成功，毛泽东军事思想成为民族独立和解放的强大思想武器，尤其是对许多国家的被压迫民族和被压迫人民来讲。

---

① 郑建宁.《孙子兵法》译史钩沉[J]. 西北民族大学学报（哲学社会科学版），2019（5）：178-188.
② 雨兵. 毛泽东军事思想中的《孙子兵法》元素[J]. 孙子研究，2018（2）：9-28.
③ 毛泽东. 毛泽东军事文集：第1卷[M]. 北京：军事科学出版社，1993：2.
④ 侯鲁梁. 毛泽东建军思想概论[M]. 北京：解放军出版社，1993：47.

20世纪60年代初和70年代末，随着中国支援越南抗美战争的胜利，后来中国支援中南半岛抗美斗争也取得了胜利，毛泽东军事思想开始在第三世界广泛运用，在国外，很多人研究毛泽东军事思想。20世纪六七十年代，一些国家开始出版毛泽东文集，尤其是出版系统的毛泽东军事论文集。例如，从20世纪60年代开始，法国、瑞典、希腊等国家就联合出版《毛泽东军事文选》。毛泽东军事著作引起了西方军事学术界的关注，引起了军事领袖们的极大兴趣。同期，毛泽东关于支持第三世界国家民族独立斗争的谈话和申明，在亚非拉等国家和地区翻译传播最快。[①]

（3）中国古典文学作品外译

从明代开始，小说这一文学体裁逐渐流行起来，打破了正统诗文的垄断，取得与唐诗、宋词、元曲并列的地位。清代中国古典小说盛极而衰，同时向近现代小说转变。在明清小说之中，四大名著最为广泛传播。

古典小说《红楼梦》广受喜爱，它的文化内涵丰富，社会价值独特，受到国外诸多汉学家和译者的关注。据记载，早在1793年，《红楼梦》就传入日本，在日本深受读者喜爱，被称为"中国的《源氏物语》"。然而，在传入近100年后，《红楼梦》才有了第一个日文译本，即森槐南翻译的《红楼梦》第1回楔子，而后出现了多个日译本。《红楼梦》在日本的广泛传播，对日本作家的文学创作产生了深刻影响，日本社会涌现了一大批红学研究者。森槐南对《红楼梦》有过极高的评价，他说《红楼梦》是"实为清朝，不，中国自古以来的第一大名著，此后杰作还未从见过。"

1800年前后，《红楼梦》传入韩国，近100年之后，韩国才出现第一本韩译本。1884年前后，李钟泰等人联合翻译的乐善斋译本是韩国最早的译本。1955年出版的金龙济节译本《红楼梦》，具有完备的故事和插图，在韩国有相当的影响力。《红楼梦》全译本于1969年出版，由李周洪翻译而成，是比较完整的全译本。

到20世纪以后，伴随着中国的新文化运动，中国的中外政治文化交流活动日益频繁，《红楼梦》向海外传播的渠道快速增多。《红楼梦》的英译本不仅有的大卫·霍克斯的前80回节译本，还有杨宪益、戴乃迭的合译本。其中，杨宪益、戴乃迭的合译本是我国自行翻译、出版发行的第一个英文全译本，著名红学家吴世昌先生高度赞赏此译本，称其为"目前几个英译本中最完备最正确的译本"。

[①] 俞国庆."外国人"眼中的毛泽东军事思想[J].山西档案，2006（S1）：74-75.

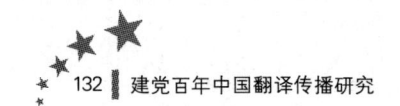

1949—1979 年《红楼梦》外译本信息如表 3-2 所示：

表 3-2　1949—1979 年《红楼梦》外译本

国家	译者	译本	出版社	时间
韩国	金龙济	2 卷 120 回	正音社	1955—1956
	李周洪	5 卷 120 回	乙酉文化社	1969
日本	伊藤漱平	3 卷 120 回	平凡社	1958—1960
		12 卷 120 回		1969—1970
	增田涉、松枝茂夫、常石茂			1970
	饭冢朗	3 卷 120 回	集英社	1979—1980
英国	麦克休姊妹（Florence & Isabel Mc Hugh）	39 回	伦敦 Routledge&Kegan Paul 出版公司	1958
	霍克思（David Hawkes）	3 卷前 80 回	企鹅书店	1973、1977
法国	盖尔纳（Armel Guerne）	上卷 19 回、下卷 23 回	巴黎 Guy de Prat 出版社	1957、1964
俄国	孟列夫	2 卷 120 回	莫斯科国家文艺出版社	1958
美国	王际真	40 回	纽约 Twayne 出版公司	1958
		60 回	纽约 Anchor 书店	1958

资料来源：唐均.《红楼梦》译介世界地图 [J]. 曹雪芹研究，2016（2）：30-46.

《西游记》取材独特，讲述唐代僧人玄奘去天竺（印度）取经的事迹，其题材本身就涉及世界文化的交流，这在中国古典小说中十分独特。1942 年，阿瑟·韦利的英译本《猴》（*Monkey*）一经出版，便引起了西方世界的广泛关注，在此之前，市面上仅有《西游记》的一些摘译本。韦利在翻译《西游记》时，对其进行了大刀阔斧的删节，省略了原著中的许多诗词和文化元素，仅选 30 回，不过，该译本基本保留了完整的叙事结构。韦利版的可读性很强，但是没有保留原著的复杂性和艺术性，这部中国古代文学作品在韦利的笔下，却变成了一本普通小说。继韦利版问世 40 年之后，大约 20 世纪 80 年代前后，两个全译本几乎同时面世。一个是詹纳尔翻译的 *Journey to the West*，共 4 卷，在 1977 年到 1986 年间，由北京外文出版社出版，另一个是余国藩翻译的 *The Journey to the West*，在 1977 年到 1983 年间，由芝加哥大学出版社刊行。此外，这一时期还出版了《西游记》的德语、俄语、朝鲜语等译本（见表3-3）。

表3-3 1949—1979年《西游记》部分外译本

译者	译本	出版社	时间
约翰娜·赫茨费尔德（Johana Herfzeldt）	德文《西游记》选译本	鲁道尔施塔特格赖芬出版社	1962
罗加切夫（A. PoFayeb）	俄文《西游记》百回全译本	莫斯科国家文学出版社	1959
瑞定（Thuy Dinh）	越文《西游记》全译本	河内普通出版社	1961
李周洪	朝鲜文《西游记》全译本	语文阁	1966

资料来源：王丽娜.《西游记》在海外［J］. 古典文学知识，1999（4）：117-126.

《三国演义》叙述了东汉末年中国社会状况，讲述了一个群雄割据、三国鼎立的社会，最后由司马氏统一天下的复杂历史，不仅是中国小说史上的伟大杰作，也是世界文库中的艺术瑰宝。《三国演义》的外译本较多，有近20个语种，既有节译本又有全译本。1962年，杨宪益、戴乃迭合译《赤壁之战》，载于北京外文出版社出版的《中国文学》。1976年，莫斯·罗伯茨译《三国：中国的壮丽戏剧》，由纽约梅林因书局出版。这个节译本，突出小说的重点，尽量把小说的精彩部分介绍给西方的读者。莫斯·罗伯茨认为，如果说莎士比亚是把英国的编年史编成了戏剧，那么罗贯中则是把许多故事组成了一部演义小说，该小说可以说包罗万象，其中的故事流传于中国几个世纪之久。① 20世纪下半叶，在俄国、朝鲜和日本等国，还出现了《三国演义》的新译本。1954年，巴拿休克的俄译本《三国演义》为120回全译本，这是第一次将《三国演义》全译为俄文，书中附有插图16幅，还有简短的出版说明。小川环树与金田纯一郎合译的《三国志》，是120回全译本，在1953—1973年由岩波书店分十册出版。

《水浒传》描述的是水泊梁山的故事，是关于好汉英雄的故事，刻画了武松、林冲、宋江等人物形象，描绘深入人心。译本通过外译处理，使国外读者领略到了中国传统文化的魅力。这一时期，《水浒传》有名的英译本当属杰克逊在1963年出版的 Waters Margin（《发生在水边的故事》），还有沙博理在1980年出版的 Outlaws of the Marsh（《亡命水泊》）。西方评论界看法不同，认为杰克逊的译文"没有很好地表达出原著的精神"②。西里尔·伯奇在《威尔逊季刊》上评论："赛珍珠的《四海之内皆兄弟》，将《水浒传》部分地带给了西方。但是沙博理付

---

① 王丽娜.《三国演义》在国外［J］. 文献，1982（2）：44-66.
② 王丽娜.《水浒传》在国外（上）［J］. 天津外国语学院学报，1998（1）63-71.

出的努力比其他人要高三倍。他的中文知识丰富，使这个译本更加准确；他的英文直截了当，译文易懂，证明比赛珍珠模仿中国古文更好，没有难懂的话，表达更加优美得体；他依据原著较早的版本，出版了更加完整的作品……这是一部中世纪的英雄故事，人物故事敢想敢干，它有真实人物的优越性。"[1]

二、国内对外翻译传播中国的工作

1. 主要译者

（1）钱锺书

钱锺书是中国现代作家、文学研究家、翻译家，与饶宗颐并称"南饶北钱"。1910 年出生于江苏无锡，1929 年开始就读于清华大学外文系，1937 年赴牛津大学学习，并取得学士学位。其著有《围城》《宋诗选注》等作品，还参与过《毛泽东诗词》英译工作。

对于译界泰斗严复"信、达、雅"的翻译论，也可以说翻译思想，钱锺书先生有自己独到的见解，他指出："译事之信，当包达、雅；达正以尽信，而雅非为饰达。依义旨以传，而能如风格以出，斯之谓信。支、严于此，尚未推究。雅之非润色加藻，识者犹多；信之必得意忘言，则解人难索。"至于信达雅之间的关系，钱锺书认为"雅"和"达"蕴含于"信"当中的，也就是说译文要既能准确无误地传达出原文含义，还要再现出原文的行文特点、语言风格。

钱锺书先生很推崇"译笔正无妨出原作头地"这一理念，体现出他的创新性和独特性，也对当代翻译理论研究有自己的看法提供了新方向。在他看来，文学翻译的最高理想是"化境"，在翻译的过程中，译者若可以做到两点，第一，两种语言表达习惯不同，但不要因此使译文表现出生硬别扭；第二，要尽力保留原作的风格特色，只有做到这两点，才能称得上是"化境"。

钱锺书先生成就非凡，在文学研究和文学创作中表现突出，增加了中国与国外的交流，使中西方更加了解彼此的学术文化。他借鉴文艺美学理论，提出"化境"观，将文学翻译和美学相结合，对我国翻译事业具有重要意义。

（2）傅雷

傅雷，中国翻译家、作家、教育家、美术评论家。1908 年 4 月 7 日出生于江苏南汇。1928 年，留学法国巴黎大学，学习艺术理论，在 1931 年回国任教，

---

[1] 孙建成，温秀颖，王俊义. 从《水浒传》英译活动看中西文化交流[J]. 外语与外语教学，2009(5): 52-55.

1966年去世。

在翻译理论方面，傅雷先生提出"神似"说，其实质为：尽量将原文的词汇保留下来，更要把句法结构保留下来，通过表面文字，把握原作的深层内涵，既要追求形似，又要追求神似。傅雷先生在翻译文学作品时，也是力求译文形神兼备，十分注重挖掘原作内涵。时至今日，傅雷的译文仍受读者青睐，这说明其提出的"神似"说等翻译理论仍具有现实指导意义。

傅雷翻译了大量的法国文学著作，比如《欧也妮·葛朗台》《高老头》《约翰·克利斯朵夫》等，这些作品多以揭露社会弊病、描述人物奋斗抗争为主，这样译也符合傅雷的气节和心性。傅雷对其子女家教严格，而又父爱至深，他和夫人在1954—1966年写给傅聪、傅敏的家书，由傅敏整理成《傅雷家书》，至今广为流传。

（3）杨宪益

杨宪益，1915年生人，祖籍淮安，中国著名翻译家、外国文学研究专家。1934年大学毕业后，他又去往牛津大学从事古希腊罗马文学研究，还研究中古法国文学，也进行了英国文学研究。1940年回国，就职于重庆大学，1943年后在重庆及南京任编译馆编纂，他将所写的影响较大的文史考证文章编为两册，分别是《零墨新笺》和《零墨续笺》。

杨宪益主要围绕中国古典文学进行翻译，同时进行现当代文学翻译，他一生竭力向西方传播中国文化，以传播文化为己任。他认为有必要将中国文化传播出去，应该让外国人了解中国文化的博大精深。自1951年杨宪益应邀到英文杂志《中国文学》工作后，便开始系统对外译介中国典籍。在夫人戴乃迭的帮助下，杨宪益翻译了大量中国文学作品，如《史记》《诗经》《楚辞》《离骚》等古典诗词和史辞，还有现代戏剧及文学，如《红楼梦》《关汉卿杂剧选》《长生殿》《牡丹亭》等，还要人物作品如《屈原》《鲁迅作品选》等。其中，《红楼梦》的影响最为深远。20世纪60年代起，杨宪益和戴乃迭夫妇便着手翻译《红楼梦》，该书于1974年最终成稿，并由外文出版社在1978—1980年间分三卷出版。这是第一部也是唯一一部由中国人自己翻译的《红楼梦》全译本，是我国文学翻译事业的里程碑，为中国传统文化的翻译传播做出了突出贡献。在改革开放后，杨宪益发起并主持"熊猫丛书"，恢复了中国文学的对外沟通渠道。

杨宪益与戴乃迭夫妇的翻译作品，无论是在内容上还是在精神上，都忠实于原著。杨宪益曾在《略谈我从事翻译工作的经历与体会》中谈道："翻译的原则，简单说来不过是'信达雅'三个字。'信'和'达'在翻译则是缺一不可……总

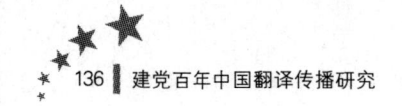

的原则，我个人认为对原作的内容，不许增减。"[1] 在他看来，"信"是翻译第一准则，翻译必须忠实原文，译者不应做过多的解释，译者也不应带有个人观点，否则就是改写而非翻译了。杨宪益一生都竭力将中国文化传播于世界，他强调最真实和地道的中国文化传播，推动了中国文学的改革开放，帮助中国文学走出国门，为我国的翻译事业做出了巨大贡献。

（4）沙博理（Sidney Shapiro）

沙博理，犹太裔中国人，翻译家、作家。其中文名取"博学明理"之意。1915年生于美国纽约，1937年自圣约翰大学法律系毕业，毕业后成为一名律师。二战期间，沙博理应征入伍，加入美国陆军，并在这期间学习了中文和中国的历史文化。退役之后，沙博理又前往哥伦比亚大学和耶鲁大学学习中文。

新中国成立时，沙博理在对外文化联络局做英文翻译。1951年，沙博理连同叶君健等人一同创办《中国文学》英文杂志，沙博理主要负责译审工作。1972年，沙博理被调到人民画报社，任英文改稿专家。1983年退休后，沙博理继续参与国际文化传播和对外文化交流活动。

沙博理的翻译生涯历经半个多世纪，译作繁多，不仅有巴金、茅盾、孙犁等人的散文小说，还翻译了中国古典文学作品《水浒传》，为中国文学作品英译做出了巨大贡献。

这里值得一提的是，沙博理所翻译的《水浒传》（*Outlaws of the Marsh*）英译本影响巨大，在国内外产生了不小影响，这一部英译全译本是第一部，也是目前唯一一部100回全译本。

沙博理的中国文学作品的英译本为中国留下一笔宝贵财富，其贡献在于探索中国当代文学作品的英译策略和方法，考察不同题材和不同风格的影响。笔者希望，在未来有更多学者关注译家沙博理，深入探究沙博理的翻译观，关注他的翻译实践对当前中国文化外译的实际意义。

（5）许渊冲

许渊冲，1921年出生，江西南昌人，1938年在西南联合大学外文系学习，1948年，他到巴黎大学留学，学习法语并研究法国文学。很早他就显现出了翻译才华，大一时，就在《文学翻译报》上发表了英文译作——林徽因的《别丢掉》。

许渊冲先生的翻译领域主要集中在古诗英译，他不仅将古诗的意思翻译出

---

[1] 杨宪益. 去日苦多［M］. 哈尔滨：北方文艺出版社，2014.

来，还保留了诗的韵律，因此他又被称为"诗译英法第（唯）一人"。他著作等身，曾翻译过《诗经》《楚辞》《李白诗选》《西厢记》《红与黑》《包法利夫人》《追忆似水年华》等中外名著，还将42首毛泽东诗词翻译成英法格律诗。他翻译了《楚辞》和《中国古诗词三百首》，前者译作被誉为"英美文学的高峰"，后者被誉为"伟大的中国传统文学的样本"。

2. 主要作品

（1）毛泽东等共产党人著作外译

新中国成立后，中国共产党开始有条不紊地开展外译工作，主要推进毛泽东等共产党人著作的翻译出版工作，其中毛泽东著作的外译一直受到重视，组织翻译出版《毛泽东选集》成了国家政治文化的头等大事。

1950年，中宣部成立《毛泽东选集》英译委员会，标志着新中国成立之后《毛泽东选集》英译工作正式启动。经过四年的努力，《毛泽东选集》第1至3卷翻译工作终于完成，不过，第一部国内翻译的英文版《毛泽东选集》并没有在国内出版，而是由劳伦斯出版社在英国出版，该出版社由英国共产党创办，这是中国委托国外出版社出版的第一本著作。1960年，《毛泽东选集》第4卷的翻译工作正式开启，徐永瑛再次主持翻译工作，并召集外籍专家参与审稿工作，1961年，《毛泽东选集》第4卷英文版在国内外出版发行。这一时期《毛泽东选集》外译传播情况如表3-4：

表3-4　1949—1979年《毛泽东选集》中国对外出版译本[*]

书名	译出语（首次出版时间）
《毛泽东选集：第1卷》	英文（1964）、法文（1966）、俄文（1967）、越南文（1967）、印尼文（1967）、缅甸文（1967）、德文（1968）、西班牙文（1968）、日文（1968）、泰文（1968）、阿拉伯文（1968）、朝鲜文（1968）、意大利文（1969）、葡萄牙文（1969）
《毛泽东选集：第2卷》	英文（1965）、法文（1967）、俄文（1967）、缅甸文（1967）、德文（1968）、西班牙文（1968）、日文（1968）、越南文（1968）、泰文（1968）、印尼文（1968）、朝鲜文（1968）
《毛泽东选集：第3卷》	英文（1965）、缅甸文（1967）、法文（1968）、西班牙文（1968）、俄文（1968）、日文（1968）、越南文（1968）、泰文（1968）、印尼文（1968）、朝鲜文（1968）、德文（1969）
《毛泽东选集：第4卷》	英文（1961）、法文（1962）、西班牙文（1962）、俄文（1964）、缅甸文（1967）、日文（1968）、泰文（1968）

资料来源：何明星. 中华人民共和国外文图书出版发行编年史（1949—1979）[M]. 北京：学习出版社. 2013.

在毛泽东著作英文翻译组成立之后，又成立俄文、法文、日文翻译组，在1967年，毛泽东著作阿拉伯文翻译组成立，同期，德文、意大利文等17个语言组一同成立。多个语言翻译组的成立，使《毛泽东选集》的翻译出版在1967年和1968年迅速增长。1961—1976年，外文出版社用十余种外文，印刷出版了《毛泽东选集》及毛泽东著作单行本。在毛泽东著作外文版中，单行本占了相当大的部分，毛泽东著作中的一些著名篇目基本上都包括在其中（表3-5）。

表3-5 1949—1979年部分毛泽东著作单行本外译统计

书名	译出语（首次出版时间）
《论人民民主专政》	法文（1949）、英文（1949）、印尼文（1949）、德文（1950）、阿拉伯文（1951）、西班牙文（1959）世界语（1961）、波斯文（1964）、缅甸文（1965）、俄文（1967）、葡萄牙文（1967）、印地文（1967）、越南文（1968）、泰文（1968）、蒙古文（1968）、日文（1969）
《实践论》	英文（1952）、俄文（1952）、法文（1957）、西班牙文（1959）、印尼文（1961）、荷兰文（1961）、世界语（1961）、德文（1962）、缅甸文（1965）、波斯文（1965）
《矛盾论》	英文（1952）、法文（1957）、西班牙文（1958）、俄文（1960）、荷兰文（1961）、德文（1963）、缅甸文（1965）
《星星之火，可以燎原》	英文（1953）、法文（1956）、德文（1956）、西班牙文（1959）、印尼文（1960）、缅甸文（1962）、泰文（1964）、波斯文（1964）、葡萄牙文（1965）
《关心群众生活、注意工作方法》	英文（1953）、印尼文（1953）、越南文（1956）、西班牙文（1959）、法文（1960）、缅甸文（1964）、德文（1965）、泰文（1965）
《湖南农民运动考察报告》	英文（1953）、西班牙文（1957）、法文（1960）、印尼文（1961）、泰文（1964）
《关于纠正党内的错误思想》	英文（1953）、印尼文（1953）、泰文（1956）、越南文（1956）、西班牙文（1959）、法文（1961）、德文（1962）、缅甸文（1964）
《论持久战》	英文（1954）、法文（1960）、西班牙文（1960）、印尼文（1963）、缅甸文（1965）
《在延安文艺座谈会上的讲话》	英文（1956）、印尼文（1958）、德文（1961）、法文（1962）、世界语（1962）、西班牙文（1965）
《关于正确处理人民内部矛盾》	英文（1957）、俄文（1957）、德文（1957）、西班牙文（1957）、法文（1958）、世界语（1963）、缅甸文（1965）
《论联合政府》	英文（1955）、印尼文（1962）、德文（1963）
《中国的红色政权为什么能够存在？》	英文（1953）、印尼文（1953）、法文（1956）、泰文（1956）、西班牙文（1959）、德文（1963）、葡萄牙文（1965）、缅甸文（1965）、波斯文（1965）

资料来源：何明星. 中华人民共和国外文图书出版发行编年史（1949—1979）[M]. 北京：学习出版社. 2013.

在前30年里，毛泽东著作的对外翻译出版及发行是重点，占据了中国外文出版的绝大部分比例，《毛泽东选集》、毛泽东著作单行本、毛主席语录等作品相继外译，被翻译成30余种语言。

除了毛泽东著作外，还有不少优秀共产党人的作品被外译，译为多种语言对外出版。1950年7月，刘少奇著的《论党》英文版出版发行，该书回顾了中国共产党20余年的奋斗过程，介绍了中国共产党的性质和基本原则。外文出版社1950年出版《论党》英文版之后，至今已重印5次，发行3.7万册，销往亚洲、非洲、欧洲、美洲、大洋洲等许多国家。

在1959年新中国成立10周年之际，周恩来、刘少奇、邓小平分别发表著作《伟大的十年》、《马克思列宁主义在中国的胜利》和《中国人民大团结和世界人民大团结》，这些著作叙述了新中国成立十年来的成就，尤其是新中国在经济文化建设等方面取得的巨大成就，为了让世界各国人民看到新中国翻天覆地的变化，中共中央组织翻译工作者进行翻译工作，将其译成英、法、德等10种语言，并对外出版发行部分著作外译如表3-6：

表3-6　1949—1979年周恩来、刘少奇等共产党人部分著作外译本

著作名	作者	译出语（首次出版时间）
《论党》	刘少奇	英文（1950）
《论国际主义与民族主义》	刘少奇	英文（1951）、印尼文（1952）
《论共产党员的修养》	刘少奇	英文（1951）、法文（1965）
《论党内斗争》	刘少奇	英文（1951）
《新中国胜利的第一年》	周恩来	英文（1950）
《中国人民大团结和世界人民大团结》	邓小平	英文（1959）、德文（1959）、法文（1959）、俄文（1959）、越南文（1959）、日文（1959）、印地文（1959）、阿拉伯文（1959）、印尼文（1959）、缅甸文（1960）
《伟大的十年》	周恩来	英文（1959）、德文（1959）、法文（1959）、俄文（1959）、西班牙文（1959）、越南文（1959）、日文（1959）、印地文（1959）、阿拉伯文（1959）、印尼文（1959）、缅甸文（1960）
《马克思列宁主义在中国的胜利》	刘少奇	英文（1959）、德文（1959）、法文（1959）、越南文（1959）、俄文（1959）、日文（1959）、印地文（1959）、阿拉伯文（1959）、印尼文（1959）、缅甸文（1960）

资料来源：何明星.中华人民共和国外文图书出版发行编年史（1949—1979）[M].北京：学习出版社.2013.

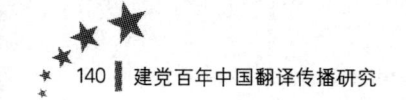

(2) 政治法律文件外译

为了让国外了解中国，特别是中国的政治制度和法律体系，中国政府也组织翻译出版政治法律类文件，比如《中华人民共和国土地改革法》、《中华人民共和国宪法》、《中国共产党党章》、党代会文件、历次人民代表大会文件、政治会议决议、中国与其他国家建交公报和联合声明等法律文件、外交公告，还有大量的政治声明。

从1950年开始，《中华人民共和国土地改革法》《中华人民共和国工会法》等政治法规类图书开始对外发行。新中国成立初期，一份份法律文件的颁布背后，是新中国法律体系的逐渐完善。第一部《中华人民共和国宪法》于1954年9月20日通过，"五四宪法"的颁布具有特殊的历史意义，当时中国正处于新民主主义社会，正在向社会主义社会的过渡，"五四宪法"奠定了新中国宪政的基础与制度体系，有助于国家治理和基本制度的建构。部分法律文本外译如表3-7：

表 3-7　1949—1979 年部分法律文件外译本

法律文件名	译出语（首次出版时间）
《中华人民共和国土地改革法》	英文（1950）、印尼文（1950）、德文（1951）
《中华人民共和国工会法》	英文（1950）、法文（1951）、印尼文（1951）
《中华人民共和国婚姻法》	英文（1950）、法文（1951）、德文（1954）
《中华人民共和国选举法》	英文（1953）
《中华人民共和国宪法》	英文（1955）、法文（1955）、德文（1955）、西班牙文（1955）、俄文（1955）、阿拉伯文（1955）、日文（1956）

资料来源：何明星．中华人民共和国外文图书出版发行编年史（1949—1979）[M]．北京：学习出版社．2013．

(3) 文学作品外译

新中国成立后，改革开放前，这一时期中国进行现当代文学作品的外译，该工作由国内机构主导，翻译作品通过外文版《中国文学》杂志进行对外传播。《中国文学》英文版于1951年10月1日创刊，于2001年停刊，这期间经历过曲折和困境，共出版了590期，介绍作家、艺术家2 000多人次，译载文学作品3 200篇，[①] 为中国当代文学主流作品外译传播做出了巨大的贡献。

最初，由欧洲归国的叶君健先生负责主持《中国文学》杂志的具体工作，杨宪益、戴乃迭和沙博理是《中国文学》主要的三位译者。1951年10月《中国文学》第一辑出版，这一辑中有沙博理翻译的《新儿女英雄传》（孔厥、袁静）和杨宪益、戴乃迭夫妇翻译的长诗《王贵与李香香》（李季）。1952年第二辑出版，

---

① 徐慎贵．《中国文学》对外传播的历史贡献 [J]．对外大传播，2007（8）：46-49．

里面有杨宪益、戴乃迭合译的《阿Q正传》（鲁迅）。1953年，《中国文学》又出版了两辑，其中有戴乃迭翻译的《太阳照在桑干河上》（丁玲）和歌剧剧本《白毛女》（贺敬之、丁毅）。同期，《中国文学》杂志开辟了古典文学专栏，刊载了屈原的《离骚》。此后，《中国文学》法文版等多语种版本逐渐问世，刊登内容也更为丰富，既译载自鲁迅以来的现当代优秀文学作品，也译载自《诗经》以来的古代作品，这些作品后由外文出版社出版发行。该时期古典文学作品外译情况如表3-8：

表3-8　1949—1979年古典文学作品外译本

著作名	作者/译者	译出语	首次出版时间	出版社
《离骚》	屈原	英文	1953	外文出版社
《唐代传奇》	杨宪益、戴乃迭译	英文	1954	外文出版社
《长生殿》	洪升	英文	1955	外文出版社
《儒林外史》	吴敬梓	英文	1957	外文出版社
《杜甫诗选》	冯至编选，路易·艾黎译	英文	1962	外文出版社
《李白诗201首》	路易·艾黎译	英文	1964	新世界出版社
《关汉卿剧作选》	关汉卿著，杨宪益、戴乃迭译	英文	1958	外文出版社

资料来源：何明星．中华人民共和国外文图书出版发行编年史（1949—1979）[M]．北京：学习出版社．2013．

1966—1976年，《中国文学》仍坚持出版发行。刊物依靠样板戏、经过编辑加工过的报告文学外译，以大庆、大寨等为题材，还外译革命回忆录如《跟随毛主席长征》《胸中自有雄兵百万》等，还有外译毛泽东诗词和鲁迅文章，以支撑出版社运转，保留住了当时对外传播的唯一文学窗口。直至1976年10月，我国进入文学发展的新时期，涌现了很多内容丰富、形式新颖的文学作品，也极大促进了《中国文学》杂志社的发展，尤其对外文学编译事业的繁荣发展。该时期现当代文学作品外译情况如表3-9：

表3-9　1949—1979年现当代文学作品外译本

作者	作品	译出语	首次出版时间	出版社
鲁迅	《阿Q正传》	英文	1953	外文出版社
	《鲁迅短篇小说选》	英文	1954	外文出版社
	《鲁迅选集（一）》	英文	1956	外文出版社
	《鲁迅选集（二）》	英文	1957	外文出版社
	《鲁迅选集（三）》	英文	1959	外文出版社
	《鲁迅选集（四）》	英文	1961	外文出版社

续前表

作者	作品	译出语	首次出版时间	出版社
鲁迅	《中国小说史略》	英文	1959	外文出版社
	《故事新编》	英文	1961	外文出版社
		西班牙文	1963	外文出版社
老舍	《龙须沟》	英文	1960	外文出版社
	《骆驼祥子》	英文	1959	外文出版社
	《茶馆（话剧）》	英文	1959	外文出版社
茅盾	《子夜》	英文	1957	外文出版社
		法文	1964	外文出版社
	《春蚕集》	英文	1956	外文出版社
		法文	1958	外文出版社
		西班牙文	1963	外文出版社
曹禺	《雷雨》	英文		外文出版社
		法文		外文出版社
	《日出》	英文	1960	外文出版社
	明朗的天	英文	1960	外文出版社
郭沫若	《屈原》	英文	1953	外文出版社
	《女神》	英文	1958	外文出版社
丁玲	《太阳照在桑干河上》	英文	1954	外文出版社
巴金	《家》	英文	1959	外文出版社

资料来源：何明星．中华人民共和国外文图书出版发行编年史（1949—1979）［M］．北京：学习出版社．2013．

3. 主要机构

中国外文局

中国外文出版发行事业局，简称中国外文局，其前身的中央人民政府新闻总署国际新闻局，在毛泽东、周恩来、陈毅等老一辈无产阶级革命家的领导下，于1949年10月创立而成。中国外文局主要承担党和国家对外宣传任务，是新中国历史最悠久、规模最大的综合性专业国际传播机构。

在新中国成立初期，国际环境严峻，条件极端困难，但这也没有阻碍我国对外宣传事业的发展。国际新闻局（现中国外文局）不仅承担着编写新闻广播、时事性通讯稿的工作，还负责用外文向国外发布，同时组织人才翻译毛泽东著作等政治书籍，还要翻译中国优秀文学作品，让中国的优秀思想文化走向世界。除此之外，在20世纪50年代，中国外文局相继创办多本外文期刊，肩负起向世界讲述新中国故事的重任。1950年1月，新中国第一本外文期刊《人民中国》英文版创刊，新中国的声音由此传向世界。在英文版之后，又接连创办了俄、日、中、法、印尼文版。1950年5月，《人民中国报道》世界语月刊创刊。1950年7月，《人民画报》中文版创刊，毛泽东曾为《人民画报》题写刊名，周恩来为《人民画报》审定稿件长达三年。后来，该杂志又创办了英、俄等26种语言版本。1951年，第一本面向西方读者的文学杂志创刊，是《中国文学》英文版，后来法文版问世。1952年1月，《中国建设》（1990年改名《今日中国》）英文版创刊，该刊由宋庆龄创办并亲自选定刊名，之后又创办了中文版、中文繁体字版、西班牙文版、法文版、阿文版、俄文版、德文版、葡文版。1958年3月，第一份英文周刊《北京周报》英文版创刊，郭沫若为《北京周报》题名，该刊之后又创办了西班牙文版、法文版等七种语言版本。这些杂志不仅承担向世界说明中国、讲述中国故事的责任，也是当时外国人了解中国屈指可数的窗口之一。[①]

中国外文局可以说是中国国际传播事业的国家队，外文局负责对外出版发行事业，是国家翻译传播的主力军，成立70多年来，中国外文局对外宣传中国发展变化，促进中外友好交流，致力于讲好中国故事、传播好中国声音，为展示中国形象发挥了重要作用。2019年9月4日，习近平总书记致函祝贺中国外文局成立70周年，肯定了中国外文局70年来为国家翻译传播所做的贡献，肯定其为中国国际传播事业做出的贡献，同时，总书记为外文局提出了明确的要求，要求其"建设世界一流、具有强大综合实力的国际传播机构"。

中国外文局外宣传工作成绩斐然，与老一辈翻译工作者密不可分，老翻译家们勤勉工作、求真务实，贡献巨大。新中国成立初期，外宣翻译任务繁重，需要大量翻译人才，为了能够满足需求，中国外文局广纳英才，不仅大量招聘国外华侨和留学生，还聘请外国专家担任顾问，并着力培养外语院校及语言类院校的毕业生，着重培养他们外宣翻译的能力。在这一时期，中国对外传播事业涌现出大量译者，为外文局付出心血译者的不胜枚举。例如，负责英文翻译的杨承芳，曾任国际新闻局编撰处处长，领导翻译出版了毛主席的《论人民民主专政》等著作，并于1958年担任《北京周报》英文版的总编辑。又如沈江长期从事汉俄翻译，曾参与《人民中国》俄文版编撰，并主持翻译了《毛泽东选集》第5卷。再

---

① 庆祝中国外文局成立70周年·局史展（1949—1959）[EB/OL].（2019-08-31）[2020-08-30]. http://www.cipg.org.cn/node_1006431.htm

如负责日文翻译的伍仲,曾参加翻译、审定《毛泽东选集》1 至 4 卷、《毛泽东军事论文选》、《毛泽东著作选读》等著作。外国专家在新中国外宣书刊翻译工作中也发挥了重要作用,中国外文局曾聘请大批外国专家,如戴乃迭、沙博理、爱泼斯坦和戴妮丝等人,他们不仅承担翻译工作,对于稿件审定工作,也积极承担,负责到底。早期的翻译工作者们筚路蓝缕,埋头苦干,成绩斐然,为我国翻译和对外传播事业做出了突出贡献。

★ 第三节 翻译传播的国内外社会文化影响 ★

中国是一个多民族国家,民族融合发展,各民族间文化融合交流不断。中国有着悠久的历史,更有深厚的文化底蕴。中国文化源远流长,文化传承力量强大,文化创新发展,中国文化具有顽强的生命力和民族凝聚力。中国文化从孕育成长到恢宏壮大,有一个漫长而曲折的发展历程,文化融合与交流互鉴一直是中国文化发展的主线、主流和主体。中国多民族的融合发展带来发展的动力,同时,内生文化交流互鉴的强大需求反过来又极大促进了民族的融合发展,文化交流互鉴也离不开翻译传播的推动。中国翻译传播有着悠久的历史,中国翻译传播第一波高潮出现在公元 1 世纪左右,当时,伴随着佛经从印度传入中国,翻译传播蓬勃展开。佛经的翻译传播对中国的语言文字发展产生了深远影响,对中国的文学文化创新产生理论借鉴,对中国教理思想的发展产生了深入而持久的提升作用,尤其在中国历朝历代的思想界产生了巨大启发和推动作用,对知识界的发展起到了鼓舞推进的作用,其部分教理是晚清思想启蒙运动者的引力和思想武器。但是,近代翻译传播活动的兴起赋予了翻译传播新的使命。

一、社会文化影响

1. 中国典籍外译及影响

20 世纪 50 年代,中国大力发展文学、写作、出版与翻译,各种相关活动都在国家的引导下有条不紊地展开。中国文学对外翻译获得高度重视,国家的文艺政策影响着文学的对外翻译活动,这也是国家影响、调节和引导文学对外翻译的重要体现。

20 世纪 60 年代,中国文化典籍英译快速发展,进入了学术化发展阶段,这都要得益于中国文化的发展,尤其是相关学术研究的兴起。第二次世界大战爆发后,美国成立了大量与亚洲研究有关的教育研究机构。北美相关的亚洲学术研究机构早期很少，20 世纪 30 年代左右，只有极少数一流大学（哥伦比亚、哈佛、耶鲁及加州大学）开设中文专业，但是，到 20 世纪 50 年代，东亚研究硕士生课程逐渐发展起来且不断增多，东部的常春藤大学如哥伦比亚大学、康奈尔大学、哈佛大学、约翰·霍普金斯大学和耶鲁大学等，还有中部的公立大学如密歇根大学，西部的加州大学伯克利分校等。进入 20 世纪 60 年代，受到地缘政治学说的影响，大量的美国大学开始开设亚洲研究机构，其中的东亚研究尤其是与中国相关的研究机构开设起来。此后十年间，能授予东亚语言和研究专业学位的大学迅速增加，到 20 世纪 70 年代初达到 106 所。从事汉学或比较文学研究的专业读者大量涌现，他们通常以"忠于原著"作为质量标准，对原作的质量进行评判，对现存的市场化译本屡屡进行指摘，在这样的历史条件下，出自专业译员的全译本呼之欲出。自 20 世纪 70 年代以后，忠实于原著的"全译本"纷纷出现，各种摘译本和节译本失去了市场。因此，当代美国汉学家夏志清不无感慨地说，时代进入"全译时代"（the age of total translation）。

1949—1979 年间，中国文化典籍的英译和外译需求发生了质变，文化典籍翻译逐渐由市场化走向高度学术化，《论语》等儒家经典产生了多种译本，1949—1979 年间，其译本在西方各国主要为多语种译本。除了拉丁文、法文、英文译本以外，在德国和俄罗斯，儒家经典的翻译与研究相当普遍，很多汉学家翻译这些儒家经典，他们也因此在欧美翻译行业影响极大，在翻译研究界赢得了良好声誉。《道德经》《庄子》等道家经典在 1949—1979 年间大量外译传播，译者有陈荣楚、威莱等，这些译者除了翻译文本之外，还对译本进行了相应的理论建构，同时还进行了文学阐释。

中国典籍在"全译时代"得以发展。主要作品包括（表 3-10）：

表 3-10　1949—1979 年部分中国典籍作品英文全译本

时间	作品	译者	历史意义
1960	《史记》	Burton Watson	第一个全译本
1973	《红楼梦》	David Hawkes	第一部全译本
1975	《葵晔集》	Wu-chi Liu & Irving Lo	英语世界第一部较为完整的中国古典诗歌选集
1976	《世说新语》	Richard Mather	第一个全译本
1977	《西游记》	Anthony Yu	第一个英文全译本
1977	《西厢记诸宫调》	Li-li Ch'en	第一个英文全译本出版，并获美国国家图书奖
1982，1986	《文选》	David Knechtge	第一个英文全译本（一、二卷）

大量中国古典文学作品全译本的问世，一方面推动了北美研究中国古典文学，为相关研究提供了大量的语料，另一方面也推动美国的汉学研究，使美国汉学研究跃居世界首位。上述的中国古典文学作品节译本在国外受到欢迎，但随着中国典籍译介的发展，在此发展过程中，大量全译本面世。这些译本主要针对汉学研究学者，也瞄准了比较文学研究的专业学者，译者主要是欧美（尤其是美国）的汉学专家，他们任职于欧美各大学及研究机构。至此，美国汉学研究的实力和影响已经跃居世界首位，为中国文化尤其是文学翻译传播到美国发挥了巨大的作用。

然而，随着中美两国文艺的发展和两国文化交流的变化，美国读者的阅读兴趣随之改变，这就导致了中国的典籍英译优势不再，逐渐失去其在英美畅销书市场原有的优势。正如夏志清所说，早期的中国诗歌和小说翻译，如庞德和韦利的翻译，曾成功激发英美普通读者的兴趣，然而，这一时代已经被全译时代所取代，曾经有很多无法满足其阅读需求的读者，可是现在他们的可读译本太多，因而兴趣减弱了。因此，尽管从 20 世纪 60—90 年代的 30 年中，西方汉学家在典籍翻译方面取得了巨大进步，尤其是美国汉学家在古典文学的研究和翻译方面进步惊人，但相关翻译的图书市场表现却不尽人意。读者与市场接受度和译文质量极不匹配，这曾一度成为中国典籍译介的研究热点话题。相关研究表明，译文及其相关研究忽视读者的阅读体验，而将注意力集中于专业人士，集中于汉学研究和翻译研究的专家门，这是中国典籍英译逐渐失去市场的主要原因。

2. 对中外现当代文学交流互鉴的影响

从 1949 年新中国成立到 20 世纪 70 年代末，大约 30 年的时间中，尤其是 1949—1965 年间，中国现当代文学外译特别集中。在这一时期，大量的中国现当代代表性文学得以快速翻译与传播，甚至一部分代表性不强的文学作品都得到了广泛地翻译与传播，中外学者、汉学家和译者在其翻译和传播中均发挥了重要作用。

新中国成立后，为了加强中外文化交流，中国政府高度重视汉籍外译，特别重视其出版发行力度，新世界出版社和外文出版社职责明确，它们是国内主要从事汉籍翻译、出版的出版社。在这 30 年中，外文出版社出版了各种外文版本的毛泽东著作，尤其是《毛泽东选集》被以 18 种不同语言翻译出版，是公认的权威译本，在全世界广泛传播。而同一时期，上述两家出版社翻译出版的中国各类基本知识类译著，则向世界读者重点介绍了中国历史、地理、人文、教育、科学、文化、经济、妇女儿童等资料和知识，阐明了新中国成立后中国发生的真实变化，深受外国读者欢迎。

中国古典文学的译作受众面狭窄，主要限于汉学圈内传播和阅读，但是，中国现当代文学的译作受众相当广泛，向西方普通读者展现了当代中国的全貌。欧美国家译者更侧重于中国古典文学翻译，对典籍的翻译也相当重视，然而，他们却略微忽视中国现当代文学的译介和研究，关注相对较少。20世纪上半叶，中国现代文学的重要英文译本有如下几种：1936年，埃德加·斯诺编译的 *Living China：Modern Chinese Short Stories*（《活的中国：现代中国短篇小说选》），1946年，袁嘉华与白英（Robert Payne）等编译的 *Contemporary Chinese Short Stories*（《当代中国短篇小说选》），均在伦敦出版。1936年，阿克顿爵士（Sir Harold Acton）和陈世骧合作的《现代中国诗选》以及1947年白英编译的《当代中国诗歌选》分别于伦敦出版。这种情况在20世纪60年代后有所改变。随着大量汉学研究机构的建立，欧美译者对中国现当代作家作品的译介在逐渐增多。在现代作家中，鲁迅的作品以其独特的思想价值受到最多的翻译，除此之外老舍、巴金、茅盾、张天翼、曹禺、叶君健等人的作品也受到了很多译者的青睐。在中国当代作家中，王蒙、张贤亮、张洁、张辛欣、莫言等人的作品也有大量的译作出现。值得指出的是，一些欧洲国家以及俄苏对中国现当代文学的译介比英美国家显然更为丰富和全面。

过去，中国现当代文学在西方国家的译介和出版有专门机构，主要依托于一些专门出版中国题材读物或翻译文学的出版社。例如，美国的印第安纳大学出版社就是一个重要基地，主要翻译和出版中国文学作品。除了出版大量中国古典作品译本之外，还出版了一系列中国现代小说的英译本，包括萧红的《呼兰河传》、白先勇的《游园惊梦》以及陈若曦的《尹县长》等，都产生了较大的影响。近年来，国内外知名出版社合作翻译出版，大量推出了中国现当代文学作品翻译版。长江文艺出版社与英国企鹅出版社合作推进，翻译出版《狼图腾》的做法在国内外引起了广泛的关注，有望为中国现当代作品走入国际市场提供一种有效的模式。2006年，美国哈珀·柯林斯出版集团与人民文学出版社协商合作，推出"中国现当代文学经典作品集"的出版计划。可以想见，这样的合作出版方式必将大幅度推动中外文化交流，使欧美读者欣赏到更多的中国现当代作品。

3. 对中国现当代翻译研究及理论发展的影响

新中国的翻译事业随国家发展而发展，与国家的建设和社会的发展同步前进，翻译研究发展迅猛，翻译学科建设取得了巨大成就。在新的历史时期与多元文化语境中，明确翻译所肩负的历史使命，指出中国译学研究应该着重关注的问题，提出今后一个时期翻译研究的方向，勾勒出译学建设的发展思路。

新中国成立后，翻译活动受到地方、中央各级政府重视。1949年，上海译协即创办了《翻译月刊》，各地区先后组织此类翻译组织。1950年，中央政府多次与翻译工作者谈话。1950年7月1日，《翻译通报》创刊。1954年，《俄文教学》编辑部连续举办两届翻译教学座谈会等等。在新中国成立初期，翻译活动和工作不断发展，为翻译研究和思考提供了空间。但1957—1976年，政府对翻译工作的关注下降，翻译规模受限，受意识形态影响较大。从翻译研究、翻译学科建设角度来讲，1949—1979年间，中国并未真正开始翻译学科建设，而其研究也主要集中于政治外交翻译工作者和文学翻译学者。他们有着较强的语言功底和责任心，不断总结翻译实践经验和策略。但是这30年间，翻译研究主要依附于外国同行的研究，创新性交叉，发展缓慢。研究领域主要涉及翻译技巧、翻译批判和翻译教材等，较少涉及口语研究。主要围绕实践而非理论，只是试图解决实践中产生的问题，理论意识较差。体裁主要集中于政治和文学，多经验总结，少理论升华。

新中国成立后，翻译理论上呈现出"百花齐放，百家争鸣"的新局面，文学革命热火朝天发展，白话文运动蓬勃发展，翻译文体彻底改变，从而推动了传统翻译思想的重大转折。这一时期开展了关于白话文"直译与意译"的讨论，关于"信与顺"的标准讨论，还有"神似与形似"翻译标准的讨论，形成了现代翻译理论的重要思想。新文化运动主将鲁迅赞成"硬译"，"一面当然求其易解，一面保存着原作的风姿"；林语堂提出了翻译的三条标准；瞿秋白在与鲁迅的通信中，提出翻译遵循的三原则；朱生豪注重保持原作的"神味""神韵"；傅雷提出了著名的"重神似而不重形似"的翻译观；钱锺书的"化境说"和"三美"思想等，形成了现代翻译理论的重要思想，对我国的文化起到了深远的影响。

二、翻译传播其他影响

文化交流推动世界文化进步，并为此提供了重要条件，是推动文化多样化的内在要求，更是我国文化软实力建设、文化强国建设的题中之义。就文明互鉴角度而言，建设社会主义文化强国要重点关注三个方面：一是中华文化在交流交融中对异质文化的吸收。中华文化的生命力在于其具有开放性和包容性，善于吸收、借鉴人类所创造的优秀文化。自古以来，中华文化的发展、社会的进步，离不开跨国界、跨民族、跨文化等的跨界交流，跨越时空的文化交流作用不可低估。二是中华文化在交流交融中对异质文化的贡献,丰富其对该时代背景下全球治理的文化贡献。对外文化交流是我国参与全球化进程的重要路径,更是我国为新时代的全球治理提供中国智慧的重要途径。三是新中国成立以来,特别是改革开放以来,我国体制机制改革经验所产生的影响,我国"人无我有、人有我优"的制度比较优势的影响,以及它们对世界政治文化的重要影响值得关注。四是中华文化的强大凝聚力值得关注,主要体现在国家认同、民族认同、身份认同上。基于此,我们要拓展对话路径,重视世界贡献,胸怀制度自信,实现民族认同。这四个方面的研究,是在中外文化互鉴中我国文化软实力的发展建设之道。

翻译,就其本身来看是语际间的交流,但它实际上更是两种语言在文化层面的沟通,是一种跨文化的交际活动,在不同文化的交流与融合中,翻译发挥着不可或缺的桥梁作用。我们的整个世界虽然互联互通,但仍然是由不同独立存在的国家构成的,不同国家有着自己的特色文化。增强各国文化交流,推动人类文明发展,对各个国家来讲,都有必要进行文化层面的相互交流和沟通。这种文化沟通使人们不但能更深入地了解彼此、建立友谊,还能相互学习、取长补短,乃至共同进步。然而,文化交流的过程从来都不是一帆风顺、毫无阻碍的。各国之间因为文化差异产生了一系列文化间的相互冲突,甚至对抗和排斥,仅语言文字不通就成为巨大的障碍,横亘在相互交往面前。要冲破这个障碍,最佳途径便是借助翻译的力量。

在人类文明史上,数千年来,无论是在中国还是在海外,都曾掀起过一次次翻译高潮,一代代的中外翻译人士孜孜以求,通过翻译为各民族文化架起了沟通的桥梁。翻译为各国文化输入了新鲜血液,带来了新的想法和启示,对各国文化科技繁荣,对人类社会的共同进步,发挥着关键性的促进作用。

在全球化背景下,各国人员流动和信息交往日益频繁。在世界各个国家和各个民族之间,在文化交流的过程中,翻译占据着举足轻重的地位。翻译活动不仅在不同文化之间创造了条件,还促进了不同民族间的相互了解,在提升国家形象和改善民族地位等方面,翻译传播发挥着重要作用。在全球化进程日益加快,多元文化共存的语境下,中国文化想要走出国门、走向世界,从而赢得世界的关注、认可与重视,翻译的作用不容小觑。目前,我们已经提出了与时俱进的国家文化发展战略,翻译便因此担负着跨文化传播的历史使命,更担负着社会责任,可以这么说,翻译的历史就是人类文化的发展交流史。

在这个过程中,影响是相互的,文化交流给翻译带来了发展机遇,而日益频繁的翻译活动也让文化交流迸发出新的活力。

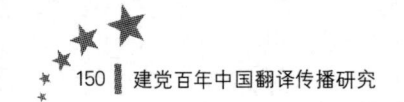

1. 翻译传播推动文化交流

长期以来,我国的传统翻译研究致力于文化交流,一直持续有力地推动着中外文化之间更为平等和双向的交流。这就意味着,一方面,翻译研究需要有更加开放和包容的心态,从而面对来自不同背景的文化与文明,争取积极吸收各国优秀文明成果,通过取长补短来弥合自身的缺陷;另一方面,我们也要争取走向海外,融入世界,要把中华文化的优秀成果持续地翻译传播出去,要有效地向世界人民推广宣传,来增强世界对中国的了解,深化人类文明的多样性。

在过去的很长一段时间里,我国传统的翻译活动一直都是由外向内的,更多关注外国作品的译入,而对我国优秀文化作品的国际化关注不够,没有给予足够的重视和研究。在新的时代背景下,全球化程度不断加深,随着国家和区域间经贸文化往来日益密切,互相了解是必然的趋势。中国迅速崛起,经济持续腾飞,在世界舞台上扮演着越来越重要的角色,可我们并不是靠着依附、模仿别人才做到了这一点。面对强大却又与自己不同的中国,不难理解各国人民心中都充满了疑虑与好奇,想更多了解中国。同时从我们自身出发,一个迅速崛起的中国挑战了原有的国际秩序。讲好中国故事,展示好中国形象,使其他国家相信中国会走出和平道路,也需要我们向世界翻译宣传自己,促进沟通,传播好中国声音,树立负责任大国形象。

在翻译研究方面来看,国家文化"走出去"的战略需要发展,建立对外话语体系有需求,我国目前对于"译出"即"外译"相关的翻译研究十分普遍,很多学者都从不同层面研究外译,从宏观、中观和微观层面对外译做相关探究。其中,宏观研究是将外译活动放大,放至世界文化再生产系统中去考察,以发展的眼光认识外译。比如国家之间文化输出、文化符号的实施与传播。中观研究则将外译系统的组成及组成部分进行研究,研究其机制、内在联系等。微观研究多研究翻译原则、策略和个案。仲伟合教授建构的文化外译研究整体框架如下:①

外译活动是一种文化活动,社会行为,但是它首先是一种经济活动。这些研究为我国文化如何在国外的翻译与传播提出建议。比如如何真正实现文化外译的经济价值? 如何避免外译产业进程中出现的问题? 这些问题都随着翻译学学者的努力正在逐步被解释。外译研究体系如表3-11:

---

① 仲伟合,冯曼. 翻译社会学视角下文化外译研究体系的建构 [J]. 外语研究,2014 (3):57-62.

表 3-11　文化外译研究整体框架

外译研究体系	宏观研究	外译系统整体认知	外译（整体认知）的社会性，传播学、伦理学、社会学、生态学等跨学科视角外译系统整体运作机制
		外译系统与其他社会系统关系	外译与文化：外译场域与文化场域、外译与文化再生产、外译与对外文化传播、外译与文化软实力……；外译与政治：外译场域与政治场域、外译与国家政策、外译与宗教……；外译与经济：外译场域与经济场域、外译与文化贸易、外译与对外贸易、外译产业与经济……
	中观研究	行动者研究	行动者本体研究：译者研究（个体、群体、官方、民间译者）、读者、赞助人；行动者网络研究：整体运行、各行动者之间互动关系；行动者外部研究：译者习惯与外译规范、伦理、译者资本转化……
		外译生产研究	生产规律：生产机制、生产模式、生产策略；生产过程：生产动因、产品选择、生产流程、质量控制；生产服务：配套教育与培训
		外译接受机制	影响外译接受的因素；外译接受之评价体系；不同历史时期、不同地域的外译接受研究……
		外译的社会营销	外译社会营销战略；外译产品、市场研究；外译营销手段、渠道；外译营销规划、执行和评估……
		外译产业运行机制	外译产业发展规律、产业化进程；外译产业资源及其配置；外译产业结构、布局；外译产业政策、外译与其他产业互动……
	微观研究	内部研究	外译原则、策略、方法；外译审美、评价；外译语料库研究……
		外部研究	外译接受与传播；外译个案研究……

2. 翻译传播提升文化软实力

文化软实力的重点在"文化"和"力"上，"文化"是资源，"力"是资源能量由内而外散发开来的表现。文化软实力指的是某种文化本身具有巨大魅力而对外界产生影响力，其表现出的吸引力，以及相关的政策手段和工具，它以内藏的吸引力发挥作用，凭借其足够的内在优质内容来吸引他人。因此不难理解，提升一个国家的文化软实力，取决于自然的吸引，而非带有强制性的威逼引诱而达到目标的手段，主要依靠文化的吸引，还有精神层面的感召力，从而构建一个国家的精神支柱。一个国家的文化软实力主要取决于该国文化外译的传播能力，取决于其文化从本国疆域向外扩散传播的能力。如果该国的文化传播能够超越国界的限制，并且能够得到其他国家和国际社会的肯定和接受，那么这种文化自然而然就能够使得他国的人们产生心理层面的向往情绪，产生理性层面上的认同感，进而也就必然会产生一定的影响力和吸引力。

只有当一种文化广泛传播时,软实力才会产生越来越强大的力量,因为软实力的力量就埋藏在其对外扩散性中。要想提升一国的文化软实力,必要的一步就是使该国文化尽可能在更大的范围内广泛扩散,争取更多认同和接受。文化传播的重要途径之一就是翻译,因此我国要提升文化软实力,完全可以合理借助翻译的力量,而中国文化要想走向世界,则需要依靠中国当代文化的力量,这一点在改革开放之后显得尤为明显。当代文学作品是反映中国当代文化的重要载体,如果能够对其进行成功的翻译,并进一步得到海外读者的广泛认同和接受,毫无疑问这样能够有效扩大中国文化的吸引力和影响力,而这个过程也是提升我国文化软实力的过程。如我们所知,中国传统文化从古至今在海内外都一直具有强大的吸引力,目前在世界各地已有几百所孔子学院,接纳四方好学之士,教授中国语言文化相关的知识。而改革开放之后,随着中国不断崛起,渴望更加深度融入国际社会,而世界对中国也有强烈的好奇感,想要了解中华民族,了解我们的国民特点,了解本民族传承下来的思想观念以及核心价值观,翻译传播不可或缺。而这也正是我国传播文化软实力的重要机遇,也是重要的窗口,翻译在这个过程中必不可少且起到了关键性的作用。

★ 第四节 翻译传播与中国马克思主义国际化 ★

翻译传播的作用不仅仅是古代的"交流通情"、近代的思想启蒙,更是同国家的命运联系在了一起。本节着眼于梳理新中国成立初期党的文献,重点梳理中国共产党经典文献的国际化传播,考察其对中国马克思主义国际化的贡献和价值,对外讲好中国共产党的建党故事,为未来中国马克思主义国际化的传播提供借鉴和指导。新中国成立后,总结我国主动外译传播马克思主义中国化经典文献的经验,我们发现要真正提升外译传播质量,我们就需要以团队优势和跨学科合作为依托,发挥研究团队优势,整合翻译学科、传播学学科优势和马克思主义学院中共党史学科资源,创设"多语种+党建"模式,共同开展中国共产党经典文献国际化传播体系的研究,开展党建历史的研究、教育和传播工作。我们还需要打造"中共建党经典文献多语种语料库",推进建党百年从初期开始的历史档案文献的梳理与翻译,围绕中国共产党的世界视野展开研究,进行全球话语体系构建,同时开展专题研究,对新中国成立之初党的文献外译进行研究,考察中国马克思主义国际化经典文献翻译传播,这有助于我们对外讲好中国故事,讲好中国共产党的故事,从而提升中国的国际话语权和文化软实力。我们更要充分发挥团队师生学者的外语译介作用,对多语种语料进行分析,提升文献整理及研究能力,运用多个语种网站群等对外传播渠道,用多语种讲好党的故事,讲好党的理论体系。

新中国成立初期党的经典文献特色鲜明,是中国共产党重要的红色名片和传声筒,是党的文化基因、精神灵魂、历史记忆之所在,是全体中国共产党人的精神家园。毛泽东思想的翻译与传播,刘少奇和周恩来的文献在国际上的翻译和传播,都表明了翻译的重要作用,外语翻译学和传播学对党的创建和发展发挥了重要作用。在迎接建党百年之际,我们要发挥新中国成立初期中国主动外译传播的精神,整合翻译学与传播学学科和资源优势,借鉴中国积极推动中共经典文献的经验,研究国际传播的成功经验,更好地服务于中国共产党经典文献的外译传播工作。本节的内容如下:第一,评估新中国成立初期社会主义建设探索期的外译文献综述,全面考察当时国内外中国共产党经典文献的翻译和传播,分析工作开展中存在的问题,通过相关研究的综合分析,明确研究的核心问题,分析研究的价值和研究意义。第二,确立研究的方法、目标、思路、内容和框架。厘清新中国成立初期社会主义探索时期中国共产党经典文献的内容,明确其范围、内涵、外延和对外传播的方式。第三,建立中国共产党经典文献多语种数据库,梳理出新中国成立初期中国共产党经典文献翻译传播的主要构素,围绕中国共产党的世界视野拓展,全球话语体系的构建开展专题分类研究。从多语种数据库的分析和加工中,通过内容分类和多语文本原文与译文的对比,探寻翻译与传播的内在规律,建构内在机制,厘清中国共产党经典文献国际化传播的路径,构建中国共产党经典文献国际化传播的机制和体系。第四,归纳新中国成立初期社会主义建设探索时期的经验,提炼中国共产党经典文献国际化传播过程中翻译的方法和策略,分析翻译传播所处的社会背景和语境,总结翻译传播活动及其国际影响的相互作用,明确经典文献的选择策略,分析选择主体,考察翻译传播的目标需求。第五,探索新型的中国共产党经典文献翻译人才培养模式。分析中国共产党经典文献的翻译人才能力需求,构建中国共产党经典文献翻译人才的培养体系,培养中国共产党经典国际化传播人才,尤其是专业翻译人才。翻译专业人才培养的目标清晰,旨在培养能适应全球经济一体化及提高国家国际竞争力的需要,适应国家经济、文化、社会建设需要的翻译人才,能胜任应用型、专业性的口笔译工作。要想达到能够胜任翻译工作的水平,译员需要扎实的语言功底、广博的知识储备、跨文化交际意识，以及翻译理论与实践经历，从而保证中国共产党经典文献国际化传播的效果。第六，构建中国共产党经典文献国际化传播的机制。传播方式和传播目标以及传播内容都需要进行研究和梳理，运用党的建设的本土资源和历史经验，结合当代中国共产主义国际化的研究现状，综合语言学、新闻传播学、社会学、历史学等学科知识，探索中国共产党经典文献国际化传播需求，确立理论及机制建设的新路径，从而建构指导未来的中国共产党经典文献国际化传播的高效运行机制。

一、党建理论的对外宣传

首先，本节对新中国成立初期中国马克思主义国际化的定义和阐释基本如下：中国马克思主义国际化是指中国马克思主义解决中国发展问题的方法、中国改革发展的成功经验都应该介绍到国际社会中去，从而为人类社会发展提供一条可供参考的新路径；其次，将世界的整体发展问题整体考虑，把其纳入中国马克思主义理论的研究视野，提升中国马克思主义理论的普适性；最后，将世界各国优秀的发展经验吸收进来，融入中国马克思主义理论体系，扩充中国马克思主义理论内涵与外延。

新中国前30年，翻译传播中的对外宣传和传播策略不断积累，主要成就了《毛泽东选集》的外译，中央编译局翻译传播世界各国优秀的发展经验，并将其吸收到中国马克思主义理论体系中。1950年，多次修订的《毛泽东选集》正式出版，外文局组织专门的翻译团队，负责出版后的中文版本的外译传播，将其翻译为多语言译本，广泛传播到世界各地。

在1949—1979年期间，中国共有44个外文外译中国文化类图书，翻译出版的中国文化类图书总品种数量为9 356种，其中最多的是马克思列宁主义、毛泽东思想、邓小平理论这一分类，达到了3 045种。而其中主要是《毛泽东选集》（一、二、三、四卷），还有毛泽东各种著作的单行本，同时还有毛主席语录等。其中，邓小平的讲话也外译传播，各个语种的外译出版品种数量为37种。在1949—1979年间，毛泽东著作的对外翻译出版和发行，其外译版本占据了中国对外发行的绝对比例。

除了毛邓重要讲话及著作的外译，位列第二分类的书籍是具有中国特色的政治类文献，还有法律类文献，两类文献数量约为2 800部，这其中有国家法律文献，包括《中华人民共和国宪法》《中华人民共和国土地改革法》等法律文献等；除了法律文献还有党的文献如中国共产党党章、党代会文件、政治会议决议等；

还有历次人民代表大会文件；更有中国与其他国家建交公报文件，还有联合声明等发布性法律文件；外交公告也是其中的一部分。除此之外，还有大量的政治声明，诸如在与苏联关系破裂之后，中苏两党关于国际共运论战的"九评"文件，声援中南半岛三国人民的抗法斗争文件，还有声援非洲的文件，更有声援拉丁美洲人民的民族独立运动等政治文件。

根据《中华人民共和国外文图书出版社出版发行编年史（1949—1979）》中的数据，不难看出，以改革开放为分界线，1949—1979年期间，中国翻译传播的使命与后面40多年的历史使命不同。新中国70多年政治、经济、文化的发展变迁，必然深刻影响中国对外翻译事业的发展进程。翻译传播无形中受到经济发展和指导思想的影响与制约，1949—1979年，中国对外文化翻译基本上以服务于国家为中心任务，主要服务于政治外交，以对外宣传中国的政治、经济、社会主义建设等为主要任务，带有深厚的意识形态烙印。此外，1949—1979年，中国对外翻译事业的组织形态也与改革开放之后不同。1949—1979年，翻译作为一种技能，服务于外交部门，为对外宣传做贡献，翻译人才供职于图书、报刊等出版发行的机关事业单位，他们被纳入国家政府雇员序列，由国家背景的财政供养，这些政府部门的专职翻译专心译事，为国家出版了大量的具有时代特征的政治文献，其中包含毛泽东著作等一大批政治理论图书，构成了这一历史阶段的主体。而中国现当代文学作品、中国传统文化艺术的译介则处于辅助地位，这是特殊历史时期的一种暂时选择。

不难看出，在1949—1979年间，中国文献外译主要体现出以下几个特征：

第一，1949—1979年，中国对外译介种类较为单一、集中，主要是一些政治文献。主要对外翻译传播这段时期我国的发展，外译传播中国党和政府对国际局势的政治思考和科学研判，具有鲜明的时代特征。毛泽东思想等政治作品外译具有最大的代表性，代表着新中国社会主义建设时期的政治理念，外译中国执政理念与中国政治经验，发挥了总结性外译传播的作用，这些作品在第三世界国家的传播具有显著的指导作用，对于一些新政体的政治发展有引领作用，对于新政体的制度确立起到了借鉴作用。这个部分的作用会再次阐述，在后面不同语种翻译部分会再次阐释。这些政治题材的文献厚重，内容丰富，一般都具有较强的逻辑性和政治性，其内容包括但不限于游击战争思想的文献，还有农村包围城市战略思想文献，更有社会主义初期建设的文件，一些法律文件和公告也包含其中，如新中国自力更生联合声明等。这些作品的对外传播，使中国政治思想获得了广泛的国际影响力，可以说，"在20世纪获得了广泛的世界影响，是新中国给予当代世界政治文化的理论贡献。"① 这些材料的对外翻译和传播,加强了中国与亚非拉国家和人民的沟通,巩固了中国在第三世界国家的政治经济等地位。

第二,人文类图书以及教育、文学、体育类等文献外译获得良好的传播效果。1949—1979 年,此类文献获得了长远的传播效果。在 1949—1979 年之间,中国外译传播所关注的还有大量的人文类文献出版,如有关人文地理风光的画册,有传统建筑遗迹摄影影集,有中国绘画画册,还有工艺美术摄影明信片等的外译出版。这些图书作为新中国主动向世界翻译传播的一部分,展现了新中国主动外译传播自己灿烂而丰富的文化的一种努力,不仅塑造了中华儿女的美好国际形象,还展现了他们在摆脱殖民侵略中的勇敢形象,展现了他们在争取民族独立斗争中的英勇形象。这些外译传播也改写了过去由外国人为主介绍中国的历史。自 16 世纪开始,最初以西方传教士和海外汉学家为主把中国译介到西方,后来支持和同情中华民族独立斗争的进步人士加入翻译传播的队伍,包括海外华侨等,他们成为向西方介绍中国的主体。该时期人文类等图书的外译传播如表 3-12:

表 3-12　1949—1979 年红色经典作品外译本

作品	作者	译出语（首次出版时间）
《刘胡兰》	梁星	英文（1953）
《白毛女》	贺敬之、丁毅	英文（1954）,西班牙文（1958）、印尼文（1958）
《王贵与李香香》（诗歌）	李季	英文（1954）、德文（1954）、印尼文（1957）、法文（1958）
《暴风骤雨》	周立波	英文（1955）
《保卫延安》	杜鹏程著,沙博理译	英文（1958）
《新儿女英雄传》	袁静、孔厥著,沙博理译	英文（1958）、法文（1958）
《上甘岭》	陆柱国著,康德伦译	英文（1961）
《红旗谱》	梁斌著,戴乃迭译	英文（1961）
《刘三姐》（歌舞剧）	杨宪益、戴乃迭译	英文（1962）
《林海雪原》	曲波著,沙博理译	英文（1962）

新中国前 30 年,中国主动外译传播介绍中国、宣传中国、传播中华文化的悠久历史,鲜明生动地展示了当代中国的人文地理风光。今天看来,虽然其中不

---

① 何明星. 中国文化翻译出版与国际传播调研报告［M］. 北京:新华出版社. 2015.

乏挫折、失败和历史教训，但从传播范围的广度、深度以及传播效果来看，这是整个中华民族主动对外翻译传播自己优秀文化最为成功的一次。

二、毛泽东思想对外翻译传播

新中国前 30 年，中国共外译各类文化图书 9 356 种之多，用 44 种外文进行了翻译出版，其中马列文献和毛邓理论经典最多，达到 3 045 种。而其中，《毛泽东选集》（全四卷）、毛泽东各种著作的单行本以及毛主席语录等翻译传播最广，此外，邓小平的讲话外译出版品种达 37 种，也有少量的马恩列等著作的英译本。新中国前 30 年，毛泽东著作的对外翻译出版和发行占据了中国外文出版发行的绝大部分比重。

新中国成立后，中国共产党开始推进毛泽东著作英译工作，首次以体系化形式外译传播毛泽东著作，首先出版了《毛泽东选集》英文版，还有众多毛泽东著作英译单行本。毛泽东著作的外译传播不断引起海外对中国问题的关注，国外机构开始组织学者队伍，翻译出版了不少毛泽东著作英译本。新中国成立后不久，中国正式成立了《毛泽东选集》出版委员会。与此同时，各类翻译传播相关机构相继成立，新闻总署成立了国际新闻局，国家成立了《毛泽东选集》英译委员会，外文局成立了外文出版社，中国还成立了中国国际书店等翻译、出版和发行机构，负责毛泽东著作的英文翻译传播工作。这些机构按照出版计划，组织优秀的翻译审校团队，执行高效的工作分工，不断推进毛泽东著作的翻译出版工作，这些翻译出版文献包括选集、单行本、语录等。毛泽东著作的翻译出版体现出系统化和科学化特点，这两个特点也是这一时期毛泽东著作英译本出版传播的突出特点。

《毛泽东选集》第 1 卷直到 1951 年 10 月才正式出版，是经过毛泽东本人亲自审定的版本，随后《毛泽东选集》第 2 卷和第 3 卷于 1952 年 3 月和 1953 年 2 月出版。《毛泽东选集》英文版的翻译和编辑工作也同步开展。1950 年 3 月，中宣部成立《毛泽东选集》英译委员会，这标志着新中国成立之后《毛泽东选集》英译工作正式启动。第一部国内翻译的英文版《毛泽东选集》并没有在国内出版，而是通过签订协议，由英国劳伦斯出版公司出版，因这个出版公司受英国共产党领导。1954 年，劳伦斯出版公司对应中文版前 2 卷出版了英文版前 3 卷。1955 年，出版了英文版《毛泽东选集》第 1 卷的修订版。1956 年，对应中文版第 3 卷又出版了英文版第 4 卷。

根据以上数据和翻译过程，可以看出，毛泽东一系列专著的外译过程不但对外传播中国理念,而且表达了中国主动外译传播的态度,中国要主动对外翻译传播,积极融入国际社会。毛泽东著作外译传播影响巨大,它细致、全面地反映了中国政治、军事理念和理论,从一定程度上讲,其著作的英译出版工作堪称标杆,为我党在加强外宣能力方面做出了榜样和表率,可以被称为"致力于国际社会传播中国声音方面的先驱"。用如今的政治语言来讲,1949—1956年和1961—1969年两个时间区间,通过毛泽东著作的英译本编译工作,中国政府着力推进了中国政府和中国共产党国际传播能力建设,在新中国成立初期及新中国前30年,我国在面临复杂的世界政治局势的背景下,毛泽东一系列著作的主动外译传播,创新了对外宣传方式,推进了中国政治话语体系建设,着力打造了融通中外的新概念、新范畴、新表达,为"讲好中国故事,传播好中国声音"起到了积极作用。

新中国成立前后,中国共产党主动组织对毛泽东著作的编译工作,引起了世界对于毛泽东相关著作的浓厚兴趣,在1949—1979年期间,海外主动搜集、引介和编译毛泽东相关著作,具体如下表3-13所示:

表3-13　　1949—1979年海外主动编译毛泽东相关著作统计

国别	时间	编者	著作	出版社
美国	1951	鲍德·考普顿	《毛的中国:1942年至1944年整风文献汇编》	美国华盛顿大学出版社
	1990	费正清、麦克法夸尔	《毛泽东的秘密讲话:从百花时期到大跃进》	哈佛大学出版社
	1974	施拉姆	《毛主席同人民的谈话:1956—1971年的讲话和书信》	神殿图书出版社
		弗吉尼亚州奥克顿中国资料研究中心	23卷《毛泽东讲话和文章汇编》	
英国	1970	陈志让	《毛的论文:1957年后的著作和讲话》	

资料来源:何明星.中国文化翻译出版与国际传播调研报告[M].北京:新华出版社.2015.

海外的一些组织、机构和学者等争相研读毛泽东著作,他们是出于政治或学术等不同目的,在中国出版《毛泽东选集》以及毛泽东的单篇著作后,都很快组织队伍将其翻译成本国文字,并大量出版发行,很多译本都早于中国国内的译本。这个时期的海外编译工作形成了较为体系化的文本,其展现形式和活动呈现出多样性,这些编译工作,促进了国内外、学术界、政治界等不同界别相关学者的兴趣，他们积极交流和研究毛泽东著作。

三、翻译传播与中国马克思主义国际化的典型案例

毛泽东思想是马克思主义中国化的经典成果，对欧美国家产生影响的案例颇多。其中，法国1968年的"五月风暴"就和毛泽东思想在法国的流行密切相关。20世纪60年代，国际形势风云变幻，一股强劲的"东风"盘旋于巴黎街头，激发了青年学生的革命激情，造反的浪潮一波一波接踵而至，最终演化成了一场波澜壮阔的"五月风暴"。

《毛泽东选集》于20世纪50年代末被译为英语、法语等，译本出版到美国、英国、法国等资本主义国家，《毛泽东选集》中的战略思想、对社会主义的阐释与理解、政论思想、中国社会主义建设构想等内容对青年人影响较大，其对法国的一代青年造成了行动性的影响，主要体现在思想层面和社会主义阐释部分。外文局专门的翻译团队法译的《毛泽东选集》对法国带来了社会政治、生活等方面的影响。

新中国成立后的前30年，中国主动外译传播《毛泽东选集》等文献，这些马克思主义中国化的经典文献通过外译获得国际化传播，译本把中国马克思主义的光辉思想主动传播到世界其他国家，产生了改变其他国家民众思想的力量，实现了马克思主义理论的再次升华。同时，把中国之治、中国道路和中国社会治理的方案传播到世界各地，提高了中国的国际话语权和国际影响力。新中国成立初期的中国马克思主义国际化传播对亚非拉国家影响巨大，尤其在被压迫被殖民的第三世界国家产生了改变社会的影响作用，同时对西方发达国家也产生了不可估量的影响作用。中国马克思主义经典文献的国际化传播是提升中国国际话语权和中国国际影响力的重要手段，提升中国翻译传播能力是提升中国文化软实力的必由之路，中国翻译传播的价值和作用不可低估，真可谓"翻译之为用大矣哉。"

第四章
新中国成立至改革开放前中国译入传播
(1949—1978)

导语：新中国的成立标志着经过近百年反抗侵略斗争的中国人民终于站了起来。新中国百废待兴，社会的主要矛盾也发生了变化。国内的主要矛盾由阶级矛盾转变成人民日益增长的物质文化需求与落后的社会生产之间的矛盾。新中国成立之际所面临的国际形势错综复杂。第二次世界大战期间，考虑到当时中国和美苏两国都是反法西斯同盟国的关系，中国共产党采取了"既不反苏，也不反美"的对外方针。但是好景不长，二战后美苏同盟破裂，形成了资本主义和社会主义两大对立阵营。面对如此错综复杂的国际局势，新中国成立后，中国共产党选择了站在苏联的一边。选择站在苏联的一边，新中国的内政外交都受到了苏联不同程度的影响。

新中国成立之际，受常年战乱的影响，国民经济满目疮痍，根本没有独立完整的工业体系。经过新中国成立后三年的恢复，国民经济依然十分落后。新中国成立后，党中央提出了过渡时期"一化三改"的总路线，其核心是实现国家的工业化。只有建立自己独立的工业体系，新中国才能实现外交、国防和经济上的独立，否则新中国还会受到帝国主义的欺侮。奠定新中国工业、国防基础的"一五"计划从编制到实施完成都受到了苏联大力的支持与援助。苏联派驻大批专家来华支援新中国建设，援助建设了"156项工程"。156项工程建设资料的翻译传播为新中国留下了宝贵的科技文献资料。

新中国成立之际，《中国人民政治协商会议共同纲领》是当时国家的临时宪法。1954年，新中国的第一部宪法诞生。人们根据其制定的年份，将其简称之为"五四宪法"。这部宪法有着重大的历史意义，不仅是中国历史上首部社会主义性质的宪法，其内容和制定的过程也体现出了国际视野，从国外宪法和制宪经验中进行了一定程度的借鉴。在制定"五四宪法"的过程中，多部国外宪法以及相关的法学著作和教材经过翻译传播引入国内，奠定了我国的法学基础，是新中国 70 多年来依法治国的开端。

新中国成立后的外交工作既有"除旧"，也有"立新"。"除旧"是处理旧中国遗留下来的外交关系，"立新"是在独立自主原则的基础上开拓新的外交局面。一方面，毛泽东提出"另起炉灶""打扫干净屋子再请客"的外交工作基本方针，废除了列强与旧中国签订的不平等条约，组建新中国自己的外交队伍，掌握外交主动权，重新与外国政府建立平等的外交关系，做到了"除旧"。另一方面，周恩来提出了和平共处五项原则，为新中国塑造了负责任大国的国际形象，成为新中国的外交基本原则，做到了"立新"。新中国成立后不久，中国与苏联签订了《中苏友好同盟互助条约》，国家的外交方向向苏联"一边倒"。后来，中苏关系破裂，中国开始恢复和美国的接触。中美两国先后签署了三个联合公报，正是建立了外交关系。翻译传播就像"随风潜入夜"的春雨，潜移默化地影响着中国外交方针的制定、外交政策的调整和外交理念的更迭。

马克思主义进入中国以后，指导中国共产党领导中国人民建立了新中国。在这一过程中，中国的革命者开始在革命实践中运用马克思主义作为指导，将二者结合起来，开始了马克思主义中国化的进程。马克思主义中国化既是马克思主义自身发展的内在要求，也是马克思主义指导中国共产党建设新中国的必然要求。毛泽东认为，马克思主义中国化有两层含义：第一，将马克思主义的理论"应用于中国的具体环境"，也就是将马克思主义与中国的革命实践相结合；第二，以"中国老百姓所喜闻乐见的中国作风和中国气派"[①] 进行传播，也就是将马克思主义与中国的传统文化相结合。

新中国成立后成立了中共中央编译局，马克思主义经典著作在我国开始成体系、有规划地翻译与传播。新中国成立后马克思主义经典著作的翻译与传播，极大地推动了马克思主义理论中国化和马克思主义哲学大众化的发展进程。

---

① 陈晋. 一九三八年毛泽东与梁漱溟的一次争论 [J]. 中共党史研究，1990 (6)：42-47.

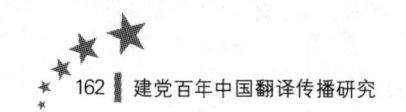

★ 第一节　翻译传播目的 ★

一、翻译传播的社会语境

1. 国际、国内形势

新中国成立伊始，中国面临的国内、国际形势错综复杂。第二次世界大战期间，出于抗击法西斯侵略者的共同目标，美苏两国都在一定程度上支持了当时的国民党政府。抗战期间，中国共产党一方面与苏联保持密切关系，另一方面对美国也实行了友好政策。抗战结束后，中国共产党同意接受美国的马歇尔将军来华进行国共调解。尽管如此，中国共产党对当时的国内、国际局势依然保持着清楚的认识，为了保证国家的利益不受到损失，依靠美苏两个大国是行不通的，必须开拓独立自主的道路。美苏两国是二战的盟国，中国共产党同美苏两方都有着抗击法西斯侵略者的共同目标，并保持着一定的关系。但是好景不长，二战结束后不久，美苏两国的同盟关系破裂，形成了资本主义和社会主义两大对立阵营。面对错综复杂的国际局势，新成立的中华人民共和国将采取什么样的内政外交政策？

在当时的历史背景下，中国共产党选择了站在苏联的一边。与苏联结盟是对多方面因素的综合考虑。首先，在意识形态方面，苏联与新中国相同，且苏联共产党与中国共产党长期保持着组织联系。其次，抗日战争胜利后，美国开始实行"援蒋反共"的政策，与苏联支持中国革命形成了鲜明对比。最后，与美国比起来，苏联有着更多的在华利益，这也是新中国选择与苏联结盟的更为深层次的原因。选择站在苏联的一边，新成立的中华人民共和国在内政外交政策各个方面都受到了苏联不同程度的影响。

2. 社会主要矛盾

中华人民共和国成立后，国内仍有一部分国民党残余的反动势力没有消灭，旧社会遗留下来的地主阶级和民族资产阶级与广大劳动人民和无产阶级仍然存在着阶级矛盾。但是需要指出的是，新成立的中华人民共和国是顺应历史潮流的人民民主专政的国家，阶级矛盾对于新中国来说并不是社会的主要矛盾。

解放战争后，国民党的主要力量逃往台湾，留下小股残余势力企图破坏新中国的和平局面。新中国成立后，在中国共产党的领导下，在较短时间内，遗留在全国各地的国民党残余势力基本被清扫干净。地主阶级和民族资产阶级失去了旧政权的依靠，在政治和经济上都无法与社会主义制度相抗衡。经过常年反抗侵略的斗争，中国人民终于站了起来。新中国百废待兴，国内的主要矛盾从阶级矛盾转变成为人民日益增长的物质文化需求与落后的社会生产之间的矛盾。

二、翻译传播的内容需求

1. 社会需求

（1）实现国家工业化

鸦片战争以来，从洋务运动到辛亥革命后发展民族工业，近代中国经济发展的一条主线是通过工业生产实现中国的独立、富强。[①] 新中国成立初期，经历了近百年的反抗帝国主义、封建主义的斗争，国民经济可谓满目疮痍，根本没有独立完整的工业体系。经过新中国成立后三年的恢复，国民经济依然十分落后。1952年底，现代工业产值在工业和农业的总产值中占比仅为43.1%，生产资料产值在工业总产值中占比仅为35.5%。[②] 毛泽东曾这样描述当时新中国的经济和工业水平："现在我们能造什么？能造桌子椅子，能造茶碗茶壶，能种粮食，还能磨成面粉，还能造纸，但是，一辆汽车、一架飞机、一辆坦克、一辆拖拉机都不能造。"[③]在这种情况下，国家需要优先发展重工业，如钢铁、能源交通和机械制造等。重工业的发展能够为轻工业的发展提供物质基础，能够为农业的发展提供更多的支持，进而才能满足人民的物质生活需要。在这种情况下，党中央提出了过渡时期总路线："从中华人民共和国成立，到社会主义改造基本完成，这是一个过渡时期。党在这个过渡时期的总路线和总任务，是要在一个相当长的时期内，逐步实现国家的社会主义工业化，并逐步实现国家对农业、对手工业和对资本主义工商业的社会主义改造"[④]，简称"一化三改"。

"一化三改"总路线的核心是实现国家的工业化。优先发展重工业的选择一方面是由国内经济发展的需求所决定的，另一方面也受到了当时国际环境的影响。新中国成立初期，世界上形成了以美国和苏联为首的两大对立阵营。采取了向苏联"一边倒"政策的新中国，其经济结构受到了苏联社会主义工业化模式的

---

① 林捷燕，杨近平.新中国"一五"计划的工业强国梦探讨［J］.克拉玛依学刊，2014（4）：33-36.

② 国家统计局国民经济综合统计司.新中国五十年统计资料汇编［M］.北京：中国统计出版社，1999.

③ 毛泽东.毛泽东文集：第6卷［M］.北京：人民出版社，1999：329.

④ 同③，316.

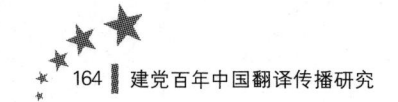

影响。向苏联学习,优先发展重工业。此外,朝鲜战争的爆发以及以美国为首的西方资本主义国家对新中国实施经济和技术封锁,新中国面临极其严峻的国际环境。只有建立自己独立的工业体系,新中国才能实现外交、国防和经济上的独立,否则"帝国主义是一定还要来欺侮我们的"[①]。

(2) 制定社会主义宪法

宪法是现代国家诞生的标志与身份证。[②] 新中国成立伊始,《中国人民政治协商会议共同纲领》(简称《共同纲领》)发挥着临时宪法的角色。经过新中国成立后三年的发展,新中国的社会结构以及广大人民群众的物质文化需求都发生了较大的变化,人们逐渐发现《共同纲领》这部临时宪法已经无法满足新中国发展的各方需要。制定一部符合中国国情的社会主义性质的宪法成为中国共产党和全国各族人民关注的焦点,制宪问题被逐步提上日程。

1949年9月21日,在北平召开了中国人民政治协商会议第一届全体会议,会议通过了具有临时宪法性质的《共同纲领》。至1952年,第一届全国政协的三年任期即将结束,是否继续使用《共同纲领》作为临时宪法是当时面临的一个选择。如果选择制定宪法,则需要召开全国人民代表大会。根据当时的国内形势,中共中央的考虑是暂时推迟召开全国人民代表大会,于1953年召开第二届全国政协会议,继续以《共同纲领》作为临时宪法,待社会主义制度基本确立之后,再来制定具有社会主义性质的宪法。1952年10月,刘少奇致信斯大林,表达了中共中央就有关召开人民代表大会和制定宪法问题的考虑。随后刘少奇出访苏联,先后与斯大林就这些问题进行了两次会谈。斯大林建议,召开全国人民代表大会、制定宪法,这有助于更好地开展建设事业,同时也能够驳斥国际敌对势力对新中国的攻击。中共中央接受了这一建议,开始着手准备召开全国人民代表大会以及宪法的制定。

事实上,自新中国成立以来,中国共产党就一直依托《共同纲领》对广大人民群众进行宪法知识的普及与宣传,使人民群众了解有关国家制度、人民权利等知识理念,为制定宪法打下了良好的民众基础。新中国首部宪法的制定,在很大程度上受到了苏联和苏联宪法思想的影响。翻译引进苏联宪法学说相关的学术著作也是当时制宪准备工作中必不可少的一项。

[①] 中共中央文献研究室. 建国以来重要文献选编:第4册 [M]. 北京:中央文献出版社,1993:705.

[②] 韩大元. 外国宪法对1954年宪法制定过程的影响 [J]. 比较法研究,2014 (4):51.

2. 外交需求

（1）除旧——"另起炉灶""打扫干净屋子再请客"

在中国共产党的领导下，抗日战争和解放战争先后取得胜利，新中国成立在即。此时，中国共产党在外交方面需要考虑的一个问题是如何处理旧中国遗留下来的外交关系。中国近代历史上的惨痛教训为新中国外交政策的制定提供了经验。辛亥革命胜利后，国民政府为了尽快获得西方列强的认可，保留了列强与清政府之间的外交关系，使其能够继续在中国行使特权。旧中国依然没有摆脱列强的控制。中华民族并没有从根本上获得民族的独立和解放。辛亥革命的历史教训提醒着中国共产党人，新成立的中华人民共和国必须彻底切断西方列强与旧中国之间的外交关系。取消西方列强在中国的特权符合新民主主义革命的根本目标，即反抗帝国主义，实现国家独立和民族的崛起。此外，解放战争即将胜利之际，帝国主义继续对国民党残余力量给予支持，企图在中国形成两个政府的局面，以便继续在中国行使特权。基于各方面的考虑，1949年1月19日，毛泽东在《中共中央关于外交工作的指示》中第一次提出"另起炉灶"外交工作方针。1949年9月21日，中国人民政治协商会议第一届全体会议通过的《共同纲领》对"另起炉灶"做了明确表述："对于国民党政府与外国政府所订立的各项条约和协定，中华人民共和国政府应当加以审查，按其内容，分别予以或承认，或废除，或修改，或重订。""另起炉灶"有两层含义：一是需要重新组建新中国的外交队伍，不再依靠旧政府外交部的人员；二是需要掌握外交的主动权，重新与外国政府建立平等的外交关系。

"打扫干净屋子再请客"是废除历史上西方国家与旧中国签订的不平等条约，通过平等的谈判重新建立外交关系。这一方针是毛泽东与苏联领导人米高扬会谈时提出的：我们这个国家，如果形象地把它比作一个家庭来讲，它的屋内太脏了。新中国成立后，我们必须认真清理我们的屋子，从内到外，从各个角落以至门窗缝里，把那些脏东西统统打扫一番，好好加以整顿，等屋内打扫干净，有了秩序，陈设好了，再请客人进来。

"打扫干净屋子再请客"是对"另起炉灶"方针的延续，是针对帝国主义国家是否承认新成立的中华人民共和国这一问题而提出的。"另起炉灶"的方针切断了西方列强继续在中国行使特权的可能，这必将引起西方列强的不满，从而影响到是否承认新中国的问题。面对这一问题，中国共产党人没有像国民政府一样委曲求全，而是清楚地看到新中国的成立绝非西方列强的阻挠所能改变的。"另起炉灶""打扫干净屋子再请客"共同奠定了新中国独立自主外交原则的基础。

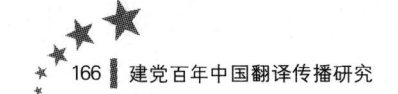

（2）立新——"一边倒"

在新中国成立之后，面对美苏两大阵营对立的复杂国际局势，中国共产党分析了美苏两大国对待新中国的态度，并结合地缘政治的考虑，提出了与苏联结盟的"一边倒"政策，以达到巩固政权、维护世界和平的目的。

"一边倒"政策是对多方面因素的综合考虑。第一，从革命性质的角度看，中国的新民主主义革命属于世界无产阶级革命的一部分，其目标是消灭剥削，消灭资产阶级，实现共产主义。资本主义和共产主义有着本质的冲突和不可调和的矛盾。因此，中国共产党必须要站队，站在资本主义的对立面去。第二，新中国急需和平稳定的发展环境，尽快恢复国民经济，建立完整的工业体系。而丧失特权利益的西方列强对新中国实施全面封锁。为了给国民经济的发展营造和平稳定的外部环境，中国共产党只能依靠苏联来制衡西方国家。1949，解放战争即将取得全面胜利。1949年6月30日，毛泽东发表了著名的《论人民民主专政》，文中明确提出了"一边倒"的方针，表明新中国将站在"和平、民主、社会主义一边"。当时，党内存在着"美苏并重"的观点，毛泽东对此明确指出："中国人不是倒向帝国主义一边，就是倒向社会主义一边，绝无例外。骑墙是不行的，第三条道路是没有的。"①

3. 文化需求

新中国成立前，长期持续不断的战争使得国民经济濒临崩溃。新中国成立后，"发展一切有益于人民的生产及其经济事业"②成为党的工作重心。毛泽东指出，文化教育方面的工作"都是围绕着生产建设这一中心工作并为这个中心工作服务的"③。这种文化发展服务于经济建设的目标定位符合新中国成立初期的基本国情。新中国成立初期，全国人口的文盲率超过80%，旧社会封建迷信的思想观念根深蒂固，严重阻碍了新中国的社会发展。基于此，新中国成立初期文化建设的目标任务包括以下几个方面：一是破除封建迷信，进行新文化建设；二是进行教育改革，提高群众的文化水平；三是团结并改造知识分子。进行文化建设，不仅需要理论指导，还需要相应的方针政策。

马克思主义作为科学的理论工具，经过中国化的发展，成功地指导中国共产党和中国人民取得了新民主主义革命的胜利。在这一过程中，中国共产党逐渐发展出了自己的思想理论体系——毛泽东思想。中国共产党还十分重视对马克思主

---

① 毛泽东．毛泽东选集：第4卷［M］．北京：人民出版社，1991：1473.
② 刘少奇．刘少奇选集：下册［M］．北京：人民出版社，1985：3.
③ 毛泽东．毛泽东著作选读：下册［M］．北京：人民出版社，1986：656.

义和毛泽东思想在广大党员干部中的宣传教育。但是，对于长期接受封建教育的旧中国知识分子来说，想要理解新中国成立初期由新民主主义向社会主义过渡的各种方针政策并非易事。同样，在中国共产党内部也有一些干部并没有完全领会党在过渡时期的方针政策。因此，必须明确马克思主义在意识形态各领域的指导地位，使广大党员干部、知识分子和人民群众能够了解并运用马克思主义哲学，理解党和政府在过渡时期所制定的方针政策。

三、翻译传播的指导思想

1. 为党的思想理论建设服务

中国共产党历来高度重视翻译传播工作，其在新民主主义革命和社会主义国家建设中发挥着关键作用。毛泽东认为，中国共产党要利用好外国经验，必须重视翻译工作。对待翻译工作者，要"把他们看成我们队伍中很有学问的人，有修养的人，要尊敬他们"[①]。在1945年召开的中共七大会议上，毛泽东指出："作翻译工作的同志很重要，不要认为翻译工作不好。我们现在需要大翻译家。我是一个土包子，要懂一点国外的事还是要靠翻译。"[②] 毛泽东认为，中国共产党在长期领导人民的革命斗争中，必须不断提升党的理论水平，加强党的理论建设，以适应革命发展的需要。党的理论建设正是通过学习、实践马克思列宁主义而实现的，翻译传播为党的理论建设提供了坚实的基础。

在延安时期，毛泽东对中国共产党的翻译工作做出整体规划，决定在中央成立编译部，开始有计划、成规模地翻译马克思主义的经典著作，主要包括马克思、恩格斯、列宁、斯大林和苏联的其他相关著作，大力推进了马克思主义在中国的翻译与传播。这就是中央编译局的前身。新中国成立后，1953年中央在原延安马列学院编译部的基础上成立了中共中央编译局，对马克思主义经典著作的翻译与传播上升为一种国家行为，为推动马克思主义中国化、大众化，为推动党的自身理论建设提供了坚实的基础。

2. 为人民服务、为建设社会主义国家服务

除了成体系引进马克思主义经典著作外，翻译传播在新中国的经济、外交和文化等领域都发挥着重要的作用。新中国成立初期，中国共产党对翻译工作的定位是为人民服务、为建设社会主义国家服务。

翻译传播为人民服务就是把广大人民群众作为翻译工作的服务对象。新中国

[①][②] 毛泽东. 毛泽东文集：第3卷 [M]. 北京：人民出版社，1996：342.

成立以后，经过三年时间的过渡，国家各项事业的发展开始有计划地进行。发展独立的工业体系是经济发展的首要任务，制定社会主义性质的宪法是巩固和明确党的执政地位的要求，宣传普及马克思主义、进行教育改革和旧知识分子改造是文化建设的主要内容。这一系列的规划政策都需要得到人民群众的支持和理解，需要在广大人民群众中进行宣传教育。通过翻译引进国外相关的理论著作、文艺作品，有助于人民群众了解其他国家的发展经验和生活方式，也能够为建设社会主义国家培养人才。

翻译传播为建设社会主义国家服务就是把翻译工作与建设社会主义国家的各项事业紧密结合。在新中国成立初期实行向苏联"一边倒"的政策，学习借鉴苏联的发展经验。"一五"计划从制定到实施完成都受到了苏联的大力支持；经过不懈的努力，中华人民共和国在联合国的合法席位得到了恢复，之后又与美国正式建立外交关系。这一系列的经济和外交成绩都离不开翻译在其中发挥的重要作用，例如，各种重大外交文件的翻译、工程建设资料翻译、外交会谈口译、"156项工程"实施的现场口译等。在新中国成立初期，国家建设的各个主要领域都能见到翻译工作者的身影。

★ 第二节 翻译传播主体、内容与策略 ★

一、翻译传播者

1. 中央办公厅翻译组

新中国成立初期，一直是师哲负责中央领导的俄文翻译。直到1956年，师哲随刘少奇、邓小平等领导人访问苏联，为他的中央领导翻译生涯画上了圆满的句号。自此，他便提议从各个单位遴选出一批翻译能力强、业务水平高且有发展前途的年轻译员，组成一个翻译团队，并入中央办公厅，以供中央的使用与派遣。这一方面便于重点培养翻译人才，另一方面也便于执行保密任务。就这样，中共中央办公厅翻译组于1957年1月成立了。

中共中央办公厅翻译组由阎明复、朱瑞真和赵仲元组成，其中阎任组长，负责接替师哲的俄语口笔译工作，即负责中国和苏联中央高层之间来往信函的笔译及毛泽东等中央领导出国访问或招待外宾时的口译工作。中共中央翻译组基本信息如表4-1:

表 4-1　1957—1965 年中共中央办公厅翻译组基本信息

成立时间	主要成员	主要任务
1957	阎明复、朱瑞真、赵仲元等	整理共产国际时期有关中国共产党的档案文献
		翻译毛泽东在最高国务会议上的讲话《关于正确处理人民内部矛盾的问题》
		翻译苏共中央和中共中央之间的来往信函
		翻译中共中央重要会议的文件
		随中央领导赴苏联或东欧国家访问
		中苏论战中文章、信件的笔译和会议、会谈的口译

进入 20 世纪 60 年代，中苏关系不断恶化，俄语翻译任务逐渐减少，中央办公厅翻译组于 1965 年撤销。从 1957—1965 年，中共中央办公厅翻译组见证了中苏关系从友好走向决裂的全过程。自此，新中国成立后俄语翻译独霸天下的局势被彻底改变，党和国家对英文译员的需求越来越大。

2. 外交部翻译室

中华人民共和国外交部自成立之时就设有"编译科"，后更名为"翻译处"。起初，工作语种只有英语和俄语，后来又增加了法语、阿拉伯语及西班牙语，涵盖了五个联合国主要的语种。之后"翻译处"又更名为"翻译室"，为独立的副司级业务单位，1982 年升级为正司级单位，2015 年更名为外交部翻译司。历任司长（主任）有过嘉鼎、施燕华、徐亚男、张援远、陈明明、张建敏等，主要负责党和国家领导人重要外事活动的口译以及外交相关文件和文书的笔译工作。高志凯曾在外交部翻译室工作，也担任过邓小平等国家领导人的译员。他声称，外交部出了很多出类拔萃的人物，党和国家领导人的英文翻译基本都来自外交部翻译室。

新中国成立初期，中国的外交政策坚持"一边倒"，即向苏联阵营靠拢，外交事务的口译与相关文件的笔译大多数都是俄语翻译，主要由中央办公厅翻译组负责。然而，随着中苏关系的恶化，中国在外交政策上开始转向与美国接触，并计划重返联合国。因此，外交部翻译室负责的英文口笔译工作逐渐增多。新中国成立初期，无论是国家领导人访问苏联、签署《中苏友好同盟互助条约》，还是参加朝鲜停战谈判；无论是在联合国会议上争取联合国的合法席位，还是同各国的友好相处；无论是就台湾问题进行的谈判与商讨，还是随中国代表团出席日内瓦会议和亚非会议两大会议，都离不开"中国翻译的国家队"，离不开外交部翻译室的优秀口译人才。此外，外事的相关文件及文书，如《中苏友好同盟互助条

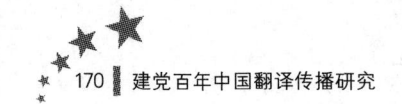

约》和中美联合公报等的翻译也是由当时的外交部翻译室负责的。

说到外交部翻译室的翻译人才,就不得不提冀朝铸、唐闻生、过嘉鼎和施燕华。冀朝铸是一个在美国长大的中国人,20 世纪 50 年代才归国投身于翻译事业。他曾在日内瓦会议和万隆会议中国代表团中负责翻译工作,在中美建交和谈、尼克松访华、中美发表联合公报谈判等一系列重大事件中也都能看到他的身影。后来由于他担任过毛泽东、周恩来、邓小平等主要国家领导人的译员且表现非常出色,而被誉为"中国红墙第一翻译"。唐闻生则是冀朝铸的"接班人",是在冀朝铸之后中国外交界最优秀的英语译员。她 1943 年生于美国纽约,七八岁那年才随父母回到中国。1962 年,她以优异的成绩考入了"外交官的摇篮"——北京外国语大学,用了短短三年就完成了五年的全部课程。毕业后,她被冀朝铸选中,加入了中华人民共和国外交部的教育司翻译室的英语组,从师父冀朝铸手中接过了"接力棒",从 20 世纪 70 年代初期直到毛泽东、周恩来离世,她几乎见证了在此期间外交史上的所有重大事件,成为领导人身边的才女翻译官。

过嘉鼎 1952 年从上海复旦大学英文系毕业,在国外从事多年笔译和速记工作,1962 年回国后在外交部翻译室任职。在此期间,过嘉鼎一方面负责各种外交文件的笔译审校和定稿工作,另一方面作为外交部高级翻译员多次陪同毛泽东、周恩来、刘少奇、邓小平等国家领导人会见外宾或出席重要会议。施燕华则是新中国成立后第一批到美国的外交官。同过嘉鼎一样,她也是口译笔译两开花:不仅长期担任国家领导人的口译译员,还负责重要外交文件的笔译定稿工作。无论是中国代表团赴联合国、中美建交,还是邓小平交锋法拉奇,施燕华都亲眼见证了一个个重大外交事件。该时期外交部翻译室部分译员如表 4-2:

表 4-2 从新中国成立初期到改革开放期间外交部翻译室著名译员

姓名	评价	职位	工作经历	参与外事活动
冀朝铸	中国红墙第一翻译	曾任驻美国联络处参赞、外交部国际司副司长、美大司副司长	1. 中朝停战谈判翻译 2. 中国人民志愿军代表团翻译 3. 日内瓦会议中国代表团翻译 4. 毛泽东、周恩来、邓小平等党和国家领导人的翻译	1. 中朝停战谈判 2. 日内瓦会议 3. 万隆会议 4. 中美建交和谈 5. 尼克松 1972 年访华 6. 中美发表"上海公报"谈判

续前表

姓名	评价	职位	工作经历	参与外事活动
唐闻生	冀朝铸之后中国外交界最优秀的英语译员	曾任外交部翻译室、美大司副司长、中国日报社副总编辑、铁道部外事局局长、铁道部外事司司长、铁道部国际合作司司长等	从20世纪70年代初到周恩来、毛泽东逝世以前，唐几乎参加了这两位伟人与来访各国政要、知名人士的所有会见	1971年中美历史性外交会谈
施燕华	新中国成立后第一批到美国的外交官	现任外交部外语专家、中国翻译协会原常务副会长、中国翻译协会外事翻译委员会主任、外交部翻译室主任、驻卢森堡大使	1. 中国常驻联合国代表团代表、副代表，负责外交活动口译和会议发言笔译 2. 担任邓小平、李先念等中央领导的翻译	1. 中美建交谈判 2. 随中国代表团赴联合国 3. 中美关于美国售台武器问题联合公报的谈判 4. 其他国家与中国建交谈判
过家鼎	毛泽东等国家领导人的翻译	现任外交部外语专家、中国翻译协会副会长、曾任外交部翻译室主任、外交部翻译职称评定委员会主任、中国驻马耳他大使、中国驻葡萄牙大使	1. 朝鲜板门店停战谈判的翻译、速记和笔译定稿 2. 中美会谈的翻译和速记 3. 外交部外交文件笔译定稿 4. 毛泽东、周恩来等国家领导人口译 5. 党政代表团翻译 6. 中国常驻联合国代表团翻译	1. 朝鲜板门店停战谈判 2. 中美会谈 3. 日内瓦老挝问题国际会议 4. 基辛格秘密访华 5. 随中国代表团参加联合国大会 6. 随国家领导人出访国外及参加重大国际会议

外交部翻译室作为翻译的传播者，长期以来深受国家领导人和广大群众的信任。翻译室中众多出色的翻译官已然成为"中国的名片"，组成了"中国翻译的国家队"。不得不说，外交部翻译室从新中国初期到改革开放前这一阶段为中国的翻译传播与外交事业做出了不可磨灭的贡献。直到今天，外交部翻译司一代又一代的翻译人员仍然勤勤恳恳、兢兢业业，不仅让世界了解中国，也让中国更全

面地了解世界。

3. 各行各业翻译工作者

在新中国成立初期，翻译人员主要是政治外交领域的翻译实务工作者们。但在马列著作翻译、文学翻译和科技翻译等领域也涌现了一大批兢兢业业的优秀翻译人员（表4-3）。他们化作桥梁，沟通中外，译入了大量来自世界各国的作品，为中国经济、政治、文化等各个方面都注入了新鲜血液。

表4-3 1949—1978年著名翻译工作者

领域		翻译机构	翻译家
马列著作翻译		中央编译局	成仿吾、郭大力、王亚南、吴黎平、博古、何思敬、徐冰、张仲实、艾思奇、何锡麟、沈志远、曹宝华、柯柏年、贾植芳、徐志坚、贺麟、曹汀、仲南、季羡林
文学翻译	俄罗斯及苏联文学	—	周立波、巴金、刘伯承、楼适夷、高植、任溶溶、王以铸、俞荻、金人、艾思奇、飞白、丰一吟、李俍民、焦菊隐、张孟恢、伍孟昌、陈殿兴、魏荒弩、赵景深
	日本文学		卞立强、陈德文、陈秋帆、陈应年、丰子恺、姜晚成、金中、周作人、柯森耀、李德纯、李芒
	法国文学		郑永慧、成钰亭、郑克鲁、罗新璋、陈敬容、赵少侯、罗大冈、闻家驷、齐宗华
	英国文学		曹未风、陈苍多、陈太先、戴镏龄、方平、荣如德、周煦良、杨必、余光中、许渊冲
	德国文学		钱春绮、田德望、张威廉、傅惟慈、杨武能
	北美文学		蔡慧、曹庸、庄瑞源、陈伯吹、朱海观、陈苍多、周叶谦、陈公绰、周立波、陈冠商、陈良廷、陈廷祐、张健、叶群、高长荣、钱志坚、裘柱常、王中一、叶麟鎏
	其他国家文学		陈敬容、傅东华、邹绿芷、傅惟慈、马长荣、刘星灿、梅汝恺、赵蔚青、梅绍武、施蛰存

续前表

领域		翻译机构	翻译家
科技翻译	经济与国防建设	中国翻译协会、中国科学院科技翻译工作者协会、省市自治区翻译工作者协会	蔡樟桥、蔡中琨、顾丽兰、韩玉珊、郝永昭、黄纪明、蒋慧明、金常政、刘秉仁、孙振洲、王征尘
	军事科学		申庞海、宗如璋、吴国桂、常汝楣、林在德、尚世魁、丁锡鹏、忻芝卿、沈鸣岐、王树森、唐炳鑫、王希昌、王麦林、刘克璋、王演存、张杏珍
	科学著作		科研与高教领域的研究和教学人员
	科学情报领域		常青、陈婉冰、安思忠、陆昌熙、蔡樟桥、李清华、蔡兆庆、曹瑞、常叙平、蔡孝顺、陈启德、姜继、林彻、刘静华、牟传文、裴壮吾、陈兰芳、尚尔和、陶绪铨、藤建刚、徐乃娟、于钰、艾克定

在众多翻译机构中,商务印书馆可以说是集翻译和出版于一身的代表性机构,也是中国出版业史上最早的出版机构。商务印书馆由夏瑞芳、鲍咸恩、鲍咸昌、高凤池等人于1897年在上海创办,1954年迁址北京,与北京大学并称为"中国近代文化的双子星"。其中,作为一个专门出版翻译作品的部门,商务印书馆的译作编辑室主要负责翻译出版世界各国学术名著,及时将国外学术界的思想和潮流引入中国。编辑室以出版精品图书为主,翻译出版作品涉及政治、经济、历史、法律、哲学和社会学等众多学科的各个领域。茅以升曾说,"商务不只是一家出版商,也是传播我国文化的一位先驱者。"以科技著作为例,1949—1978年间,商务印书馆翻译并出版了大量科学技术相关作品,在中国文化史上建立了辉煌的业绩,推动了我国"三大改造"和工业化改革,促进了新中国的经济发展,改善了中国国民的生活(表4-4)。

表4-4 1949—1978年商务印书馆科技译作

所属学科	译作名称
物理学	《力学》《几何光学》《物理学史》等
化学	《无机定性分析化学》《化学简史》等
数学	《曲面几何》《数学史》等
心理学	《实验心理学史》等
医学	《世界医学史》等
科技综合	《电工原理及实用》《科学史》《18世纪科学技术与哲学史》等

二、主要译入作品

1. 苏联援助"156项工程"翻译

成立初期的中国经济基础极其薄弱,在重工业产品的质量和数量方面远远落后于其他国家。鉴于苏联重工业的发展极大地保证了其经济的繁荣,新中国也希望能从苏联那里学习到先进的科学技术,集中力量发展重工业,以助于战后经济的恢复。这就有了后来的"156项工程"。

"156项工程"中实际实施的项目包含了军事、冶金、能源、化学和医药工业,以及机械加工业和轻工业等众多领域。表4-5清晰地呈现出了该工程各个项目的所属类别、建厂地址、建厂名称和对应数量。

表4-5 新中国成立初期苏联援助"156项工程"

项目名称	子分类	建设地址	建厂名称	数量	总数量
军事工业企业	航空工业	—	—	12	44
	电子工业			10	
	兵器工业			16	
	航天工业			2	
	船舶工业			4	
冶金工业	钢铁工业	河北	热河钒钛矿	1	7
		内蒙古	包头钢铁公司	1	
		辽宁	鞍山钢铁公司 本溪钢铁公司	2	
		吉林	吉林铁合金厂	1	
		黑龙江	富拉尔基特钢厂	1	
		湖北	武汉钢铁公司	1	
	有色金属工业	辽宁	抚顺铝厂(一、二期) 杨家杖子钼矿	3	13
		吉林	吉林电极厂	1	
		黑龙江	哈尔滨铝加工厂(一、二期)	2	
		江西	大吉山钨矿;西华山钨矿;岿美山钨矿	3	
		河南	洛阳有色金属加工厂	1	
		湖南	株洲硬质合金厂	1	
		云南	锡业公司	1	
		甘肃	白银有色金属公司	1	

续前表

项目名称	子分类	建设地址	建厂名称	数量	总数量
能源工业	煤炭工业	河北	峰峰中央洗煤厂 峰峰通顺三号立井	2	25
		山西	大同鹅毛口立井 潞安洗煤厂	2	
		辽宁	辽源中央立井；阜新平安立井；阜新新邱一号立井；阜新海州露天矿；抚顺西露天矿；抚顺龙凤矿；抚顺老虎台矿；抚顺胜利矿；抚顺东露天矿	9	
		吉林	通化湾沟立井	1	
		黑龙江	兴安台二号立井；鹤岗东山一号立井；鹤岗兴安台十号立井；兴安台洗煤厂；城子河洗煤厂；城子河九号立井；双鸭山洗煤厂	7	
		安徽	淮南谢家集中央洗煤厂	1	
		河南	平顶山二号立井 焦作中马村立井	2	
		陕西	铜川王石凹立井	1	
	电力工业	北京	北京热电厂	1	25
		河北	石家庄热电站	1	
		山西	太原第一、二热电站	2	
		内蒙古	包头四道沙河热电站 包头宋家壕热电站	2	
		辽宁	阜新热电站；抚顺电站；大连热电站	3	
		吉林	丰满水电站；吉林热电站	2	
		黑龙江	富拉尔基热电站；佳木斯纸厂热电站	2	
		河南	郑州第二热电站；洛阳热电站；三门峡水利枢纽	3	
		湖北	青山热电站	1	
		湖南	株洲热电站	1	
		四川	重庆电站；成都热电站	2	
		云南	个旧电站	1	
		陕西	西安热电站；户县热电站	2	
		甘肃	兰州热电站	1	
		新疆	乌鲁木齐热电站	1	
	石油工业	辽宁	抚顺第二制油厂	1	2
		甘肃	兰州炼油厂	1	

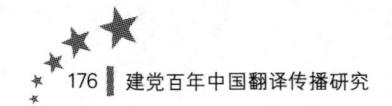

续前表

项目名称	子分类	建设地址	建厂名称	数量	总数量
化学工业	—	山西	太原化工厂；太原氮肥厂	2	7
		吉林	吉林染料厂；吉林氮肥厂；吉林电石厂	3	
		甘肃	兰州合成橡胶厂；兰州氮肥厂	2	
机械加工企业	—	辽宁	沈阳第一机床厂；沈阳风动工具厂；沈阳电缆厂；沈阳第二机床厂	4	24
		吉林	长春第一汽车厂	1	
		黑龙江	哈尔滨锅炉厂（一、二期）；哈尔滨量具刃具厂；哈尔滨仪表厂；哈尔滨汽轮机厂（一、二期）；哈尔滨电机厂汽轮发电机车间；富拉尔基重机场；哈尔滨炭刷厂；哈尔滨滚珠轴承厂	8	
		河南	洛阳拖拉机厂；洛阳滚珠轴承厂；洛阳矿山机械厂	3	
		湖北	武汉重型机床厂	1	
		湖南	湘潭船用电机场	1	
		陕西	西安高压电瓷厂；西安开关整流器厂；西安绝缘材料厂；西安电力电容器厂	4	
		甘肃	兰州石油机械厂；兰州炼油化工机械厂	2	
轻工业	—	黑龙江	佳木斯造纸厂	1	1
医药工业	—	河北	华北制药厂	1	2
		山西	太原制药厂	1	

由以上图表可知，新中国成立初期的重工业基地集中在东三省——黑龙江、吉林和辽宁。"156项工程"中选址东三省的项目几乎涵盖所有领域。在"156项工程"实施时期，全国各个省份也纷纷建立了当地的科学技术情报研究所（表4-6）。这些情报研究所的一个重要任务就是为"156项工程"的实施提供资料翻译以及苏联援华专家在指导项目工作期间的口译需求。

表 4-6　新中国成立初期各省份科学技术情报研究所

省份	建立年份	主要职责
上海	1958	根据国务院统一规划部署，作为全国区域科技情报中心，负责科技文献信息资源的搜集、处理、存储、阅览及情报研究等工作，为政府决策提供信息支持。
陕西	1958	
浙江	1958	
广东	1958	
湖北	1958	
河北	1958	
贵州	1958	
甘肃	1958	
吉林	1959	
辽宁	1959	
河南	1959	
山东	1959	
山西	1959	
湖南	1959	
四川	1959	
江苏	1960	
福建	1960	

"156项工程"是中国"一五计划"（1953—1957年）的重中之重，是苏联和中国双方政府通过三次正式磋商和协定，并经过多次修正最终达成的苏联援助中国计划。"156项工程"的达成，离不开现场口译人员对中苏双方高层交流和商定做出的贡献。他们在现场通过中文和俄语两种语言间的转换，成为中苏两国领导沟通的桥梁，也成为促进"156项工程"最终落地的不可或缺的一环；而该工程的实施，也有赖于专业译员及时有效地将苏联专家的观点、理论和先进技术口译或笔译成中文。在"一五"期间，苏联政府派出了大量的本国专家、技术人员和顾问前往中国直接指导项目的实施。在这种情况下，正需要口译人员通过现场口译，保证中苏两国人员的无障碍交流。另外，相关资料的翻译也大大促进了中国专业技术人才队伍的壮大，间接推动了"156项工程"的顺利进行。相关资料的翻译，如重工业技术著作、苏联专家经验之谈以及国外专业人员的书信翻译都帮助了中国相关专业人才尽快学习国外先进技术并掌握管理经验，为中国工业化

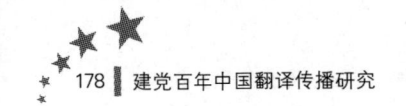

的发展打下了其所需的人才基础。

"156 项工程"的实施使得新中国在实现工业化道路上迈出了意义非凡的一步。当时的现场口译以及珍贵的资料翻译不仅见证了中国和苏联两国的真挚友情,更是记录了新中国成立初期工业化建设的探索,间接促进了中国社会主义工业化基础的奠定,推动了新中国经济的恢复与发展,有利于中国人民物质生活的改善和整体生活水平的提高。

4. 苏联宪法及其相关著作

20 世纪 50 年代,中国在新中国成立初期的发展依赖于向苏联学习政治、经济、军事、文化、外交等众多领域的知识和经验,深受苏联"老大哥"的影响。其中,在法律方面,苏联宪法学说也对中国宪法学说产生了广泛而深刻的影响。可以说,苏联 1936 年宪法是中国 1954 年宪法的基础。从宪法概念到其作用,从宪法本质到宪法与法制和法治的关系,再从人民权利与公民权利到宪法学体系,我们可以在 1954 年宪法的身上清晰地看到苏联 1936 年宪法的影子。而对苏联宪法的学习、迁移和应用,除了苏联法学专家赴中国直接授课和国内法学领域的专家、学者著书立说,还离不开苏联宪法及其相关教材和资料的翻译与出版。

实际上,译介苏联宪法及其相关材料的翻译活动开始于五四运动之后。当时已有进步知识分子在知名杂志上发表对苏联宪法的简介和评论,而类似的翻译活动则在新中国成立初期达到了高峰,有关苏联宪法的著作、教材、论文等翻译作品层出不穷。苏联宪法全称《苏维埃社会主义共和国联盟宪法(根本法)》,至新中国成立已经出台了 1924 年和 1936 年苏联宪法(斯大林宪法)。1924 年宪法包括苏联成立宣言和苏联成立的盟约,明确了苏联和各个加盟国之间的关系,确认了联盟的权利和责任,制定了政治经济指导原则和相关立法程序与原则等,体现出了苏联从资本主义向社会主义逐步过渡的过程特点。而 1936 年的苏联宪法则包括 13 章,大小条例共计 146 条。1936 年宪法不仅规定了苏联的国家性质,说明了工农社会主义国家中公民应当享有何等权利,还确定了国家机关的组织体系,制定了国家和社会制度方面的内容,具有明显的社会主义社会已经建成的特点。相关的著作和教材还有《苏联公民的基本权利和义务》《苏维埃宪法及其发展史》《苏联选举制度》《论社会主义宪法》《社会主义国家的宪法》等。

两部苏联宪法及各种宪法相关的翻译作品帮助中国社会更加了解苏联的国家政体特点,激励中国人民勇于追求并维护自己的权利,意识到社会主义制度的优越性。这一方面推动了新中国 1954 年宪法(《中华人民共和国宪法》)的颁布,促进了中国社会主义制度的建立;另一方面,促使中国人民更有动力地投身于我国的经济建设中去，夯实新中国的经济基础，全面促进新中国的发展。

5. 外交翻译

（1）国际会议口笔译

日内瓦会议是1954年由苏联领头，组织美、英、法、中、苏五国就朝鲜问题和中南半岛问题进行讨论的国际会议，也是中华人民共和国首次以五大国之一的身份和地位参与讨论国际问题的一次重要会议。以周恩来总理为首的中国代表团提倡以和平的方式解决朝鲜问题并尽力恢复中南半岛的和平与稳定，让世界各国看到了新中国的和平外交政策，向世界各国展现了热爱和平的大国形象。此次会议的俄语翻译有中共中央编译局的师哲和李越然，而英语翻译的任务主要是由过嘉鼎和冀朝铸领头。另外，此次会议也最终达成了《日内瓦会议最后宣言》，实现了中南半岛的和平，使得中国南部边境地区相对稳定，并改善了新中国与西方国家的关系。

1955年4月18—24日，由印度、印度尼西亚、缅甸、斯里兰卡、巴基斯坦五国发起，于印度尼西亚万隆召开了万隆会议，并最终通过《亚非会议最后公报》。来自亚非第三世界的29个国家和地区代表首次在没有任何殖民国家参与的情况下，讨论了亚非人民的切身利益，以求亚非国家团结一致，共同对抗以美苏为代表的殖民主义，促进亚非各国的经济文化交流，共同维护世界和平与合作。

"中国红墙第一翻译"冀朝铸作为随行翻译团队的一员，亲眼见证了历史，也出色地完成了万隆会议召开期间英文的口笔译任务。

第二次世界大战结束后，为了维护国际和平与安全，加强国与国之间的密切合作，汇聚世界各国之力共同解决有关经济、社会、文化及人道主义性质的问题，50多个国家的代表于1945年6月签署了《联合国宪章》。同年10月，伴随着《联合国宪章》的生效，联合国正式成立。联合国每年9—12月都会集中举行常会，同时也会根据需要不定期举行联合国大会。自新中国成立以来，联合国大会举行过数次。如1956年11月讨论了苏伊士运河危机的问题；1968年6月通过了《核不扩散条约》，并呼吁各国严格遵守条约上的相关规定。然而由于美国插手，在1971年以前中华人民共和国在联合国的合法权益一直被占据。直到1971年10月，联合国大会通过各国民主投票，宣布恢复中华人民共和国的合法席位，意味着中国的国际地位大大地提高。出席此次联合国大会的中国代表团由外交部副部长乔冠华领队，共计70余人。其中翻译人员共七名（英语翻译四名、法语翻译两名、俄语翻译一名）。在英文翻译中，施燕华和过嘉鼎负责笔译，章含之和唐闻生负责口译。凡是中国代表团参加会议的书面发言，都由施、过翻译成

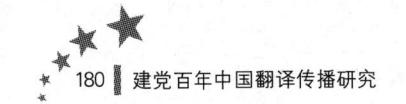

文，再交由联合国口译人员进行宣读。

无论是日内瓦会议和万隆会议的召开，还是每一次联合国大会的举行，都有利于促进世界各国的和平与合作。这些国际会议最终都会留下成文的协定或条约，也会留下会议期间珍贵的记录与文件。因此，中国外交队伍和政府外事部门中的翻译人员自然也会将国际会议中的宝贵资料翻译成中文。这样不仅能够方便不懂他国语言的人阅读和留存，还能促进和平与发展思想的传播。

(2) 国际文件翻译

在从新中国成立到改革开放初期的翻译作品中，有关外交关系和国际环境的国际协定或条约，即《中苏友好同盟互助条约》和中美联合公报也是该时期中国翻译成就的一部分。

《中苏友好同盟互助条约》是中华人民共和国和苏维埃社会主义共和国联盟于1950年签署的友好条约。双方政府就当时的国际形势以及两国各自关心的问题进行商讨，并最终由中国周恩来总理和苏联外长安德烈·维辛斯基在莫斯科克里姆林宫签署。《中苏友好同盟互助条约》废除了1945年签订的不平等的中苏旧约，是新中国外交史上取得的重要成果。不仅标志着社会主义阵营的形成，大大影响了世界格局，还为当时的新中国提供了稳定的外部环境及发展的土壤。

"中美联合公报"指的是中美两国先后签署的三份公报，分别是《上海公报》、《中美建交公报》和《八·一七公报》。基辛格秘密访华后，1972年2月尼克松总统正式访问中国，自此中美关系走向正常化。访问结束时，中美两国发表了中美《上海公报》，就双方关切的核心问题各自阐明了立场，中美关系开始迈向正常化的轨道。《上海公报》的签署既是中苏关系恶化后中国改变外交政策的明智之举，也是两国改善中美关系、谋求国际格局稳定的必然选择。1978年12月16日，中美两国发表了《中华人民共和国和美利坚合众国关于建立外交关系的联合公报》，两国正式确立外交关系。该公报的颁布意味着美国认可了新中国的存在，双方就"一个中国"及和平发展达成了共识，然而却留下了台湾问题等悬而未决的问题，侧面彰显了美国仍想干涉中国内政的野心。1982年8月17日，两国签署了《八·一七公报》，严肃探讨了美国对台军售问题，并在美对台售出武器的性能和数量等方面做出了限制，这是两国政府为解决台湾问题迈出的重要的一步。中美联合公报的签订使得两国在经济、贸易、科技、文化等方面的交流逐渐扩大，亚太地区的和平稳定得到了保障，而其他西方国家也响应美国的号召，接连向中国示好，使中国迎来了又一波建交高潮。

《中苏友好同盟互助条约》和中美联合公报的翻译与传播让中国社会了解到

中国已与当时世界两大强国建立了友好的外交关系，增强了中国人民的外交自信，并使其意识到国际环境已相对稳定，从而心无旁骛地投身于国内的经济建设，促进了中国在政治、经济、文化、外交等各个方面的稳固与发展。

（3）国际新闻翻译

《参考消息》的前身是1931年中华苏维埃第一次全国代表大会召开期间红色中华通讯社编印的《无线电材料》，其主要任务是抄录国民党电讯资料、翻译编辑国外媒体的新闻报道，以供中央领导和参会代表做内部参考。新中国成立后，1953年，中央决定对《参考消息》进行改革，以满足迅速及时报道新闻消息的需求和详尽介绍国内外新闻动态，方便中央领导和各部门单位的了解和参考。随后的几年，中央扩大了《参考消息》的订阅范围，从之前的仅供中央领导人和相关机构参读，扩大到了县级委员或者相当的党内干部、机关的科级、部队的团级、高校的讲师等人。这样一来，可以使得党政干部及时了解国际国内外的形势，及时了解我们的敌人和朋友的情况和动向，以避免思维固化等问题。可以说，《参考消息》是党和国家领导人以及其他党政干部了解国际新闻以及世界局势发展的重要消息来源。毛泽东从延安时期就开始通过阅读《参考消息》得知"天下事"，并根据相关新闻适时调整一系列决策。

在《参考消息》的发展过程中，毛泽东和周恩来同志都倾注了大量的心血。相比于党报和其他报刊，《参考消息》是一份"天下独一无二的报纸"。第一，它可以直接刊登外电材料而不加任何批判，保持了报道的客观性。第二，它的发行得到了中央的政治支持，即使在困难时期，也坚持出版，一直到后来的不断扩大发行。

4. 其他译入作品

1949年10月1日，中华人民共和国宣告成立，随之而来的就是国内面临的恢复和发展经济的主要任务。全国上下需要迅速恢复经济，加强以城市为中心的经济文化建设。经济的强盛要取决于工业的发展，而发展工业又离不开先进的科学技术。为了让民众接触更多的科学思想、树立更严谨的科学态度、学习更发达的科学技术，以辅助和促进中国经济发展，亟须编译各国数学、物理学、化学、地质学、天文气象、生物学、医药卫生、工业技术、农业技术、科学总论等众多领域的优秀科学著作。此外，马克思主义相关作品、世界文学和哲学社会科学其他学科的经典著作也被当时的翻译工作者们逐一译入中国，以促进新中国经济、文化、教育等方面的发展。表4-7为从新中国成立初期到改革开放前译入的主要作品，涉及了马克思主义、文学、哲学社会科学和自然科学等众多领域，为新

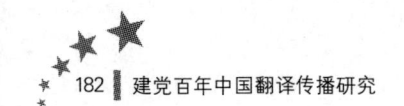

中国各个领域的发展提供了宝贵的理论支持。

表4-7　从新中国成立初期到改革开放前主要译入作品

领域		代表译作
马克思主义翻译		《马克思恩格斯全集》《列宁全集》《斯大林全集》《斯大林文选》《马克斯恩格斯选集》《资本论》《反杜林传》《费尔巴哈与德国古典哲学的终结》
文学翻译	俄罗斯及苏联文学	《钢铁是怎样炼成的》《母亲》《一个城市的历史》《生者与死者》《人生舞台》《在人间》等
	日本文学	《石川啄木诗歌集》《小林多喜二传》《山民》《忧国》《夏目漱石小说选》《夏目漱石选集》《新生》《春》《源氏物语》《苦闷的象征》《在外地主》《黑岛传治短篇小说选》等
	法国文学	《巴黎的秘密》《巴黎圣母院》《红与黑》《伪君子》《恨世者》《雨果诗选》《彼得大帝》等
	英国文学	《罗密欧与朱丽叶》《无事生非》《仲夏夜之梦》《儿子与情人》《欧塞罗》《乌托邦》《名利场》《一切为了爱情》《水上》《人生的开始》《呼啸山庄》等
	德国文学	《浮士德》《歌德名诗精选》《尼采诗选》《威廉·退尔》《少年维特之烦恼》《狱中书简》《席勒评传》等
	北美文学	《镀金时代》《密西西比河上》《哈克贝利·费恩历险记》《白鲸》《汤姆·索亚历险记》《绿野仙踪》《选择的必要》《驰名的跳蛙》《战争与回忆》《飘》等
	其他国家文学	《泰戈尔剧作集》《泰戈尔抒情诗选》《诗集》《吉檀迦利》《绞刑架下的报告》《奥德赛》《伊利亚特》《百年孤独》《无期徒刑》等
哲学社会科学翻译	西方哲学	《西方哲学史》《政治学》《物性论》《西欧中世纪哲学史纲》《美国启蒙学》《培根论说文集》《狄德罗哲学选集》《康德的哲学》等
	伦理学	《伦理学体系》《自然的体系》《法哲学原理》等
	逻辑学	《逻辑学》《逻辑问题讨论集》《小逻辑》《逻辑学》《逻辑史选译》等
	政治	《莫尔及其乌托邦》《尝试》《林中居民的信札》《现代政治分析》《民主理论的前言》
	法律	《列宁斯大林关于国家与革命的学说》《苏联宪法教程》《苏联宪法》《苏联宪法通论》《苏联公民的基本权利与义务》《苏维埃刑法原理》等
	经济学	《价值与资本：对经济理论某些基本原理的探讨》《效率、公平与产权》《指导性计划理论》《外部经济效应理论》《凯恩斯革命》等

续前表

领域		代表译作
哲学社会科学翻译	军事	《苏沃洛夫十项军事法则》《恩格斯军事论文选集》《论资产阶级军事科学》《论防止战争》《战略投降：胜利和失败的政治》《核时代的美国战略》《现代战略论》《大战：1914～1918年的世界》
	外国史学及历史著作	《历史哲学》《近代现代英国历史学概论》《近代现代美国史学概论》《古代东方史》《历史》《世界通史》等
	地理	《被改造的大地》《经济地理学导论》《古代的地理学》《大不列颠和爱尔兰》《不列颠群岛（自然地理和农业地理）》等
	教育	《世界教育史》《教育史》《九国高等教育》《南斯拉夫的成人教育》等
	社会学	《社会改造的原理》《工业文明的社会问题》等
	心理学	《心理学》《感觉器官的生理心理学概论》《感觉直觉与表象》《性心理学》《儿童心理发展概论》等
	其他学科	《人口论》《马克思的美学观》《列宁论文化和艺术》《文艺复兴时期的艺术》《俄罗斯音乐史（19世纪上半期）》《舞剧编导艺术》《别林斯基》《保卫柯察金》《语法结构问题》《有关语言学的几个问题》《伊斯兰教》《基督教的起源》等
自然科学著作翻译	生物学	《今日的生物学》《遗传与变异》《控制植物有机体的方法和成就》等
	物理学	《现代磁学》《原子物理学》《流体力学》等
	数学	《单页函数论的一些问题》《复变函数的几何理论》《高等代数》《算数》《代数与初等代数》等
	化学	《化学原理》《有机化学》《有机化学中的电子理论》《化学键的本质》《普通化学教学法指导书与测验题》
	其他学科	《彩色电视》《天演论》《国外射流技术》《国外钛及钛合金的现状和发展动向》《城市煤气供应》《程序设计语言PL/I》等

在译作国别方面，苏联占了绝对的数字优势。这是因为新中国成立初期中国和苏联关系密切，在经济建设的各个方面都紧跟苏联脚步，全方面向苏联"老大哥"学习。此外，美国、英国、日本、德国、法国也是科学著作译入作品的主要来源国家。当然，欧洲一些小国，如捷克、匈牙利、波兰、比利时、荷兰、瑞典、丹麦、瑞士等也提供了少量的科学著作。但总的来说，还是以苏联为主导，呈现出逐渐向多元方向发展的趋势。

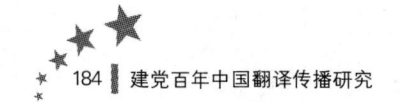

三、翻译传播的策略

1. 科技翻译传播的策略

科技文本具有其独特的性质和特点,而科技翻译旨在传递关于某个事实的主题或者关于语言之外的客观世界,因此,译员需要根据原文特点,准确地传递信息。其中,科学性、技术性和专业性可谓是科技英语区别于非科技英语的最重要的特点。因此,科技翻译需要以清晰的逻辑客观地表达出专业知识。比如为了体现客观性,翻译中常常采用被动语态的句型;为了使得逻辑更加清晰,译员要适时使用逻辑词来辅助听众理解。另外,除了要有熟练运用两种语言的能力,译员还需要了解和熟悉所要翻译的科技领域的专业知识,如技术原理、加工流程、处理手段等。只有有了背景知识的支持,译员才能真正理解源语内涵,并将其翻译成便于理解的语言。然而,有了专业知识背景还不足以满足对一个合格的科技翻译工作者的要求。译者还要掌握相关领域的专业词汇和术语的特定译法,懂得该领域的"行话"。如 L-electron 是原子核第二层电子; tannic acid 是单宁酸; combine 在科技英语中应翻译为联合收割机等。如果不懂得专业术语及其翻译,译员一定会被质疑其专业性。而翻译术语也有其方法和规律可循,如意译法、音译法、形译法和音意混译法等。

意译法指的是根据科技术语的英文含义,运用汉语的构词法,译出相应的中文。如 obstacle free zone 可以译为"无障碍区"。音译法指的是按照英文发音将术语翻译成规范的、通用的语言。如 joule（焦耳）、Freon（氟利昂）、calorie（卡路里）等。形译法指的是不翻译原有的英文字母,只在其后加上形字。如 I-column（工字柱）、T-square（丁字尺）等。另外,还有某些术语的翻译是将音译和意译相结合。如 valve-guide（阀倒）、Morse code（莫尔斯电码）等。

科学技术的传播离不开无数科技翻译工作者的辛勤努力。从新中国成立初期到改革开放前科学技术方面的传播主要靠两个途径。一方面,中国专家学者大量译入了来自苏联、英国、美国等国家有关发展的科学技术的专著、文稿等,或通过阅读国外资料自行撰写相关论文以引进相关科技。另一方面,苏联将大批的专家派遣到中国,或现场指导、或举办讲座,分享了当时有关先进科学技术的信息及实践经验。而为了保证双方人员交流与沟通的顺利进行,自然少不了口译员的"桥梁"作用。

2. 外交翻译传播的策略

外交通常指的是访问、谈判、交涉、缔结条约、发出外交文件、参加国际会议和国际组织等形式的国家在国际关系方面的活动,①而翻译则是外事活动中不可或缺的一环。外交翻译既具有所有翻译活动的共性,又因外事活动的特殊性而被赋予了外交翻译的独特性。由于外交涉及国家的敏感问题,稍有不慎就可能模糊国家立场、损害国家利益并影响国际关系,所以外交翻译对负责口笔译工作的人员提出了更高的要求。外交翻译不仅需要译员忠实且严谨地转换两种语码,还要求其具有高度的政治敏锐性,措辞精确地做好对外解释工作。②

首先,无论是口译还是笔译,外交翻译的语言都必须具有严谨性。如果说其他领域的翻译原则之一是语言准确,那么外交翻译就必须力求精确。外交翻译涉及国家间的外交关系、领土主权等问题,以及国家在政治、经济、军事等不同方面的利益,一字之差就有可能在无意间损害国家利益。因此,外交翻译人员一定要字斟句酌,恰当地选择词汇,考虑到同义词之间细微的差别,在语言方面拿捏好分寸,达到译文的忠实和严谨。

其次,译员要保持高度的政治敏锐性,包括微观上对政治外交翻译的词汇选择,以及宏观上对国家整体外交政策的了解与把握。③ 外交口笔译人员需要深悉国家核心利益,并明晰国家在外交事务上的基本态度和立场。只有这样,才能在翻译时清晰准确地传达说话者的意图,并在领导口误时自动进行翻译纠正,避免因用词不当或政策方向把握不清而引起外交事故,影响两国关系。

最后,译文还应该具有必要的解释说明。由于外交翻译的特殊性和对政治性提出的极高的要求,译员有时会过于亦步亦趋,不敢"发挥",从而导致译文较为概括,缺乏某些具体的细节,或由于两种语言使用者思维的差异而造成理解问题。因此,口译员需要对涉及文化层面的内容进行解释;而笔译工作者则需要对某些细节或实际情况补充更为详细的说明。

外交翻译与其他领域的翻译不同,它在语言精准度、译文政治性和内容解释性等方面对口笔译人员提出了更高的要求。只有在遵守基本翻译原则的基础上,兼顾特殊要求,才能较好地完成外交翻译工作,保证各大外事活动的顺利进行,促进中国外交事业的发展。

3. 社科、文艺翻译传播的策略

除了马克思主义著作的翻译、外事口译和重要外交文件的翻译以及科技翻译,其他哲学社会科学和文学艺术的翻译也不容忽视。党和国家领导人毛泽东曾

---

① 周慧. 外交翻译的语言特点及翻译技巧 [J]. 林区教学,2017 (1):53-54.
②③ 吴迪龙,胡健. 施燕华外交翻译思想管窥 [J]. 中国翻译,2017,38 (04):71-76.

于 1945 年在中共七大口头政治报告中强调了翻译工作的重要性。毛泽东曾说,"作翻译工作的同志很重要,不要认为翻译工作不好。我们现在需要大翻译家。我是一个土包子,要懂一点国外的事还是要靠翻译。"不得不说,翻译是中国人民"开眼看世界"的保障,从人文社科到自然科学,从政治、经济、外交到军事、科技、文化,各个领域都需要翻译及传播。

另外,毛泽东也曾就翻译的方式方法做过点评。他认为译员要学习鲁迅的"硬译"手法,即直译。对理论书籍的翻译,最重要的就是追求准确。当"准确"和"通顺"发生矛盾时,要舍弃后者而保留前者。此外,翻译书籍还要增加序言,"没有序言不准出版"。这也体现了毛泽东积极学习马克思主义文本,并有意识地弘扬其可借鉴的积极意义。

★ 第三节 翻译传播的贡献 ★

一、社会影响

新中国成立初期,中苏关系紧密而友好。中国在经济、政治等各个方面都紧跟苏联"老大哥"的步伐,引进了苏联前沿的思想、先进的技术和完善的法制体系。引进的主要手段就是翻译传播。翻译传播为中国带来了苏联系统的发展模式,制定了第一个五年计划,并提前超额完成任务。翻译传播大力促成了"156 项工程"的实施,奠定了新中国工业化的基础,快速地恢复了萎靡的战后经济。翻译传播还为新中国带来了苏联及东欧各国相对完善的宪法体系,推动制定了中国历史上首部社会主义性质的宪法,使得中国人民从此有法可依、有律可循。可以说,翻译传播在新中国和苏联之间架起了一座桥,使两国之间便于交流、互通有无,推动了新中国的社会发展。

1. 翻译传播与"一五"计划

(1)"一五"计划的编制

1951 年初,刚刚从常年战乱中走出来的新中国经历了一年半左右的发展,各项建设事业逐渐步入正轨。新中国成立初期,受"一边倒"政策的影响,中共中央借鉴苏联的发展模式,开始着手制定《中华人民共和国发展国民经济的第一个五年计划》(简称"一五"计划)。但是,新中国成立初期国内的各类工程技术人员严重不足,国民党政府留下的相关人员仅有 2 万,且其中还包括相当一部分政治立场不明确的日本技术人员。人才的不足严重地阻碍了国民经济的恢复与发展。在当时的情况下，向苏联请求专家的支援成为解决新中国建设燃眉之急的办法。

事实上，在新中国成立之前的1949年6月，刘少奇访问苏联时就曾邀请了200多名苏联专家来华。但是对于指引整个国家未来五年发展方向的"一五"计划来说，专家的数量依然严重不足。1952年8月，周恩来访问苏联，与斯大林商谈增派专家事宜，希望苏联能派800名专家支援中国的"一五"计划。除了人才需求外，"一五"计划还需要大量的工业标准和相关技术资料。苏联对新中国的第一个五年计划给予了大力的支持。

在"一五"计划的编制过程中，苏联方面也给予了指导与帮助。除了向苏联请求人员和技术援助外，周恩来与斯大林商谈的另一个重要目的是就"一五"计划的草案向斯大林征求意见。斯大林认为中方草案中工业总产值每年20%的增长率定得太高，建议调整至14%或15%，这样可以留有余地，以应对计划实施中的各项困难。此外，他还特别指出，作为新中国第一个五年计划，一定要保证按期完成，这样才能够鼓舞人民的士气。尽管"一五"计划经过了多次修改，但始终未能定稿。到1953年，中共中央决定按预定计划开始推进"一五"计划的实施，一边实施一边继续完善计划的编制。

（2）"156项工程"的实施

自1953年启动至1956年，新中国仅仅用了三年时间就提前完成了第一个五年计划的建设目标。在"一五"计划期间，苏联共向新中国援助了150项建设项目。由于原定计划援助的项目数量为156项，所以大量的文献资料中常用"156项工程"来指代"一五"计划期间苏联援建的重点建设项目。"一五"计划的实施和"156项工程"的建设，奠定了国家工业化的基础，建立起了完整的基础工业和国防工业体系。

伴随着"156项工程"的还有大批的苏联专家，他们在全国各地不仅亲身投入"一五"计划的各项建设，还向中国技术人员传授了宝贵的经验和技术，并提供了大量的文献资料。据统计，至"一五"计划完成时，有3 000名苏联专家在华开展工作。[①] 苏联的援华专家也纷纷积极地为新中国的发展献计献策。时任苏方援华总顾问的阿尔希波夫召开了持续三天的援华专家会议，与会的苏联专家各抒己见，探讨了新中国建设中存在的诸多问题。仅1950—1953年的三年时间内，

---

① 毛泽东. 毛泽东文集：第3卷[M]. 北京：人民出版社，1996：342.

苏联专家共带来科技类文献资料600吨。[①] 在1954—1959年间，苏联先后向我国提供了1 100套工业项目设计资料、3 500套机械设备图纸、950套技术资料、2 950种技术说明书。[②] 这些来自苏方的技术文献都需要经过翻译才能够被国内工作人员参考借鉴，苏联专家来华所面临的语言和文化障碍，需要大批工程技术和联络陪同口译人员的帮助才能够正常地在华工作、生活，可以想象这些都是多么庞大的翻译工程。

由于军工、国防以及其他涉及国家机密的资料没有对外公开，我们无法统计"一五"计划期间的科技翻译数量。但是从相关公布的文献记载中可以看出，"一五"计划期间苏联给予了我国大量无私的援助。从制定"一五"计划的外交会谈到"156项工程"的实施，翻译对于"一五"计划乃至新中国的工业化基础都起到了至关重要的作用。

2. 翻译传播与1954年宪法

（1）对"五四宪法"内容的影响

"五四宪法"是中华人民共和国成立后的第一部宪法，是中国历史上首部社会主义性质的宪法。"五四宪法"不论是制定的过程还是宪法的内容都从国外宪法和制宪经验中进行了一定程度的借鉴，其中不仅包括社会主义国家宪法的内容及其相关的制宪经验，也包括一些资本主义国家的合理经验。可以看出，"五四宪法"是一部具有国际视野的宪法。

宪法的制定不仅是一个国家的内部事务，更是一个国家在国际社会中立足的身份标志。新中国第一部宪法的制定受到了新中国成立初期国内国外各种复杂因素的影响和制约。新中国成立初期，国际形势非常复杂，以美国和苏联为首的两大阵营形成对立的局势，新中国选择了向苏联"一边倒"。因此，在制定宪法的过程中学习苏联经验也是必不可少的。在制宪时机的选择上，斯大林的建议发挥着重要作用。1952年底，刘少奇出访苏联，先后两次与斯大林进行会谈，会谈中刘少奇谈到中共中央有关制定宪法的一些想法。斯大林的建议是可以以《共同纲领》继续作为临时宪法，但应尽快开始制宪工作。中共中央接受了这一建议，开始着手准备召开人民代表大会、制定宪法。

据我国学者考证，"五四宪法"的内容受到了以苏联为代表的多个不同社会主义国家宪法的影响，其中包括苏联、越南、保加利亚、朝鲜、匈牙利、捷克斯

---

① 毛泽东. 毛泽东文集：第3卷 [M]. 北京：人民出版社，1996：342.
② 沈志华. 苏联专家在中国（1948—1960）[M]. 北京：新华出版社，2009.

洛伐克和波兰。①

从宪法体系上看，"五四宪法"与1936年版的苏联宪法的结构较为相似。"五四宪法"包含四章106条，苏联宪法有13章146条，如表4-8所示：

表4-8 1954年宪法与苏联宪法宪法体系对比

"五四宪法"	苏联宪法
序言	
第一章 总纲	社会结构
第二章 国家结构	国家结构
第一节 全国人民代表大会	苏维埃社会主义共和国联盟最高国家权力机关
第二节 中华人民共和国主席	加盟共和国最高国家权力机关
第三节 国务院	加盟共和国国家管理机关
第四节 地方各级人民代表大会和地方各级人民委员会	苏维埃社会主义共和国联盟国家管理机关
第五节 民族自治地方的自治机关	苏维埃社会主义自治共和国最高国家权力机关
第六节 人民法院和人民检察院	地方国家权力机关
	法院和检察院
第三章 公民的基本权利和义务	公民的基本权利与义务
	选举制度
第四章 国旗、国辉、首都	国旗、国辉、首都
	本宪法修改程序

资料来源：赵倩倩.1954年宪法的材料渊源研究[D].天津：天津商业大学，2017：3-4.

从上表中可以看出，"五四宪法"的一个标志性特征是宪法开篇的序言。这种在宪法前添加序言的结构受到了1918年苏俄宪法的启示。1918年苏俄宪法将列宁所著的《被剥削劳动人民权利宣言》一文放在了开篇位置。毛泽东正是受到了这一启发，亲自为新中国第一部宪法撰写序言，并将其置于开篇部分。

（2）对"五四宪法"语言表述的影响

"五四宪法"的文本语言表述同样从外国宪法文本中进行了借鉴。语言表述的影响体现在两方面，一是通过对外国宪法文本的翻译引入特定的表述形式，二是在翻译宪法文本的过程中重视对相关核心概念的考证，从而明确译入汉语时的

---

① 韩大元.外国宪法对1954年宪法制定过程的影响[J].比较法研究，2014（4）：57.

表达形式和翻译策略。第二章的标题"国家结构"与苏联宪法中的表述一致。"五四宪法"中这一部分所规定的是人民如何通过国家机关实现自己的权利。在苏联宪法中,"国家结构"指国家的构成以及国家与其组成部分的关系。再如,第二章中有关法院和检察机关的第66条的"审判机关"一词来源于苏联宪法,在其翻译过程中借鉴了苏联宪法著作中的相关概念。在苏联宪法著作的相应描述中,国家设立机关的目的是开展工作,而不是赋予其相应的权利,因此宪法草案初稿中将苏联宪法相应的内容翻译为"司法权"并不符合苏联宪法的本意。

除了通过译入外国宪法及相关著作以借鉴其中的语言表述外,"五四宪法"在正式公布后不久还由中国外文局下属的外文出版社出版了英、俄、日、法、德等多个外文版。以"五四宪法"的英文版为例,英文版文本的翻译同样借鉴了外国宪法中的表述形式。据当时参与"五四宪法"文本英译的中国外文局外国专家爱泼斯坦回忆,"五四宪法"在语言表述方面与美国宪法有相似之处。例如,"五四宪法"中将"中国人民"译为"the Chinese People",这与美国宪法中"the people of the United State"的表述形式基本一致。从"五四宪法"的语言表述和多个外文版本可以看出,新中国第一部宪法的制定经过了充分的人民讨论,是新中国法律工作者辛勤耕耘的结晶,党中央对"五四宪法"的外宣工作也给予了高度重视。

二、外交影响

自新中国成立初期到改革开放前,从马克思主义思想的传播到日内瓦会议的举行,从中国代表团赴联大争取应有权益到中苏决裂、中美建交,翻译传播就像"随风潜入夜"的春雨,潜移默化地影响着中国外交方针的制定、外交政策的调整和外交理念的更迭。一方面,翻译传播为国人启智,不出国门遍知天下事。既能领略国家代表团在重大国际会议和外交事务上表现出的大国风范,又能了解国际局势变化,增强民族自信,鼓足干劲聚焦对内发展。另一方面,翻译传播又为中国制造了独一无二的名片。名片上写着的是中国与各国和平发展的心愿,与友国合作共赢的诚意,以及共同维护稳定的国际局势的决心。

1. 翻译传播与和平共处五项原则

和平共处五项原则包括互相尊重主权和领土完整、互不侵犯、互不干涉内政、平等互利、和平共处。和平共处五项原则不仅是我国长期奉行的基本外交原则,也是当今国际社会所公认的处理国家间关系的基本行为准则。经过半个多世纪的实践与发展,和平共处五项原则在处理国与国之间关系中体现出了强大的生命力。回顾和平共处五项原则形成的历史，翻译传播在其中发挥了不可替代的作用。

(1) 马克思主义经典著作中的相关思想

马克思在对资本主义国家为了争夺原材料和市场的扩张行为进行分析后，提出了无产阶级应对列强侵略的外交思想——民族的独立与平等。马克思在《1848年至1850年的法兰西阶级斗争》一书中对欧洲人民的革命斗争进行分析，提出了"独立自主"这一概念。对无产阶级的革命斗争而言，独立自主至关重要。恩格斯曾说："要保障国际和平，首先就必须消除一切可以避免的民族摩擦，每个民族都必须独立和当家作主。"① 马克思认为，国与国之间外交的基本条件是互相平等。一个国家、一个民族在处理内部事务时只有做到不受其他国家或民族的干涉，才是真正的民族独立，才能实现外交的平等。通过《共产党宣言》的号召，世界各国的无产者联合了起来，共同反抗资产阶级的剥削与压迫。马克思指出："新社会的国际原则将是和平。"②

列宁的外交思想与马克思恩格斯独立与平等的理念一脉相承。他结合俄国的具体情况，发展出和平的外交思想。列宁当时所处的俄国与马克思、恩格斯所处的时代不同，国际形势已经发生了变化，工人运动此起彼伏。列宁认为："我们虽然没有获得国际胜利，即对我们来说是唯一可靠的胜利，但是却给自己争得了能够同那些现在不得不与我们建立贸易关系的资本主义列强并存的条件。"③ 为了确保新生社会主义政权的稳定，列宁认为资产阶级和无产阶级的冲突与竞争已经进入了新阶段，奉行和平的外交政策可以使资本主义国家和社会主义国家共处，进而为当时的苏维埃政权赢得相对稳定的国际环境。列宁指出："社会主义共和国不同世界发生联系是不能生存下去的，在目前情况下应当把自己的生存同资本主义的关系联系起来。"④

列宁的和平外交思想是马克思主义哲学在外交实践中的继承与发展。中央编译局对马克思、恩格斯、列宁的经典著作所进行的完整、系统的翻译引入，为毛泽东、周恩来等中国共产党领导人以及广大党员提供了全面深刻学习掌握马克思主义哲学的素材，对中国共产党独立自主外交原则以及和平共处五项原则的形成起到了启发和引导的作用。

---

① 马克思，恩格斯. 马克思恩格斯全集：第28卷 [M]. 2版. 北京：人民出版社，2018：450.
② 马克思，恩格斯. 马克思恩格斯全集：第17卷 [M]. 北京：人民出版社，1963：8.
③ 列宁. 列宁全集：第40卷 [M]. 2版（增订版）. 北京：人民出版社，2017：23.
④ 列宁. 列宁全集：第41卷 [M]. 2版（增订版）. 北京：人民出版社，2017：167.

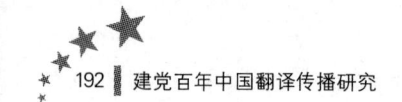

(2) 新中国成立初期的一系列外交翻译事件

和平共处五项原则的提出，除了从马克思、列宁的经典著作论述中获得的马克思主义哲学根基外，也在新中国成立初期的一系列外交会谈中逐渐得到了明晰。这些外交会谈离不开外交部翻译室的工作人员所提供的外事口译。

新中国成立后，面对复杂的国际局势，周恩来亲自担任外交部部长。为了打开外交新局面，周恩来积极同有意向与新中国建立外交关系的国家展开会谈。1953 年 12 月 31 日，中印双方在北京进行会谈，会谈的主题是西藏与印度的关系。周恩来在这次会谈的讲话中首次提出了和平共处五项原则。他认为："中印两国的关系会一天一天地好起来。……新中国成立以后就确立了处理中印两国关系的原则，那就是互相尊重领土主权、互不侵犯、互不干涉内政、平等互惠和和平共处的原则。"印度代表表示认同，双方同意将这些原则写入《中印关于中国西藏地方和印度之间的通商和交通协定》（1954 年 4 月 29 日签订）当中，和平共处五项原则第一次以书面的形式出现。

1954 年初，美、苏、英、法四个国家的外交部部长商定于 4 月 26 日在瑞士日内瓦会晤，讨论有关和平解决朝鲜和中南半岛的问题。除了会议的四个发起国外，中国也全程参加日内瓦会议。日内瓦会议是新中国成立以后出席的第一个国际会议，对新中国开拓新的外交局面格外重要。通过对当时世界局势的分析，毛泽东、周恩来等中共领导人充分认识到了日内瓦会议的重大意义，其实质是第二次世界大战后两大对立阵营就解决亚洲问题的"五大国会议"。周恩来为参加日内瓦会议做了细致的部署安排，包括收集朝鲜、印度相关相关信息，翻译日内瓦会议相关文件，确定中国代表团成员名单，制定出席日内瓦会议的原则并拟订相关文件，他还特别指示李克农组织模拟会议，进行会议口译演练。[1] 5 月 27 日周恩来为和平解决中南半岛问题提出了方案。

随后，6 月下旬，日内瓦会议暂时休会，周恩来借此机会相继出访了印度和缅甸。6 月 28 日，印度总理尼赫鲁与周恩来进行了会谈，双方随后发表了中印联合声明，声明提出了和平共处五项原则。声明指出，和平共处五项原则不仅适用于中印两国之间的关系，而且适用于各国之间以及一般国际关系之中。中印联合声明发表的当日，周恩来出访缅甸，与缅甸总理吴努进行会谈。之后，双方发表的中缅联合声明中再次提出和平共处五项原则。声明明确指出，和平共处五项原则同样是指导中缅关系的原则。日内瓦会议期间，秉着和平共处五项原则，周

---

[1] 熊华源. 征战日内瓦会议前夕的周恩来 [J]. 党史文汇, 1999 (10): 21.

恩来积极协调与会各国寻求共识。7月21日最终达成了日内瓦协议，和平解决了中南半岛问题。新中国以一种负责任大国的形象完成了在国际舞台上的首次亮相。师哲、李越然、冀朝铸等新中国第一代翻译人员陪同周恩来参加了日内瓦会议以及一系列的外交活动。

1954年8月11日，周恩来就外交工作在政府会议上做报告，总结了一系列外交工作，明确了处理国际关系的和平共处五项原则。自此，和平共处五项原则正式成为新中国的外交原则。

2. 翻译传播与恢复联合国合法席位

中华人民共和国成立后，周恩来致电联合国，表明中华人民共和国是代表中国人民的唯一合法政府，中华人民共和国的代表是唯一能够代表中国参加联合国的合法代表，要求联合国取消"中华民国"政府的代表权。但是，美国等国家不断为新中国恢复代表权设置重重障碍。经过多年不懈的努力，中华人民共和国于1971年10月25日恢复了在联合国的合法席位。第二十六届联合国大会以压倒性多数（其中赞成76票、反对35票、弃权17票）通过了阿尔巴尼亚、阿尔及利亚、缅甸、斯里兰卡、古巴、伊拉克、赤道几内亚、几内亚、毛里塔尼亚、马里、尼泊尔、巴基斯坦、罗马尼亚、也门民主人民共和国、赞比亚、刚果人民共和国、塞拉利昂、苏丹、坦桑尼亚、阿拉伯也门共和国、索马里、南斯拉夫和叙利亚共23个国家联合提交的"关于恢复中华人民共和国在联合国一切合法权利，并立即把国民党集团的代表从联合国及其所属一切机构中驱逐出去"的A/L.630决议草案，草案生效为2758号决议。

在恢复联合国合法席位的斗争中，周恩来亲自领导、安排赴联合国的人员以及各项准备工作。据当时出席第二十六届联大的中国代表团成员、外交部资深翻译过家鼎回忆，[①] 中国代表团共有70余人，外交部副部长乔冠华任代表团团长。成员中有7名为翻译人员，涉及三个不同的语种：英语（4人）、法语（2人）、俄语（1人）。其中，过家鼎和施燕华负责英语笔译，章含之、唐闻生负责英语口译。中华人民共和国代表团参加会议的所有书面发言稿都由外交部自己的翻译负责译成英语，供联合国的口译员在会议现场宣读。需要联合国秘书处列入会议记录的内容也由我方自己的翻译完成。其他的会议发言则需要依靠联合国秘书处提供的翻译。

除了赴联合国工作的外交部翻译人员外，在国内还有大量的联合国文件需要进行翻译。1974年，外交部向全国各地的大专院校发出请求，请求支援外语人

---

① 过家鼎. 联合国的翻译工作 [J]. 中国翻译，2004 (1)：52-54.

才，协助参与联合国文件的翻译工作。在此期间，外交部创办了内部刊物《联合国文件翻译工作简报》，供参与联合国文件翻译的工作人员开展业务交流，切磋翻译工作技能，探讨翻译标准。其中，该刊提出的"准确、通顺、易懂"的联合国文件翻译标准有效地提高了译文的翻译质量，对当时国内的翻译工作也起到了指导作用。该刊1979年更名为《翻译通讯》，由中国对外翻译出版公司正式出版发行，也就是现在中国翻译协会会刊《中国翻译》的前身。

3. 翻译传播与中美建交

（1）《参考消息》与党的重大战略行动

周恩来非常重视《参考消息》的特殊作用，并且非常善于利用《参考消息》为党的重大战略行动服务。进入20世纪70年代后，随着国际环境的变化，新中国的外交工作也做出了调整，开始同美国缓和关系。在1970年10月1日的国庆庆典上，美国记者斯诺受邀登上天安门城楼，周恩来特意安排他站在毛泽东身边，通过新闻图片的形式向美国释放外交信号。毛泽东和周恩来还分别会见斯诺，谈话内容涉及中国的内政外交以及重大的国际问题。经中方同意，斯诺于1970年12月至1971年5月间先后在意大利和美国的报刊上发表了七篇文章。前四篇文章包括：同周恩来谈话的国际部分刊发于1970年12月13日的意大利《时代》周刊，同周恩来谈话的国内部分刊发于1971年2月28日的《时代》周刊，《我们同毛泽东谈了话》发表于1971年4月18日，《同毛泽东的一次交谈》于1971年4月30日发表在美国的《生活》杂志上。此外还有三篇文章分别于1971年4—5月间先后在意大利《时代》周刊上发表。

新华社《参考消息》编辑部从1971年4月下旬开始陆续收到斯诺的访华文章。1971年5月2日，《参考消息》在头版以整版篇幅将《我们同毛泽东谈了话》全文刊出。6月7日，《参考消息》头版刊出了《周总理同斯诺的谈话》（国际部分）。之后，周恩来要求将斯诺访华文章编译好送他亲自审阅后再予以刊登。6月19日刊出的《同毛泽东的一次交谈》一文的内容极为重要。在这次交谈中毛泽东谈了包括中国和美国、苏联之间的关系，以及其他对外关系问题和中国的国内形势。毛泽东在同斯诺的谈话中明确表示"欢迎尼克松来中国，我愿意和他谈，谈得成也行，谈不成也行，吵架也行，不吵架也行，当作旅行者也行，当作总统来谈也行"[①]。美方收到这一信息后迅速做出反应，1971年7月9日基辛格

---

① 6位外国人看毛泽东：令人极感兴趣而高深莫测的人 [EB/OL].（2013 - 12 - 05）[2020 - 08 - 30]. http://dangshi.people.com.cn/n/2013/1205/c85037-23752088-3.html.

秘密访华。

《参考消息》在中美关系取得重大突破性进展的外交过程中发挥了特殊的积极作用。对于毛泽东和周恩来等党的领导人来说，《参考消息》是他们的重要信息来源，每日必看。据新华社的领导回忆，20世纪五六十年代他们曾目睹毛泽东、周恩来等党的领导人手拿放大镜认真阅读《参考消息》的情景。

(2) 中美联合公报翻译中的外交措辞

中国和美国之间先后签署过三个公报，分别是《上海公报》《中美建交公报》和《八·一七公报》。基辛格秘密访华后，1972年2月17—28日，尼克松总统访问中国。访问结束时，2月28日中美两国发表了中美《上海公报》，就双方关切的核心问题各自阐明了立场，中美关系开始迈向正常化的轨道。1978年12月16日，中美两国发表了《中美建交公报》，两国正式确立外交关系。1982年8月17日，两国又就美对台军售问题签署了《八·一七公报》。《中美建交公报》的翻译不仅涉及文字问题，更涉及我国的重大利益。① 例如，从《上海公报》到《中美建交公报》，一个细微的措辞变化是"认识到"和"承认"。这一表达的变化不仅仅是语言的差异，背后所体现的是对国家立场和国家利益的维护，以及对两国之间关系的精准把握。

在《上海公报》中，美方就台湾问题做了如下表述：

"The U. S. side declared: The United States acknowledges that all Chinese on either side of the Taiwan Strait maintain there is but one China and that Taiwan is a part of China. The United States Government does not challenge that position. It reaffirms its interest in a peaceful settlement of the Taiwan question by the Chinese themselves. With this prospect in mind, it affirms the ultimate objective of the withdrawal of all U. S. forces and military installations from Taiwan. In the meantime, it will progressively reduce its forces and military installations on Taiwan as the tension in the area diminishes."②

该部分内容对应的中文表述如下：

"美国方面声明：美国认识到，在台湾海峡两边的所有中国人都认为只有一个中国，台湾是中国的一部分。美国政府对这一立场不提出异议。它重申它对由中国人自己和平解决台湾问题的关心。考虑到这一前景，它确认从台湾撤出全部

---

① 施燕华. 浅谈中美建交公报的翻译 [J]. 中国翻译，2004 (1)：60.
② Joint Communiqué of the People's Republic of China and the United States of America（February 28，1972）[EB/OL]. [2021-02-22]. (http://www.china-embassy.org/eng/zmgx/doc/ctc/t36255.htm.

美国武装力量和军事设施的最终目标。在此期间,它将随着这个地区紧张局势的缓和逐步减少它在台湾的武装力量和军事设施。"① 在《中美建交公报》中,第二段内容是对《上海公报》中原则的重申,内容更加简洁,但使用了不同的措辞,体现出美方态度的改变。该段内容如下:

"The Government of the United States of America acknowledges the Chinese position that there is but one China and Taiwan is part of China. "②

对应的中文如下:

"美利坚合众国政府承认中国的立场,即只有一个中国,台湾是中国的一部分。"③

从《上海公报》和《中美建交公报》的中文版中可以看出,美方就一个中国问题的表述发生了细微变化,从"认识到"一个中国到"承认"一个中国。但是,两个公报却都在英文版中使用了"acknowledge"的表述形式。《上海公报》中将"acknowledge"译为"认识到",而《中美建交公报》中则将"acknowledge"译为"承认"。这种对同一个英语单词的不同译法有着深刻的外交考量。北京师范大学著名历史学者黄安年教授曾多次撰文就从"认识到"到"承认"的外交措辞背后所体现的外交原则问题展开探讨。在《上海公报》签署之时,中美两国还没有建立正式的外交关系,美国还同国民党政府保持着外交关系。在这种特殊情况下,"承认一个中国"中的"一个中国"是指中华人民共和国还是"中华民国",则会产生不同理解,客观上制造出了"两个中国"解读的可能性。因此,"认识到一个中国"的表述形式既肯定了"一个中国"的原则,又避免了"两个中国"误读的可能。④ 但是,到了《中美建交公报》发布之时,美方明确表示将与"中华民国"政府断交,重新与代表广大中国人民的中华人民共和国建立外交关系。在这种情况下使用"承认"就顺理成章了。

据亲历中美建交谈判以及中美《上海公报》和《中美建交公报》翻译工作的

---

① 中华人民共和国和美利坚合众国联合公报(一九七二年二月二十八日发表)[EB/OL]. [2021 - 02 - 22]. http://www.china-embassy.org/chn/zmgx/zywj/lhgb/t705065. htm

② Joint Communiqué on the Establishment of Diplomatic Relations between the People's Republic of China and the United States of America (December 16, 1978) [EB/OL]. [2021 - 02 - 22]. http://www.china-embassy.org/eng/zmgx/doc/ctc/t36256. htm.

③ 中华人民共和国和美利坚合众国关于建立外交关系的联合公报(一九七八年十二月十六日发表)[EB/OL]. [2021 - 02 - 22]. http://www.china-embassy.org/chn/zmgx/zywj/lhgb/t705074. htm.

④ 黄安年. 从"认识到"到"承认":中美《上海公报》和《建交公报》中的不同表述[J]. 世界知识,2002 (5):40 - 41.

外交部翻译室前主任施燕华回忆，在翻译《上海公报》时，外交部多名资深翻译就"acknowledge"一次的译法反复斟酌，查阅了多部词典，最终译为"认识到"。但是到了翻译《中美建交公报》时，面对同一个"acknowledge"单词，却需要结合当时中美关系发展的最新进展重新考虑。公报达成的当晚，外交部相关的领导、翻译及工作人员彻夜未归，就"acknowledge"反复商讨，最终敲定为"承认"的译法，更符合我方的立场。[①] 对外交措辞翻译的严谨态度，维护了我国的利益，使得美方无法再利用文字表述的差异就台湾问题大做文章。

三、文化影响

新中国成立初期的文化建设主要包括改造旧文化，积极宣传、建设先进的新文化。受"一边倒"政策的影响，我国文化建设在一定程度上受到了苏联文化建设经验与成果的影响。文化建设丰硕成果的取得离不开翻译传播在其中发挥的关键作用。苏联文化成果的翻译传播为新中国的文化建设提供了丰富的文化资源。对苏联图书、音乐和电影的翻译传播为人民群众提供了丰富的精神食粮和文化资源。苏联科学技术成果与经验的翻译传播为新中国工业化配套的相关科学研究奠定了体制、人才和资料基础。通过翻译传播，新中国引进了苏联的科技管理体制和人才培养机制，完成了"156项工程"的建设并留下了宝贵的科技文献资源。苏联教育模式与经验的翻译传播为新中国的首次高等教育改革提供了样板。翻译传播不仅影响了新中国成立初期的高校院系调整工作，而且为新中国的教育事业奠定了基础。

1. 翻译传播苏联的文化成果

文学、电影和艺术等方面的文化作品能够反映某一时期、某一群体或某一地区人民的精神风貌。新中国成立后，国家向苏联"一边倒"的政策，不仅使外交、经济等各方面政策全部向苏联倾斜，文化方面也不例外。为了让全国人民更加深入地了解苏联的社会文化，学习苏联模式，更好地建设我国的社会主义文化，新中国成立初期，在文化建设方面也加强了对苏联文化成果的引进、出版与发行。苏联文化成果的翻译传播为新中国的文化建设提供了丰富的文化资源。新中国成立初期大量引进了苏联的图书、音乐和电影。苏联图书经过翻译后，在国内出版发行了中文译本，为国内读者提供了丰富的精神食粮和爱国主义教育。苏联歌曲的歌词翻译成中文后，配上原曲的曲调依然朗朗上口，被人民群众广泛传

[①] 施燕华. 浅谈中美建交公报的翻译［J］. 中国翻译，2004（1）：60.

唱，成为当时的"流行歌曲"。苏联电影经过翻译后，以配音译制片的形式在国内上映，为人民群众了解社会主义革命建设起到了宣传教育的作用。

从 1949—1952 年，我国共引进苏联各类图书 3 100 余种，其中近半数为社科、教育、文化类图书。首先，大量翻译苏联的文学作品，其中既有传统作品，如列夫·托尔斯泰、契诃夫等著名作家的小说，普希金等著名诗人的诗歌，也有当代作品，如著名的《钢铁是怎样炼成的》。这些经典作品在国内广为流传，对读者的影响较为深远。《钢铁是怎样炼成的》不仅成为爱国主义教育的经典作品，也为当时的青年人提供了精神偶像。其次，翻译引进苏联教科书，例如《政治经济学教科书》《联共（布）简明党史教程》等教材，对国内的思想政治教育产生了深远影响。

除了图书的大量引进外，新中国成立初期对苏联的电影、音乐等文艺作品也有较多的引进。例如，为了介绍俄国十月革命以及苏联的社会主义建设，新中国翻译引进了高尔基的剧作全集以及马雅可夫斯基作品的选集。在俄国戏剧方面，引进的有《罪与罚》《复活》《夜店》《小市民》《保尔·柯察金》等。这些经典剧目经过翻译后在国内上演，受到了人民群众的广泛欢迎。

在音乐方面同样向苏联学习，不仅邀请苏联专家来华传授苏联的音乐教学经验，包括音乐教学大纲和教材，而且向苏联派遣音乐方面的留学生，并邀请苏联音乐家来华进行演出。以中央音乐学院为例，在 1954—1958 年期间，共有 12 名苏联音乐专家在此任教，为新中国培养了一批骨干音乐人才。[①] 一批经典的苏联歌曲在当时广为流传，可谓是那个时代的"流行歌曲"，例如《喀秋莎》《莫斯科郊外的晚上》《山楂树》等等。

在电影方面的学习交流中，中苏友好协会发挥了积极作用。苏联方面通过该协会捐赠了大量展现苏联社会主义革命历程以及苏联社会主义建设成就的优秀影片，如《保卫察里津》《攻克柏林》《列宁在一九一八》等，受到了中国观众的喜爱。这些影片不仅为广大人民群众了解社会主义革命和建设起到了宣传教育的作用，而且展现了中苏两国和人民之间的友好关系。1949—1959 年期间，共有 750 余部苏联电影在中国上映，先后有 19 亿人次观看。

2. 与苏联科技界的广泛交流

科学技术同样是人类文化精华的一个重要组成部分。科学文化事业在国家整体文化事业中所占有的突出位置是文化繁荣的一种体现。新中国成立之时，国内

---

① 王震亚. 苏联专家在中央音乐学院［J］. 中央音乐学院学报，2010（4）：3-14.

还没有完整的基础工业体系,科技界面临着一系列严重的问题,包括人才匮乏、设施不足、水平落后以及管理混乱等。为了解决科技界的这些问题,同时也是为新中国的经济、国防建设的发展以及工业体系的建立培养科技人才,在"一边倒"政策的指引下,新中国科学界同其他领域一样也开始向苏联学习,积极开展与苏联的科技交流。苏联科学技术成果与经验的翻译传播为新中国工业化配套的相关科学研究奠定了体制、人才和资料基础。通过翻译传播,中国科学界与苏联科学界展开广泛的交流学习。对苏联科技管理体制和人才培养机制的引进,使得新中国能够在较短时间内为"一五"计划培养大批优秀的科技人才。"156项工程"实施过程中大量的科技资料经过翻译传播成为新中国成立初期宝贵的科技文献资源,为后续的发展、教学和研究提供了资料保障。

1953年,中国科学院派代表团访问苏联,与苏联科学院进行学术交流。苏联科学院专程为中国代表团举办了七个综合性报告,内容涵盖苏联科学院的组织形式、苏联的科学人才培养模式、科技类日常工作规划、生产力研究委员会和共产主义建设协助委员会两个机构的职责、运用马克思列宁主义指导科学工作等。通过这次访问,中科院代表团较为全面地了解了苏联科学界的发展情况,就两国间科技交流等问题深入交换了意见。回国后,代表团在全国各地与当地科学界认识并组织了多场座谈会,宣传介绍苏联科学界的经验以及苏联先进的科技水平,号召全国各地广大科技工作者向苏联学习。此外,苏联科学研究工作的组织管理模式也成为新中国科学界学习的重点。代表团回国后,中国科学院参照苏联科学院的模式,研究设计中科院下设的各个不同学部,并强化了党对科技工作的领导,积极发挥党组织在科技部门之间协调配合的积极作用。随着中苏双方科技交流合作的不断深入,苏联模式在我国国民经济发展的各个部门都起到了示范效应,为我国建立独立的科学研究体系发挥了重要作用,培养了一大批优秀的科技工作者,为"一五"计划的实施以及新中国工业、国防体系的建立提供了坚实的人才保障。

3. 苏联模式影响下的高校改革

教育不仅是建设社会主义国家的基础保障,而且在传承中华文明、发展社会主义文化中发挥着重要作用。所谓"十年树木、百年树人"。新中国成立后,教育界首先面临的突出问题是对旧中国数百年来的教育模式进行改革,开拓现代化、科学化、大众化的社会主义教育事业。作为体现国家教育实力的重要指标,对高等教育的改革首先展开。新中国成立以前,中国近代的高等教育自清末民初才刚刚起步,随后便经历了数年的战乱,整体状况破败不堪。新中国成立后,高等教育体系的建设是社会主义教育事业发展的一个重要方向。苏联教育模式与经验的翻译传播为新中国的首次高等教育改革提供了样板。一方面，对苏联高等教育体制的翻译传播直接影响了新中国成立初期的高校院系调整工作。另一方面，大批苏联教育专家来华参与新中国的教育改革，传授经验、讲授课程。翻译传播为新中国的教育事业奠定了基础，高等教育的许多学科专业都是在苏联专家的援助和参与下建立起来的。

新中国成立伊始，1949年12月中共中央就组织召开了第一次全国教育工作会议，明确了对高校进行改革的方针，决定借鉴苏联经验，依照苏联模式进行改革。1952年，教育部出台《关于全国高等学校1952年的调整设置方案》，在东北、华北和华东三地区效仿苏联模式，开展高等学校的院系调整工作。这次院系调整有以下两个突出特色：

第一，打破了原有综合性大学的模式，按照行业重新划分，建立专科院校，并加大了工科院校的发展力度。为了满足"一五"计划的发展需求，新增了如钢铁、矿业、地质、航空和水利等专业。以上海交通大学为例，1953—1958年，先后有26位苏联专家在上海交大工作，指导建立起了专业化的工科教育体系。苏联专家毫无保留地传授苏联的高等工科人才培养经验，重视理论教学的教学方法，突出工程训练实践教学，注重对学生分析问题解决问题能力的培养。苏联的高等工科人才培养模式对新中国成立初期的工业建设和高等工科教育产生了深远影响，为"一五"计划大规模的经济建设培养了大批人才。[1]

第二，在高校建立政治辅导员制度，加强高等教育领域的思想政治工作，设立专门的思政教育岗位。以新中国成立后所建立的第一所新型的、正规的社会主义大学——中国人民大学为例，在中国人民大学成立之初就有大批苏联专家参与了学校各项工作的规划与实施。1950—1957年，先后有98名苏联专家在中国人民大学工作，是全国聘请苏联专家人数最多的高校。[2] 中国人民大学几乎完全参照苏联模式进行办学，苏联专家对其专业设置、人才培养、师资培训、教材编写和科学研究给予了全方位的指导。[3] 除此之外，苏联专家还亲自授课，传授课程教学经验。[4]

---

[1] 刘丽梅，姜玉平. 苏联专家与新中国建立初期高等工科人才培养模式的确立：以交通大学为例[J]. 高等工程教育研究，2018（5）：189-195.

[2] 沈志华. 苏联专家在中国（1948—1960）[M]. 北京：新华出版社，2009：78.

[3] 吴惠凡，刘向兵. 苏联专家与中国人民大学学科地位的形成[J]. 中国人民大学学报，2013（6）：143.

[4] 吴起民，耿化敏. 苏联专家与中国人民大学政治经济学理论课程的建立（1949—1957年）[J]. 当代中国史研究，2017（4）：63-66.

在思政课教学方面，中国人民大学整个课程体系的核心是四门政治理论必修课，包括马克思列宁主义基础、政治经济学、中国革命史以及辩证唯物论与历史唯物论。这样的课程设置成为全国高等院校思政课的学习的典范，对新中国高等学校的思想政治教育起到了推动作用。①

1952年的高校院系调整以及模仿苏联模式的新中国教育改革，对新中国的教育事业产生了深远的影响。时至今日，不少高校的课程设置依然还受到当年苏联模式的影响。在新中国成立初期，俄语是国内学习人数最多的"第一外语"。许多老一辈知识分子在新中国成立后所学的第一门外语都是俄语，成为当时一个时代的特殊印记。在苏联模式的影响下，新中国的教育事业迅速清除了旧教育遗留下的各种毒瘤，社会主义教育事业从此开始蓬勃发展。

★ 第四节　翻译传播与马克思主义中国化 ★

一、新中国成立初期马克思主义理论发展的新要求

1. 马克思主义理论中国化

马克思主义进入中国以后，指导中国共产党领导中国人民创立了新中国。在革命的过程中，马克思主义开始"中国化"，与中国的革命实践相结合。这不仅是马克思主义自身发展的内在要求，也是中国共产党建设自身理论体系以及领导中国人民建设新中国的根本要求。

马克思主义中国化是马克思主义自身理论发展的内在要求。马克思主义是指导全世界无产阶级和全人类追求解放的行动理论。但是，在不同的国家中运用马克思主义理论进行社会改造时，必须做到入乡随俗，与本国、本民族的实际情况相结合，进行民族化、本土化的调整。这是由于不同的国家和民族之间存在着文化、历史等诸多的差异，同时也是由于马克思主义理论的内在要求。列宁指出："**实践高于（理论的）认识，因为它不仅具有普遍性的品格，而且还具有直接现实性的品格**"。② 马克思主义在传播过程中不断地进行理论创新，这是其能够保持不竭生命力的一个重要原因。毛泽东认为："马克思主义的'本本'是要学习

---

① 吴惠凡，刘向兵. 苏联专家与中国人民大学学科地位的形成[J]. 中国人民大学学报，2013（6）：143.

② 列宁. 列宁全集：第55卷[M]. 2版（增订版）. 北京：人民出版社，2017：183.

的，但是必须同我国的实际情况相结合。"① 应用马克思主义解决中国的问题，就需要将马克思主义进行中国化的发展，使其符合中国的话语体系和行为方式。

马克思主义中国化是马克思主义指导中国共产党建设新中国的必然要求。近代中国长期受到西方列强的欺压，但是早期的诸多救亡图存运动都以失败告终。十月革命的一声炮响为我们送来了马列主义。中国共产党成立后领导中国人民取得了新民主主义革命的胜利，建立了人民当家作主的新中国。在这一过程中，马克思主义成为指导解决中国问题的科学的理论依据。但是，中国共产党运用马克思主义指导中国革命的过程并非一帆风顺。建党早期所犯的一些错误是由于当时党的一些领导人将共产国际的指示和苏联的革命经验神圣化，对中国国情缺乏了解，没有对马克思主义进行中国化的发展和改造，造成了党和革命的重大损失。遵义会议后，中国共产党逐渐认识到，只有将马克思主义与中国的革命实践结合起来，因地制宜地运用马克思主义，才能取得革命的胜利。革命胜利后，中国共产党开始领导中国人民建设新中国，这同样离不开马克思主义的理论指导，更需要结合新中国建设和发展的需要继续推进马克思主义的中国化。

2. 马克思主义哲学大众化

新民主主义革命的胜利，有力地证明了经过了中国化之后的马克思主义的理论指导地位。新中国成立之后，中国共产党和中国人民所面临的任务是怎样建设社会主义新中国。对于中国共产党来说，马克思主义哲学是其指导革命实践和社会主义建设的理论武器；对于广大人民群众来说，马克思主义哲学是其在新的历史条件下认识世界、改造世界的思想武器。因此，在广大工人、农民、党员干部和知识分子中普及基本的马克思主义哲学知识，为他们提供建设社会主义国家的理论武器和思想武器，是新中国成立初期思想战线的一项重要任务。对于新中国来说，马克思主义哲学大众化是与马克思主义中国化同等重要的理论建设需求。

马克思主义哲学大众化所要解决的主要问题，是广大人民群众能不能理解、掌握马克思主义哲学，在社会主义建设中会不会运用马克思主义哲学指导自身的实践。换句话说，马克思主义哲学大众化所面临的问题是马克思主义哲学本身能不能满足广大人民群众的理论需求，能不能转化为广大人民群众的理论武器，能不能以广大人民群众喜闻乐见的形式进行普及传播，从而被广大人民群众理解掌握并在实践中加以运用。这就需要将深奥的哲学语言转变成人民群众能够理解、

---

① 毛泽东. 毛泽东选集：第 1 卷 [M]. 北京：人民出版社，1991：111 - 112.

接受的形式进行传播，从而使在马克思主义哲学指导下的社会实践，由少数人的指挥领导转变为广大人民群众的自觉行动。

二、翻译传播的主体、内容与策略

1. 翻译传播者——中共中央编译局

中共中央编译局全称中共中央马克思、恩格斯、列宁、斯大林著作编译局，成立于1953年1月29日，是由《斯大林全集》翻译室和中央俄文编译局两个编译部门合并而成的。中共中央编译局包括若干直属机构，如马恩列斯著作编译部、中央文献翻译部、中央编译出版社等，主要负责马克思主义理论和相关现实问题的学术研究工作，以及大量马克思主义经典著作的编译与传播工作，是全国公认的马列著作研究和翻译中心。在新中国成立到改革开放前的30年里，中共中央编译局为马克思主义理论和思想的译入以及马克思主义中国化的传播做出了不可磨灭的贡献。部分马恩列斯重要译本如表4-9：

表4-9 新中国成立初期到改革开放前马恩列斯重要著作译本统计

年份	翻译作品
1956	《马克思恩格斯全集》（第1卷）
1958	《斯大林全集（中文第1版）》
1959	《列宁全集（中文第1版）》
1960	《列宁选集（中文第1版）》
1962	《斯大林文选（第1版）》
1965	《马克思恩格斯选集》（未公开发行）
1972	《马克思恩格斯选集（中文第1版）》 《列宁选集（中文第2版）》
1974	《马克思恩格斯全集（第1版）》（1—39卷） 《列宁文稿》（开始翻译）
1979	《马克思恩格斯全集（第1版）》（40—50卷） 《斯大林文选（第2版）》
1982	《列宁全集（中文第2版）》（开始翻译）

新中国成立初期，中共中央编译局主要负责有系统、有计划地翻译马克思、恩格斯、列宁、斯大林的全部著作，以促进马克思主义在中国的发展与传播。从新中国成立到改革开放前，中共中央编译局主要翻译了马恩列斯三大全集，即《马克思恩格斯全集》、《斯大林全集》和《列宁全集》。其中，《马克思恩格斯全

集》于改革开放后（1985年）才完成，而后面两部早于1958年和1959年就译完出版。此外，中共中央编译局还翻译了马恩列斯的其他重要著作，如《列宁选集》《马克思恩格斯选集》和《斯大林文选》等。这些著作既满足了人民的求知需要，也奠定了中文版马克思主义经典著作体系的基础，促进了马克思列宁主义在中国的传播，进一步推动了马克思主义中国化的形成与发展。

三大全集和选集的编译并不是简单的翻译，而是多名专业译员根据党的中心任务和马克思主义在中国传播的需要进行调整选编、几经修改、反复打磨，最终成稿，为马克思主义中国化提供了强有力的文本支持。说到中共中央编译局的著名译员，就一定要提师哲和李越然的名字（表4-10）。他们二人是新中国成立初期著名的俄语翻译，都担任过党和国家重要领导人出席国际会议、出访他国的随行口译，见证了新中国成立初期的历史，用过硬的专业素养架起了中俄交流的桥梁。

表4-10　新中国成立初期中共中央编译局的著名译员

姓名	评价	职位	参与外事活动
师哲	著名俄语翻译；中共中央编译局首任局长	曾任中共中央马列著作编译局局长、俄语专修学校校长、外文出版社社长、中国社会科学院苏联东欧研究所顾问	1. 毛泽东首次访苏 2. 日内瓦会议 3. 1954赫鲁晓夫访华 4. 随周恩来、朱德等领导人出访外国
李越然	新中国首席俄语翻译	曾任东北铁道部部长室翻译，后被调入中共中央编译局、国务院外事办公室等地；曾任北京第二外国语学院副院长、中国翻译协会副会长、全国人民代表大会外事委员会顾问等	1. 日内瓦会议 2. 赫鲁晓夫初次访华 3. 随薄一波参加全苏工业会议 4. 随全国人大常委会副委员长彭真出访苏联和东欧社会主义国家 5. 随毛泽东、周恩来等领导人出访外国 6. 中苏两国首脑会谈及末轮会谈

2. 主要成果——《马克思恩格斯全集（第1版）》

经毛泽东主席批准，中共中央马克思恩格斯列宁斯大林著作编译局于1953年1月29日正式成立。成立后便举全局之力编译三大全集，即《马克思恩格斯全集》《列宁全集》和《斯大林全集》。

作为三大全集中重要的一本，《马克思恩格斯全集》中文第1版是以俄文第2版为标准进行翻译的。从1955年开始翻译，到1985年最终出版，50卷（53

册），共计约 3 200 万字。1956—1974 年陆续出版了 39 卷（41 册），改革开放后又陆续出版了俄文版补卷 11 卷。《马克思恩格斯全集》可分为四部分，具体分类如表 4-11 所示。

表 4-11 《马克思恩格斯全集（第 1 版）》构成

出版时间	1956—1974 年			1978—1985 年
构成	第一部分	第二部分	第三部分	第四部分
	1—22 卷	23—26 卷	27—39 卷	40—50 卷
内容	哲学、历史、政治、经济等方面著作	《资本论》《剩余价值理论》	书信	马恩早期著作、未收录的著作和书信、马克思经济学手稿

《马克思恩格斯全集（第 1 版）》将马克思和恩格斯的主要著作、书信和手稿有机地整合并集中编译，形成了两位哲人马克思主义理论和观点的庞大的信息库，便于后人全面地了解马恩思想、系统地研究马克思主义理论，也为马克思主义在中国的普及和传播创造了条件，推动了中国社会主义制度的建立。

3. 马克思主义中国化的翻译传播策略

马克思主义理论与思想的翻译有其明显的翻译特点和策略，既具有翻译策略的共性，也具有其特性，主要包括转译、编译、改译、释译、增减译等翻译方法。通过使用这些翻译策略完成跨文化交际任务的过程，既有马克思主义对中国思想和传统文化的影响，也有中国固有观点与思维对马克思主义的补充，以使马克思和中国化有机地结合。

翻译马克思主义著作最普遍的方法就是转译。实际上，许多马克思主义原著都是德文的，但翻译人员参考的作品包括又不仅限于从日语、英语、法语等其他语言转译而来的。编译指的是译者根据自己的意图有选择性地译介著作中的内容，以将中国化元素加入马克思主义思想，促进马克思主义在中国的广泛传播并加快马克思主义中国化的进程。因此，我们有时会发现原文和译文内容存在较大差异的现象。当然，原文和译文的差异还有可能是由于译者使用了改译的手法造成的。不同译员受到了时间、空间、历史背景、社会文化环境甚至个人特点的影响，会对同一作品产生不同的理解。因此，"对原文语句的增、减、调、换等"有意或无意的译法都是不可避免的。另外，由于翻译是将一种语言转换成另一种语言，不同语言在转换过程中一定会涉及由于语言或文化不易甚至不能翻译的情况。这时就需要使用释译的方法，将原文作者的思想和意图如实而又详细地传达给读者。最后，无论是马克思主义作品还是其他专业领域著作，都需要通过增译或减译以达成使句子通顺、意义忠实的效果。

至于传播的策略，马克思主义理论和思想要想"中国化"，就离不开"大众化"的传播过程。中国作为一个人口大国，在新中国成立初期群众的总体文化水平偏低，群众内部文化水平参差不齐。因此，如果想要加快传播马克思主义中国化的进程，就要根据不同传播载体的特点，将不同层次民众的文化水平考虑在内，不仅翻译推广马克思主义经典著作，也要坚持通俗化、追求大众化，全面促进马克思主义中国化的传播。

首先，翻译是马克思主义在新中国成立初期传播的核心路径。即由代表中国先进文化发展方向的熟练掌握两种语言的知识分子翻译和解读马克思列宁主义著作，使马克思主义经典著作的翻译作品为马克思主义中国化提供传播的理论基础。其次，知识分子可以通过研读马克思主义著作，根据自己的理解仿制和撰写马克思主义作品，进行二次传播。翻译或撰写马克思主义经典著作无疑是新中国成立初期马克思主义思想的主要传播方式。然而，考虑到群众文化水平的差异，并不是所有人都能理解晦涩难懂的学术著作。所以，标语口号此时就成为使马克思主义深入工农人民群众生产生活中的有效手段。如"全世界无产者，团结起来！"、"只有共产主义才能救中国！"等。标语口号的受众群体广、传播速度快，事半功倍地加快了马克思主义的传播速度和效果。

三、新中国成立初期翻译传播对马克思主义中国化的贡献

1. 对马克思主义理论中国化的贡献

（1）一项"功德无量"的事业

根据现有文献的考证，马克思的名字是在1899年第一次传入中国的，出现在这一年2月第121期的《万国公报》上英国传教士李提摩太节选翻译的《大同学》一文之中。在新中国成立之前，对马克思主义学说的宣传主要是国内的一些进步刊物对马克思、恩格斯的部分观点以及作品的零散译介。在中国共产党的领导下，尤其是新中国成立后中央编译局的建立，马克思恩格斯的经典著作在我国开始成体系、有规划地翻译与传播。毛泽东对马克思主义经典著作的翻译传播事业给予了高度评价，称其为一项"功德无量"的事业。

根据中央编译局局长衣俊卿的总结，马克思主义经典著作在我国的翻译传播

经历了百年的发展历程，可以划分为三个主要阶段。①

第一阶段是 1899—1938 年，延安马列学院成立前的分散化、个体性翻译时期。其实，马克思主义学说在中国的传播早在中国共产党成立前就开始了。以孙中山为代表的中国民主革命先驱，向国人介绍了部分马克思主义的观点与理论，试图运用马克思主义的阶级斗争理论启发国人，推翻清王朝，抨击北洋政府的专制统治。十月革命后，中国知识界的一批进步人士如李大钊、陈独秀等，开始宣传、传播马克思主义，不断扩大马克思主义在中国的影响。1920 年 8 月陈望道翻译出《共产党宣言》的第一个中文全译本。后来，中国共产党的成立，标志着真正意义上的马克思经典著作编译事业的正式开始。在这一阶段，对马克思主义经典著作的翻译传播面临着反动思想、制度以及国民党白色恐怖等的重重困难与艰难险阻。

第二阶段是 1938—1953 年，延安马列学院成立后初步规模化、组织化的翻译时期。延安马列学院于 1938 年 5 月 5 日正式成立，下设马列主义经典著作编译部。这标志着对马克思主义经典著作的翻译与传播进入了一个新的阶段。党中央对编译工作高度重视，任命张闻天为延安马列学院院长兼编译部主任。在这一阶段时期，对马克思主义经典著作的翻译传播面临着艰苦环境下的诸多困难，缺乏编译所需要的工具书籍和相关的文献资料，纸张材料和印刷设备也不充裕。但是，在党的领导下，编译工作逐渐具有组织规模，形成了翻译团队。

第三阶段是 1953 年至今，中共中央编译局成立后有组织、有计划、系统性的翻译时期。在中央俄文编译局和中央宣传部《斯大林全集》翻译室的基础上，中共中央于 1953 年 1 月 29 日成立了马恩列斯著作编译局，并规定"其任务是有系统地有计划地翻译马克思、恩格斯、列宁、斯大林的全部著作"。中共中央编译局的成立标志着马克思主义经典著作在中国的翻译与传播进入了新时代。据统计，1953—1983 年，中央编译局共完成马克思、恩格斯、列宁、斯大林的著作、传记以及苏联共产党的重要文献 209 册，共计 9 000 余万字的翻译；完成有关国际共产主义运动历史相关的著作资料 841 册，约 1 亿 8 000 万字的翻译。② 进入 21 世纪以来，马克思主义经典著作的翻译与传播为马克思主义中国化和党的理论创新、为中华民族的伟大复兴提供了不竭的思想源泉。

（2）翻译传播在马克思主义理论中国化进程中的重要作用

---

① 衣俊卿. 百年经典著作编译事业与中国马克思主义理论创新［J］. 天津社会科学，2011（5）：4-11, 30.

② 司马言. 中央编译局成立三十周年［J］. 中国翻译，1983（4）：15.

毛泽东认为，马克思主义中国化有两方面的蕴含：第一，将马克思主义的理论"应用于中国的具体环境"，也就是将马克思主义与中国的革命实践相结合；第二，以"中国老百姓所喜闻乐见的中国作风和中国气派"[①]进行传播，也就是将马克思主义与中国的传统文化相结合。

马克思主义中国化是中国共产党在领导中国人民进行新民主主义革命、建设社会主义新中国的进程中，在运用马克思主义作为理论指导的同时，不断结合中国实际对马克思主义进行的创新与发展。在这一过程中，翻译传播起到了至关重要的作用。

首先，在译介马克思主义经典著作的过程中，马克思主义中国化的进程就已经开始了。也就是说，马克思主义经典著作的文本翻译过程就是马克思主义中国化的一个重要环节。这里所说的文本翻译不仅仅是狭义的文字转换，而是整个翻译过程，包括原文文本的选择、不同译本的出现、不同翻译策略的使用、译本诞生的时代背景、译者自身的经历与背景、翻译的目的以及全译本和节译本等不同的版本。以具体翻译策略为例，"马克思主义"这个概念从西方话语体系进入中国的话语体系时，需要在汉语中找到相应的表达形式，这样不仅能全面准确地概括"马克思主义"的内涵，还能够在语言形式上做到尽可能的对等或对应。

其次，翻译不仅仅是语言文字上的转换，而是一种对文本意义的积极阐释，是不同文化之间的交流。这种跨文化交际是一种相互的过程。对于马克思主义在中国的翻译传播来说，马克思主义所蕴含的思想理念传播到了中国文化当中，与此同时汉语中的语言表达形式也会重新塑造马克思主义的表达方式，对马克思主义的思想内涵是一种重新的阐释与建构。为了让广大人民群众能够理解和接受马克思主义，就必须将马克思主义与中国传统文化相结合，使用中国的话语体系，以人民群众喜闻乐见的形式进行传播。只有这样，人民群众才更容易接受马克思主义。

最后，在翻译传播的过程中，译者发挥了至关重要的作用。马克思主义经典著作的译本中通常都有序言，这是毛泽东对于马列经典著作翻译所做的特别指示：不但要写序言，还要做注释。序言和注释是译者对读者在文本阅读过程中的引导，是对翻译作品"积极意义"的弘扬，同时也是为了减少不同类型的读者因文化水平的差异而造成的理解偏差。这对于向广大人民群众宣传马克思主义的基本观点，推动马克思主义大众化发挥着至关重要的作用。

---

① 陈晋．一九三八年毛泽东与梁漱溟的一次争论［J］．中共党史研究，1990（6）：534．

2. 对马克思主义哲学大众化的贡献

中华人民共和国的成立标志着在马克思主义哲学指导下的新民主主义革命的胜利，证明马克思主义哲学是广大中国人民反对压迫、反抗侵略、建立新中国的科学理论依据。新中国成立后，中国共产党领导人民群众完成了由新民主主义向社会主义的过渡，开始建设社会主义国家，这对马克思主义哲学的宣传、学习提出了新要求。

马克思主义哲学大众化最初的对象是党员干部和知识分子。1951年，《中共中央关于加强理论教育的决定（草案）》出台，号召全国人民学习宣传马克思列宁主义、毛泽东思想，决定指出："现在国内战争已经基本上结束，党正面临着建设新中国的复杂任务，全党有系统地学习理论，比较过去任何时候都有更好的条件，也更加迫切需要。"1957年，毛泽东在全国宣传工作会议上指出，"要求大家（人民大众）逐步地学会使用辩证法这个科学方法"[1]。1963年，毛泽东在《学习马克思主义的认识论和辩证法》一文中说："应当大大提倡学习马克思主义的认识论，使之群众化，为广大干部和人民群众所掌握，让哲学从哲学家的课堂上和书本里解放出来，变为群众手里的尖锐武器。"[2] 该批示是毛泽东第一次明确使用"马克思主义哲学群众化"的表述，有以下两层含义：第一，马克思主义哲学不能只在哲学家和党员内部进行研究、传播，应该将其推向广大人民群众，因为马克思主义哲学本身就是用来指导人民进行实践的理论依据；第二，马克思主义哲学大众化的根本目的是让广大人民群众真正掌握马克思主义哲学，并在实践中转化成为认识世界、改造世界的思想武器。毛泽东的相关论述将马克思主义哲学大众化提升到与马克思主义中国化同等重要的地位，成为新中国文化建设的重要组成部分。在这一思想的指导下，在全国范围内开展了大规模的文化学习运动，学习的主要内容就是马克思列宁主义和毛泽东思想。

中共中央编译局的成立，开始整体性、规模化地对马克思、恩格斯、列宁、斯大林的经典著作进行翻译，并通过人民出版社出版发行。马恩列斯经典著作的编译工作为宣传学习马克思主义提供了坚实基础，标志着对马克思主义经典著作的翻译传播上升为一种国家行为。从1949年新中国成立到1953年的这段时间内，中央编译局共完成了72本马克思主义经典著作的翻译。马克思主义经典著作的翻译出版为宣传、学习马克思主义提供了可靠、充足的资源保障。这些经典

---

[1] 毛泽东. 毛泽东文集：第7卷 [M]. 北京：人民出版社，1999：277.
[2] 毛泽东. 毛泽东选集：第8卷 [M]. 北京：人民出版社，1999：323.

译著在新中国通过不同形式的转载，真正做到了以人民群众喜闻乐见的形式进行传播，有力推动了马克思主义哲学大众化的进程。

　　报纸和杂志是宣传学习马克思主义的重要载体。为了配合全国范围内的文化学习运动的需要，1954年7月17日，中央政治局出台了《中共中央关于改进报纸工作的决议》，规划部署对报纸杂志进行整改。要在报刊内容上突出马克思列宁主义，通过报刊向全国人民宣传马克思主义哲学的理论知识。以《人民日报》为例，该报大量刊载马克思、列宁和毛泽东的相关经典著作，党的重要文献资料也以此为平台向全国人民发布，刊登一些学者的评论文章，并设立专栏，运用马克思主义原理分析真实事例，并展开讨论，锻炼人民群众运用马克思主义原理分析问题的能力，从而对人民进行思想教育。此外，专门为学习马克思主义创办了大量的理论刊物，用于刊登马克思主义经典著作和相关理论研究成果，并给读者提供了分享学习经验的平台，例如《哲学研究》《中国青年》《学习》等。由于新中国成立初期的文盲率较高，广播电台成了宣传马克思主义的一个重要平台。至1952年，全国各地城乡都建立起了广播网，利用广播播报新闻、宣传革命故事、播放革命文艺作品，以人民群众喜闻乐见的形式宣传马克思主义。

第五章
改革开放时期中国外译传播（1978—2012）

导语：改革开放40多年以来，在中国共产党的坚强领导之下，我国社会主义经济建设与社会建设协同共进，开启了中国特色社会主义现代化建设的伟大征程，实现了从"站起来"到"富起来"的历史飞跃。在这样的背景下，中国越来越多地参与到世界政治、经济和文化的交流中，外译与传播事业在其中扮演了重要角色，发挥着关键作用。改革开放初期，党中央高度重视马克思主义思想的翻译与传播工作，马克思主义国际化得到快速发展。《毛泽东选集》是马克思主义国际化的重要内容，为中国共产党在国际社会赢得了广泛的理解与支持。其后，《毛泽东外交文选》《毛泽东传》《毛泽东诗词》等陆续出版，为马克思主义国际化增添了新的思想财富，在海内外产生了深远影响。1983年，中央编译局开始规划《邓小平文选》三卷本的外译工作。作为当代中国马克思主义思想理论的精华，《邓小平文选》展现了中国社会主义现代化建设成就和马克思主义理论成果，是中国马克思主义理论与世界沟通的桥梁。2001年，江泽民的《论"三个代表"》由外文出版社向海外译介出版，阐释了"三个代表"重要思想的科学内涵与精神实质。2010—2013年，外文出版社翻译出版了《江泽民文选》（一至三卷），加深了国际社会对中国特色社会主义道路、中国特色社会主义理论体系和中国特色社会主义制度的理解与认识。

随着改革开放不断深化，党和国家的工作重心发生重要转变，外译传播的内容也将重点转向为社会主义现代化建设服务，科学技术领域的外译传播事业迅速发展。国内诸多高校开始设立科技翻译的专业课程；专业与业余的科技翻译人员数量持续增长；科技翻译工作者协会等学术交流平台陆续成立；科技翻译的专门性期刊（如《中国科技翻译》《上海科技翻译》）相继创刊；科技翻译研究的相关学术专著不断被译介出版，如《中国科学文献翻译史稿》《科技翻译理论及实务研究》等，我国的科学翻译与传播事业正以蓬勃之态势稳步前进。

在改革开放经济社会建设的宏观语境下，我国的文化外译与传播事业获得显著发展，呈现百花齐放的繁荣局面。1980年，《人民日报》发表社论强调的"文艺为人民服务，为社会主义服务"，体现了时代发展的精神与要求，成为改革开放时期中国共产党引领文化建设的基本方针。在此方针指导下，我国翻译界重视向海外读者介绍中国当代文化发展现状，传播中国文学作品价值，对既往革命类或政治类题材独占鳌头的趋势进行主动"祛魅"。这一时期，国内著名文学流派和知名作家的文学作品被广泛译介，如《蝴蝶》《芙蓉镇》《弦上的梦》《呼兰河传》《生死场》《红高粱》等。这些作品对新中国社会建设和民众生活状态进行了生动形象、鞭辟入里的文学叙事，展示了改革开放以来我国对外传播多元中国文化的积极姿态，对于中国文化走向世界、提升中国文化的国际话语权做出了重要贡献。

总体而言，伴随改革开放40多年的浩荡浪潮，我国的外译传播事业获得了巨大进步和突破性发展，在服务马克思主义理论国际化、经济建设与文化发展等各个方面发挥着至关重要的作用。中国文化要走出去，党和国家领导人思想著作的外译与传播势必先行。在中国共产党的领导下，翻译传播机构与广大翻译学者主动开展马克思主义国际化外译实践，将中国化的马克思主义理论成果积极推向世界，为马克思主义中国化成果和经验的传播、中国共产党良好国际形象的塑造和国际话语权的提升做出了卓越贡献，谱写了中国马克思主义国际化传播历程上的宏伟篇章。在经济建设层面，改革开放以后，全球经济一体化背景逐渐形成，我国的翻译服务产业开始蓬勃发展，呈现出全球化、产业化、信息化的发展势态，推动中国对外经济贸易进一步走向世界，成为了经济发展新旧动能转换的"助推器"。在思想文化层面，翻译传播作为多元文化沟通的媒介，是中国优秀思想文化"走出去"不可或缺的桥梁。改革开放以来的文化外译与传播积极向世界人民讲述中国文化的精彩故事，传递了当代中国社会主义核心价值观念，极大地增强了国际社会对中华民族文化传统、先进文化以及价值观念的理解和认同，提高了中国文化的国际影响力、吸引力和感召力。

本章将首先阐释改革开放以来中国外译传播活动的宏观社会语境，明晰这一时期翻译传播实践的社会基础。其次对翻译传播事业与中国社会发展的深层互构关系展开详尽分析，探索党的建设、经济发展以及文化交流等社会环境要素对外译传播事业的多维影响，厘清翻译传播的社会需求，更好地发挥翻译传播服务中国共产党建设和推动社会发展之功能。最后将从传播主体、内容和策略等方面对1978—2012年这段时期我国外译传播的代表性作品进行系统回顾与梳理，以期再现改革开放以来中国翻译传播的宏伟工程，并从外译传播的实践中归纳其对中国共产党建设、经济文化发展以及中国马克思主义国际化的驱动作用。

★ 第一节 翻译传播目的 ★

一、翻译传播的社会语境

1. 社会思想语境

翻译活动与其所处的社会思想环境有着密不可分的联系。1978年12月18—22日举行的十一届三中全会，是中国共产党百年历程中意义深远的伟大转折，亦是中国共产党领导全国人民踏上改革开放征程的起点。解放思想是改革开放的前提，改革开放的40多年就是不断解放思想的40多年。正如习近平总书记所言："解放思想是前提，是解放和发展社会生产力、解放和增强社会活力的总开关。"[①] 事实上，在改革开放的历史进程中，解放思想始终贯穿其中。我国进入了一个伟大变革的时代，思想文化领域正在经历着重大变迁。

在党的思想建设方面，改革开放以来，以邓小平同志为主要代表的中国共产党领导集体开始了对思想路线进行拨乱反正的行动。这一时期，马克思主义的翻译与传播工作得以全方位展开，为改革开放的实施和经济社会建设提供了思想基础。十一届三中全会召开前后，中国共产党进行了"实践是检验真理的唯一标准"的重要讨论。这次讨论的重要影响之一便是带领全党、全国各族人民走出教条主义、个人崇拜等思想的束缚。1981年，党的十一届六中全会召开，会议对毛泽东同志以及毛泽东思想进行了全面总结和客观评价，促成了全党全国人民的思想统一，进一步坚定了中国特色社会主义道路。20世纪90年代以来，随着东欧剧变、苏联解体，国际形势发生剧烈变化，中国的未来发展道路面临着国际国内政治舆论的严峻考验。在此背景下，邓小平在1992年的南方谈话中重申了坚持改革开放和现代化建设的决心，明确指出改革开放是社会主义制度的自我完善，有力地增强了全国人民坚定不移地走社会主义道路的信念。其后，党中央领

---

① 中共中央文献研究室. 习近平关于全面深化改革论述摘编[M]. 北京：中央文献出版社，2014：16.

导人在1987年党的十三大上提出了"中国特色社会主义初级阶段理论",在1997年党的十五大提出了"邓小平理论",在2002年党的十六大提出了"三个代表"重要思想,在2012年党的十八大上提出了"科学发展观"。这些重要思想理论促进了马克思主义理论的创新性发展,为实行、推动、发展中国特色社会主义提供了强大的精神动力。①

改革开放以来,各种各样的社会思潮和社会文化纷纷流入,也构成了影响翻译传播实践发展的一个重要因素。改革开放以来出现的社会思潮,大致出现在以下几个重要时期:一是拨乱反正时期(1978—1983年),这段时间主要是关于人性的讨论,对于人性的反思使得人道主义、异化论等思潮涌现。二是市场经济起步期(1984—1992年),主要是关于改革开放、社会主义与资本主义制度的讨论。伴随改革开放的步伐,西方的各种社会思潮不断涌入,"个人主义""拜金主义"等消极思潮不断凸显。三是南方谈话时期(1993—1999年),核心论题是进一步明确社会发展和改革开放的未来走向。这一时期新自由主义思潮、民族主义思潮、文化保守主义思潮等开始兴起。四是21世纪初期(2000—2012年),主要是对于中国的社会问题和国际地位论争的关注。步入21世纪以后,中国经济快速发展,成绩瞩目,但社会发展和转型问题也逐渐凸显,于是新自由主义、新左派思潮、文化复古主义和社会保守思潮、历史虚无主义、中国崛起论、中国威胁论等思潮也随之涌现。②

总之,改革开放以来,党和国家的工作重心发生了根本性改变,中国马克思主义理论发展的内容也逐步转向为全面建设社会主义现代化事业服务。改革开放也是一场史无前例的深刻的社会变革,社会生活发生了翻天覆地的变化,加之市场经济体制确立、商品经济的冲击,使得传统上重义轻利的价值观逐渐为实用主义所取代,社会思想的商业化、世俗化程度加深,呈现多元化发展的特点。③ 在改革开放的社会思想语境中,我国的翻译与传播工作也获得了更为开放、多元的发展空间。

2. 社会建设语境

改革开放以来,我国社会建设的演进历程大体上可以分为以下发展阶段:一是初步探索阶段(1978—2002年),在十一届三中全会以后,党中央针对当时的

---

① 张傅,杨倩. 新中国70年马克思主义传播的主要历程概述与浅析[J]. 马克思主义与现实,2019(06):69-76.

②③ 卢文忠. 改革开放以来我国社会文化思潮的演进逻辑与历史效应[J]. 理论导刊,2018(12):4-8,21.

具体国情进行了全面深刻的分析,明确了我国正处于并将长期处于社会主义初级阶段。1987年10月,党的十三大提出了"一个中心、两个基本点"的战略思想,将保障和改善民生作为社会建设的主战场;二是社会建设的全面推进阶段(2002—2012年),2002年10月,中共十六大正式提出了"全面建设更高水平小康社会"的奋斗目标。随后,中共十六届四中全会指出"把和谐社会建设摆在重要位置"。2007年10月,中共十七大召开,在政治文件中进一步凸显社会建设的地位,强调"改善民生"。至此,我国的社会建设实践得以全面展开。具体而言,在改革开放的快速发展期(1978—2012年),社会建设的主要成就如下:区域经济发展和社会结构日趋平衡;结构性经济就业矛盾问题得以初步解决;教育事业取得重大进步;脱贫攻坚工程取得重大成就;共建共治共享的社会治理格局初步成型。①

　　整体而言,改革开放40多年以来,中国共产党领导的社会思想文化和社会建设扎实推进,取得了伟大的历史成就。翻译活动作为一种现实的社会构成,深深扎根于社会文化语境当中,是"由社会规约的活动"(socially regulated activity)②。在改革开放以来社会建设的宏观背景下,我国的外译传播活动获得了显著发展。改革开放之初,随着中国与国际社会交往的重启,我国翻译传播工作者大量引进并翻译出版了大量的国外文献,向国人介绍西方的思想文化与优秀成果。从表面上看,似乎有掩盖中国传统译论之势,但其积极意义是巨大的。正如谭载喜所言:"外来翻译理论和思想拓宽了我们的译学视野,在较短的时间里促成了中国翻译研究的现代化,值得我们充分肯定。"③ 此外,我国的翻译和传播队伍日益壮大,翻译传播产业也随之快速发展,推动中国文化走向世界,成为改革开放进程中的一项重要议程。进入新世纪以后,中国共产党对提高文化对外开放、促进中国文化走向世界做出了重要部署,中国文化"走出去"战略正式实施。可以预见,伴随改革开放以来中国文化国际化和本土化进程的加深,我国的翻译传播事业在党中央的正确领导下必将呈现一派欣欣向荣的景象。

---

　　① 李永芳. 改革开放以来社会建设的演进历程与基本经验 [J]. 湖南社会科学,2020 (4):155 - 164.

　　② BUZELIN H. Unexpected Allies:How Latour's Network Theory Could Complement Bourdieusian Analyses in Translation Studies [J]. The Translator,2005 (2):193 - 218.

　　③ 谭载喜. 中国翻译研究40年:作为亲历者眼中的译学开放、传承与发展 [J]. 外国语. 2018,41 (5):2 - 8.

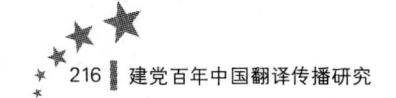

二、翻译传播的社会需求

1. 党的建设与翻译传播

1921年，中国共产党诞生了。此后，中国共产党把为人民服务、为人民谋幸福、为中华民族谋复兴作为其矢志不渝的追求和庄严使命。历经百年的风雨洗礼，披荆斩棘，筚路蓝缕，中国共产党将自己建成了一个百年大党，不忘初心，坚定不移，带领全国人民创造了令世界惊叹的经济发展与社会建设奇迹。在意识形态和思想建设方面，1978年12月，党的十一届三中全会实现了工作中心的转移，意识形态建设逐步围绕经济建设这一中心有序展开。邓小平强调，改革开放后中国共产党最大的任务是推进社会主义现代化建设和发展，经济建设是重中之重，是一切工作需要依循、服务的中心。围绕经济建设这个中心，党中央在意识形态工作中讲清楚了"什么是社会主义、怎样建设社会主义"。邓小平提出中国的改革开放就是要建设有中国特色的社会主义，同时深刻揭示了社会主义的本质，意识形态工作的顺利开展为改革开放的顺利实施和中国社会主义现代化建设扫除了思想藩篱。

在党的文化建设方面，中国共产党在领导中国人民进行文化实践的历史过程中，创造性地将马克思主义中国化确立为文化建设的主题，使在中国大地上进行的广泛的文化实践有了明确的理论旗帜与价值指引，为中国翻译与文化传播事业的发展在根本上指明了出路，由此也汇聚了构建马克思主义中国化文化形态的强大合力。党的十一届三中全会之后，党中央领导人对党和国家的工作重心予以迅速调整，确立了"以经济建设为中心"，提出了改革开放的伟大决策。随着真理标准问题大讨论的深入展开，解放思想、实事求是的思想路线在全党得以恢复。在党对国家发展做出重大调整的历史背景下，1980年7月26日《人民日报》发表了题为《文艺为人民服务、为社会主义服务》的社论，体现了时代发展的精神与要求，实现了马克思主义中国化理论主题在改革实践中的重大发展，成为贯穿改革开放时期党引领文化建设的基本方针。[①] 方针反映时代发展要求和人民需要，体现了党的文化理论的成熟，充分释放了全社会文化发展的蓬勃活力，推动文化发展进入了新的阶段：马克思主义进一步中国化、时代化、大众化，翻译和文化传播事业得到了前所未有的重视和推动，人文社会科学重新获得应有的地位，文化的多元价

---

① 曹润青，冯鹏志．中国共产党百年来文化建设的主题、本质与道路［J］．党政研究，2021（1）：23-29．

值得到确立和尊重,大众文化、网络文化、公共文化迅猛发展,人们的思想观念日趋活跃,形成了马克思主义指导下翻译与文化传播事业蓬勃发展的生动格局。

2. 经济发展与翻译传播

翻译活动从来不是在真空中进行的。改革开放以来,经济建设成为中国共产党的工作重心。在经济建设过程中,积极吸收西方发达国家经验,促进中外经济贸易交往,是推动我国经济社会健康发展的必要途径。翻译作为不同语言之间对话交流的载体,是中国和世界各国进行商业合作与贸易往来的重要桥梁。因此,在改革开放初期,西方发达国家的经济类著作成为当时国内翻译传播界引进的重点,推动了西方经济学说在中国社会的传播和接受,为中国经济改革和现代化建设提供了新的思路。同时,经济环境因素对翻译传播的影响是不断变化的,随着改革开放的推进,中国的经济实力与发展水平日益增强,从最初的国外投资"引进来"到积极开展对外直接投资,我国的经济对外开放水平进入一个新的发展阶段。对外直接投资是中国企业拓展国际市场空间、发挥比较优势和提升国际竞争力的战略选择,也是因应国家"走出去"战略、加快融入世界经济体系的重要基础。据统计,截至2007年底,我国的对外直接投资已经覆盖至世界170多个国家和地区,对外直接投资金额累计达1 000多亿美元,对世界经济增长做出了巨大的贡献。[①]

改革开放以来,经济环境的变化使得中国对外经济交往呈现出与先前不同的交往路径,在这一过程中,我国的翻译与传播活动也经历了从"引进来"到"走出去"的实践历程。中国共产党领导集体和相关翻译传播工作者对此倾注了很大的热情与关怀,中国翻译与传播活动开始步入了全面开放的时期。以中国翻译产业为例,近年来,随着经济全球化的持续深入,信息交流需求不断增强,我国的语言服务行业迅速发展,中国翻译市场从以输入型为主转变为以输出型为主,[②]翻译传播服务产业呈现出良好的发展势态,对于推进中国经济对外开放、促进经济社会可持续发展无疑大有裨益。

3. 文化交流与翻译传播

改革开放政策的实施,拉开了中外文化交流的序幕。从本质上而言,文化交流是一种跨语际传播的实践活动,需要依靠翻译传播这一关键载体。同时,不同时期的对外文化交流政策指向,会对翻译传播的内容选择、翻译策略、话语偏好

---

① 陈文敬. 中国利用外资三十年回顾[J]. 中国外资,2008(5):16-19.
② 黄友义. 服务改革开放40年,翻译实践和翻译教育迎来转型发展的新时代[J]. 中国翻译,2018(3):5-8.

等产生重要影响。1983 年，外文局颁布了《建国以来外文书刊出版发行事业的十条基本经验》，其中对翻译传播的实践方向进行了阐明，强调改变既往过度偏向革命、政治宣传的倾向，坚决贯彻"真实、生动、活泼、及时地宣传新中国"[①] 的党的文化建设指导方针。

在这些基本经验的指导之下，我国翻译传播学界积极响应，在重视党的意识形态和政治思想译介传播的同时，对新中国成立以来的经济社会发展状况、中国人民生活风尚以及优秀文学成果给予更多关怀。以文学作品外译为例，这一时期，诸多中国现当代优秀文学作品相继被译介出版，如宗璞的《弦上的梦》、蒋子龙的《赤橙黄绿青蓝紫》、古华的《芙蓉镇》、萧红的《呼兰河传》《生死场》、莫言的《红高粱》《红高粱家族》等。这些作品对中国的现实社会问题、中国人民的真实生活状态以及生活经历进行了生动的文学描绘，兼具时代性和反思性，彰显出中国文化的多元风格以及中国共产党向国际社会展现真实的新中国的积极姿态。此外，为了避免意识形态和政治宣传的式微，党的思想理论成果、中国革命题材文学、红色经典文学等主题内容的译介依然是该时期我国翻译与传播工作的重点，如丁玲的《太阳照在桑干河上》、浩然的《金光大道》、康濯的《太阳初升的时候》、孙犁的《风云初记》《荷花淀》、赵树理的《三里湾》、周而复的《白求恩大夫》等。这些本土文学的主动输出向海外受众传播了中华民族的优秀文化成果和思想智慧，显示了中国共产党彰显民族文化身份、提高中国文化话语权的努力，为中国文化走向世界、促进世界文化繁荣发展做出了重要贡献。

★ 第二节 翻译传播主体、内容与策略 ★

一、翻译传播机构

1. 中共中央编译局

中共中央编译局（Central Compilation and Translation Bureau，以下简称中央编译局）成立于 1953 年，是中共中央的直属机构。成立伊始，中央编译局便以编译马克思主义经典著作、党和国家领导人重要文献和著作、马克思主义以及世界社会主义重要学术文献资料等为使命，积极推进马克思主义中国化理论思想的宣传普及和中国马克思主义的国际化传播。中央编译局始终牢牢恪守为"中共

[①] 王颖冲. 中文小说译介渠道探析 [J]. 外语与外语教学，2014 (2)：79-85.

中央决策服务、为社会主义现代化建设服务"的指导方针，为中国共产党的思想建设、对外交流和国际传播事业做出了不可磨灭的贡献，提高了马克思主义中国化最新成果的国际影响力。

回顾中央编译局的光辉历程，在近 70 年的翻译传播实践中，中央编译局与中国共产党的成长紧紧相连。1921 年，中国共产党自成立之日起，便以马克思主义作为自己的指导思想，将马克思主义基本理论与中国革命、建设、改革相结合，推动中国社会主义建设和经济社会发展。正是在中国共产党的百年奋斗历程中，中国马克思主义理论不断成熟，形成了毛泽东思想和中国特色社会主义理论体系，成为中国改革开放和社会主义现代化建设的思想旗帜。为了不断推进马克思主义中国化和国际化的伟大事业，在党的坚强领导下，中央编译局对于马克思列宁主义著作以及中国化马克思主义的翻译出版工作始终不曾停歇，是中国马克思主义理论翻译、研究和传播的重要阵地。

2. 中国外文局

中国外文局（China Foreign Languages Publishing Administration）成立于 1949 年，与中华人民共和国同时诞生，全称为中国外文出版发行事业局，前身是中央人民政府新闻总署国际新闻局，是中央直属的对外传播机构。作为中国当前规模最大的对外翻译与传播机构，中国外文局包括外文出版社、海豚出版社、新星出版社、中国国际图书贸易总公司、当代中国与世界研究院等 20 多家下属机构，拥有数千名翻译传播人才和近百位外国著名专家，并且在英国、美国、日本、俄罗斯等多个国家和地区成立了分支机构，形成了遍及世界各地的对外传播网络以及翻译、传播、出版、宣传、互联网业务等一体化的发展格局。

中国外文局自成立以来，便主动肩负起向世界各国展示中国共产党国际形象、维护国家利益、传播中国优秀文化的重要使命，被誉为"外宣国家队"。在中国外文局的发展历史上，涌现出了众多翻译学者，如方钜成、唐笙、康大川、刘尊棋、萧乾等，一代又一代的翻译传播工作者们艰苦奋斗、进取创新，为中国共产党的对外翻译与传播事业做出了巨大贡献。

3. 学术科研机构

自改革开放以来，随着中国经济、文化等各领域对外交往日益频繁、深入，中国翻译传播在促进中外国际合作、提高中国共产党国际话语权和影响力等方面的作用愈加凸显。在此背景下，国内诸多高校、科研院所予以充分回应，相继成立了中国翻译传播的研究机构，如北京大学的"国家战略传播研究院"、郑州大学的"中国外交话语研究中心"、同济大学的"国家对外话语体系研究中心"、湖南师范大学的"翻译传播研究所"等。这些学术科研机构积极发展翻译教育，培养高水平的翻译与传播人才，开展国际学术交流与行业实践，不断探索构建具有中国特色的翻译理论体系和对外话语体系，在服务国家对外传播战略、提高中国国际话语权、提升国家软实力等方面进行了不懈努力，是推动中国翻译传播研究与实践发展的重要力量。

二、主要译者

1949年新中国成立，随着中国经济、政治、文化、科技、外交等各个领域发展迅速，我国的翻译传播事业也在不断地进步，对外译介出版的作品日益增多。30年后，随着1978年第十一届三中全会圆满落幕，中国共产党带领全国各族人民进入了改革开放的历史新时期。中华人民共和国自此迈向了一个综合国力不断增强、全民素质不断提升、齐心谋取民族复兴的全新历史阶段。在改革开放逐步深化的历史进程中，中国共产党始终展现出坚强的领导力和责任担当，敞开胸襟，拥抱世界，中国翻译传播事业也空前活跃，硕果颇丰。以下将对改革开放时期中国翻译传播的代表性人物（包括国外汉学家和国内翻译家）进行简要介绍，以走近这些翻译传播学者们的内心世界。

1. 国内翻译学家

（1）王佐良

王佐良，1916年2月12日生，浙江上虞人。王佐良先生一身兼具教育家、翻译理论家、比较文学研究者、外国文学评论家、诗人等多重身份。1939年，王佐良先生于西南联合大学外语系毕业并留校任教；1947年，他远赴英国牛津大学研修英国文学。1949年，王佐良先生学成归来，便一直留在北京外国语学院任教。在翻译方面，王佐良先生的最初尝试始于1940年。那时，他在西南联大担任助教，利用业余时间对爱尔兰作家乔伊斯的短篇小说集《都柏林人》进行翻译，并将手稿委托朋友带往桂林出版。可惜的是，由于日寇飞机轰炸，手稿化为灰烬，最终只整理了《伊芙林》这一篇于1947年刊登在《大公报》上。留学归国以后，由于繁重的教学、科研以及行政事务，王佐良先生往往只能利用假期时间从事文学翻译，为此，他谦逊地将自己定位成一名"业余翻译者"。尽管时间所限，但王佐良先生依然翻译了数量可观的英语经典散文、诗文，并且与友人方钜成等合作完成了爱伦堡的长篇小说《暴风雨》的英译出版工作。

新中国成立以后，王佐良先生被中共中央宣传部聘为《毛泽东选集》英译委员会的委员，与钱锺书、金岳霖等著名学者一道参与了《毛泽东选集》第一至四卷本的翻译工作。1958年，王佐良先生和巴恩斯（A. C. Barnes）共同合作，负责剧作家曹禺的作品《雷雨》（*Thunderstorm*）的英译。王佐良先生用生动、准确的英文阐释了《雷雨》中各个角色的性格特征，翻译出版以后在国外广受欢迎，并且得到评论家的高度赞扬。此外，王佐良先生还将一些难度较高的汉诗译成英文，如杜甫的《戏为六绝句》（其二）、黄遵宪的《夜起》、谭嗣同的《夜成》、冯至的《诗八首》等。在文学翻译理论方面，王佐良先生也颇有建树，他强调译作对原作的忠实，力求"雅俗如之，深浅如之，口气如之，文体如之。"他还指出，翻译与文化紧密联系，不可分割，翻译可以有力地推动文化的繁荣发展；反过来，后者也是导致翻译高潮的助力器，不断将两种文化进行比较并适合社会文化，才是真正的翻译过程。

（2）杨绛

杨绛，1911年7月17日生于北京，本名杨季康，中国女作家、外国文学研究家，也是著名的文学翻译家。1928年，杨绛先生进入苏州东吴大学就读。1932年毕业以后，杨绛前往清华大学借读，并认识了她未来的丈夫，钱锺书先生。1935年，杨绛和钱锺书结婚，同年两人共同前往英国和法国留学。1953年，杨绛先生在中国科学院文学研究所、外国文学研究所担任研究员一职。2016年5月25日，杨绛逝世，享年105岁。

杨绛先生不仅是作家，也是翻译家，她的翻译和创作共同促进、相辅相成。改革开放以后，杨绛先生开始进行汉译英和英译汉的工作，其间她翻译了诸多经典作品，如《唐吉诃德》《一九三九年以来英国散文作品》《吉尔·布拉斯》《斐多》等。其中，杨绛翻译的《唐吉诃德》（西班牙语译本）被认为是迄今为止最受欢迎的翻译佳作。杨绛先生的翻译作品不仅为国人打开了视野，还在文学层面贯彻了中国的改革开放文化战略。1981年，杨绛回望干校生活，发表了《干校六记》，这部散文集已有三种英语、两种法语、一种日语和俄语译本。社会主义建设探索时期结束以后，杨绛的杰出作品如雨后春笋般面世，其中包括论集《关于小说》、小说《洗澡》、散文《将饮茶》《干校六记》《隐身衣》等。杨绛先生的文学代表作是于1988年发表的长篇小说《洗澡》，她的散文集《干校六记》在海外也颇具影响力，其英文译本被英国《泰晤士报》的文学副刊评价为"20世纪英译中国文学作品中最突出的一部"。2003年，93岁的杨绛先生出版了散文随笔《我们仨》。该书风靡海内外，至今行销不衰。

（3）许渊冲

许渊冲先生的著作颇丰，在国内外出版中、英、法文著译60余本，包括

《诗经》《楚辞》《汉魏唐宋诗词》《中国古诗词三百首》《西厢记》《毛泽东诗词选》《红与黑》《雨果戏剧选》《约翰·克利斯托夫》《追忆似水年华》等。其中,许渊冲翻译的《楚辞》被美国学者克华利斯(Jon Kowallis)评价为"英美文学最高峰",而另一本译作《中国古诗词三百首》则被诺贝尔文学奖评委赞誉为"中国传统文学之样本"。[①] 许渊冲先生于 2010 年和 2014 年分布荣获"翻译文化终身成就奖"以及国际译联设立的"北极光"杰出文学翻译奖。值得一提的是,许渊冲是获得这一殊荣的第一位亚洲学者。

改革开放之后,许渊冲先生不仅在翻译实践中取得了巨大成就,而且对于翻译思想和理论方面总结了自己的经验。相较于以前的翻译作品,许渊冲先生在改革开放之后对自己的翻译思想进行了更多阐述,提出了翻译的"三美"论,即意美、音美、形美,并且将自己的翻译人生总结为"知之、好之、乐之"。许渊冲的这些翻译思想主要见诸他的作品当中,包括《翻译的艺术》《文学与翻译》《译诗六论》《中国学派的古典诗词翻译理论》等。这些作品出版之后,为后来的翻译学习者和实践工作者带来了深远的影响和启迪。

(4) 张培基

张培基,出生于 1921 年,福建福州人,中国当代著名翻译家。1945 年,张培基从上海圣约翰大学毕业之后,担任《上海自由西报》、《中国年鉴》(英文版)等英文报刊的记者、副总编。1946 年,张培基前往日本东京担任远东国际军事法庭翻译,不久以后,他又前往美国,在印第安纳大学学习英国文学研究。1949年中华人民共和国成立,张培基先生毅然回到祖国的怀抱,在外文出版社负责编译工作。其后,张培基先生先后在解放军外国语学院和对外经济贸易大学执教,直至 1991 年退休。张培基先生在当今中国翻译界有着重要的地位,他的名字被列入《中国翻译家词典》,是中国翻译界一位重要的人物。

张培基先生从事翻译研究和实践工作 50 年之久,硕果累累,影响深远,为中外文化交流和中国翻译学科发展做出了巨大贡献。改革开放之后,张培基先生主编的《英汉翻译教程》被国内诸多高校选定为英语专业的翻译课程教材,他的作品集《英译中国现代散文选》第一至四卷本自 1999 年起由上海外语教育出版社陆续出版,在学术界引起了广泛关注。总而言之,张培基先生不仅推动了中国翻译理论与学科建设的发展,而且有力地促进了中国与世界各国的文化交流,有

---

① 汪庆华. 许渊冲诗词翻译的生态翻译学诠释 [J]. 西华大学学报(哲学社会科学版). 2013, 32 (5): 103-106.

助于中国文学更好地走向世界。

2. 国外汉学家

（1）伯顿·沃森（Burton Watson）

沃森于1925年出生在美国纽约，中文名华兹生，是著名汉学家、翻译家。沃森从事翻译工作近60年，在这期间，他把大量中国的历史书籍和古典文学作品通过翻译、写作等方式向西方英语国家译介，其中包括《诗经》《苏东坡诗选》《杜甫诗选》《陆游诗选》等中国古代经典著作。1943年春，17岁的沃森自愿报名到美国海军部队参军服役，从海军退役后，沃森想要继续求学深造，于是向哥伦比亚大学递交了申请。由于哥伦比亚大学鼓励学生用翻译作品做自己的硕士论文，于是在成为研究生的第五年，沃森便在导师的指导下翻译了《游侠列传》。《游侠列传》出自中国著名的历史著作《史记》，最后沃森为此倾注了许多心血，并且将其作为自己的硕士毕业论文。在1956年获得博士学位后的几年中，沃森先后翻译了《荀子》《庄子》《墨子》《韩非子》等大量中国哲学著作。

20世纪七八十年代，我国实行改革开放的国策，其中在文化方面力图推进中华文化走向世界，需要大量翻译方面的人才。与其说沃森对于中国经典文学的翻译是为学术研究提供基础，倒不如说是为了向海外传播和推广中国文化。怀揣着这种理想，沃森的翻译作品在时代浪潮中脱颖而出，影响广泛。事实上，沃森的中国文化情结一直深深植根于他的内心，对他的翻译策略产生了不可磨灭的影响。他非常敬重博大精深的中华文化，在译文里尽可能地保留中国文化的特色元素。为此，他坚持采用直译的翻译策略，甚至不得不频繁地使用注释。为了响应中国改革开放的文化政策，也为了迎合美国的文化需求和外交意识，有关出版机构会抓住时机赞助一些英文版的中国古籍的出版。沃森能够有机会系统性地翻译中国古代经典著作，自然得益于当时的社会政策以及社会需求的影响；而中国优秀传统文化能够更好地走出国门，被更多海外受众认识和接受，也恰是得益于这位伟大的汉学家。

（2）葛浩文（Howard Goldblatt）

葛浩文，出生于1939年，是美国著名的汉学家、翻译家。1960年，21岁的葛浩文在台湾服役期间学习汉语，回国以后，葛浩文前往圣弗朗西斯科州立大学攻读研究生，专业是中国研究。之后，他又决定在印第安纳大学攻读博士学位，继续钻研中国文学。在撰写博士毕业论文期间，葛浩文翻译了萧红的《呼兰河传》，这是他翻译的第一本中文小说。依据葛浩文的个人统计，截至2016年，其翻译出版的中国文学作品已达 60 余部。除了莫言的作品以外，葛浩文还翻译了萧红、老舍、刘震云、王朔、冯骥才、贾平凹、王安忆、白先勇等诸多中国作家的文学作品，成为有史以来翻译中国文学最多的汉学家，"让中国文学披上了当代英美文学的色彩"。

改革开放是中国实行的一项伟大国策。中国文化走出国门的同时西方文化也会"走进来"，如何更好地推动中国文化发展是我们面临的一个大问题。葛浩文凭借多年的翻译经验，并结合对其他国家文化发展的理解，指出了中国文学外译中的一些不足之处。例如，他认为，中国有不少小说家在写作时并未深思熟虑，在其内容结构还没有达到尽善尽美之时便迫不及待地想要出版，而中国的很多编辑在出版之前也没有严格审查把关。于是，大多数时候，作者只能自己校对、纠错，但修正以后依然会存在诸如主题不连贯、语言冗长等问题，容易使读者产生粗制滥造的印象。葛浩文进一步指出，作者其实很难真正站在客观公正的角度看待自己的作品，所以必须要有另一个人来帮助他们发现作品中存在的问题，纵观作品全局，给作者提供新的思路和视角，以求作品尽量完美，经得住各种读者的考验。对于葛浩文的翻译思想，我们需要采取客观的态度予以公允评价，适当地学习西方编辑出版制度，考虑读者的文化需求和市场期待，也是顺应改革开放背景下中国文化"走出去"必不可少的因素。我们要在影响中国文化传播的每一步中都稳扎稳打，不能忽略疏漏。

（3）宇文所安（Stephen Owen）

宇文所安于 1946 年出生于美国密苏里州圣路易斯市，是美国著名的汉学家。宇文所安从小便对诗歌充满了兴趣，当宇文所安在巴尔的摩市立图书馆初次接触中国诗歌时，他便沉湎其中，甚至疯狂地钟情于它。后来，宇文所安考入了耶鲁大学，在耶鲁大学东亚系攻读博士学位，凭借毕业论文《韩愈与孟郊的诗》顺利获得文学博士学位，现任教于哈佛大学东亚系。宇文所安编著的中国文学总数有十多部，其代表作有《初唐诗》《盛唐诗》《晚唐诗》《中国文论：英译与评论》《中国文学思想读本》《中国"中世纪"的终结：中唐文学文化论集》《追忆》等，翻译作品包括《文心雕龙》《杜甫诗集》《中国文学选集：从先秦到 1911》等。为了翻译杜甫诗歌，宇文所安历经了八年埋头耕耘，终于在 2016 年出版了《杜甫诗集》（*The Poetry of Du Fu*）英语全译本，这也是学界第一部完整收录杜甫诗歌的翻译作品。

对于欧美读者来说，中国古典诗歌需要一位代言人，对于中国来说，在推进对内改革、对外开放政策过程中也需要一位能将中华文化发扬光大的优秀翻译家，而宇文所安认为，自己对这项使命义不容辞。1982年宇文所安到哈佛大学担任东亚语言与文明系和比较文学系两个系的教授，这一学术背景自然而然地让他能突破欧洲传统汉学的束缚。他显然不是把中国文学作为一种艺术品来研究，而是从一种跨越中西对立的学术角度，来探究中国文学的历史发展、艺术内涵和文化价值。宇文所安对中国诗歌情有独钟，其汉学家的身份也使得他对中国文学具有独特的研究视角和跨文化研究经验。在翻译的过程中，他着重于向海外受众阐释中国诗歌、文学的内涵意蕴，使得中国文学能够飞跃民族和国家的界限，被更多的西方读者广泛认识、理解和接受。正如有学者指出，在跨文化阐述中国文学的过程中，宇文所安贡献了两点积极意义：第一，为中国人阅读和研究中国文学提供了一个全新的切入点，有助于国人更好地理解和感悟本国传统文化；第二，为学习西方和研究中国文化的外国读者和研究人员提供了一个新的理解方式，从而让他们更容易领悟中国文化的本质内涵。[①]

（4）白睿文（Michael Berry）

白睿文于1974年出生在美国芝加哥，毕业于哥伦比亚大学的现代中国文学与电影专业，现担任加州大学洛杉矶分校东亚系教授，东亚研究中心主任。白睿文的主要研究领域是中国电影、中国当代文学、翻译学等，他还曾翻译过许多中国文学作品，如王安忆的《长恨歌》，余华的《活着》，张大春的《我妹妹》与《野孩子》等。在少年时期，白睿文便爱上了阅读，随着阅读范围的不断拓展，他越来越被书中描绘的新鲜的异域世界和文化所吸引，尤其是绵延五千年的中国文化，对他产生了巨大的吸引力。因此，在进入大学后不久，白睿文便选择来到中国南京留学，踏上了中国这片陌生而充满魅力的土地，并且结下了他与中国文化的不解之缘，成为向世界传播中国文化的一座桥梁。

在改革开放如火如荼的浪潮影响下，很多中国作品被翻译成各国语言出版，但不同作者的语言风格迥异。在白睿文所翻译的作品中，作家的写作风格各有千秋，张大春有丰富的想象力、余华偏向写实主义，而王安忆用女性叙事角度描写细致，这些作家的写作风格差异巨大，白睿文感到前所未有的挑战。但作为译者，白睿文坚持自己的翻译观，他希望读者在文中看不到自己的翻译痕迹；有译者在中间搭桥，原作可以在英语世界里开口说话，表达自己的风格，传递自己的精神。在他看来，如果读者能够在译本中读出译者的个人风格，那就说明译文尚

---

① 李庆本. 宇文所安：汉学语境下的跨文化中国文学阐释［J］. 上海交通大学学报（哲学社会科学版），2012，20（4）：14-21.

未成功，译者也不够专业。因此，在每一次开始翻译新作品之前，白睿文都会认真研读原作，深入研究原作的语言形式和话语风格，在尽可能尊重原作语言、文化的基础上，他还致力于寻找切入作品的新视角，以便给外国读者呈现不同的感觉体验，让中国文化更好地走向世界，走进读者的内心。[1]

三、主要外译作品

1. 政治类

改革开放以后，中国政治领域的翻译传播作品数量大大增加。颇具代表性的是中国政府白皮书的译介和传播。所谓白皮书，是国际社会公认的正式官方文件，代表政府的立场。20 世纪 80 年代末至 90 年代初，东欧剧变和苏联解体意味着冷战正式结束，国际形势发生重大变化，世界政治格局呈现多极化发展趋势。同时，社会主义的发展在此时受到了极大冲击，作为世界上最大的社会主义国家，中国为回应国际社会关切，表明中国政府对于重要国际问题的官方立场，国务院新闻办公室于 1991 年发表了第一部政府白皮书——《中国的人权状况》。这部白皮书结合我国的现实情况对我国的人权状况进行了阐释，有力地回应了当时西方国家以人权问题为借口对我国实施的打压，增进了国际社会对中国人权问题基本立场与实践的了解和认识，获得了广泛关注。此后，白皮书便成为我国对外传播过程中的一种正式宣传文件，是向国际社会展示中国立场、中国形象的重要翻译传播载体。自 1991 年到 2012 年初，我国政府已经发表了 80 多部白皮书。表 5-1 是我国政府白皮书发表情况的统计。

表 5-1　1991—2012 年中国政府白皮书历史统计

白皮书名称	发表年份
《钓鱼岛是中国的固有领土》《中国的能源政策》《中国的司法改革》等	2012
《2010 年中国的国防》《中国的对外援助》《西藏和平解放 60 年》《中国特色社会主义法律体系》《中国农村扶贫开发的新进展》等	2011
《中国的反腐败和廉政建设》《中国的人力资源状况》《中国互联网状况》《2009 年中国人权事业的进展》等	2010
《中国的民族政策与各民族共同繁荣发展》《新疆的发展与进步》《中国的减灾行动》《西藏民主改革 50 年》等	2009

---

[1] 吴赟. 中国当代文学的翻译、传播与接受：白睿文访谈录 [J]. 南方文坛，2014 (6)：48-53.

续前表

白皮书名称	发表年份
《中国应对气候变化的政策与行动》《西藏文化的保护与发展》《中国的法治建设》等	2008
《中国的能源状况与政策》《中国的政党制度》《中国的食品质量安全状况》等	2007
《2006年中国的国防》《中国老龄事业的发展》《中国的环境保护（1996—2005）》《2006年中国的航天》等	2006
《中国的和平发展道路》《中国的民主政治建设》《中国的军控、裁军与防扩散努力》《中国性别平等与妇女发展状况》《中国知识产权保护的新进展》等	2005
《2004年中国的国防》《中国的社会保障状况和政策》《西藏的民族区域自治》《中国的就业状况和政策》等	2004
《中国的矿产资源政策》《中国的防扩散政策和措施》《新疆的历史与发展》《西藏的生态建设与环境保护》等	2003
《2002年中国的国防》《中国的劳动和社会保障状况》等	2002
《西藏的现代化发展》《中国的农村扶贫开发》《2000年中国人权事业的进展》等	2001
《中国的航天》《2000年中国的国防》《中国人权发展50年》《一个中国的原则与台湾问题》等	2000
《中国的少数民族政策及其实践》《1998年中国人权事业的进展》	1999
《中国的国防》《中国海洋事业的发展》	1998
《中国的宗教信仰自由状况》《关于中美贸易平衡问题》《1996年中国人权事业的进展》	1997
《中国的粮食问题》《中国的环境保护》《中国的儿童状况》	1996
《中国人权事业的进展》《中国的军备控制与裁军》《中国的计划生育》	1995
《中国知识产权保护状况》《中国妇女的状况》	1994
《台湾问题与中国的统一》	1993
《西藏的主权归属与人权状况》《中国改造罪犯的状况》	1992
《中国的人权状况》	1991

中国的政府白皮书通常由国务院新闻办公室领导相关部门统一编写和发布，最初（1991—2005年）是以新星出版社名义出版发行。从2006年起，由外文出版社和人民出版社分别负责英文版和中文版白皮书的出版发行。从表5-1可知，就目前中国政府已经出版的白皮书内容来看，主要涉及人权、国防、法治、宗教、人口、能源、环境、互联网、核安全、粮食安全等多重领域。同时，由于白皮书主要目的是就国际社会关切做出及时、有理有据的回应，白皮书具有很强的

时效性和现实针对性，因此其内容往往需要随着国际社会形势的变化而发生变化。①

2. 文化类

在中国古典或是现代的优秀文学作品外译方面，国内翻译大家许渊冲先生在文学翻译方面颇有建树。1987 年，许渊冲先生翻译出版了法文版的译著《中国古诗词三百首》，1999 年，又翻译了《唐宋词选一百首》的法文译本。其后，许渊冲先生翻译的《诗经》《汉魏六朝诗一百五十首》《新编千家诗》《唐诗三百首》《西厢记》等英文译著也相继出版，其学术造诣和译作影响力享誉世界，为中国诗词和中国文学走向世界做出了卓越贡献。20 世纪七八十年代，由译界大家杨宪益、戴乃迭所译的英文版《红楼梦》诞生了，这被视为翻译界最突出的成就之一。在这之前，杨宪益、戴乃迭夫妇还共同完成了《史记》《离骚》《儒林外史》《魏晋南北朝小说选》的译品。在《红楼梦》英译本问世以后，杨宪益先生进一步发起并主持了旨在弥补西方对中国文学了解的空白——"熊猫丛书"系列，其中包含了《聊斋志异》《西游记》《三国演义》《镜花缘》等中国古典文学经典译著。"熊猫丛书"旨在面向英语世界的读者出版一系列高质量的中国文化经典著作，为国外受众认识和了解中国文学提供一个窗口。据相关统计，至 2009 年底，"熊猫丛书"在中国外文局的领导之下，一共译介出版了 200 多种，包括英文版、法文版、日文版、德文版等诸多语种，为中国文学翻译传播事业建立了不朽的功绩。②

另外，中国当代著名翻译家张培基先生，不仅出版了王士菁著《鲁迅传》、廖静文著《徐悲鸿一生》等传记类英译作品，以及《英译中国现代散文选》系列，还包括诸如《英语声色词与翻译》《习语汉译英研究》之类的翻译理论性书籍。这一时期国内极具影响力的翻译家还包括钱锺书、杨绛、王佐良、吕叔湘等翻译家，他们对于我国改革开放之后翻译传播事业的迅速回温、中国文化传播事业的快速发展投入了大量的心血，甚至倾注了毕生精力，可谓是功勋卓越，值得我们深深敬仰。国内翻译家的部分外译传播作品如下：

表 5-2　1978—2012 年国内翻译家的部分外译传播作品

书名	译者	译出时间	出版社
《唐宋词选一百首》	许渊冲	1987	商务印书馆（香港）有限公司

---

① 李洋. 白皮书的翻译与出版 [J]. 中国翻译，2020，41 (1)：49-53.
② 何明星. 中国当代文学海外出版传播 60 年 [J]. 出版广角，2013 (7)：18-21.

续前表

书名	译者	译出时间	出版社
《中国古诗词三百首》	许渊冲	1999	中国对外翻译出版公司、商务印书馆（香港）有限公司
《诗经》	许渊冲	1993	外文出版社
《西厢记》	许渊冲	1992	外文出版社
《毛泽东诗词选》	许渊冲	1993	中国对外翻译出版公司
《汉魏六朝诗一百五十首》	许渊冲	1995	北京大学出版社
《唐诗三百首》	许渊冲	2000	北京大学出版社
《红楼梦》	杨宪益、戴乃迭	1978—1980	外文出版社
《史记》	杨宪益、戴乃迭	1979	外文出版社
《聊斋故事选》	杨宪益、戴乃迭	1981	《中国文学》杂志社
《鲁迅传》	张培基	1984	外文出版社
《徐悲鸿一生》	张培基	1987	外文出版社
《英语声色词与翻译（修订版）》	张培基	1979	商务印书馆
《习语汉译英研究（修订版）》	张培基	1979	商务印书馆
《英译中国现代散文选》（一至四）	张培基	1999—2012	上海外语教育出版社

此外，还有一批国外汉学家也为中国翻译的发展做出了显著贡献。以葛浩文先生的翻译传播作品为例，在英文世界地位极高的中国文学翻译家葛浩文先生英译了大量的当代中国小说，如表 5-3 所示。其中，有萧红的作品《呼兰河传》《生死场》《商市街》等，莫言的《红高粱》《红高粱家族》《丰乳肥臀》《生死疲劳》《四十一炮》等一系列长篇小说。[①] 在翻译莫言作品的时候，葛浩文运用了改写、归化等翻译方式，使得莫言的作品更容易被海外的读者所理解和接受。这些译著的产生无论在数量或是质量上都在全世界范围内引发了广泛关注，产生了令人轰动的效果，其对于中国文学融入西方世界、扩大中国文学的国际影响力的重要贡献可见一斑。

[①] 季进．我译故我在：葛浩文访谈录［J］．当代作家评论，2009（6）：45-56．

表 5-3　1978—2012 年国外汉学家（葛浩文）的部分外译传播作品

书名	译者	译出时间	出版社
《呼兰河传》	葛浩文	1988 年	联合出版公司
《生死场》	葛浩文	1979 年	印第安纳大学出版社
《商市街》	葛浩文	1986 年	华盛顿大学出版社
《红高粱》	葛浩文	1993 年	企鹅出版集团
《红高粱家族》	葛浩文	1994 年	企鹅出版集团
《丰乳肥臀》	葛浩文	2004 年	企鹅出版集团
《生死疲劳》	葛浩文	2008 年	企鹅出版集团
《变》	葛浩文	2010 年	海鸥出版社
《四十一炮》	葛浩文	2012 年	海鸥出版社

3. 科技类

改革开放以后，我国对外交流日渐频繁，加之"科教兴国"战略的提出，我国的科技翻译与传播事业也随之兴盛。主要体现在：国内诸多高校陆续开设科技翻译的专业课程，培养科技翻译的新生力量；学界关于科技翻译的研究专著、论文以及工具书等学术成果显著增多，如《中国翻译简史》《中国科学翻译史料》《译海采珠》《科技翻译理论及实务研究》等，《中国科技翻译》《上海科技翻译》等科技翻译类的专业性学术期刊相继创刊，团结科技翻译工作者与研究者的相关学术协会正式成立，等等。上述这些成就表明，我国科技翻译事业迎来了快速发展的繁荣时期。①1991 年，李亚舒提出了建构"中国科技翻译学"的设想，并且对中国科技翻译学的科学内涵、研究对象、理论体系和研究方法等一系列问题进行了详细阐述。其后，在钱临照院士和周光召院士的建议下，将"中国科技翻译学"进行去国别化和泛化，更名为"科学翻译学"，并且在 2004 年出版了由黄忠廉、李亚舒编著的《科学翻译学》。②关于建立和完善科技翻译学的呼吁和努力，有助于深化学者们对科技翻译本质的认识，推动了中国科技翻译研究以及学科建设的深入发展。

中国科技典籍是世界科学体系和人类科技文化不可分割的部分，也是中国科技翻译的重要构成。中国科技典籍记载了中国古人的科学知识和技术，向我们展

---

① 黎难秋，徐萍，张帆. 中国科学翻译史各时期的特点、成果及简评 [J]. 中国翻译，1999 (4)：44-47.

② 黄忠廉，孙秋花. 李亚舒科学翻译思想源流考 [J]. 当代外语研究，2016 (6)：9-12.

现了中国古代社会的政治风貌、科技文化、风俗民情，是中华民族智慧水平和科学思想的结晶，为人类社会的发展做出了巨大贡献。① 《大中华文库》（汉英对照）工程是我国首次面向海外世界，系统译介中国经典文化典籍的重大国家工程，于1995年正式立项。其中，科技领域译介的经典著作主要涉及数学、医学、技工等方面的科技典籍作品，如医学典籍《黄帝内经》《伤寒论》《本草纲目》，数学典籍《九章算术》《四元玉鉴》，地理学典籍《山海经》《徐霞客游记》，综合性典籍《梦溪笔谈》等。总而言之，在改革开放的浪潮之下，世界文明的历史长河在汹涌奔腾，中华民族的深厚文化根基和科技力量也愈发稳固，中国的翻译传播事业正以蓬勃之势态稳步前进。②

四、翻译与传播策略

1. 翻译传播指导思想

1978年，党的十一届三中全会做出了把党和国家工作重心转移到经济建设上来，"一心一意搞经济建设"的重大决策。在改革开放和经济建设的宏观背景下，我国翻译与传播的指导思想也发生了相应调整，从强调革命理想主义的宣传转向更为关注经济利益的现实主义，并且在对外传播过程中有意识地改变以政治宣传为主的倾向。1979年，党中央领导人就改革开放时代的翻译传播工作的指导思想、地位与任务做出相关指示，确立了翻译传播的原则遵循，即真实、生动、活泼地介绍新中国，让世界更加了解新中国。③ 此后，中国对外翻译与传播工作重新扬帆起航。

1992年，在邓小平同志南方谈话精神的指导下，中共十四大做出了建立社会主义市场经济体制的重大决策。外译与传播工作者因应时代使命，积极作为，自觉承担起向国际社会阐释和传播中国共产党的改革举措以及社会主义市场经济体系建设成就等任务，增进了世界对中国的了解，展现了一个全新的、不断发展的新中国形象。由此可见，1978年以后我国翻译与传播工作的一系列变化，同当时中国的社会经济发展变化以及中国共产党领导的文化建设思想是一脉相承的。

---

① 王燕，李正栓. 《大中华文库》科技典籍英译与中国文化对外传播[J]. 上海翻译，2020（5）：53-57，94.
② 侯若虹. 翻译事业在中国[J]. 对外传播，2008（7）：6-11.
③ 戴延年，陈日浓. 中国外文局五十年大事记1949—1982[M]. 北京：新星出版社，1990：330.

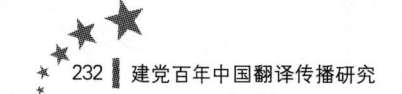

2. 翻译传播内容选择

翻译传播的过程首先是内容选择的过程，成功的内容选择会使翻译传播的作品受到受众的欢迎和青睐，从而取得理想的传播质效。反之，传播作品则会遭到冷落，难以实现预期效果。与此同时，翻译传播内容的选择并不全由译者、源语信息传播者等翻译传播主体决定，还要受到社会历史、政治、文化因素等诸多语境要素的限制。翻译传播在内容的选定、生产上，无不体现着社会意识形态、政治环境、权力机构等多重社会要素的影响。并且，各类因素对于翻译传播内容的影响是深刻且全面的，既在微观上制约着翻译传播行为主体的选择，也在宏观上影响着翻译传播的目的和接受效果。

意识形态（ideology）是一定社会的经济基础、政治制度和人与人的经济关系、政治关系的反映，实质上就是关于统治阶级的统治思想的集中概括。一般而言，一个国家的意识形态往往体现为一个国家或政党的政治和文化，并且世界上不存在超越意识形态的文化。① 意识形态对文化翻译传播内容的影响是巨大的，在改革开放初期，如浩然的《金光大道》，周而复的《白求恩大夫》，孙犁的《风云初记》《荷花淀》，丁玲的《太阳照在桑干河上》等宣传抗日战争、解放战争、新中国成立后人民生活现状这些主题的作品，成为这一时期文化翻译传播的主流选择。另外，宗璞的《弦上的梦》、王蒙的《蝴蝶》、蒋子龙的《赤橙黄绿青蓝紫》、古华的《芙蓉镇》、谌容的《人到中年》等颇具时代反思性的作品也是这一时期翻译内容的重要组成部分。这与改革开放初期社会的意识形态是一致的，既强调对新中国的社会发展和中国人民生活风尚进行真实、丰富多彩、生动活泼的翻译和传播，也尽量避免忽视政治宣传的倾向。②

政治环境也是影响翻译传播内容选择的重要因素。从翻译传播实践来看，从1972年中美关系正常化开始至1978年中国正式实施改革开放政策，这一时期中国与世界上110多个国家建立了外交关系，并且恢复了中国在联合国的合法席位。在这一过程中，翻译传播做出了重要贡献，而新的国际关系和政治环境也深刻影响着翻译传播的内容选择。政治环境的好转使得我国的外译传播活动越来越成为中外文化沟通、文化交流的使者，肩负起向世界全面介绍中国、描绘中国改革开放以来经济社会发展的关键职能，翻译传播的内容更趋多元丰富。根据相关统计，在1980—2009年期间，我国对外翻译的出版总品种达到了9 763种，其

---

① 黄旭东. 美国文化安全战略及其对我国的启示[J]. 贵州师范大学学报（社会科学版），2009(3)：41-46.

② 王颖冲. 中文小说译介渠道探析[J]. 外语与外语教学，2014(2)：79-85.

中，历史地理类占据了 2 426 种，高居翻译出版类型的榜首，而马克思列宁主义、毛泽东思想、邓小平理论等政治类作品的译介出版数量较前 30 年呈现出较为明显的下降趋势，仅有 48 种。[①]

总之，社会意识形态、政治语境以及党的文化建设与发展均深深影响着翻译传播内容的选择以及作品的思想性，而翻译传播的内容也承载着翻译传播主体对于社会发展现实的关切和国家民族命运的担忧。随着改革开放的深入推进，经济社会建设的持续发展，中国特色社会主义进入了新时代，以习近平同志为核心的党中央从中华民族伟大复兴的战略全局与世界百年未有之大变局出发，在深刻把握中国特色社会主义发展内在要求与中国特色社会主义文化建设根本要求的前提下，提出了"坚定文化自信"这一重大理论和实践命题，极大地深化了马克思主义中国化的理论主题，极大地增强了党对翻译与文化传播工作的理论引领，是新时代党推动文化建设向更高水平迈进的行动指南，开启了在更高水平上推动新时代文化翻译与传播事业发展的历史进程。

★ 第三节 翻译传播的社会影响 ★

一、经济建设影响

1. 助力语言服务业发展

从经济的角度来看，改革开放以后，翻译传播活动对中国社会的经济影响主要表征为语言服务产业的形成和发展。语言服务产业是近年来迅速成长的新型现代服务业态，属于现代服务产业中文化产业的范畴，承载着促进交流与合作、提供公共文化产品和服务的功能，是我国经济社会的重要组成部分。具体来说，语言服务产业是指服务于社会大众，并为其提供语言、文字产品和翻译传播服务的活动以及相关活动的总和。随着现代语言服务行业的不断发展，其覆盖领域、产品类型、发展规模已然超越了传统意义上的翻译行业，不仅涉及翻译人员或翻译公司提供的翻译产品与服务（如文件翻译、字幕翻译、会议同传、翻译培训及翻译技术等），还涵盖信息产业、文化产业中以文字、语音、音频、视频以及互联网等作为媒介的对外传播业务。[②]

---

① 何明星. 中国文化对外翻译出版 60 年 [J]. 出版发行研究, 2013 (6): 28-31.
② 陈玉莲. 翻译产业及其前景分析: 上海世博会视角 [J]. 经济研究导刊. 2012 (16): 244-245.

美国经济学教授马尔沙克（Jacob Marschak）于1965年发表的论文《语言经济学》率先提出语言具有经济属性。马尔沙克教授指出，语言是人类经济交往活动中不可或缺的工具，自然拥有和其他资源相同的价值、效用、收益等经济特性。① 到了20世纪90年代，弗朗索瓦·格林（Francois Grin）经过长期探索，提出了"语言经济学"这一概念。② 格林教授运用经济学的方法探索语言在供求原则主导之下产生的经济价值及其变化，寻求语言和经济之间的内在关联。"语言经济学"这一概念一经提出，便引发了国外众多学者的关注和讨论，并作为一门新兴学科，在北美和欧洲获得迅速发展。

在我国，语言服务产业是在改革开放以后才得以形成和发展的，萌芽于20世纪80年代，在20世纪90年代获得了初步发展。21世纪以来，伴随经济全球化的浪潮和对外开放不断深入，我国语言服务业开始蓬勃发展。从语言服务产业中的各个行业发展规模来看，由于起步有先后，发展规模尚不均衡。语言翻译行业和培训行业的发展较早，企业规模、数量均处于领先位置。语言文字信息处理行业随着信息技术的发展呈现后来居上、高速发展的态势，并为语言出版、测评等行业的发展提供技术支撑。其后，由于对语言经济属性认识的深化，语言服务产业在语言资源保护、优秀文化传承和传播等方面的功能日益凸显。《中国语言服务业发展报告2012》的调查数据显示，截至2011年底，我国从事翻译传播内容产业经营的企业共有29 372家，从事翻译技术产业经营的企业为54家，从事翻译能力产业经营的企业数量已达278家。③ 由此可见，在改革开放之后的30多年，我国的语言服务行业获得了显著发展。随着语言服务产业的不断发展，在新一轮科技革命和产业变革中，以语言服务行业为代表的语言技术行业不仅为经济增长提供了直接动能，并且成为其他新兴技术、新兴业态发展的技术支持，为改革开放以来中国经济社会发展贡献了重要力量。④

2. 推进对外贸易发展

改革开放以后，全球经济一体化背景逐渐形成，世界各国之间的贸易往来和经济合作日益密切，全球经济相互依赖性不断增强。翻译传播作为一种社会活

---

① MARSCHAK J. Economics of language [J]. Behavioral Science，1965，10（2）：135 – 140.

② GRIN F. Economic Approaches to Language and Language Planning：An Introduction [J]. International Journal of the Sociology of Language，1996，121（1）：1 – 16.

③ 中国语言服务业发展报告2012 [R]. 北京：中国翻译协会，中国翻译行业发展战略研究院，2013.

④ 李艳，贺宏志. 大力发展语言产业服务国家语言战略 [N]. 中国教育报，2020 – 10 – 10（3）.

动,必须为社会主义建设服务,必须与社会经济需求和时代发展密切结合。随着我国社会经济发展日益加快,世界各国经贸往来日渐频繁,我国的翻译与传播活动在产业规模、人才培养、外事外交等多个方面均取得了显著成就,呈现出百花齐放、欣欣向荣之蓬勃发展态势。

改革开放初期,以经济建设为中心、建设社会主义现代化强国成为中国共产党和全国人民的工作遵循和奋斗目标。在这一伟大征程中,我国作为一个发展中国家,主动学习和借鉴西方发达国家的经济发展经验,加强对外经济交往和对外投资合作是促进我国经济发展的必然选择。而要顺利实现与其他国家和地区的经济贸易合作,离不开翻译传播这一媒介。因此,美国、英国、法国、德国、日本等国家成为我国翻译界引介外国文本的主要来源国。同时,经济的发展使得国家间经贸合作与文化往来变得密切,也促进了我国翻译服务市场的繁荣与发展。进入新世纪,随着我国的经济实力和综合国力不断增强,对外经济合作逐渐由原来对外国投资的"引进来"发展成为中国企业的"走出去",中国翻译活动在其中扮演了更为关键的角色,并随之进入了全面开放的时期。以翻译产业为例,近年来,随着经济全球化的持续深入,信息交流需求不断增强,我国的语言服务业迅速发展,中国翻译市场从以输入型为主转变为以输出型为主,[①] 翻译服务产业呈现出良好的发展趋势。此外,在国家"走出去"和"一带一路"倡议背景下,我国翻译市场总体需求保持增长,翻译服务产业获得了更多的市场机会,呈现出全球化、产业化、信息化的发展趋势,推动着中国经济和对外贸易进一步走向世界。

总之,随着我国经济对外开放步伐不断加快,我国翻译传播活动实现了从最初的引进和借鉴现当代西方经济学译著到加强国内外学术思想交流与反思,促进了翻译学科自身建设与发展的转变,有助于更好地发挥翻译传播助力经济繁荣和社会发展的功能。

3. 实现文化产业创新发展

所谓文化产业,最早出现于德国的马克斯·霍克海默和西奥多·安道尔诺合著的《启蒙辩证法》中。书中的第二章明确提出了 Culture Industry(文化工业或者文化产业)的概念,并详细阐述了资本主义社会中文化产业的特性和特点。由于国家之间的民族文化及意识形态存在较大差异,各个国家对于"文化产业"

[①] 黄友义. 服务改革开放 40 年,翻译实践和翻译教育迎来转型发展的新时代[J]. 中国翻译. 2018(3): 5-8.

的内涵分别有各自的解读、定义，甚至各国对于文化产业的命名也有所不同。英国将文化产业称为"创意产业"（Creative Industries），将其看成是个人创造性能力与知识产权开发相结合的，能够实现财富增持和就业增长的产业类型，[1] 具体包括艺术、音乐、电影、广告、出版等 13 种类别。在美国，文化产业通常被认为是版权产业（Copyright Industries），可划分为核心霸权产业、交叉版权产业、部分版权产业、边缘版权产业四大类。欧盟地区的文化内容产业主要包括媒介所传播的印刷品内容、音像制品内容、数字化消费软件和音像传播内容四类。日本则分为内容产业、休闲产业和时尚产业。[2]

2004 年，中国国家统计局发布了《文化及相关产业分类》的国家标准，对文化及相关产业进行了详细划分，以便于我国文化产业的管理和数据统计。在同一时期，国内的文化体制改革形式和内容主要为文化部门的内部改革以及文化企业的建设，所涉及的行业主要包括出版业、广播电视行业以及影视行业。党的十六大报告中强调，发展文化产业是实现社会主义文化繁荣、满足人民群众精神需求的必要途径，要不断增强文化产业的整体实力和竞争力。2005 年 10 月，中共十六届五中全会明确提出要加快实施文化产品"走出去"战略。自此，中国文化产业正式成为一项国家战略层面的重要议程。

作为多元文化之间沟通的桥梁，我国翻译与传播工作者主动肩负起实现中国文化"走出去"的战略目标，推动文化产品"走出去"的历史使命。1978 年以后，在党的领导下，我国翻译对外出版界进行了一系列深刻的内部体制调整和改革，积极拓展海外翻译传播阵地，如中国外文局在美国新泽西州和圣弗朗西斯科建立了海外销售公司，新华社等通讯社也不断扩大驻外记者站规模。[3] 同时，我国的翻译传播观念也逐渐从单向度的政治宣传向兼顾受众需求和品味转变，力求打造更加多元、更富吸引力的文化产品，推动中国文化产业不断走向世界。

二、文化发展影响

1. 推动中国文化"走出去"

一个国家、一个民族的文化吸引力，离不开其悠久的文化积淀和深厚的文化底蕴。中华优秀传统文化是一座宝贵的精神矿藏，是中华民族得以在世界文化浪

---

[1] 林存文. 文化资源产业转化机制研究 [D]. 泉州：华侨大学，2019.
[2] 吕庆华. 中国创意城市评价 [M]. 北京：光明日报出版社，2015.
[3] 牛振宇. 从翻译角度看新中国对外出版历程：以西欧北美地区为例 [J]. 中国出版，2014（10）：22-25.

潮中站稳脚跟的坚实根基。绵延五千年的中华优秀传统文化（如崇仁爱、重民本、守诚信、尚和合、求大同的思想追求，知礼好学、敬业乐群、见义勇为、宽厚孝义的传统美德等），创造了被世界文化体系普遍认同的文化价值观念、哲学思想和精神资源，不仅塑造了中华民族的文化品格，还是中华文化走向世界的精神基础，对于促进世界各国和谐发展、促进人类文明进步有着重要意义。译者作为翻译传播的使者，要坚守中华文化立场，丰富和拓展文化翻译传播内容，向世界积极译介和宣传经典文学、古典诗词、京剧民乐、书法绘画等具有中国特色的传统文化瑰宝，把中华民族最根本的文化基因传播出去，让国外受众感受中华文化的独特魅力，获得愉悦的审美体验，从而更好地理解和领悟中华文化。

古人云："观乎人文，以化成天下。"文化是一个民族的精神家园，核心价值观则是民族文化的灵魂，广泛渗入到民族的社会生活和精神世界之中。一个国家的文化软实力，从根本上说，取决于其核心价值观的生命力、凝聚力、感召力。社会主义核心价值观围绕建设怎样的国家和社会，培育怎样的现代公民等重要问题进行了科学、系统的回答，是中国共产党领导全国人民不断奋斗的价值追求，也是中国共产党对于世界的价值承诺。长期以来，西方依靠文化产品输出和文化传播，向世界其他国家灌输着一种个人英雄主义的价值观，制造西方价值观贴近人性、完美无瑕的错觉，要求在中国文化的土壤开出迎合西方的价值观之花。改革开放以来，随着中国的崛起和发展，中国对世界的影响与日俱增，越来越多的国家开始关注中国道路、中国方案和中国智慧，开始客观看待并日益认可当代中国价值观念。

在这样的背景下，我们更要把当代中国价值观念贯穿于翻译传播的方方面面，翻译好、传播好、阐释好社会主义核心价值观念，让国际社会对我们独特的历史文化、奋斗历程及当代发展有着更为全面、深刻的认知，增进国际社会对当代中国价值观念的认同。同时，价值观往往需要借助有形的文化产品来展现。当代优秀文化作品、文化产品是思想性和艺术性的统一，讲述了中国道路的精彩故事，承载着当代中国核心价值观念，我们要抓好当代优秀作品的翻译工程，积极推介当代优秀文化作品和文化产品，实现从中国文化"走出去"到中国文化价值"走进去"，提高中国文化与核心价值观念的国际理解和认同，让中国文化和中国国际形象在世界上更有影响力、竞争力和感召力。

2. 促进世界文化共同繁荣

随着全球化不断发展、科学技术日新月异，文化扩张的途径也更加便捷，尤其值得关注的是，当前的国际社会文化交往中依然存在着一种"以英美文化规范、价值观念和文化模式为标准的文化中心主义"[①]。文化中心主义（ethnocentrism），又译为种族中心主义，是指一个国家、民族对自身文化所持的一种文化立场或文化倾向，通常表现为对于本民族文化的高度认同感，而对其他民族文化持有消极偏见、甚至敌对态度。在国际文化交流过程中，对于文化中心主义，我们必须保持清醒的认识。

文化的交流与沟通是文化发展的动力，从古至今，各民族、各地区的文化正是经过人与人之间的相互交流借鉴而不断融合、发展的。在世界各民族文化交流以及人类主体间文化沟通的进程中，翻译所发挥的作用是巨大的，也是不可替代的。我们将翻译放在人类文化沟通的背景中去考察便可发现，翻译远远不只是语言符号层面的转换，而是关联着文化沟通的方方面面。尤其在当今世界，各国交流空前频繁，外国人比历史上任何一个时期都更加想要了解中国和中国文化。文化翻译传播实践作为国家对外文化交流与传播的重要桥梁，能够将中国优秀文化传递给世界，促进不同社会主体之间的文化沟通，为世界各族人民实现精神层面的价值认同与文化融合提供纽带。

翻译传播活动作为国家对外文化交流与传播的重要桥梁，能够将中国优秀文化传递给世界，促进不同社会主体之间的文化沟通，为世界各族人民实现精神层面的价值认同与文化融合提供纽带，有助于消解文化霸权和文化中心主义。同时，在翻译传播实践中，我们要将翻译传播实践置于多元文化语境下加以考察，既要警惕文化中心主义对本民族文化的冲击，也须摆脱文化中心主义的偏见，保持开放的心态接纳世界其他民族的优秀文化，积极促进世界各民族的文化交流、融合与共同繁荣。

3. 提升中国文化话语权

福柯（Foucault）认为，话语即权力。所谓话语权，就是指信息传播主体所拥有发言的资格与权力，主要体现为话语主体的现实影响力和舆论控制力[②]。随着经济全球化、政治多极化、文化多元化的深入发展，对话与合作成为当今国际社会发展的主要趋势，话语权在国际交往中扮演着越来越重要的角色。从内容来看，话语权一般体现为对国家事务和政治主张的阐发权、对各类国际事态的解释权、对国际标准和规则的制定权、对国家利益要求的申诉权以及对是非曲直的评

---

① 郭建中. 当代美国翻译理论 [M]. 武汉：湖北教育出版社，2000：198.

② BOURDIEU P. Language and Symbolic Power [M]. Gino Raymond, Matthew Admson Trans. Cambridge, Mass.：Harvard University Press, 1991.

判权等。① 但根本上而言，话语权总是包含着文化和价值观的因素。这些文化因素往往可能成为国际话语权竞争的主导性因素。尤其在全球化语境下，文化软实力逐渐成为综合国力竞争的关键，国际交往中的话语权日益体现为文化话语权。而要掌握文化话语主导权，提升中国文化与世界文化对话的能力，必须依靠翻译传播活动这一重要桥梁，依靠具有扎实专业基础、深厚文化涵养且具备国际视野的翻译传播人才。

中国优秀传统文化是中华民族的文化根基，蕴含着中华民族深沉的精神追求和独特风貌，是支撑中华民族生生不息、代代相传的力量之源。因此，在全球化语境下，面对西方强势文化话语的冲击，我们有必要重新审视和发掘中华优秀传统文化的当代价值，通过翻译传播实践助力中国优秀传统文化的传承与传播。一方面，译者作为文化传播的主体，要充分权衡源语和译语两种不同的话语体系，理解话语背后的文化内涵，遵守译语话语的文化规范，关注目的语社会受众的文化需求，运用适切的译语形式和翻译策略，使得中国优秀传统文化能够为译语受众所接受和认知。另一方面，要主动发挥译者的主体性，树立正确的民族观、历史观、文化观，立足于本民族文化话语立场和文化利益诉求，坚持"以我为主"的文化传播原则，把中华优秀传统文化的当代价值和文化精髓译介出来、展示出来，不断增强中华优秀传统文化的吸引力。

中国特色社会主义先进文化是指以马克思主义为指导，面向现代化、面向世界、面向未来的，民族的科学的大众的社会主义文化，植根于中华优秀传统文化和中国特色社会主义伟大实践，具有鲜明的科学性、实践性、时代性和前瞻性等特征，是中华民族生命力、凝聚力和创造力的集中展现。核心价值观作为社会主义先进文化的重要构成部分，是一个民族长期认同并遵循的基本原则和价值取向，是文化软实力建设的灵魂和重点。② 翻译传播是社会主义先进文化和核心价值观向国际受众传播的基本途径，必须建立起系统的中国文化翻译传播理论体系，推动翻译传播话语体系创新，增强社会主义先进文化和核心价值观念的传播效果和国际认同，不断提高中国先进文化话语主导权和影响力。同时，译者作为翻译传播的主体，需要从国家文化传播和话语权建设的战略高度出发，坚守文化自信和文化自觉立场，促进中国先进文化与核心价值体系在国际社会的传播与接受，让世界更好地认识和理解中国特色社会主义文化。

---

① 梁凯音. 对中美关系中的中国国际话语权问题的研究 [J]. 东岳论丛，2010 (7)：174 - 177.
② 习近平. 习近平谈治国理政 [M]. 北京：外文出版社，2014：160 - 162.

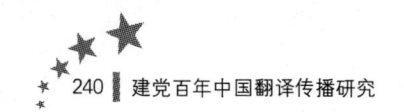

★ 第四节　中国马克思主义的国际化 ★

一、马克思主义国际化概况

何谓中国马克思主义的国际化呢？在此之前，我们需要首先明确的是，什么是中国马克思主义？答案其实是显而易见的，中国的马克思主义就是指中国特色社会主义理论体系。正如胡锦涛所言，"在当代中国，坚持中国特色社会主义理论体系，就是真正坚持马克思主义"[1]。国际化意味着，中国的马克思主义研究者与国外马克思主义者展开的深层次、全方位的对话交流，以及将中国特色社会主义理论体系通过翻译和传播走进世界各国，使其成为国际社会中具有强大生命力和影响因子的重要理论思想之一。[2]

改革开放以来，随着党和国家的工作重心发生了根本性改变，马克思主义国际化译介与传播的内容也逐渐转向为社会主义现代化建设事业服务。党中央高度重视马克思主义的发展，先后提出了"邓小平理论"、"三个代表"重要思想、"科学发展观"等一系列具有中国特色的马克思主义理论，为中国马克思主义的国际化传播提供了丰富的理论内容。从中国马克思主义翻译传播的实践来看，中国共产党中央历届领导人思想始终是马克思主义国际化的重要内容，也是这一时期我国对外译介与传播的工作重点。具体而言，自改革开放以来，我国党中央历届领导人思想的主要外译传播情况如表5-4所示。

表5-4　1978—2013年党中央领导人思想的外译传播

书名	译者	译出时间	出版社
《毛泽东选集》（第五卷）	中央编译局	1977	外文出版社
《毛泽东在延安文艺座谈会上的讲话》	杜博妮	1980	密歇根大学出版社
《毛泽东传》	胡为雄，郑玉臣	2006	中国人民大学出版社
《毛泽东诗词》	中国外文局	1976	外文出版社
《邓小平文选》（一至三卷）	中央编译局	1983—1994	外文出版社

---

[1]　胡锦涛. 胡锦涛文选：第3卷 [M]. 北京：人民出版社，2016：41.

[2]　俞吾金. 马克思主义的中国化和中国马克思主义的国际化：兼论普遍性与特殊性的辩证关系 [J]. 现代哲学，2009（1）：1-6.

续前表

书名	译者	译出时间	出版社
《我的父亲邓小平》	沙博理	2002	外文出版社
《邓小平论"一国两制"》	中央编译局	2004	三联书店（香港）有限公司
《朱镕基讲话实录（1991—1997）》	梅缵月	2012	外文出版社、布鲁金斯学会出版社
《论"三个代表"》	中央编译局	2001	外文出版社
《他改变了中国：江泽民传》	谈峥，于海江	2005	上海译文出版社
《江泽民文选》（第一卷）	中央编译局	2010	外文出版社
《江泽民文选》（第二卷）	中央编译局	2012	外文出版社
《江泽民文选》（第三卷）	中央编译局	2013	外文出版社

翻译和出版《毛泽东选集》是新中国成立后的一件大事，也是新中国出版史上的一件大事。作为中国革命宝贵经验的结晶，《毛泽东选集》在国内外具有深远的重要影响，为中国共产党开展革命活动赢得了广泛的国际理解和支持，为马克思主义中国化增添了新的思想财富。正如弗利曼特尔所言，"《毛泽东选集》对那些关心中国革命的内在意义以及中国革命在世界变革中的先锋作用的人们来说是必读之物"[1]。2006 年，中国人民大学出版社出版了罗斯·特里尔（Ross Terrill）的《毛泽东传》。该书从思想、政治等角度对毛泽东同志波澜壮阔的一生进行了细致入微的记录和描写，有助于海内外受众更为全面、深刻地认识和了解一代伟人毛泽东。2007 年，中国外文局陆续翻译出版了《毛泽东外交文选》《毛泽东诗词》等，这些著作让国外读者有机会领略到毛泽东作为一名领导人的外交理想以及作为一名诗人的才华和情感世界。

1983—1994 年，由外文出版社出版发行的《邓小平文选》三卷本集中反映了邓小平同志在党的建设、军事、经济等方面做出的贡献，向海外读者呈现了中国特色社会主义理论思想逐步形成的历史全貌。《我的父亲邓小平》是邓小平之女邓榕所著，作为女儿，邓榕在书中对父亲邓小平的政治生涯和家庭生活进行了全面、生动的记录和理性的思考。翻译家沙博理（Sidney Shapiro）受委托翻译此书，外文出版社于 2002 年正式出版。在翻译过程中，沙博理尽可能忠实、准确地传达原作者清新的文学风格，同时也兼顾受众的阅读体验，对原著内容进行

---

[1] 李雪梅.《毛泽东选集》海外传播的历程及启示［J］. 国外社会科学，2019（3）：39-47.

适时浓缩。①2012年,《朱镕基讲话实录》由朱镕基总理亲自挑选篇目,外文出版社和布鲁金斯学会出版社联合出版,主要记录了朱镕基领导中国经济的历程,包括中国在20世纪末和21世纪初经济社会各领域的重大改革,如金融体制改革、国有企业改革、社会保障制度改革等,向外国读者呈现了一个完整生动、富有魅力的中国领导者形象。

2001年9月,江泽民的《论"三个代表"》英文版由外文出版社向海外译介出版,该书深刻地阐释了江泽民同志"三个代表"重要思想的科学内涵与精神实质,有助于加强国外读者对中国共产党的性质、执政方针、理论纲领、治国思想以及改革开放相关的政策实践的理解。2005年,上海译文出版社翻译出版了美国作家罗伯特·劳伦斯·库恩(Robert Lawrence Kuhn)的著作——《他改变了中国:江泽民传》。在这本传记中,库恩从多个角度阐释了江泽民同志不平凡的人生经历,尤其对江泽民同志在担任中国共产党领导人期间的政治思考与建设实践进行了重点叙述。2010—2013年,外文出版社陆续翻译出版了《江泽民文选》三卷本,有助于深化海外受众对于当代中国特色社会主义道路、中国特色社会主义理论体系、中国特色社会主义制度的认识和理解。

改革开放以来,翻译出版中国共产党领导人的思想著作、党政文献,向世界展示中国特色社会主义理论体系,成为我国对外翻译与传播者始终肩负的光荣使命。中国马克思主义理论的国际化为中国社会发展带来了显著的变化,也对世界经济发展做出了重要贡献,但也有学者指出,目前对于中国马克思主义理论思想的译介与传播还远远不够。②因此,中国马克思主义国际化依然是一个需要我们在实践中积极推动、不断完善的历史过程,广大翻译传播工作者任重而道远。

二、马克思主义国际化代表作品

1.《毛泽东传》与中国革命经验

罗斯·特里尔,1938年出生于澳大利亚,美国哈佛大学政治学与国际事务教授,曾师从费正清、亨利·基辛格等中国问题专家,其思想深受美国当代毛泽东思想研究话语体系的影响。1980年,特里尔撰写的《毛泽东传》一经正式出版便吸引了许多读者,很快被翻译成中、德、意、西等多国文字面向全球发行,中文版由中国人民大学出版社于2006年正式译介出版,被认为是最为畅销的

---

① 沙博理. 中国文学的英文翻译 [J]. 中国翻译,1991,(2):3-4.
② 秦宣. 国际视野中的"中国模式":兼论中国特色社会主义的国际影响 [J]. 中国人民大学学报,2008 (4):9-15.

毛泽东传记之一。在传记中，特里尔采用政治学的视角对毛泽东同志传奇的一生进行客观、详尽的记叙，他的文风优美生动、语言流畅自然，具有很强的感染力和吸引力。作为一名政治学者，特里尔对于重大历史事件的描写尤其敏锐细致，他还对毛泽东的性格特征、个人生活经历等予以详细分析，引导读者体味和思考传记故事背后的时代暗涌。

身处一个动荡、变化的时代，毛泽东的一生波澜壮阔。特里尔撰写的《毛泽东传》，没有把毛泽东作为一个孤立的领袖人物来叙述，而是始终把毛泽东同志的政治实践和个人生活与中国革命、社会建设等历史背景紧密结合，并且将多半笔墨放在了新中国成立之后，向世界展示了中国革命和建设生动而曲折的历程。这样的作品对于中国人及国外读者来说，都是相当具有吸引力、富有神秘感的。据统计，至2011年，在中国之外，翻译出版毛泽东著作的国家和地区共有54个，尤其是在中东、非洲和拉丁美洲，它们是毛泽东著作影响力最大的地区。[①] 特里尔曾经表示，他眼里的毛泽东是一个复杂多面的人，倘若有机会，他希望能够亲自向毛泽东同志表达自己的崇拜之情。[②] 特里尔认为，从某种程度上来说，正是毛泽东让中国得以扬名世界，因为毛泽东是第一个被全世界所认识的中国的著名政治人物。特里尔讲述了一个生动的例子，当某些外国杂志想要策划一期关于中国的专题的时候，如果他们不知道该选择哪位中国人作为封面人物，那么大多数时候，这些杂志社会不约而同地选择毛泽东同志的肖像。然而，如果他们正在计划一期俄罗斯的专题，却常常不会以列宁或者斯大林的肖像作为封面人物。因此，毛泽东不仅是"中国先生"，还成为"亚洲先生"。[③]

在《毛泽东传》中，特里尔通过翔实的资料搜集和逻辑分析，展示了毛泽东对于中国经验的探索历程。一方面是毛泽东关于马克思主义中国化思想的理论经验，另一方面则是对于中国新民主主义革命、社会主义革命规律以及中国社会主义建设道路的实践经验。从这些经验的探索过程中，能够看到马克思主义中国化的理论进程，进而理解毛泽东思想的形成和发展过程。书中同样可以看到毛泽东的失误，特里尔对此并未讳言。可以说，特里尔是从理解的角度写下这本传记的，从毛泽东的角度思考和看待问题，并且解释了当时的国内外历史背景以及毛泽东做出决策的思考过程和背后原因，这对于海外读者全面了解和正确认识中国共产党在各个时期所积累的正反两个方面的经验，理解中国革命和中国精神，无

---

① 何明星. 天下谁人不识君：毛泽东著作的海外传播[N]. 光明日报，2011 - 07 - 05.
②③ 栾小惠，刘富国. 罗斯·特里尔的中国故事[J]. 走向世界，2014（33）：36 - 39.

疑是大有裨益的。

2.《邓小平文选》与中国现代化建设

党的十一届三中全会以来，以邓小平同志为核心的第二代中央领导集体带领全党和全国人民踏上了改革开放的历史征程，开创了中国特色社会主义现代化建设的伟大实践。从 1983 年 7 月开始，中央编译局开始规划关于《邓小平文选》三卷本的翻译与传播工作，至 1995 年，全部翻译工作基本完成。《邓小平文选》（一至三卷）收录了邓小平同志自 20 世纪 30 年代末至 90 年代初的主要著作，一共包含 222 篇，内容涉及政治、经济、文化、军事、外交、党建等多个方面，反映了邓小平把马克思列宁主义的基本原理同中国革命和社会主义现代化建设的具体实践相结合的基本理论观点和政策思想，是对马克思列宁主义、毛泽东思想的创造性继承与创新性发展。

《邓小平文选》作为建设中国特色社会主义理论体系的奠基之作，对于其伟大意义，江泽民同志曾经做出过重要论述，"《邓小平文选》第三卷的出版，为我们进一步用建设有中国特色社会主义理论武装全党，教育干部和人民，统一思想，坚定信念，积极、全面、正确地执行党的基本路线，提供了最好的教材和最有力的武器。"[1] 从马克思主义国际化传播的角度来看，《邓小平文选》是马克思主义理论在当代中国进入新境界的代表之作，不仅承载着中国改革开放的伟大战略思想，也刻画了中国共产党领导全国各族人民进行改革开放实践的光辉岁月，是当代中国化马克思主义的经典文献，也是推动中国改革开放进入崭新历史阶段的"宣言书"。[2] 因此，做好《邓小平文选》三卷本的对外翻译与出版工作，是中国积极与世界沟通，展现改革开放以来现代化建设成就和中国马克思主义理论成果，增强国家文化软实力的重要途径。

然而，翻译传播是一项极为艰辛的工作，尤其对于《邓小平文选》这类党政文献的翻译，不仅要把中国的语言文字转换成地道的英文，更要准确地向国际社会阐释中国的国情以及党领导人民的思想，树立良好的国际形象，更是要求译者具备专业的语言功底、广博的文化知识以及抵御岁月漫长与艰难困苦的决心。事实上，每一套领袖巨著的翻译与传播，都意味着一次浩大的工程，而这项工程没有可以参照的文本，每一套书系都是一次全新的探索，是对翻译传播工作者极为

---

[1] 江泽民. 用邓小平同志建设有中国特色社会主义理论武装全党 [C] //中共中央文献研究室. 十四大以来重要文献选编：上. 北京：人民出版社，1996：444.

[2] 渠长根，梁艳华. 邓小平南方谈话文本传播 20 年历程研究 [J]. 学习论坛，2013，29（2）：15-19.

严峻的考验，也赋予他们无上的光荣。他们知道，此刻的翻译传播成果不仅仅是当下学习的著作，更是走向世界、流传后世的珍贵文化宝库。以《邓小平文选》的日译本翻译工作为例，当时中央编译局负责翻译《邓小平文选》的译者一共有11位，主要由编译局的日文组成员以及来自其他单位的日本归侨翻译学者所构成，包括陈弘、黄幸、郭承敏、李顺然、邱茂、章辉夫、吕招治、陈月霞、陈立权等，日本专家川越敏孝和富张繁进行校译。主持《邓小平文选》翻译工作的翻译家陈弘，曾经作为《人民日报》常驻日本记者赴日工作。1982年，陈弘被调回中央编译局，负责《邓小平文选》的翻译工作，之后他的一生都从事于翻译这项事业。日本专家川越敏孝，在"二战"期间，由于强制征兵来华参战，战争结束以后，深感忏悔的他留在中国，专注于毛泽东著作的翻译工作。1975年，川越敏孝接受北京寄出的邀请，毫不犹豫地重返中国，负责《邓小平文选》的校译工作。此后，他也把全部生命都献给了翻译事业。这些对外翻译者们，数十年青灯黄卷、字斟句酌、默默奉献，用信念与恒心，向我们诠释出一种别样的伟大。他们用自己的智慧和勤奋，把党中央领导人的思想著作转换成其他语言传向世界，搭建起了中国马克思主义理论与世界各国读者沟通的桥梁，擦亮了中国马克思主义国际化的不灭灯盏。

3. 《江泽民传》与中国崛起故事

《他改变了中国：江泽民传》（下文简称《江泽民传》），作者是美国作家罗伯特·劳伦斯·库恩。2005年，该书的中文版、英文版全球同步发行，中文版译本的译者是复旦大学外国语言文学学院的谈峥教授和于海江博士，陆谷孙教授负责校译。库恩表示，写作初衷是希望通过中国领导人的传记向美国读者介绍改革开放以后中国的巨大发展和变化。他说道，"中国是一个特殊的国度，通过一个能够反映时代变迁的人物，写他的故事，写一代人的故事，在我看来，这大概是向世界展示中国神奇魅力与显著进步的最生动的形式"[①]。《江泽民传》是一本有关革命动荡、经济改革与民族转型的长篇史诗，库恩运用朴实真挚的语言、活泼生动的行文风格、珍贵翔实的史料，向国内外读者详尽介绍了江泽民同志不平凡的人生历程。尤其对于1989年后江泽民同志怎样领导全国人民进行经济建设，如何实现人民生活水平提升，并最终使得中国发生了巨大变化等政治实践进行了诸多着墨，生动地讲述了中国崛起的精彩故事，让海内外读者能够有机会更为全面地了解中国领导人江泽民同志的风采，以及当代中国在改革开放进程中所取得

---

① 胡艳. 《他改变了中国：江泽民传》畅销的启示 [J]. 编辑之友，2005 (3)：47-49.

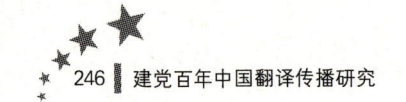

的伟大成就。

  2004年，上海世纪出版集团开始组织《江泽民传》的翻译工作，负责校订的是著名英美文学家、复旦大学外国语学院院长陆谷孙教授。陆谷孙教授有两个得意门生，一个是复旦大学外国语言文学学院教授谈峥，另一个就是于海江。于海江并不是职业的翻译者，毕业以后一直在浙江万里学院外语学院任教。与伟人结缘，始于当年10月深夜的一个电话，他的师兄谈峥在电话中邀请他共同参与《江泽民传》中文版的翻译工作。这是内地出版的第一本江泽民的传记，于海江回忆，接到电话以后，他内心激动万分，甚至连稿酬都没有详谈，就满口答应下来了。翻译是一项十分艰苦的工作，于海江和师兄谈峥几乎把所有业余时间，都投入传记的翻译当中。他们查询各种相关资料，对每个历史事件的时间、地点都一一重新核实。翻译用词的选择既要尽可能忠实于原文，又必须地道、准确，照顾读者的阅读需求和体验。在翻译过程中，两位译者还发现了原著的几处时间错误，在与原作者进行沟通以后对其进行了纠正。一分耕耘，一分收获，最终，凝结着众多心血的《江泽民传》中译本得到了原作者库恩的充分赞赏。2005年新年伊始，《江泽民传》中文版终于与读者见面了。高质量的翻译使得《江泽民传》赢得了读者的喜爱，被誉为是一部"不一般的畅销书"①，并引发了人们对于中国领袖人物传记的回忆与讨论。

  《江泽民传》可谓是当代中国故事的生动写照。江泽民的人生故事映射了中国的各个历史时期情况，与沧桑巨变的中国近80年的历史进程联系在一起，与当代中国的崛起和发展成就联系在一起。因此，《江泽民传》在翻译和出版之后便获得了广泛的关注，吸引了中国及海外众多读者的目光，有助于国内外受众更好地认识和理解改革开放以来，在中国共产党领导下，当代中国所取得的伟大成就以及未来的发展动力，促进马克思主义中国化最新成果的对外传播，推动中国理论走出去。

三、马克思主义国际化影响

1. 增强马克思主义理论软实力

  西方马克思主义理论的话语霸权，不仅表现在马克思主义理论的学术研究领域，而且体现在国际政治、经济交往规则以及文化传播实践之中。西方国家凭借其经济政治的强势地位，依照其理论原则确立了一套逼迫国际社会接受的国际行

---

① 《他改变了中国：江泽民传》不一般的畅销书 [N]. 南方周末，2005-02-25.

为规则。如何打破西方话语霸权，真正提高中国文化的软实力，仅仅依靠文化外交还不够，还需要进行理论外交。① 通过理论外交，才能让中国的马克思主义理论创新成果真正走出国门，走向世界，不断提升中国特色马克思主义理论的软实力。

在改革开放的战略进程中，中国经济快速发展，取得了令世界刮目相看的历史性成就。与此同时，根植于中国经济改革和社会建设实践沃土的中国特色社会主义理论体系也取得了重大突破，并且随着社会发展而不断丰富和完善。可以说，改革开放 40 多年来所取得的巨大成就和中国特色社会主义理论思想，是中国马克思主义理论国际化的坚实基础，也增强了中国特色马克思主义在国际社会交流中的影响力。改革开放以来，中国在政治、经济、文化、科技等诸多方面都取得了令世人瞩目的伟大成就，向世界宣告和证明了中国特色社会主义道路的科学性、有效性、可持续性。在这一过程中，中国共产党领导人不断将马克思主义的基本原理与中国具体实践和时代发展特征相结合，准确认识和把握世界发展的大潮流和趋势，站在时代的高度，坚持解放思想、实事求是，逐渐形成了包括邓小平理论、"三个代表"重要思想、科学发展观等思想在内的具有中国特色的马克思主义理论成果。

当前，中国和世界正在发生深刻变化，这为我们深入研究中国特色社会主义理论，推动中国特色马克思主义理论体系国际化传播提供了宝贵的历史机遇。因此，我们必须更加主动地促进中国化马克思主义理论"走出去"，积极开展理论外交和翻译传播实践，同国外马克思主义学者就有关中国特色社会主义理论的研究展开平等对话，将中国化的马克思主义理论成果积极推向世界，彰显中国马克思主义理论在解决人类共同面临的问题时的思想智慧和重大价值，为马克思主义中国化成果和经验的传播、为中国特色马克思主义理论软实力的提升以及世界马克思主义理论的深化、发展做出贡献。

2. 提升党的国际话语权

中国共产党成立百年来，我国翻译传播事业获得了显著进步和突破性发展，在服务党的社会文化建设、维护国家利益和国际话语权力提升等各个方面发挥着至关重要的作用。2021 年是中国共产党的百年华诞，翻译传播作为跨文化沟通和思想交流的重要桥梁，是中国共产党建设发展和国际形象塑造的关键途径。通过梳理、分析百年来翻译传播实践与中国共产党建设历程可知，翻译传播是中国共产党建设与发展的坚强支撑，对于增强中国共产党国际影响力、促进中国共产

---

① 李建国. 中国特色社会主义国际化的理论思考 [J]. 理论学刊，2010 (11)：12-17.

党国际话语权提升发挥着重要作用。

1978年,党的十一届三中全会开启了中国改革开放的新征程。在改革开放的背景之下,我国对外翻译与传播事业的主要任务也由生存型开始向发展型变迁,翻译传播理念逐渐从"引进来"向"走出去"转变,并且从"单向传播"转向更加关注受众的"双向沟通"模式。① 在西方话语体系中,由于翻译传播话语力量的不对等,"共产党""社会主义"等概念长期遭遇标签化和污名化危机,不利于中国共产党在国际社会上影响力的提升。有鉴于此,这一时期我国的翻译传播事业致力于积极译介改革开放、和平发展的基本国策,以主动"祛魅"新中国成立前期的过度政治化倾向,营造良好的国际舆论环境。为此,1980年4月,中国对外宣传小组成立,主要负责沟通、协商国际社会、港澳台翻译传播等方面的重要事务,凸显了中国共产党对外宣工作的重视。② 1981年,《中国日报》正式创刊,《人民日报》海外版也于1985年开始发行,中国共产党海外翻译传播阵地不断拓展。另外,在1986年颁布的《关于加强和改进对外宣传工作的意见》中,明确指出对外翻译传播工作要适应改革开放的新形势,服务于"四化"建设,译介传播工作需讲求实效、时机与方法。③

步入20世纪90年代以后,我国的翻译传播事业进一步发展,中央电视台建立了对外电视中心,意味着电视外宣时代的来临。中国外文局调至外宣系统进行管理,专门负责文化翻译与传播事业。中国外文局和《人民日报》、《中国日报》、中国新闻社、新华社、中央电视台、中国国际广播电视台等央媒协调联动,组建了对外翻译传播的"国家队",为中国共产党国际影响力的提升提供了重要保障,成为增强中国共产党在国际社会中话语影响力和感召力,提高中国共产党国际话语权的关键利器。

3. 塑造党的良好国际形象

文化兴则国运兴,文化强则民族强。随着我国综合国力提升和国际话语权增强,推动中国文化"走出去",提升中国文化传播质效成为中国共产党一项极为重要的发展要务。翻译作为实现不同国家和民族言语交流与文化沟通的桥梁纽带,对提高中国共产党国际影响力、建构中国共产党良好国际形象具有不可忽视

---

① 史安斌,张耀钟. 新中国形象的再建构:70年对外传播理论和实践的创新路径[J]. 全球传媒学刊,2019,6(2):26-38.

② 申宏磊,于淼,崔斌箴,等. 对外宣传工作应改革开放而生:专访新时期外宣事业的开拓者朱穆之[J]. 对外传播,2008(11):5-7.

③ 朱穆之. 风云激荡七十年(上册)[M]. 北京:五洲传播出版社,2007:201-285.

的作用。在当下的翻译实践与翻译研究中，学者们越来越认识到，翻译并不仅仅是从一种语言转化为另一种语言的语际转换活动，其理念和实践不仅反映了输出政党的自我形象认知，同时也促进了该国政党国际形象的构建。

党的国际形象，是国际社会和国际舆论基于对一国政党长期形成的认同感、美誉度等要素而做出的系统评价与客观认知。[①] 在国际交往中，一个政党的国际形象是政党在国际交往过程中的重要政治资源，不仅关涉政党的政治生命力、国际地位和国际影响力，而且直接影响国际社会对其外交态度和政治认同。[②] 改革开放40多年以来，在中国共产党的坚强领导之下，中国的经济实力与综合国力不断提升，取得了举世瞩目的发展成就，实现了从封闭、落后到开放、发展的历史性转变，中国共产党对世界的影响力不断提升，在世界舞台上的扮演着越来越重要的角色。然而，在中国日益走向世界的进程中，随着全球权力版图的巨大变化，国际社会对于中国以及中国共产党的认知和态度却是矛盾且摇摆的，尤其是一些发达国家，对于中国共产党的疑虑、猜疑甚至不满跃然纸上。[③] 从"中国威胁论"到"中国崩溃论"，从"中国殖民论"到"中国不确定论"，国际社会中关于中国共产党的这些负面声音从未消失，中国共产党的国际形象正在遭遇着误读、曲解。面对这些纷繁复杂的声音，建构中国共产党的良好国际形象，促进国际社会对中国共产党的全面认知已然刻不容缓，成为中国走向世界的历程中不可回避的重要命题。

在这样的形势下，要想从根本上转变当前失真的中国共产党的国际形象，必须加强对党的国际形象的自我塑造和建构，而翻译与传播活动无疑是主动向国际社会讲好中国共产党故事、传播好中国共产党声音的重要路径。为此，在国际舆论场上，我们要主动打通中外双边话语体系，积极借助外译传播这座桥梁，畅通中国共产党与国际社会之间的交流，将中国共产党领导之下的中国特色社会主义理论、中国道路、中国文化等阐释清楚，向世界传递好中国共产党带领全国人民进行经济、社会建设的生动实践，让海外受众看到一个真实、全面、立体的中国执政党形象，从而更好地理解中国共产党的执政理念以及改革开放以来的光辉成就，让中国共产党的执政形象在国际社会上赢得更多的肯定，获得更为广泛的国际认同与支持。

---

① 张书林. 中国共产党形象建设国际化的路向选择 [J]. 理论学刊，2020 (4)：41-48.
② 钟国云，陈欢. 新时代中国共产党国际形象的塑造与传播：基于新媒体的SWOT分析法 [J]. 新闻爱好者，2019 (4)：90-93.
③ 张蕴岭. 寻求崛起中国与世界的良性互动 [J]. 国际经济评论，2013 (04)：50-58.

第六章
改革开放时期中国译入传播（1978—2012）

引言：1978年改革开放后，我国在政治、经济与文化上均经历了巨大变化。随着我国对外开放的大门慢慢打开，大量国外著作、出版物等进入国内，从译入题材到翻译量上均有了重大突破，迎来了翻译事业的蓬勃发展。改革开放初期，我国开始重新编译马克思主义著作，实现了政治思想的解放以及马克思主义中国化。改革开放中期，我国大量引进科技科普类书籍，对国外先进技术、资金、设备等方面的最新研究成果进行借鉴与吸收，促进了经济的飞速发展与生产力的大幅提高。21世纪进入小康社会以来，在满足人民对文化娱乐类书籍的需求上，开始翻译猎奇性、趣味性、与生活息息相关的作品，在满足了人们需求的同时促进了人民群众文化水平的提高。进入改革开放和社会主义建设的新时期，中国翻译传播继续发挥着不可替代的作用。这时的中国人民在中国共产党的领导下，成功实现了从"站起来"到"富起来"的历史性跨越。

新中国成立初期，对于刚刚步入社会主义国家的中国而言，有关社会主义的发展认识仍处于初级阶段。改革开放后，对于刚刚打开大门的中国，担负着领导国家、复兴中华使命的中国共产党亟须整顿党组织、健全党制度。在此背景下，中国共产党选择了马克思主义道路，坚信马克思主义能够实现国家富强及民族复兴。此时，国外书籍的翻译传播迎来了改革开放后的第一次热潮。在中国共产党的带领下，中共中央编译局开始了继毛泽东后又一次马克思主义著作的编译，促进了国内的思想解放。邓小平在马克思主义的指导下提出"实事求是"的指导思想，重新审视了中国的经济情况。中国共产党承认了中国在经济建设上同国际社会发达国家的差距，实施了改革开放，打开了中国大门，积极学习国外先进科学技术。

从国际社会上来看，20世纪50—70年代，西方国家在"二战"结束后迎来了载入史册的"经济发展黄金时期"。以美国为首的资本主义国家在经济、工业、商业、金融业等社会的方方面面均带来了高速增长。值得一提的是，在经济高速发展的同时，欧美资本主义国家的产业结构也发生了巨大变化：第三产业比重显著提高，与其相反，第一产业比重却大幅下降。这也说明，此时的经济增长并没有依靠劳动力的大幅增长，而是通过生产效率的提高与科学技术的推动而实现的。美国的自动化技术、信息技术、微电子技术与计算机技术等先进制造技术与科技大大提高了生产力。1973年，中东石油危机爆发；在经历了20年的快速发展后，过度依赖石油进口的美国经济开始滞胀。美国逐渐开发新能源，实现从传统工业向高新技术的转变，促进了20世纪70年代末科技革命的兴起。在技术革命下，资本主义国家为了占领国际市场，逐渐加大资金、产品、技术的出口，为中国带来了引进技术的良机。

改革开放开始阶段，为了加快生产方式，缩短我国与西方国家的差距，主要从发达国家与地区引进成套设备，实现了新中国成立后的又一次大规模技术设备引进。成套技术设备的引进虽然在国家建设上有一定积极作用，但导致了效率低下、不具备可持续性等弊端。随后邓小平逐渐意识到科学技术的重要性，开始提倡引进国外先进的技术、管理方式、对外发展经验。社会各界对西方经济理论与前沿学术的关注度越来越高，掀起了国外经济学经典著作、国外先进技术、管理方式与对外发展类书籍的大批引进。我国国外书籍的翻译传播迎来了改革开放后的第二次热潮。1984年的《关于做好技贸结合和旧设备选购工作的报告》，开启了中国"以市场换技术"的局面。20世纪80—90年代，在中国共产党的带领下建设了经济特区和国家新区，作为我国对外开放的窗口，在利用境外先进技术、资金、人才与管理经验的同时开放了我国市场。2001年，中国加入世界贸易组织（WTO），完成了与国际经济社会规范的并轨，宣告了"以市场换技术"的结束。进入新世纪，中国全面整顿与规范经济秩序，强调加强研发核心技术与自主创新，加快了社会主义现代化建设进程。

经济的发展带动了文化的繁荣。21世纪进入小康社会以来，人民生活水平得到了质的提升，促进了人们文化娱乐生活的发展。20世纪90年代，各类书籍进入中国市场，国外书籍的翻译传播迎来了改革开放后的第三次热潮。在经济快速发展的形势下，人们对财富的追求、对更好生活的向往意识逐渐增强。生活技能类、营销类、致富类、励志类、求职类、心理类、婚姻类、科普类等各式各样的书籍形成了百花齐放的局面。"外国畅销书"类书籍受到社会各界人士的追捧。

此类书籍让中国人民了解到了国外的世界,让人们感受到了时代的变化,促使人们形成了独特的、具有中国特色的文化见解与文化思想。

回顾改革开放 40 多年中国译入传播,三次翻译热潮均实现了巨大成就,为中国人民取得改革与发展的伟大胜利贡献了必不可少的力量。在政治上,马克思恩格斯的再翻译与学习让党和人民实现了思想解放。在邓小平同志的带领下,中国共产党结合本国国情,走出了中国特色社会主义的独特道路,促进了马克思主义中国化,丰富了马克思主义的发展。在经济上,对西方国家先进技术、管理方式、对外发展经验的借鉴,对西方经济学的学习让中国从刚刚打开改革开放大门的国家逐渐实现人民群众发家致富,成为世界第二大经济体。在文化上,对外国文学作品、畅销书籍的引进翻译与传播,让中国群众放眼看到了世界,促进了文化的交融与借鉴,为人民群众生活的方方面面增添了不少色彩。

★ 第一节 翻译传播目的 ★

一、翻译传播的社会语境

改革开放 40 多年以来,在中国共产党的领导下,中国人民取得了改革与发展的伟大胜利。十一届三中全会实现了中国人民在经济上、政治上和思想上的解放。在经济上,开始大力发展生产力,建立社会主义市场经济体制,鼓励人民群众发家致富。在政治上,探讨了"什么是社会主义,怎样建设社会主义"的问题,结合马克思恩格斯的思想,发展了中国特色社会主义。在思想上,在毛泽东时期人民群众"身份"从压迫者到国家主人的改变基础上,发展为人民群众当家作主,并巩固了广大群众的公民意识、民主意识等,实现了人民思想上的第二次解放。与此同时,中国共产党与世界多个国家就经济、科学、文化、法律等多个领域展开了交流与合作。经济的发展带动了文化的繁荣;中国从"站起来"到"富起来"的历史性跨越带来了文化传播的繁荣发展,中国翻译事业在各领域均取得了丰硕的成果。

1. 改革开放时期的快速发展(1978—1992)

1978 年十一届三中全会,中国共产党重新确立了党的马克思主义思想与政治路线,实行了改革开放的新决策,开启了改革开放;中国进入了改革与发展的社会历史新时代。这一时期,我国翻译从译入题材到翻译量上均实现了质的变化,实现了继唐代与北宋时期的佛经翻译、明朝末到清朝初的宗教与科技翻译、五四运动的文学翻译后的又一次高潮。翻译事业在这一时期内蓬勃发展。

1978年，在社会主义道路的新时期，在中国共产党和平与发展的时代主题下，多国掀起了与中国的外交热潮。1979年，中美关系正常化、1989年中苏关系缓和等推动了中国的外交进程。在社会主义现代化建设的背景下，中国共产党就经济、科学、文化、法律等多个领域与多个国家展开了对外交流，促进了中国译入传播。与多个国家的交流与借鉴，促使不同类型的书籍进入了中国，推动了中国翻译事业的发展，对翻译行业规范、人才培养等提出了新要求。

十一届三中全会后，中国共产党全面纠正1966—1976年的思维，重新确立了党的执政思想，恢复了出版业务，放开了书与电子报刊，进行了体制机制的改革。1978年初，在党中央的指示下，中国出版社重新翻译出版了一批20世纪50—60年代的图书。此类图书涉及外国的政、经、文、艺等方面，对中国完善自身制度与政策，实现马克思主义中国化有着深远影响。1982年中央分期分批翻译出版世界各国名著的指示[①]与次年《关于加强出版工作的决定》，首次在中央层面提出扭转"书荒"的局面，[②] 坚定了出版界翻译出版外国学术名著的决心和信心，为中国译入提供了传播基础。

2. 版权保护时期的大幅下滑（1993—1996）

1991年6月，在改革开放的基本政策下，《中华人民共和国著作权法》正式实施，同时，中国在和平共处五项原则的基础上，同各国展开多方面交流。在交流过程中涉外著作权，对作品著作权予以保护。1992年7月，中国先后加入了《伯尔尼公约》与《世界版权公约》，规定要在取得合法授权的基础下进行翻译与出版。当时，由于对国际规则了解不够充足（在国际规则下，不可对没有版权的著作进行翻译与发行），出版的外文图书及其译文量直线下滑。1994年后，在逐渐了解了公约条例后，加上社会主义市场经济体制目标的确立，我国翻译出版行业逐渐活跃起来。1996年起，翻译出版成效显著，数量再次上升。[③] 作为人口大国的发展中国家，中国加入国际著作公约对发展对外经济、科学、文化、法律等多个领域交流，推动文化产品引进与输出均有积极意义，实现了出版业的历史性跨越。

3. 小康社会建设时期翻译的辉煌重现（1997—2012）

1996年，中共十四届六中全会审议并通过了《中共中央关于加强社会主义

---

① 马祖毅，等. 中国翻译通史：现当代：第1卷[M]. 武汉：湖北教育出版社，2006：144.
② 王曦. 改革开放40年的图书出版[J]. 科技与出版，2018（12）：13-24.
③ 魏清光. 改革开放以来我国翻译活动的社会运行研究[D]. 上海：华东师范大学，2012.

精神文明建设若干重要问题的决议》。其中表明市场机制的作用要在遵循文化发展的内在规律下充分发挥，并鼓励社会兴办文化事业等提议。在此决议下，出版业务从中外书籍译介、出版规模与翻译传播上增加了数量。翻译出版业迎来了改革开放初期的辉煌。在此影响下，1997 年的翻译出版物数量达到 2 307 种，比 1996 年增加了 77.6%，1998 年国内翻译出版数量又增加了 44.6%。[①]

  进入 21 世纪，中国人民生活水平显著提高，实现了总体水平上的小康社会。人们的消费结构从"温饱型"转向了"小康型"。经济水平的提高带动了文化娱乐消费，各类书籍在市场上也实现了百家争鸣、百花齐放的局面。2002 年，中国共产党第十六次全国代表大会通过了《全面建设小康社会　开创中国特色社会主义事业新局面》。顺应 21 世纪潮流，此次大会提出大力发展文化产业与事业、深化文化体制改革，为中国文化繁荣发展提供了政策支持。2006 年，党中央与国务院发布《关于深化文化体制改革的若干意见》，倡导吸收优秀外来文化、完善我国文化创新体制。党与国家的支持促进了中国翻译出版行业。

二、翻译传播的内容需求

1. 政治因素对中国译入传播内容的影响

（1）中国特色社会主义发展需求

  毛泽东强调要将中国革命的实际运动与马克思列宁主义理论相结合。1987 年，改革开放初期，随着"什么是社会主义，如何建设社会主义"问题的深入探讨，邓小平同志明确了中国特色社会主义发展的道路不是照搬国外模式，而是要通过改革开放推进马克思主义中国化。此时，掀起了对马克思主义经典著作的讨论，推进了《共产党宣言》《马克思恩格斯全集》等经典著作的编译工作。马克思主义书籍进入了广大群众的视线。1978 年，马克思列宁主义发展史研究所在中国人民大学重建，推动了其他高校成立相应机构。这也对马克思主义经典著作文本研究起到了推动作用。[②] 中国特色社会主义发展道路中，在国家与研究机构的推动下，前后编译了《关于费尔巴哈的提纲》《反杜林论》《哲学笔记》《德意志意识形态》《共产党宣言》等著作，更好地为社会主义两大问题提供了借鉴与参考。邓小平结合西方人本主义的一些优秀成果，对人的主体地位、价值、尊严等方面进行全面思考，对其以人为本思想的形成具有一定启迪的意义。

[①] 魏清光. 改革开放以来我国翻译活动的社会运行研究 [D]. 上海：华东师范大学，2012.
[②] 孙来斌. 改革开放以来马克思主义经典著作文本研究 [J]. 思想理论教育，2009 (7)：13-22.

与此同时，20世纪80年代末期，东欧剧变、苏联解体，拥有近70年历史的苏维埃社会主义共和国联盟崩溃。1947年起近半个世纪的美国与苏联两大阵营冷战对抗格局告终。在两极格局瓦解的背景下，国际与国内社会密切关注社会主义的前途，希望中国能担起在世界舞台上重新举起社会主义伟大旗帜的重任。在此阶段，中国引进大量苏联与东欧相关的书籍进行翻译，总结社会主义国家经验，为后续探索中国特色社会主义道路做了铺垫。

（2）国与国之间交流与借鉴需求

社会主义道路的新时期，中国在和平与发展的时代主题下与多国建起了外交关系。中国在与多国进行交流借鉴的同时，引进了对方国家的著作，进行学习。在人文社科领域，引进了文学、美学、文艺理论等多方面的书籍，初步探索了文化外交。在这一阶段，中国活跃于地区与国际性组织当中，积极参加和维护与发展中国家的关系。多国代表性书籍及其翻译量在国内呈上升趋势。与此同时，党中央对外交关系、国际关系等的社会主义探索促进了外交类书籍在国内的翻译与传播。越来越多的国际关系理论、国际形式分析等书籍与翻译进入了国内市场。

自2011年起，《新闻出版业"十二五"时期走出去发展规划》实施以来，前后推出了多项中国与外国图书互译计划的项目。多个国家与地区同中国签订了合作交流协议，逐步扩充了"中外互译图书"系列。中外图书互译项目在将国外优秀的文学作品引进来的同时，也形成了中国文化走出去的局面。

2. 经济因素对中国译入传播内容的影响

（1）社会主义现代化建设需求

"二战"后，世界经济在和平稳定的环境下得到了快速发展。20世纪60年代末的美国称霸，70年代的世界多极化，再到80年代末的三大区域经济发展为社会带来了巨大影响。

"二战"后成为诸多国家发展的黄金时期。我国虽然在国家建设上取得了一定成绩，但从总体上来讲，国民经济发展缓慢，生产水平低下；在国家建设上，仍需要摸索出自己的模式。改革开放后，中国共产党纠正"左"倾错误思想，坚持实事求是的基本路线，把工作重心逐渐转向经济建设，为经济发展做出铺垫。1992年，邓小平发表南方谈话后，中国共产党以社会主义现代化建设为党和国家的根本任务，建设小康社会。改革开放以来，在社会主义现代化建设中，中国共产党对国外先进经济、资金、设备等方面的最新研究成果进行了借鉴与吸收，并将其管理方式引入国内。1978—1990年，全国出版的著作高达18 500多种。

其中，社会科学翻译达 7 400 多种。主要为美国（2 500 多种）、日本（1 700 多种）、苏联（1 500 多种）、英国（900 多种）与德国（300 多种）。① 魏清光也将 1978—2012 年，美、英、日、法、德五国列为我国主要引进出版来源。② 五国进口书籍占总量的 79％，与当年国际货币基金组织 GDP 排名前五相匹配。中国在引进发达国家先进经济、资金、设备等最新研究结果的同时，探索中国特色社会主义发展道路，为国家发展事业总结经验，学习借鉴优秀成果。

（2）学科建设与社会发展需求

十一届三中全会后，邓小平开始在科教文化方面进行整顿。首先恢复高考，从招生制度、考试制度等着手，探讨国家需要怎样的人才，对人才培养进行重点整顿。邓小平认为，要想实现现代化，赶上世界先进经济水平，最重要的是大力发展科学技术；要想发展科学技术，首先要重视教育。在确立好教育发展的战略地位后，深化教育改革，提出了建设有中国特色社会主义的教育机制，培养面向现代化、面向世界、面向未来的人才。

改革开放初期，中国经历了巨大的社会变革，人民群众开始阅读西方书籍，推进了西方著作的引进。这时的西方文学学术翻译，担负起了解放思想的功能，在自然科学与人文科学，物理、化学、政治、经济、文学、美学、文艺理论等方面均有涉及。与此同时，新学科与边缘化学科也得到了国家的重视，逐渐出现工具书、百科全书等的翻译。1979 年出版的《少儿百科全书》就是中国少年儿童出版社与美国时代生活图书公司合作出版的图书；1985 年出版的《简明不列颠百科全书》（中文版）由中美两国出版社合译出版。大百科全书出版社与不列颠百科全书公司在密切合作下于 1986 年全部出齐《不列颠百科全书》（国际中文版）。两年后，中国开始在原版的基础上补充新条、增收图片，进行多方面的改进，开始出版《不列颠百科全书》（国际中文版），并于 1999 年全部出齐。此外，外语教学与研究出版社与牛津大学出版社一同合作编译词典。两家出版社出版的工具书《精选英汉汉英词典》，至今深受英语学习者们的喜爱。

3. 文化因素对中国译入传播内容的影响

（1）经典著作研讨需求

20 世纪 80 年代初期，在改革开放的框架下，外国专家组制定了马克思主义文艺理论丛书、外国文学名著丛书、外国文艺理论丛书和二十世纪外国文学丛书

---

① 马祖毅，等. 中国翻译通史：现当代：第 1 卷 [M]. 武汉：湖北教育出版社，2006：145.
② 魏清光. 改革开放 30 年来我国翻译出版活动的社会动力机制分析 [J]. 中国出版，2011（10）：7-12.

等。以小说为主的四个丛书收录了20世纪文坛上标志性、具有重大影响力的优秀作品。读者通过这些作品，可以感受到20世纪的历史变化及其对各文学的继承与发展。20世纪80年代中期，现当代外国名著与现代主义文学也先后译入中国。经典著作与现当代优秀作品让中国读者开阔眼界，更广泛全面地认识世界，对西方文学也有所了解。对西方文学进行批判性阅读的过程，推动了中国对经典著作的研讨，并形成了具有中国特色的文化见解与文化思想，为后续中国文学发展产生了重大影响。

（2）大众文化娱乐需求

改革开放后，我国实现了思想的解放，逐渐呈现出百花齐放、百家争鸣的局面。20世纪80年代末期，更是对文艺理论进行了研究，为我国文艺理论研究与教育提供了支持。进入21世纪以来，中国基本实现了向小康社会的转变，大众对文化娱乐的需求越来越高。中国在文化引进上，不仅着眼于古典著作等经典书籍，而且引进与翻译了现代文学著作。后来，为了迎合人民的阅读兴趣，更是开始翻译与引进猎奇性、趣味性、与生活息息相关的作品。其中，《译林》《世界文学》等刊物刊登国外作家作品的最新动态，受到国内文学工作者、作家及人民大众的喜爱。随后，北京、上海以及其他各地的出版社均参与了翻译出版工作，推动了翻译事业的发展。中国对外国著作的选题、版权、引入、翻译、编辑与出版形成了系统性机制，大大提升了翻译出版发行事业。

三、翻译传播的策略需要

1. 翻译传播内容选择策略

改革开放后，我国翻译出版书籍在内容上共经历了三个时期。20世纪70年代末到80年代，正处在改革开放开始的阶段，国家自上而下呼吁群众学习西方先进的技术。[①] 在国家呼吁引进西方书籍的背景下，中国社会精英分子以最大热情，投入到了翻译出版发行活动之中。这期间，为了迎合当时人们对了解外部世界的渴望，对西方先进思想、先进技术等知识的追求，我国翻译出版发行的有："走向未来"丛书，主要讲述社会与自然科学类知识，反映了中国人民对人类知识的追求与对真理的向往；"现代西方学术文库"丛书，丰富发展了我国文化积累，系统地归纳了现代西方学术；"二十世纪文库"丛书，以推动社会进步为目

---

① 魏清光. 改革开放以来我国翻译出版物选题变迁的社会动因分析[J]. 中国出版，2013（4）：13-16.

的，对西方先进思想进行了介绍；还有其他类丛书等书籍。然而，由于对国外了解欠缺，当时翻译的书籍被评价为"我们对外语、翻译和哲学的理解水平过于低下，没有准确理解原文的情况下翻出的译文，并不能令人满意"[①]。

20世纪90年代我国市场经济体制的目标确立。在大众商品化、商业化背景下，图书的翻译、出版与发行也遵循着市场规则，日益商业化。一方面，在经济建设快速发展的时期，引进的书籍吸收了其他学科的最新研究成果，呈现多样化的特性；另一方面，在内容上最为明显的是更加贴近人们的日常生活，实用性强。我国引进《世界上最伟大的推销员》（*The Greatest Salesman in the World*）、《五秒入睡法：倒头就睡精力充沛》、《狗日的工作：知识社会的职业选择与个人自由》（*Career Satisfaction and Success：A Guide to Job and Personal Freedom*）等吸引眼球的书籍与翻译，得到了大众的喜爱。在经济繁荣的景象下，人们对财富的追求也逐渐在图书的选择中凸显。《走向成功之路：个人投资理财经验谈》、《完全傻瓜手册：教您轻松致富》（*The Complete Idiot's Guide to Getting Rich*）等书籍也进入大众市场。在市场经济条件下，人际交往越来越频繁，《乐在沟通：做个会说话的上班族》（*Assertiveness at Work：A Practical Guide to Handling Awkward Situations*）、《棘手的谈话：如何对付尴尬的处境》也广受人们的欢迎。

21世纪初，中国逐渐步入小康社会，文化消费占据主导地位，也导致图书翻译、出版与发行主体的变迁。为了迎合人民群众对文化消费的需求，满足人民群众的喜好，我国出版界引进了大量外国畅销书籍。此时的书籍，主要以其娱乐特性，结合商业化模式，为出版商带来了丰厚的利益，也出现了国内各出版界争先恐后出版畅销书籍的场面。"当代欧美畅销儿童小说"系列、《肖申克的救赎》（*The Shawshank Redemption*）等国外引进的畅销小说集与书籍，不仅为国内出版商带来了不少利益，也对人们了解外国文化，丰富并提升人民群众精神生活，有积极的推动作用。

2. 翻译传播的译介与媒介

在改革开放初期，如何有效开放人们的思想成了党与政府首先需要解决的问题。中共中央编译局在党中央的领导下，开始了对马克思主义的编译—出版—发行事业，试图打开人们对西方作品的接受度。在国外思想得到一定传播后，国内出现了阅读国外书籍热潮，中共中央编译局所编译出版的书籍在国内被售光、

---

① 陈宣良. 译后记 [M]. 让·保罗·萨特. 存在与虚无. 北京：三联书店，1997：778.

抢空。

改革开放后的10多年间，国内经济开始显现出快速发展的苗头，改革开放也逐渐深入人心。在社会主义市场经济体制目标确立后，我国翻译出版发行事业更是蓬勃发展。在此过程中，出版社实现商品化、商业化，注重经济效益，按照市场的运转规律进行引进翻译与出版。在此背景下，西方一些消极与低俗的文化思想与观念进入我国，影响了人民群众的生活。邓小平也曾经指出积极引导人们不受此类低俗思维所影响的重要性。党中央要加强管制，不能让此类思想肆意传播，堕落人民群众。[①] 译林出版社社长章祖曾说过："在市场经济的情况下，利益驱动，很多人就不愿意坐冷板凳。"[②] 翻译界开始号召党组织积极承担翻译活动的监管职责，对文化产品的引进有明确的规划、合理选题等。我国国家社科基金在此号召下，在20世纪90年代资助了几项如"宗教现象学翻译""宗教与教派"等宗教方面的翻译活动；国家社科基金也资助了"《分别论》翻译"（2008年）、"图形研究"（2008年）等学术领域的翻译活动。与此同时，政府与一些非营利性组织开始有计划地对具有文化、学术价值的国外优秀图书与研究的翻译出版与发行进行资助，积极引导优秀文化产品进入中国市场，发挥其应有的作用。

进入21世纪以来，党中央通过了《中共中央关于构建社会主义和谐社会若干重大问题的决定》；其中表明加强党执政能力建设需要加强和改善党对新闻媒体的领导。党与政府为了更好地传播国外优秀文学作品，结合科技的发展，积极应用了数字技术与互联网技术；译者也转变了传统的翻译模式，与数字出版相衔接，逐步发展为基于互联网、网络通信的数字化图书业务，通过技术的手段为读者呈现更为丰富的内容。

★ 第二节　翻译传播主体、内容与策略 ★

一、主要传播主体

1. 中共中央编译局

中共中央编译局成立于1953年，主要编译、研究马克思主义经典著作，建

[①] 邓小平. 邓小平文选：第2卷. 北京：人民出版社．1994：231.
[②] 郭晓虹. 翻译的现状与前景［N］. 中国新闻出版报，2003-10-08（3）.

设马克思主义文献信息资源，向人民群众普及马克思主义理论。中共中央编译局为社会主义现代化提供马克思主义的解读，以翻译、研究、宣传马克思主义思想为原则，为马克思主义中国化最新成果进行系统性研究。

回顾中共中央编译局的光辉发展历程，以马克思主义为指导思想，中共中央编译局的发展始终同步于中国共产党的成长。中国共产党在领导中国革命和自身建设的奋斗历程中，在推进马克思主义中国化的伟大事业征程中，始终高度重视马克思列宁主义著作的编译工作。

中国共产党成立时就决定出版马克思主义思想类全书。当时反动派的迫害和物质条件的限制未能完全提供出版发行马克思列宁主义书籍的社会条件，但马克思列宁主义著作的翻译出版工作始终向前推进。中共中央编译局成立后，在党组织系统性领导下编译中文版《马克思恩格斯全集》《列宁全集》等马克思列宁主义书籍，为传播马克思主义科学真理而不懈努力，也为加强党的思想理论建设做出了突出贡献。十一届三中全会召开后，我国开启改革开放和社会主义现代化建设的历史新时期，马克思主义著作也迎来了翻译出版的春天。在中央编译局的指导下，1985年，人民出版社出版《马克思恩格斯全集》第一版，次年出版第二版，后续迎合读者需求，编译《马克思恩格斯文集》《列宁专题文集》等等，推进了马克思主义研究与马克思主义中国化研究。

2. 翻译出版机构

改革开放揭开了新中国成立以来党的伟大新篇章。此次历史性转折重新开启了国内出版发行事业的新征程，一时间多家翻译出版机构如雨后春笋般涌现，推动了我国翻译出版事业的持续向前发展。

改革开放后，国内恢复出版发行事业，出现了多家翻译出版机构。其中，商务印书馆（1897年成立）承担了社会科学类书籍与中外词典类工具书籍的出版发行，"汉译世界学术名著丛书"等系列书籍受到了国内群众的热爱；外国文学出版社（1951年成立）专注1960年以来国外作品，出版了"二十世纪外国文学丛书"等系列丛书；南京译林出版社（1978年创立），出版外国文学、人文社科、外语工具等领域图书，推出外国文学期刊《译林》、外国文学研究刊物《外国文学动态》《当代外国文学》等期刊；上海译文出版社（1978年成立），作为中国最大的综合性专业翻译出版社推出《外国文艺》等期刊，以小说、诗歌、戏剧等为主，先后介绍了劳伦斯、萨特、帕维奇等上百位作家的作品，推动了我国文学创作；漓江出版社（1980年创立），出版中外文艺及旅游文化类书籍，创办了"获诺贝尔文学奖作家丛书""外国文学名著系列丛书"等。

（1）人民出版社

人民出版社（People's Publishing House），于1921年9月1日在中国共产党加强对马克思主义理论的宣传与适应革命发展的需求下成立。华诞一年后，人民出版社在继承建党初期的历史使命下进行重建，一步一步成为党和国家的重要政治类出版社。与此同时，人民出版社也是我国第一家著名的哲学社会科学综合性出版社。人民出版社肩负着党的使命，出版发行了马克思主义经典著作、党史和党建论著、党和国家重要文献，以及政、哲、经、史、法方面的一流学术著作。改革开放以来，人民出版社出版的书籍主要为《马克思恩格斯选集》《马克思恩格斯全集》《马克思恩格斯文集》《列宁选集》《列宁专题文集》等等，推进了马克思主义研究与马克思主义中国化研究（表6-1）。

表6-1　1972—2009年人民出版社出版的马克思主义类主要书籍

书名	时间	备注
《马克思恩格斯选集》（第一版）1—4卷	1972年	《马克思恩格斯选集》第二版收录了第1卷的1843—1859年著作、第2卷的1857—1871年著作及《资本论》节选、第3卷的1871—1883年著作、第4卷的1884—1895年著作及马克思恩格斯书信。《马克思恩格斯选集》第三版对所收录的作品按编年和专题编排，注释了最新成果并全面修订。
《马克思恩格斯选集》（第二版）1—4卷	1995年	
《马克思恩格斯选集》（第三版）1—4卷	2012年	
《马克思恩格斯全集》（第一版）1—50卷	1956—1985年	《马克思恩格斯全集》第二版以第一版为基础，在历史考证第二版与德文版的基础上编译与审校。1—29卷为著作卷，30—45卷为《资本论》及其手稿卷，46—59卷为书信卷，60后为笔记卷。同第一版相比，第二版文献篇数与文字数增加量较大。
《马克思恩格斯全集》（第二版）	1995—	
《马克思恩格斯文集》	2009年	《马克思恩格斯文集》涵盖马克思主义哲学、政治经济学与科学社会主义。1—4卷收录了马克思恩格斯在1884—1895年的著作；5—8卷收录了马克思的《资本论》；第9卷收录了《反杜林论》和《自然辩证法》；第10卷为马克思与恩格斯的书信选编。

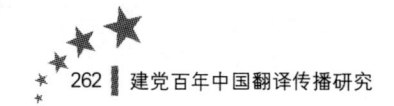

续前表

书名	时间	备注
《列宁选集》 （第一版）1—4卷	1960年	《列宁选集》主要刊登列宁在19世纪80年代末到20世纪初投身民主革命时期的著作。第三版修订版保持了原4卷的基本结构，在篇目、篇幅上没有做修改，主要对全部译文进行了校订与查证，更正了文字上、规范上的疏忽与错误。
《列宁选集》 （第二版）1—4卷	1972年	
《列宁选集》 （第三版）1—4卷	1995年	
《列宁选集》 （第三版修订版）1—4卷	2012年	
《列宁全集》 （第一版）1—45卷	1955—1959年	《列宁全集》中文第二版根据《列宁全集》俄文第五版编辑而成。全集60卷，2 600万字，包括了一些正式文献提纲、草稿、笔记与批语等。
《列宁全集》 （第二版）1—60卷	1984—1990年	
《列宁专题文集》 全5卷	2009年	《列宁专题文集》共五个专题：《论马克思主义》《论社会主义》《论无产阶级政党》《论辩证唯物主义和历史唯物主义》《论资本主义》。

(2) 商务印书馆

具有代表性的外国文学出版商之一商务印书馆（The Commercial Press），于1897年创办于上海，并且在1954年迁至北京，是我国目前最完善的工具书出版发行商。1958年，商务图书馆在出版业务分工下，担任国外哲学社会科学的翻译与出版、中外语文辞书的编纂出版等任务。1980年，改革开放促进了商务印书馆的事业。1982年，在建馆85周年之际，将马克思主义以前的古典作品以政治、经济、哲学、历史、地理、语言学类系统性归类整合成书籍，推出了"汉译世界学术名著丛书"等系列丛书。改革开放初期，在人们渴望知识的时代，第一批出版的书籍深受人民群众的欢迎。1984年，在邓小平要在几十年的时间内翻译出版发行国外优秀学术著作的指示下，[①] 商务图书馆积极响应号召，推动了"汉译世界学术名著丛书"的丰富与发展。2009年出版发行的"汉译世界学术名著丛书"，哲学类（橘黄色）、历史·地理类（黄色）、经济类（蓝色）、语言学类（棕黄色），得到了社会各界的高度赞赏。与此同时，商务印书馆严格贯彻翻译质量的把关与文章质量的评审，"汉译世界学术名著丛书"目前是商务印书馆最为代表性的译丛品牌之一。商务印书馆在工具书的出版与更新上也具有传统优势。

---

① 杨德炎. 改革开放30年的商务印书馆[J]. 中国编辑，2008 (6)：20-21, 24.

在《新华字典》《现代汉语词典》等推出后，其积极与国外编辑出版机构进行合作，推出《新时代英汉大词典》《牛津高阶英汉双解大词典》等系列辞书、多种小语种词典、多领域工具书，打造了工具书品牌。

二、主要译入作品

1. 政治类

改革开放以来，我国高度重视马克思主义经典著作的编译工作。这一时期马克思主义在中国的传播紧紧围绕中国特色社会主义建设。经过中央编译局的组织与安排，马克思主义在中国的传播取得了重大进展。一方面，在中央编译局的组织下继续推进马克思主义经典著作的编译出版工作。1977—1983年，中共中央编译局完成了《马克思恩格斯全集》的中文第一版编译工作。此次编译以原文第二版为基础，丰富了马克思恩格斯在国内的研究。1979—1985年，出版了俄文版补卷11卷（12册），完成了全书中文版50卷（53册）的全部出版，约3 200万字，即《马克思恩格斯全集》第一版。本书记载马克思恩格斯的包括著作、手稿和书信的全部著述，为国内马克思恩格斯研究提供了基础资料。随着《马克思恩格斯全集》第一版的编译工作顺利完成，1986年根据中央指示，中共中央编译局又开始着手编译第二版。《马克思恩格斯全集》第二版拟编60卷，共四个部分。与第一版相较，第二版内容更加完整，编辑体系更加科学，收录并校订了之前第一版没有收入的马克思恩格斯著作文章。

从1982年开始，中共中央编译局用十余年的时间顺利完成了《列宁全集》中文第二版的编译出版工作。第二版主要根据俄文原版第五版和俄文版《列宁文集》进行编译，书信部分参照了中文版《列宁文稿》，全集共60卷，分成了包括著作、书信和笔记，共2 600万字的三个部分，收载列宁文献9 000余篇。同时为了满足改革开放时期新思想的需求，中共中央编译局自20世纪90年代起编译出版了中文《马克思恩格斯选集》第二版。该版本参考了其他语言版本，以历史考证版为蓝本编译而成，收录文献上更全面、版本依据上更可靠、译文质量上更丰富、文章结构上更合理、资料内容上更充实，全面解析了马克思与恩格斯思想。为了适应研究和探索对中国特色社会主义的需要，中共中央编译局编译出版了《列宁选集》第三版，这一版本针对性地解决了1960年和1972年分别出版的《列宁选集》中存在的一些问题，如翻译的准确性、选材的合理性、所附资料的缺失性等方面。除了针对性解决第一版和第二版存在的一些问题，第三版还进行了一些改进，在每一卷卷首均增加了编者说明，概括该卷写作历史背景与主要内容，并系统性描述了马克思主义理论中列宁所做的贡献以及列宁思想的发展脉络。

同时，为了满足读者对马克思主义经典读物的不同需求，自1995年起，中共中央编译局开始编译"马克思列宁主义文库"。该丛书以单行本形式收编马克思列宁主义经典著作中重要文章和书信，并按专题集成文集陆续出版。这套文库与全集、选集迎合广大读者的需求，有助于推动全国马克思主义的学习和研究。为了更好推进党的中心工作，中共中央编译局选编了大量马克思主义经典著作的专题文集，例如《列宁论苏维埃俄国的经济建设》，汇编列宁关于苏维埃俄国社会主义经济建设的主要论述，从两个部分为经济文化较为落后的社会主义国家提供了理论性方法论，指导如何建设社会主义。列宁的书籍对于我国建设中国特色社会主义有极大的理论意义和现实意义。《马克思恩格斯列宁斯大林论合作社》在苏联充分的合作社实践中汲取营养，将马克思、恩格斯、列宁、斯大林在经济体制方面的论述编译成册出版发行，对新中国合作社的发展有重要的指导和借鉴意义，是对马克思合作理论的重要发展。这些都充分体现了改革开放以来我国马克思主义中国化的最新成果，为我国改革开放的顺利推进以及中国特色社会主义的发展提供了强有力的理论支撑。

2. 经济类

改革开放时期，我国经济飞速发展，经济学著作的翻译工作也取得了显著进展。发展本国经济，就要立足于本国国情，借鉴外国有益的经济政策成果，从而实现经济的发展。首先，要想研究世界经济，掌握国际动态和发展趋势，就需要对基本经济理论有充分的认识。在中国共产党的领导下有选择地编译外国优秀经济学著作，对国内了解现代经济学的发展方向有着重要的意义，也有助于通过对国外现代经济学著作的科学分析，吸取对我国现代化建设有参考借鉴作用的理论、观点和科学方法。

经济类主要译著包括《资本论》。这本书跨越了政、经、哲等多个领域，被誉为全世界无产阶级运动的指导思想。该书通过系统性分析资本主义的发展规律，揭示其弊端，把马克思唯物史观的基本思想作为出发点并进行深入探讨。该书的出版在科学的验证下逐渐丰富。1930年，上海昆仑书店出版了第一卷。《资本论》的第一卷由陈启修根据德文版参照日文版翻译。第二、三、四册，由潘冬舟翻译，并在1933年由北平东亚书店出版。1938年，《资本论》全译本问世。《资本论》提出了适用于社会主义市场经济发展全过程的社会主义经济本质关系及其发展规律。在对这些观点的继承与发展下，邓小平提出了"什么是社会主义、怎样建设社会主义",后续发展为邓小平理论,成为马克思主义中国化的重要体现。

另外一部关于科学社会主义的重要文献是《哥达纲领批判》。马克思在1875年为反对德国社会主义的机会主义派别写了哥达会议纲领草案的批评意见。《哥达纲领批判》从政治、经济、文化和社会形态四个方面阐述了拉萨尔改良主义的资产阶级发展路线,为无产阶级革命及建设明确了发展方向和目标,是系统阐述按劳分配理论的经典著作。改革开放后,党中央立足于我国基本国情,确立了社会主义初级阶段的基本经济制度。改革开放的进程中,中国共产党始终坚持以公有制为主的经济体制,并在多种分配方式并存下促进多种所有制经济的共同发展,加快完善社会主义市场经济体制。在党中央领导的社会主义经济体制下,我国生产力得到了巨大发展;为防止两极分化,实现社会主义的共同富裕目标奠定了基础。社会主义基本经济制度不断完善和发展不仅继承与发展了马克思主义理论,同时还是马克思主义中国化的生动体现。

《反杜林论》是1876—1878年期间出版的图书,又名《欧根·杜林先生在科学中实行的变革》,作者为恩格斯。该书通过唯物史观和剩余价值学说两大发现,系统阐述了科学社会主义产生的历史过程。在该书的影响下,社会主义学说从空想变为现实。与此同时,《反杜林论》批判了唯心主义暴力论;书中阐明了马克思主义政治经济学、科学社会主义等基本理论,表明经济决定政治,是一部马克思主义的百科全书,有助于客观准确分析我国在发展过程中所遇到的机遇与挑战,我国发展道路上的矛盾与问题。

除了马克思的经典译著,必须提到的是美国经济学家约翰·贝茨·克拉克的经济学著作——《财富的分配》。该书首次出版于1899年,中文版由陈福生、陈振骅译,商务印书馆1959年出版。虽然该书起初是为了粉饰资本主义制度和抵抗马克思主义,但其提出的边际效用价值论、静态分析与动态分析,丰富了经济学的分析工具,对我国财富分配问题也有一定的借鉴意义。自1949年新中国成立后,我国开展社会主义建设的财富分配制度一直处于不断变革之中。改革开放前,在"左"倾思想的影响下,我国实行的是原始平均主义倾向的财富分配制度。改革开放后,我国分配方式随着国家大门的打开发展,形成了"效率优先、兼顾公平"的分配原则。然而,在经济快速运转的如今,这一财富分配原则也遇到了瓶颈:掌握资本的人,在高资本回报率下,越来越富有;相反,穷人变得越来越贫穷。社会贫富差距越来越大。为了将改革开放的成果惠及全体中国人民,缩小贫富差距,我国急需新的财富分配思维。在此背景下,党中央有序引进了多

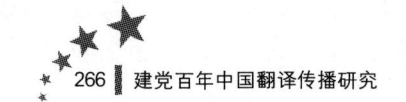

种经济学类书籍，试图摸索出中国特色社会主义经济道路。

另一位美国经济学家约翰·康芒斯创作的经济学著作——《制度经济学》，于1934年首次出版，中译本由于树生译，商务印书馆于1962年出版，是一部具有浓厚经济学色彩的著作。该书广泛综合了法律、经济学和伦理学相关内容，在对以往经济学家进行评价的基础上阐述了自己的理论观点，对改革开放后逐渐出现的不正当竞争行为有很强的借鉴意义。

《货币论》，由英国经济学家凯恩斯所著，于1930年首次出版。该书的中译本由何瑞英译，商务印书馆1986年出版。在书中凯恩斯提出了研究货币理论基本问题的新方法，主要审视了如何维持稳定物价水平并均衡经济；如何对待投资与储蓄，市场利率与自然利率关系等问题，为中国摸索出自己的货币体系有着重要的借鉴价值。

《论货币和贸易》由英国经济学家约翰·罗所著。该书首次出版于1750年。书中作者讲述了流通货币与维护国家利益的关系，以及流通货币对提高国民经济的作用，提出了效用论和供求论相混合的价值论，货币即商品的观点。在《论货币和贸易》中，作者认为货币具有价值尺度的职能。该书对目前我国面临的人民币升值和经济发展的重大压力有一定的借鉴作用。

《经济增长理论》，由圣卢西亚经济学家刘易斯所著，于1955年问世。该书全面阐述经济增长问题，书中并无有关经济增长的新概念，只是为政策制定者研究经济增长提供一个基础，在经济学界堪称简明扼要论述经济发展问题的第一部巨著。《经济增长理论》对我国改革开放后经济发展出现的问题有一定的借鉴意义。整体来看，经济学著作翻译工作的持续推进为我国经济政策的制定起到了非常重要的作用（见表6-2）。

表6-2　改革开放时期具有影响力的经济类书籍

书名	作者	译者	出版社	出版时间
《反杜林论》	（德）恩格斯	中央编译局	人民出版社	1970
《哥达纲领批判》	（德）卡尔·马克思、（德）费德里希·恩格斯	中央编译局	人民出版社	1973 1997
《制度经济学》	（美）约翰·康芒斯	于树生	商务图书馆	1962
《货币论》	（英）约翰·梅纳德·凯恩斯	何瑞英	商务印书馆	1986

续前表

书名	作者	译者	出版社	出版时间
《论货币和贸易》	（英）约翰·罗	朱泱	商务图书馆	1986
《经济增长理论》	（英）威廉·阿瑟·刘易斯	周师铭等	商务印书馆	1983
《资本论》《马克思恩格斯全集》[第二版]第44，45，46卷	（德）卡尔·马克思	中央编译局	人民出版社	2001 2003 2003
《财富的分配》	（英）约翰·贝茨·克拉克	彭逸林等	人民日报出版社	2010

3. 科学类

自19世纪中叶中国遭受西方列强侵略以来的百余年间，翻译介绍西方科技典籍成为我国学习西方的重要手段。近代著名翻译家严复翻译的《天演论》和《原富》就是十分具有代表性的译著。《天演论》又名《进化与伦理》，于1897年在《国闻汇编》刊出。该书宣传了"物竞天择，适者生存"的观点。康有为称严复译《天演论》为"中国西学第一者"，胡适评价严复为"介绍近世思想第一人"。严复以西学理论鼓吹变法，推进了维新运动的发展，奠定了其在中国近代思想界的地位。严复翻译的《原富》于1776年第一次出版。该书成为中国最早明确提出的财富形于分配过程的书籍。

改革开放以来，我国大量引进国外科技项目并编译出版外国科学类书籍。在科学技术突飞猛进的时代，科技翻译对我国的科技发展起着重要的桥梁和纽带作用。主要译著包括《寂静的春天》。此书是美国科普作家蕾切尔·卡逊创作的科普读物，首次出版于1962年，该书向读者透彻地展现了近代污染对生态的影响，号召人们改变对自热界的看法，呼吁人类思考工业文明对环境与人类生存的负面影响，为日后环保主义的发展起着重要的推动作用。

2005年，上海科技教育出版社出版了堪称普林斯顿科学文库开山之作的爱因斯坦《相对论的意义》，对其成就及其发展中存在的关键问题进行了深入探讨。2007年北京大学出版社出版了普里戈金的《从存在到演化》，试图回答自然界是如何演化发展的。作者结合当代科学的其他成果，探讨了非平衡自组织理论，指出了自然系统的实质。1988年出版的《时间简史》由霍金创作。作为科普著作，《时间简史》不仅讲述了宇宙本性的前沿知识，还探讨了已有宇宙理论中存在的未解冲突，被译成40多种文字，成为一本畅销全球的科学著作。2005年出版的

《美丽心灵》由美国作家娜萨所著,译者为王尔山。该书介绍了美国诺贝尔经济学奖获得者纳什的传奇人生。《人类的起源》是 1995 年上海科学技术出版社出版的科普书籍,由吴汝康和吴新智译。该书以东非一具掩埋数百万年几乎完整的男孩骨骸作为切入点,提出了人类如何起源的问题。美国科学哲学家库恩创作的科学哲学著作《科学革命的结构》,首版于 1962 年。该书探讨了常规科学和科学革命的本质,重塑了科学真理形象,开启了科学哲学的新时代。《费马大定理》是一部由阿米尔·艾克塞尔所著的书籍,由上海科学技术文献出版社出版。该书讲述了在 1955 年的一次科学会议上,一位普林斯顿数学家证明了一个迷惑了人类 350 年的数学猜想故事。改革开放时期的科技翻译工作,适应了经济建设的发展,不仅促进了我国科教兴国战略的实施,也为我国科技现代化的进程产生了深远影响(表 6-3)。

表 6-3 1988—2012 年科学类书籍

书名	作者	译者	出版社	出版时间
《时间简史》	(英)斯蒂芬·霍金	许明贤,吴忠超	湖南科学技术出版社	2007
《人类的起源》	(肯)理查德·利基	吴汝康,吴新智	上海科学技术出版社	1995
《未来之路》	(美)比尔·盖茨	辜正坤	北京大学出版社	1996
《寂静的春天》	(美)蕾切尔·卡逊	吕瑞兰	科学出版社	1979
《美丽心灵》	(美)西尔维娅·娜萨	王尔山	上海科技教育出版社	2005
《相对论的意义》	(美)阿尔伯特·爱因斯坦	郝建纲,刘道军	上海科技教育出版社	2005
《从存在到演化》	(比)普里戈金	曾庆宏,等	上海科学技术出版社	1986
《费马大定理》	(以)阿米尔·艾克塞尔	左平	上海科学技术文献出版社	2008
《科学革命的结构》	(美)马斯·赛缪儿·库恩	李宝恒,纪树立	上海科学技术出版社	1980

4. 文学类

1978 年以来,中国不论在政治方面还是经济方面都步入了历史性的新时期。随着中国逐渐融入国际社会,中国人越来越能够以一种开放豁达的心态看待外国引进的文学作品。这一新时期见证了中国历史上的又一次翻译高潮。外国文学著作的翻译出版更加系统化、规模化。这个时期新编了各大文学巨匠的全集本,例如英国文艺复兴时期伟大的剧作家、诗人莎士比亚的《莎士比亚全集》。《莎士比亚全集》共八卷,包括 38 部剧本、154 首十四行诗、两首长叙事诗和其他诗作。

1998 年人民文学出版社出版了 30 卷《巴尔扎克全集》，收录了除书信以外的全部著作，由 31 位译者翻译。《托尔斯泰全集》是 2004 年上海文艺出版社出版的图书，作者的长篇小说《战争与和平》被誉为"世界上最伟大的小说"之一，让读者们了解到 1805—1820 年俄国社会的重大历史事件。

除此之外，现当代外国文学作品也在中国得到了广泛传播。例如《钱商》是加拿大作家阿瑟·黑利的作品。该作品以银行继承人之争的故事为主线撰写，被誉为金融界、商业人士的必读书。美国作家菲茨杰拉德以 20 世纪 20 年代的纽约为背景撰写了中篇小说《了不起的盖茨比》。该小说于 1925 年出版，作者成为"迷惘一代"的代表作家之一。《喧哗与骚动》是美国作家福克纳的长篇小说。该小说创作于 1929 年，讲述了南方没落地主家的家族悲剧。《在轮下》由德国作家黑塞所著，以浓重的悲观色彩描述作者在毛尔布仑修道院的不愉快经历，抨击了德国旧教育制度，被认为具有浓厚自传色彩。改革开放以来，在党组织的带领下，我国有序翻译了大量外国文学著作，在丰富人民文化生活的同时也促进了中国文学的发展与进步。

三、主要译者

1. 叶君健

叶君健是中国第一位翻译丹麦文学，向中国人民介绍安徒生童话的翻译家。叶君健一生翻译了多部作品，《安徒生童话》作为其代表作不仅是中国人人知晓的作品，丹麦报纸也将叶君健的《安徒生童话》中文译本称作最好的中译本。丹麦王室肯定了叶君健《安徒生童话》的中译本，并授予其"丹麦国旗勋章"。叶君健认为翻译不仅仅是一个"移植"的过程，而是文学经典作品的再创作，这样的翻译作品才能够成为世界文学的精神财富。[①] 叶君健在严复"信达雅"翻译标准的基础上，重新诠释了文学翻译的标准，提出了著名的"精品再创作论"，其主要特征包括：一、糅合外语与中文的语言风格，多元化的译文语义清晰，使读者更容易接受；二、内容上紧贴时代主题，积极弘扬社会主义核心价值观；三、基本忠实原作，保留原作的精华部分。他的创译方法是 20 世纪七八十年代中国译者使用的重要翻译策略之一，他翻译的儿童文学作品也很好地阐释了该理论。叶君健在翻译领域最大的成就就是引进了外国儿童文学的基本创作模式，填补了

---

① 刘军平，罗菁. 叶君健翻译思想及其特征探微：纪念著名翻译家叶君健先生诞辰 100 周年［J］. 中国翻译，2014，35（6）：54-58.

当时文学体裁的空缺，夯实了我国儿童文学发展的基础。①

2. 草婴

草婴，原名盛俊峰，中国翻译家协会副主席。草婴从小刻苦学习俄语，梦想以后能够将俄罗斯文学介绍到中国。他致力于国家建设和民族文化交流，在俄苏文学翻译领域取得了巨大成就。20世纪六七十年代，草婴翻译了俄罗斯文学巨匠托尔斯泰等人的经典作品，《安娜·卡列尼娜》《复活》《战争与和平》和其他60余部中短篇小说。他的翻译主题紧跟时代，弘扬正义及真善美；他的价值观念以及品性也在译作中得以呈现。②草婴的翻译在托尔斯泰和中国读者之间搭起了桥梁。③草婴对中国翻译事业做出了卓越贡献，促进了中外之间，尤其是中俄之间的文化交流，推动了改革开放时期文学翻译高潮的形成，受到了国内外学者的高度评价。1987年，草婴成为中国第一位在莫斯科获得了高尔基文学奖的作家。

3. 朱生豪

朱生豪，著名莎士比亚戏剧翻译家、诗人。自24岁起，朱生豪开始翻译莎士比亚的作品，翻译出版了《莎士比亚戏剧全集》与《莎士比亚全集》。两本书籍的出版轰动了整个文坛，④在中国近代英译汉的历史上堪称划分时代的翻译巨著，被世人称赞为"宏伟的工程""伟大的业绩"。朱生豪始终以最大限度忠实原作作为翻译宗旨，以极其严肃认真的翻译态度翻好每一句每一字，其译本是至今我国莎士比亚作品最完整且质量较好的译本。在中华民族最危急的时刻，朱生豪为了填补民族文化的空白而致力于翻译莎士比亚戏剧，这是一个正直的爱国知识分子对中华民族奉上的一份最好献礼。⑤在翻译莎士比亚戏剧的过程中，朱生豪所处的时代铸就了他的爱国主义精神。在这种爱国主义精神的感召下，他自愿肩负起这一历史使命，为中华民族和世界文化留下了一笔宝贵的精神财富。⑥

4. 任溶溶

任溶溶，著名儿童文学翻译家、作家，长期从事俄、英、意、日四种语言的翻译工作和儿童文学创作。任溶溶翻译过马尔夏克的儿童诗，《木偶奇遇记》《彼

---

① 刘心武. 叶君健作为一个翻译家 [J]. 中国翻译，1984（7）：28-32.
② 陈洁. 草婴先生的翻译人生和翻译艺术 [J]. 上海翻译，2020（5）：85-88.
③ 赵丽宏. 桥梁和脊梁：纪念草婴先生 [N]. 新民晚报，2017-03-26.
④ 苏福忠. 说说朱生豪的翻译 [J]. 读书，2004（5）：23-31.
⑤ 吴洁敏，朱宏达. 朱生豪传 [Z]. 上海：上海外语教育出版社，1989.
⑥ 李伟民. 爱国主义与文化传播的使命意识：杰出翻译家朱生豪翻译莎士比亚戏剧探微 [J]. 湖南师范大学社会科学学报，2008（2）：131-134.

得·潘》《长袜子皮皮》等多个儿童童话故事及《古丽雅的道路》等小说。从解放初期到改革开放前，为了满足政治需求，任溶溶大量翻译了苏联的儿童文学作品；而到了改革开放新时期，中国亟须吸取新知识，为了促进中国的儿童文学发展，顺应时代发展的潮流，任溶溶把翻译重心从苏联文学作品转向了当时经济文化水平均为世界前列的欧美国家优秀儿童文学作品。① 他翻译的作品不仅对小读者有益，还一定程度上促进了中国儿童文学的创作。任溶溶的儿童文学作品亲切自然又不失趣味，通过一个个小故事告诉孩子们日常生活中的知识，体现了儿童文学的教育价值。② 他在儿童诗的翻译上也十分有造诣，在保留了原诗内容、结构和意境的同时，也让中国的儿童读者易于接受。他翻译的外国诗歌对中国儿童诗的发展有着很大的影响。

5. 高鸿业

高鸿业，著名经济学家、资深翻译家、西方经济学学科主要奠基人之一。1957年，高鸿业积极响应国家号召，放弃了在美国优越的工作和生活条件，回国为伟大的社会主义建设贡献力量。高鸿业在与商务印书馆的合约下翻译了多部书籍。他翻译的凯恩斯著作《就业、利息和货币通论》和萨缪尔逊的《经济学》，为我国读者了解现代西方经济学提供了极大的便利。为了给予中国读者正确的导读，高鸿业在经济管理类杂志上发表了十余篇评论《经济学》的系列文章，进行了系统的分析。与此同时，高鸿业按照商务印书馆的要求对凯恩斯的《就业、利息和货币通论》进行重译，添加了许多重要译注，并撰写了辅助文章方便读者进一步阅读与理解。高鸿业对世界优秀经济学书籍的翻译与解析为创新和发展社会主义特色的现代经济理论具有重要的现实意义。③

6. 吴忠超

吴忠超，著名物理学家霍金的学生、浙江工业大学教授。他翻译了包括《时间简史》、《时间简史（普及版）》、《果壳中的宇宙》和《大设计》等霍金几乎所有的科普著作。《时间简史》自1988年首版问世以来，被翻译成40多种文字，销售了1 000万册，已经成为全球科学著作出版的里程碑。④ 吴忠超翻译的著作更是影响了我国几代学子走上科学的道路。

---

① 孙婷婷. 任溶溶的翻译艺术研究 [D]. 上海：上海外国语大学，2013.
② 杨志敏. 浅谈任溶溶的文学创作 [J]. 辽宁教育行政学院学报，2003（11）：78-79.
③ 徐秋慧. 高鸿业与《就业、利息和货币通论》[J]. 山东经济，2011，27（4）：157-161.
④ 陈桃珍. 改革开放30年引进版科普图书出版研究 [D]. 长沙：湖南师范大学，2009.

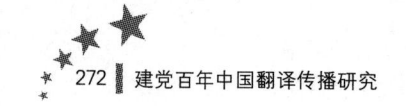

7. 田洺

田洺，中科院大学生物学教授，翻译了《自达尔文以来》以及古尔德的名著《熊猫的拇指》等。他为解决翻译中的难题，曾跟古尔德本人进行深入探讨。田洺认为翻译可以对类似主题的专著进行"套写"，体现了人文社科类专著翻译的一个特点——"准确"。20世纪末的人文社科领域，中国学者仍然处在学习借鉴国外优秀学术成果的阶段。这时引进的国外思想类专著篇幅也占据相当的比例。虽然田洺不是专业翻译员，但他对古德尔名著的关注度与对翻译的专注度在一定程度上促进了中国生物学界与世界前沿科技的接轨，进而推动了科技的发展。

8. 陈德民

陈德民，上海交通大学英语系英语语言学和应用语言学教授，同时也兼任上海交通大学《科技英语学习》杂志主编。他出版了文学、社会科学、经济管理和科学类译著20余种近500万字。主要译著有《组织中的传播和权力：话语、意识形态和统治》《可口可乐秘方：一瓶神奇饮料的非凡故事》《彩图科幻百科》《全彩本世界文明通史》《全球企业设计》《人生发展心理学》《企业资源规划》等。

四、翻译与传播策略

1. 翻译原则与方法

改革开放初期，国内翻译的传统译论与现代翻译理论发生了冲突与融合。[①]学术界对翻译的选题、原则、标准、方法与实践展开了大量讨论。首先，将罗新璋的《翻译论集》（1984年）、马祖毅的《中国翻译简史："五四"以前部分》（1984年）等对传统译论的史料进行了系统性整合与翻译观点的解读。这一阶段，对严复、傅雷等人的"信达雅""神似"的研究文章大量涌现，对严复的翻译理论也有了更全面的了解。后来，随着国外译论的发展与传播，开始了解西方国家的语言学翻译理论、结构主义翻译理论、功能主义翻译理论、释意派口译理论等等。国外译论的传播促成了国内对国际译学的跟进与国内翻译理论的形成。后续，刘宓庆的《论翻译的虚实观》（1984年）、许钧的《论翻译的层次》（1987年）、刘宓庆的《当代翻译理论》（2005年）等翻译基本理论书籍也从各自角度对翻译活动进行了思考。

随着改革开放的不断深入、国与国之间深化交往，政治类、经济类、文化

---

① 蓝红军. 改革开放以来的中国译学理论建构[J]. 中国翻译，2018，39 (6)：12-14.

类、科学类等国外大量作品涌入市场。与此相同步，反映新时代的词汇也不断涌现，催生出如："发展是硬道理""家庭承包责任制"等新型词汇，将旧词汇中复杂冗长的"三讲——讲学习，讲政治，讲正气"等词汇缩短，将旧词汇赋予了新的意义。在处理"新型词汇"中，在"信达雅"的指导下，更是发展出直译法、直译加注法、音译法、意译法、借代法等方法，发展了翻译研究。①

大量作品涌入市场的同时，对译者能力的培养也成为众多学者讨论的话题。翻译研究者多次以"系统化培养翻译人才"为目标提出了"翻译学科建设"的设想。"翻译学"作为一门学科是在 20 世纪 50 年代初期由中国著名翻译家董秋斯首次提出。改革开放和国与国之间的交流、文化传播等为中国在翻译教学与学科建设方面提供了更为广泛的发展空间。培养高水平、高质量的翻译队伍，建立适用于市场需求的翻译团队成为国家对外交流与对内传播的重要的环节。20 世纪 80 年代后期，随着改革开放的推进，学者们发表多篇文章提出译学设想，再次呼吁建立翻译学学科。② 随后，1982 年，中国译协成立；两年后，开始举办各类翻译会议，促进翻译学术间、行业间交流。2004 年，上海外国语大学率先设置了独立学科"翻译学"的硕、博士授予点；2007 年，国务院学委会全票通过设立"翻译硕士"专业学位，培养高层次应用型专业人才，结合外交、经济、商贸、科技、法律、传媒等等领域培养适用于市场的翻译人才。2011 年，教育部将"翻译学"列入"外国语言文学"下的二级学科，明确了其学科地位。改革开放以来，翻译专业面向市场，明确自我培养目标，服务于国家经济文化建设所需要的高层次、应用型翻译人才，进行全方位立体化培养。进入 21 世纪以来，更是结合了国家特色，形成了面向国家需求与学校特色的培养发展阶段，培养全方位翻译人才。

2. 传播策略与效果

改革开放初期，翻译传播主要由政府统一规模化进行。在党中央的指导下，中共编译局推出多部《马克思恩格斯全集》（1979—1985 年）、《列宁全集》（1984—1990 年）等马克思恩格斯著作。邓小平曾说需要以多种方式对祖国安定团结加以理论上的解释，③ 并强调我国如今的外宣存在严重缺点，没有贯

---

① 周洪洁. 改革开放三十年来的国俗新词语英译探微 [J]. 重庆教育学院学报，2009，22（5）：118-120.
② 许钧. 改革开放以来中国翻译研究的发展之路 [J]. 中国翻译，2018，39（6）：5-8.
③ 邓小平. 邓小平文选：第 2 卷. 北京：人民出版社，1994：255.

彻落实好四项基本原则。① 在人民思想解放的潮流与邓小平等重要人物的呼吁下，马克思主义著作进入了人民群众的视野，并深受人们的喜爱，在上市不久就被抢光。

随着改革开放的不断深入，国家放开改革开放前的出版发行限制，国外大量作品涌入市场，出版国外文学作品和图书的出版社与刊物也随之大幅增长，为国内对国外文学的了解与普及做出了重大贡献。在国家社会主义现代化建设的背景下，我国对国外先进经济、资金、设备等方面的最新研究成果进行了借鉴与吸收，《现代经济学导论》（1982年）、《投入产出经济学》（1980年）、《论财富的分配》（1984年）、《论货币和贸易》（1986年）、《经济史理论》（1987年）、《金融资本》（1994年）、《财富的分配》（1983年）等书籍被我国引进并翻译。在此过程中，中国在学习先进国家最新研究成果的同时，探索中国特色社会主义发展道路，为国家发展事业总结经验，学习借鉴。

经济的快速增长也使人们对财富的追求、对更好生活的远景逐渐增强。20世纪90年代，经济增长滋生出人们普遍想要发家致富的社会心态。顺应时代潮流，我国引进《世界上最伟大的推销员》、《狗日的工作：知识社会的职业选择与个人自由》等吸引人眼球的书籍与翻译，得到了大众的喜爱。然而，在迎来翻译春天的同时，也存在翻译质量下滑的现象。② 原因是一些译员急功近利，工作态度不认真；也有译者能力不足等问题。译者在中文与西方文学中，并没有准确了解两者的差异，因此，难以达到艺术性翻译的水平。同时，出版社如雨后春笋般出现，各出版社出版的图书、刊登的刊物间并没有进行有效策划与交流，缺乏宏观规划，形成了互不通气、相互锁题、抢译、赶译等不良现象。在此基础上，众多学者开始对翻译学进行重视，呼吁翻译学学科的建设。

进入21世纪，小康社会文化与经济的交融越来越深，人民群众对文化娱乐的需求也越来越高。"外国畅销书"类书籍逐渐代替"外国文学"概念。出版社为了迎合人民的阅读兴趣，出版各类畅销书籍。其中，较为出名的是《哈利·波特》（Harry Potter）系列（人民文学出版社），其2000年起翻译版本销售量高达300万册。《达·芬奇密码》（The Da Vinci Code）（上海人民出版社），截至2006年，在我国销售320万册，为出版社带来了丰厚的利润。此后，以市场为主导，外国文学社出版了"二十世纪外国文学"丛书、"当代外国文学"丛书等

---

① 邓小平. 邓小平文选：第3卷. 北京：人民出版社，1993：37-47.
② 叶水夫. 大陆改革开放时期的外国文学翻译工作 [J]. 中国翻译，1993 (1)：2-5.

图书，以利润为目的，进行了商业化翻译—出版—发行的模式。进入 21 世纪以来，阅读更是为了娱乐消遣，得到了年轻群众的追捧。

★ 第三节 翻译传播贡献 ★

一、译入传播对政治制度的影响

1. 社会主义制度的恢复与重建（1978—1988 年）

新中国成立初期，共产党对社会主义的认识主要来源于马克思、恩格斯的著作。当时，在刚刚步入社会主义国家之际，对社会主义的认识尚处于初级阶段，把其他国家发展水平较高模式下的社会主义运用到了发展尚未成熟的中国，这也导致中国在社会主义建设中走了许多弯路。1978 年，实行改革开放后，邓小平意识到，要想维护社会主义制度，明确社会主义的优越性，首先需要了解什么是社会主义。马克思主义著作迎来了翻译出版的春天，马克思主义编译进入了繁荣发展阶段。

1986 年，在中共中央编译局的带头下，继 1953 年毛泽东主席批准下编译的第一版《马克思恩格斯全集》后，我国开始准备中文第二版的翻译出版工作。在原版的基础下第二版由人民出版社出版。1953 年的原版主要从俄文转译，二次翻译质量不尽人意；第二版主要根据原著进行翻译，收录了第一版没有涉及的内容，完善了马克思主义的发展，对英国工人阶级状况、德国工人运动、法国改革运动等做了经验总结，并发现了社会发展的客观规律。马克思和恩格斯表示社会主义并非为死板不变的制度，和其他制度一样，是不断变化发展的。[1] 马克思主义观点对邓小平逐渐意识到社会主义并非国外理论的照搬，而是要结合本国国情，走有本国特色的社会主义道路具有重大影响，开启了继毛泽东主席后又一次地与中国国情相结合的中国特色社会主义发展道路。1982 年，沿着中共中央编译局 1957 年的《列宁全集》中文第一版，中央书记处正式决定编译出版《列宁全集》中文第二版，阐述俄国社会主义斗争和民主主义斗争，对资本主义社会所存在的各种矛盾进行了批判。列宁清楚要想发展社会主义，首先要发展生产力。"俄国是一个农民国家，是欧洲最落后的国家之一。在这个国家里，社会主义不

---

[1] 马克思，恩格斯. 马克思恩格斯全集：第 37 卷 [M]. 北京：人民出版社，1971：432，443.

可能立刻直接取得胜利。"① 在此影响下，邓小平同志提出过中国的发展道路不是一个资本主义的道路；虽然是社会主义，但我们要积极建设富强的社会主义。我们不应成为贫穷的社会主义国家。② 并且在 1984 年，明确提出"贫穷不是社会主义"的结论。此后，邓小平提出了社会主义的本质。中国所建设的社会主义本质是以共同富裕为终极目标，在解放与发展生产力的同时消灭剥削与两极分化的社会主义。③ 该阐述为中国人民阐明了改革方向，科学社会主义开始深入人心。

在中共中央编译局的影响下翻译出版发行的《马克思恩格斯全集》（1979—1985 年）、《列宁全集》（1984—1990 年）等马克思主义专集或单行本书籍，推进了马克思主义研究与马克思主义中国化研究，对邓小平了解社会主义，结合国情发展中国特色社会主义具有深远影响。

2. 社会主义制度的维护与巩固（1989—1999 年）

1989 年前后，东欧剧变。东欧的不稳定也加速了两年后苏联的解体。世界上第一个社会主义国家的崩溃与瓦解让国际共产主义运动遭受了严重挫折，社会主义制度、马克思主义理论也遭遇西方挑战，为中国社会主义造成了负面影响。在国内，改革开放的十年里，就姓"社"还是姓"资"出现了争论，显现出了人们思想观念、道德规范、价值取向的偏差。④ 对此，邓小平同志说过马克思主义理论，以人民为核心，巩固人民的政权是光明正大、勇敢正义的事情，没有输理的地方，无产阶级要保护好社会主义制度。⑤ 此时，我国出版了大量东欧政要的回忆录，如：《大墙倾倒之际：克伦茨回忆录》（1991 年）、《波兰剧变是怎样发生的》（1992 年）、《东欧共产主义的兴衰》（1998 年）等书籍，对马克思主义、社会主义制度等进行深层分析与了解。1989 年的东欧，并没有找到适合本土情况的社会主义建设道路，照搬了苏联的做法，最终走向了失败。在此经验的基础上，邓小平同志号召社会主义应与中国国情相结合，发展中国特色社会主义道路。

1991 年，社会主义运动在苏联的解体下艰难前行。在此阶段，有关社会主

---

① 列宁. 列宁全集：第 29 卷 [M]. 2 版（增订版）. 北京：人民出版社，2017：90.

②③ 贫穷不是社会主义，社会主义要消灭贫穷 [EB/OL]. (2017-03-22) [2020-08-30]. http://cpc.people.com.cn/n1/2017/0322/c69113-29162211.html.

④ 肖唤元，戴玉琴. 改革开放 40 年马克思主义意识形态话语权的演进 [J]. 当代世界与社会主义，2019 (1)：101-107.

⑤ 邓小平："坚持四项基本原则，任何时候我都没有让过步！" [EB/OL]. (2018-06-21) [2020-08-30]. http://cpc.people.com.cn/n1/2018/0621/c69113-30070894.html.

义与资本主义的书籍也在国内广泛传播。社会科学文献出版社开始出版"世界社会主义研究丛书"系列，总结东欧剧变、苏联解体的原因。《戈尔巴乔夫现象》（2001 年）叙述东欧剧变、苏联解体，介绍各性质社会主义国家的演变过程、《苏联的最后一年》（2005 年）对苏联解体进行总结和反思、《帝国的消亡》（2008 年），展现了 20 世纪 80 年代苏联的经济状况，以及如何一步一步演变为危机、灾难，最终失控而导致苏联解体的过程。此类书籍的翻译与传播让思想观念、道德规范、价值取向偏差的人们意识到苏联模式的失败要归结于其违背了科学社会主义的政治改革，违背了马克思主义与社会主义。在邓小平的"没有民主就没有社会主义，就没有社会主义现代化"的思想下，江泽民在《关于坚持和完善人民代表大会制度》中指出我国不论怎样都需要高举社会主义旗帜，要建设与完善社会主义民主与法制，这是我国祖国建设的根本任务与目标之一。[①] 中国共产党在东欧与苏联的经验教训下，发展了以中国共产党的领导为核心的社会主义事业，成为高速发展的社会主义大国。

3. 社会主义制度的发展与推进（2000—2012 年）

进入 21 世纪，中国特色社会主义进入了快速发展时期。中国社会主义事业建设凸显，中国成为世界第二大经济体。与此同时，人民的生活水平、国际地位等也得到了显著的提升。在中国经济水平逐渐提高的背景下，西方的一些学者和机构重视对中国的研究，出版了许多有关中国特色社会主义的著作。20 世纪末，以英美为首的资本主义国家召开了一系列国际马克思主义研讨会，联系实际和现实问题对马克思主义进行了深入研究，出版了大量有影响的专著。这也将马克思主义和社会主义研究推向了高潮。[②] 2009 年，中共中央编译局精选了马克思恩格斯各个时期的代表性著作，涵盖了政治、法学、史学、文学、教育、科学技术等多方面内容，出版了《马克思恩格斯文集》（2009 年），普及了中国化的马克思主义成果，推动了马克思主义大众化。《马克思恩格斯文集》中也包含了一些新发现的经典文献译文。为了适应中国现代化的发展，书中修改了部分原有译文，大大促进了马克思主义基础理论的研究工作，为实现中华民族伟大复兴贡献了一份力量。[③] 2004 年，以马克思主义意识形态为指导，党中央下发《中共中央关于

---

① 中共中央文献研究室. 江泽民论有中国特色社会主义（专题摘编）[M]. 北京：中央文献出版社，2002：304.
② 刘鹤玲. 21 世纪马克思主义与社会主义运动的复兴趋势 [J]. 社会主义研究，2008 (1)：35 - 38.
③ 胡为雄. 马克思主义著作在中国的百年翻译与传播 [J]. 中国延安干部学院学报，2013，6 (2)：75 - 82.

进一步繁荣发展哲学社会科学的意见》,将马克思主义中国化最新研究成果融入哲学社会主义学科建设,为马克思主义中国化增砖添瓦。

进入 21 世纪以来,伴随着经济的发展,我国显现出贫富收入差距的鸿沟、官员贪婪等问题。在国外,中国受到了"中国威胁论"等的质疑。在此背景下,商务印书馆的"汉译世界学术名著丛书"出版了自古希腊起的 89 部经济类著作,其中包含堪称西方经济学界"圣经"的古典政治经济学理论体系书籍《国民财富的性质和原因的研究(国富论)》、《货币均衡论》、《俄国工人阶级状况》、《论财富的分配》等,以批判性思维审视资本主义国家的收入不均与贫富差距,结合资本主义经济进行了总结与经验汲取。江泽民同志结合中国的发展曾经说过要通过坚持党的领导发展社会主义民主政治;要有效处理人民当家作主与依法治国的辩证关系,体现出社会主义的制度优越性。①

二、译入传播对社会发展的影响

1. 社会主义现代化建设

(1) 西方经济学理论的传播

改革开放初期,我国国民经济发展较为缓慢,生产力水平低下,人民仍然处于贫困的阶段。但是,从国际上来看,"二战"后,欧美各国开始加大经济复苏与建设,处在了国家发展的黄金时期。新中国成立以来,虽然距离提出"科学技术是第一生产力"有一段时间,但在 1966—1976 年期间,并没有对国外的技术进行引进与学习;闭门造车使中国经济没有得到充分的发展。此外,在重工业优先发展的战略下,形成了重工业和轻工业产业结构不合理、生产效率低下等问题,迫切需要改革。

改革开放后,中国首先吸收了西方经济学的学科理论和方法,从而制定了符合国家发展的经济计划,满足中国经济发展的基本需求。在这一阶段,中国通过翻译出版西方经典经济学著作供人们阅读、邀请各国经济学家访华并与国家知识分子进行探讨、举办经济学类讲座了解最新动向等方式将西方经济学引入中国。② 在此阶段前后引进编译了以下书籍:《经济学(上中下)》(1981 年),介绍了经济学、宏观经济学、微观经济学等主要概念,政府在经济中的作用以及国际

---

① 江泽民在中央党校省部级干部进修班毕业典礼上强调 高举邓小平理论伟大旗帜 全面贯彻"三个代表"要求 与时俱进努力开创建设有中国特色社会主义事业新局面 [N]. 人民日报,2002-06-1(1).

② 晓政,文世芳. 中国改革开放初期引入西方经济学及其影响 [J]. 党史博览,2018 (1):32.

贸易等内容,为后续国家制定经济政策铺垫了道路;《货币论》(1986年),涉及物价稳定、货币金融管理等方面内容,不仅影响了我国财政理论与就业理论的发展,也推动了我国近代货币理论体系的建立。此类书籍对近代中国经济学界的理论发展起到了一定的启发和推动作用。[1]

1980年,邓小平指出人民的生活情况与国家的生产力反映着我国社会主义政策道路是否正确,并强调相比资本主义,社会主义制度的优越性在于中国共产党领导下的经济发展速度与效果。[2] 邓小平将生产力发展与人民收入的提高联系起来,提出了中国社会主义建设的"三步走"战略。1981年的十一届六中全会《关于建国以来党的若干历史问题的决议》中,中国共产党提出了我国要明确社会主义市场经济体制的目标,并在此框架下建设"市场调节辅助计划经济"的经济方针,实现了理论性重大突破。改革开放初期西方经济学的引入,使我国掌握了经济学的基本原理,有利于我国与西方进行贸易与交流。与此同时,随着改革开放的不断深入,在西方先进经济学理论与马克思主义政治经济学的基础上,一批又一批的经济学者承担起了我国社会主义现代化建设的重任。

随后,《哲学笔记》第二版(1993年)在中国编译出版。《哲学笔记》的重新编译出版进一步完善了马克思主义哲学,帮助我国在改革开放时期批判和清除错误的思维方式,树立科学的思想方法,进而推动中国新时期社会主义建设的进程。江泽民同志了解到,20世纪八九十年代的中国,作为人口大国,经济与文化水平均相对于国际水平来讲较为落后。要想实现社会主义现代化建设,首先要依靠先进的科技,培养国际化前沿人才;提出科技实力的竞争将会是未来世界各国的综合国力竞争。1991年,江泽民参加中国科学技术协会的会议,认识到科学技术在国家发展中的重要性,在会议中指出我国一定要有科学技术是第一生产力的观念,并指明要通过科技发展带动我国经济建设。与此同时,江泽民强调要将提高劳动者素质与科学技术发展联系起来。2002年,江泽民同志再次提出"深刻认识科学技术对推动经济发展和社会进步的巨大作用"等观点。

在高速发展经济的同时,国内环境矛盾日益凸显。为了解决日益严峻的环境问题,国家引进了《气候与生命》(1991年)等书籍。此类书籍的引进促进了中国在发展经济的同时重视环境与气候的变化,努力实现在建设生态文明的同时推

---

[1] 宋丽智,邹进文.凯恩斯经济思想在近代中国的传播与影响[J].近代史研究,2015(1):126-138.

[2] 邓小平.邓小平文选:第2卷[M].北京:人民出版社,1994:251.

动经济发展。胡锦涛意识到中国与其他国家在经济发展上过分强调效益与价值，导致了环境污染、社会道德等方面的难题，提出需要坚持解放思想，在全面建设小康社会的新时期，将马克思主义中国化，坚持思想解放、实事求是，为中国发展带来了又一轮的创新。20世纪末至21世纪初，世界在全球范围内对不可持续的发展模式进行了反思与审视。胡锦涛更是在此历史背景下提出"以人为本"的科学发展观念，在以经济建设为中心的框架下坚持四项基本原则，并把发展放在了国家繁荣的第一要务，为人民提供更好的生活。胡锦涛指出实现全面协调可持续的科学发展观，解决我国社会主义事业的发展方式等问题。胡锦涛的"以人为本"思想成为马克思主义中国化的又一研究成果，丰富了可持续发展的社会主义现代化建设。

（2）大规模先进技术的引进

改革开放以来，我国科技进步与经济建设飞速发展，对社会主义现代化建设起到了重要的作用。中国从新中国成立时期独立自主的工业模式到改革开放时期"以市场换技术"再到"引进技术的同时加强核心技术的研发与自主创新"，实现了经济的发展与超越。

早在1977年，邓小平同志就表示过：我们就是要把世界先进的研究成果拿过来。把世界先进的东西作为我们的起点，这就要引进技术"[1]。改革开放初期，中国从购买成套设备转向采用许可证贸易、合作生产等方式，引进了3 761项技术，其数量超过了前30年的总和。[2] 改革开放以来，中国共产党积极学习国外先进的科学技术，1985年国务院发布《中华人民共和国技术引进合同管理条例》；1988年外经贸部发布《中华人民共和国技术引进合同管理条例施行细则》，1996年发布《技术引进和设备进口贸易工作管理暂行方法》。1978—1990年间，中国引进了17 000多项先进的技术及设备，涉及外汇360亿美元。国外先进技术的引进促进了我国能源等多方面的科学研究，加快了国内技术的发展。[3] 此时出现"以市场换技术"的场面。技术的引进主要以一、购买许可证，二、合作生产，三、合资经营，四、补偿贸易：把技术引进同国际贸易结合起来，五、咨询服务，六、租赁设备，七、风险合同，八、其他：中外合作生产、选派优秀学生留

---

[1] 中共中央文献研究室. 邓小平思想年谱（1975—1997）[M]. 北京：中央文献出版社，1998：44.

[2] 吴奇志，聂文星. 改革开放后的中国技术引进：回顾与前瞻[J]. 上海市经济学会学术年刊，2008（8）：30-40.

[3] 张恩澍. 中国的技术引进：回顾与展望[J]. 国际贸易，1992（2）：11-14，1，64.

学、参加国际学术会议、引进外国专家指导等方式进行。① 1979—1999年期间，通过国外技术的大规模引进，我国的科技实力与生产力量均得到了巨大的提升。然而在这期间，技术的引进也存在很大的盲目性，存在技术引进重软件轻技术、技术科研与企业脱节、重复引进现象严重等问题。

在此背景下，1986年，在美国提出星球大战计划，通过研发太空武器与苏联进行军备竞赛后，中国同样意识到了需要追赶世界高新技术发展的问题。科学技术部后续开启"国家高技术研究发展计划"（简称863计划），汲取国内外优秀的理论成果与实践经验，大力发展了社会主义现代化建设。我国先后出版了《上海科技翻译》《中国科技翻译》等科技杂志，为科技翻译事业组织学术交流，翻译前沿技术。后续，根据需求发布《中国科技翻译家词典》（1991年），供科技翻译者学习与使用。1978—2008年，从我国引进的书目数量来看，美国、英国、日本、法国、德国五国出版的数目有77 535种，占总量的79%。在这五国中，美国占比40%，与当时美国经济实力第一的排名相匹配。②

（3）企业管理模式的借鉴

改革开放后，宏观上，我国经济从计划经济转向社会主义市场经济；微观上，一方面，国家开放了市场，允许非国有经济的发展，鼓励不同企业之间的公平竞争，另一方面划分了国家与国有企业之间的关系。在社会主义市场经济下，我国国有企业并不像计划经济时的模式那样与国家有着紧密的联系，而是转变了运转模式，变成了自主经营、自负盈亏的经济实体。因此，改革开放初期，如何处理好内部企业效率的提高与外部市场的开拓，使企业利益最大化成了国有企业、中小企业最为关心的问题。在此背景下，国外先进管理方式书籍的引进成为热门。国内呈现了引进书籍、邀请知名专家对企业高管进行培训等发展趋势，进而了解西方企业的运转模式。

1978年，可口可乐（Coca Cola）公司正式进军中国市场，成为进入中国的第一家外企。在美国品牌建设中，中国了解到美国产品与品牌的输出。在此阶段，营销学、设计学、管理学与传播学类书籍在中国受学者关注。《可口可乐秘方：一瓶神奇饮料的非凡故事》（1997年）这本图书讲述了可口可乐的发展历程。可口可乐于1886年由潘伯顿博士研制。书上讲解了可口可乐从以5美元的价格当作药物销售到21世纪全球百大价值品牌前三背后的经营模式、广告模式、

---

① 杨华. 技术引进的主要方式[J]. 中国安全防范，1993（3）：21.
② 魏清光. 改革开放以来我国翻译活动的社会运行研究[D]. 上海：华东师范大学，2012.

销售模式等故事。1927年，可口可乐初步进入中国市场时，并没有很多管理经验。面对巨大的中国市场，潦草地将英文名字译为"蝌蚪啃蜡"。古怪的译名多少影响了其销售量。1930年，可口可乐公司以350英镑征集译名后采取如今的"可口可乐"。现译名不仅保持了原英文的音，简单明了，还体现了品牌的核心理念，被称为中国翻译的一大经典之作。同时，公司广告红底白字，引人注目，色彩鲜艳，具有活力，这些能够吸引人们注意力的销售模式均得到了人们的好评。当时，人们把可口可乐比作美国的缩影，学习美国先进的管理方式、先进技术、对外发展经验等发展企业。后来，在书籍的大量传播中有网友将此书称为"企业管理的启蒙书籍"。可口可乐的成功滋生出《影响力》（2006年）的流行。作者西奥迪尼是位著名的社会心理学家，也是影响力公司的总裁。西奥迪尼曾带领可口可乐、谷歌等世界500强企业做前沿研究，后创作《影响力》一书。

《管理的实践》（2009年），系统地将管理涉及的具体各领域进行论述，从实践到应用整理了管理学学科框架。①《管理的实践》的创新精神，在国内外各大企业均得到了有效运用。19世纪末21世纪初，信息社会逐渐取代工业社会。在互联网的发展下，B2B网络平台崛起。1998年，马云与其他17位创建人在杭州发布"阿里巴巴在线"；1999年，阿里巴巴集团正式运营。其公司抓住了中国中小企业居多的特性，聚集中小企业，以顾客为核心的理念走访客户，思考如何为客户提供更为优质的服务，顺应时代潮流，开启B2B业务，并在2007年德国柏林荣获商业创新奖（WIBTA）。如今阿里巴巴的成功离不开其核心理念的成功。汲取国外先进管理方式、先进技术、对外发展经验等让中国人民真正走上富起来的道路，对从新中国成立时期的"一穷二白"发展为世界第二大经济体具有重大推动作用。

2. 学科建设与社会发展

1951年，乔治·埃克特博士与合作者在德国成立德国国际教科书研究所。1974年，该研究所与联合国教科文组织合作，举行了多次会议并共同发表刊物。1979年起，德国国际教科书研究组出版《国际教科书研究所》期刊，涉及德语、法语、英语三个版本。1991年，在党中央的领导下，教育部与德国国际教科书研究所签署条约。中国与德国在《关于教学计划、教科书交流与合作的议定书》的签署下开启了两国教科书领域的交流合作。1986年，澳大利亚成立了附属于悉尼大学研究学院的教学资源和教科书研究联盟。该机构成立的主要目的是改善

---

① 赵凡禹. 管理学名著全知道 [M]. 上海：立信会计出版社，2012：143-146.

初、中、高级学校的教科书，系统审视国家教科书等教学资源的适用性。[1] 三年后，美国教科书委员会作为独立机构成立，研究公共学校使用的历史和社会科学类教科书。美国教科书委员会以"科学管理原理"为理论原型进行教科书编制。国外各国家教育事业与学科的发展促进了国内教科书的编写。胡军对中外教科书审查制度进行了比较后表明国内教科书在内容上较为笼统，条理不够清晰，并不具备完善的指标与评价体系。[2] 张东娇对比了中美义务教育阶段的教科书，认为美国义务教育阶段教科书对我国教科书有一定的参考与借鉴意义。[3] 此后，国外教科书及教育类书籍渐渐传入我国。

《教育过程》（1982年）作为第二次世界大战后美国课程革新运动的理论指导，[4] 强调了科学结构的重要性。《教育过程》出版后在美国中小学得以运用，引发了一系列教育实践与理论改革的热潮。继问世后，已有俄文、德文等20余种翻译版本。1981年，《光明日报》刊登了《教育过程》这本书中的教育思想类文章。与此同时，利用《引导学生自己解决问题：布鲁纳"发现法"简介》等多篇文章阐述布鲁纳的认知发展理论。1982年，中国译入《教育过程》，将"发现法"注入传统教学课堂中，改善了"组织教学、复习旧课、讲解新课、巩固知识、布置作业"的传统式"教学五步法"，而是通过"尝试教学""探究性教学"等方法，将《教育过程》引入我国教学改革的方方面面。在布鲁纳的影响下，中国比较教育学创始人之一，王承绪教授投入比较教育研究，翻译了《别国的学校和我们的学校》（1989年）等多部著作，于2003年获得联合国教科文组织的"亚太地区教育革新终身成就奖"。

三、译入传播对文化建设的影响

1. 思想觉悟与道德水平的提高

改革开放初期，国外文学作品的引进翻译与出版主要以中共中央编译局编译的《马克思恩格斯全集》《列宁全集》等马克思恩格斯著作的方式展开。此外，从1977年开始，人民文学出版社率先出版了《一千零一夜》《哈姆雷特》《威尼斯商人》等英美文学著作，开启了改革开放后英美文学在国内的传播。1979年8月，在全国出版工作会议后文学翻译呈现了以下两个特点：第一，《译文》《世界

---

[1] 陈月茹. 中小学教科书改革研究 [M]. 北京：教育科学出版社，2009：17.
[2] 胡军. 对进一步完善教材审查和管理的探讨 [J]. 课程·教材·教法，2003（4）：7-11.
[3] 张东娇. 中美义务教育阶段教科书使用适度的比较研究 [J]. 比较教育研究，2003（2）：1-6.
[4] 单中惠，朱镜人. 20世纪外国教育经典导读 [M]. 济南：山东教育出版社，2018：78.

文学》《外国文学》《外国文学研究》等外国文学翻译类刊物激增；第二，成立了人民文学出版社、上海译文出版社、外国文学出版社等专门的外国文学出版机构；第三，从20世纪90年代末到21世纪初期，英美现代派与后现代派的文学作品大量涌入中国市场，成为外国文学译界的主流与重点。外国文学翻译在国外文学研究机构、国内外翻译工作者以及国内出版机构的努力下，形成了规模化、系统化的翻译。许多影响力较大的优秀文学作品通过全集、选集与文集的方式呈现。在此阶段，先后编译了"外国文学研究资料丛书"、《司各特选集》、《海涅选集》，翻译了莎士比亚、普希金、狄更斯等文豪的文学作品(表6-4)。

表6-4 1979—2010年译入作品文集

书名/丛书名	作者	译者	出版社	出版时间
外国文学研究资料丛书（100种）	［英］莎士比亚等	杨周翰等	外语教学与研究出版社等	1979—1998
《司各特选集》(5卷)	［英］司各特	王培德等	人民文学出版社	1981
《海涅选集》(9卷)	［德］海涅	张玉书等	人民文学出版社	1983
《陀思妥耶夫斯基选集》	［俄］陀思妥耶夫斯基	文颖等	人民文学出版社	1985
"外国文学名著丛书"（200种）	［英］莎士比亚等	方平等	人民文学出版社	1985—2000
"20世纪欧美文论丛书"（30种）	［俄］卢那察尔斯基等	蒋路等	百花文艺出版社	1990—2011
"二十世纪外国文学丛书"（200种）	［墨］富恩特斯等	赵英等	外国文学出版社、上海译文出版社	1992—1994
《普希金文集》(共7卷)	［俄］普希金	冯春	人民文学出版社	1995
《狄更斯文集》	［英］狄更斯	智量、祝庆英、高清正等	上海译文出版社	1998
《屠格涅夫选集》(13卷)	［俄］屠格涅夫	王守仁等	山东文艺出版社	1998
《莫里哀戏剧集》	［法］莫里哀	肖熹光	文化艺术出版社	1999
《托尔斯泰文集》(17卷)	［俄］托尔斯泰	草婴	上海文艺出版社	2004
《斯特林堡选集》(3卷)	［瑞典］斯特林堡	李之义	人民文学出版社	2005
《莎士比亚全集》(共8卷)	［英］莎士比亚	朱生豪	人民文学出版社	2010
《托尔斯泰文集》(17卷)	［俄］托尔斯泰	草婴	上海文艺出版社	2004
《高尔基文集》	［苏］高尔基	李玉祥	中央编译局	2010

外国文学在国内的传播，丰富了中国人民的文化生活；通过了解不同国家的文化，人们提高了审美水平。此时，人们对世界各国有了更为深入的了解。与此同时，也将中国的文学创作推向了新的高峰。中国人民在书中感受到了时代的变化，体验到了文学的美妙，外国文学在中国人民思想觉悟与道德水平的提高上起着重要的作用。对西方文学进行批判性阅读的过程，更是推动了中国对经典著作的研讨，并形成了具有中国特色的文化见解与文化思想，为后续中国文学发展具有重大影响。

从20世纪末到21世纪初，小康社会下的文化与经济交融越来越深，人民群众对文化娱乐的需求也越来越高。经济的快速增长也使人们对财富的追求、对更好生活的愿景逐渐增强。在20世纪90年代，各类书籍进入了中国市场。顺应着经济快速发展、发家致富的社会心态，《如何提高自信心》等生活技能类、《"卖"向成功：如何推销你自己》等营销类、《教您轻松致富》等致富类、《反败为胜：怎样突破人生逆境》等励志类、《体形、性格和职业选择》等求职类、《白领关系学》等交际类、《怎样解除焦虑与烦恼：心理咨询手册》等心理类、《夫妻甜蜜生活的艺术》等婚姻类、《万物简史》等科普类书籍受到人们的欢迎与追捧（表6-5）。"外国畅销书"类书籍逐渐代替"外国文学"概念。其中，较为出名的是《哈利·波特》（Harry Potter）系列，自2000年起翻译版本销售量高达300万册；《达·芬奇密码》（The Davinci Code），截至2006年，在我国销售320万册，为出版社带来了丰厚的利润。进入21世纪以来，阅读更是为了娱乐消遣，得到了年轻群众的追捧。

表6-5　1990—2006年20世纪末21世纪初译入作品

类别	书名	作者	译者	出版社	出版时间
生活技能类	《如何提高自信心》	［美］布兰登	王志强、马新琳	中国对外翻译出版公司	1990
	《如何成为沟通高手》	霍夫曼、葛拉芙	施一中	中国书籍出版社	1997
营销类	《"卖"向成功：如何推销你自己》	［英］詹姆斯	陈淑惠	中山大学出版社	1999
	《怎样扩大销售：过剩时代做生意的良方》	［日］三宅寿雄	刘建军	西南财经大学出版社	1999
致富类	《教您轻松致富》	［美］瓦斯科卡	宇平	红旗出版社	1997
	《抛开忧虑去赚钱：富裕人生100招》	［美］卡尔森	潘源	光明日报出版社	1998

续前表

类别	书名	作者	译者	出版社	出版时间
励志类	《反败为胜：怎样突破人生逆境》	[日] 多湖辉	君藏	海南出版社	1992
	《开启希望之门》	[美] 派恩、休斯敦	何吉贤等	中央编译出版社	1998
求职类	《形体、性格与职业选择》	[法] 巴尔肯原	石仁	科学普及出版社	1990
	《完美的面试》	[美] 多里奥	吴玉伦等	辽宁教育出版社	1999
交际类	《白领关系学》	[英] 泰索	刘俊岐	广东旅游出版社	1990
	《魅力的秘密：赢得领导和朋友青睐的神奇方法》	[美] 都兰	刘官尘、朱敏	天津人民出版社	1998
心理类	《怎样解除焦虑与烦恼：心理咨询手册》	[美] 卡拉斯	侯胜田	科学技术文献出版社	1990
	《学会轻松：消除工作烦恼的妙法》	[美] 罗斯纳	沈云聪	西南财经大学出版社	1999
婚姻类	《夫妻甜蜜生活的艺术》	[美] 古德	汇慧、百洲	沈阳出版社	1991
	《火星人和金星人相伴到永远：夫妻相爱的技巧》	[美] 格雷	苏元等	中央编译出版社	1996
科普类	《万物简史》	[英] 布莱森	严维明、陈邕	接力出版社	2005
	《双螺旋》	[美] 沃森	田洺	生活·读书·新知三联书店	2001
畅销类	《哈利·波特与密室》	[英] J.K. 罗琳	马爱新	人民文学出版社	2000
	《达·芬奇密码》	[美] 布朗	朱振武等	上海人民出版社	2004

2. 国家文化软实力的提高

塞缪尔·亨廷顿是美国著名的政治学家。20 世纪 90 年代，在对冷战后的国际政治、经济新格局的充分分析下，他提出了著名的"文明冲突论"。他表明，未来国家与国家间冲突的根源并非以经济的形式所展现，而是通过文化。"对国家最重要的分类不再是冷战中的三个集团，而是世界上七八个主要文明"①。1990年，约瑟夫·奈教授在《外交政策》杂志发表题为《软实力》的文章，首次提出"软实力"的概念。这位美国哈佛大学肯尼迪政治学院的前院长定义了软实力是通过吸引的方式在文化、价值观与政策上对他国产生吸引的概念。② 2005年，他在中国出版的论文集《硬权力与软权力》中，更是阐明软实力（软权力）不是强迫其他国家进行改变，而是首先达到一个高水平标准，得到其他国家的羡慕，成为他国的榜样。如此一来，其他国家会渴望其繁荣与发展的水平，为了达到同样水平，主动追随其价值观。③

当今世界，翻译作为文化传播的重要手段之一，能够对一个国家及地域的文化产生重大的影响。翻译能够增强一个国家的文化软实力，另一方面也是一个国家、地域与民族文化软实力的体现。在国际文化软实力发展的影响下，江泽民在党的十五大报告中指出要想发展中国特色社会主义文化，展现出我国的综合国力，我们需要凝聚各民族人民的智慧。④ 与此同时，江泽民还在十六大报告中进一步强调了中国特色社会主义文化；强调在文化与政治经济交融的21世纪，文化的力量深深熔铸在民族的生命力、创造力和凝聚力之中。文化在国与国之间的竞争中越来越突出的事实也让党和国家意识到我国需要大力发展社会主义文化，并通过建设社会主义精神文明推动社会主义文化的繁荣发展。⑤ 在中国共产党的领导下，自2011年起《新闻出版业"十二五"时期走出去发展规划》以来，我国相继推出"中外图书互译计划"等工程项目。在此框架下，中国与国际多个国家和地区签订交流协议，在将国外优秀的文学作品引进来的同时，也逐渐形成走出去的局面。

★ 第四节　译入传播与马克思主义中国化 ★

一、马克思主义的传播

1. 翻译传播机构

从中华人民共和国从成立到改革开放，以毛泽东为代表的党中央领导人在探

---

① 亨廷顿. 文明的冲突和世界秩序的重建 [M]. 周琪，等译. 北京：新华出版社，2002，6.
② 奈. 软力量：世界政坛成功之道 [M]. 吴晓辉，钱程，译. 上海：东方出版社，2005，11.
③ 奈. 硬权力与软权力 [M]. 门洪华，译. 北京：北京大学出版社，2005，6-7.
④⑤ 江泽民. 江泽民文选：第3卷 [M]. 北京：人民出版社，2006：277.

索中国社会革命的道路时将马克思主义基本原理同中国革命、国家建设相结合，深信马克思主义的伟大力量在于要将马克思主义与国家的实际情况相结合的观点。以马克思主义为指导思想，中华人民在抗日战争、解放战争与新民主主义革命中取得了伟大的胜利，实现了中华民族的独立与中国人民的解放。在毛泽东的影响下，早在1943年，邓小平就提出过把党的事业完全放在中国化的马克思列宁主义。① 1978年，党的十一届三中全会后，邓小平意识到中国革命是否能够成功关键在于如何将中国实际同马克思主义结合起来。② 以此为基础，邓小平提出了解放思想、实事求是的指导意见，带来了新中国成立后又一次马克思主义著作翻译出版发行的繁荣。中共中央编译局领头开始了对《马克思恩格斯全集》《列宁全集》等的编译出版工作。

人民出版社（People's Publishing House）积极响应党和国家的号召，在改革开放后，肩负着党的使命，在中国共产党的领导下出版了多本马克思主义经典著作，系统地总结归纳了党和国家重要文献、党建论著，以及政、哲、经、史、法等方面的一流学术著作。改革开放后，在党中央的影响下，1986年起，我国出版中央编译局编译的《马克思恩格斯全集》、《斯大林全集》与《列宁全集》等著作，掀起了马克思主义在中国的传播与学习热潮。

《马克思恩格斯全集》，最早于1953年1月经毛泽东主席的批准进行编译，对毛泽东思想产生了重大影响。改革开放初期，重新编译了许多之前译过的书籍。1986年，中共中央编译局开始准备《马克思恩格斯全集》第二版的编译工作，又一次掀起了马克思主义在中国的传播与学习之风。与第一版相比，第二版主要根据原著进行校订，对第一版的文章进行了审核，并加入了一些遗漏的马克思列宁著作，为读者阅读提供了极大便利。1982年，在中央书记处的批准下，中央编译局出版了《列宁全集》的第二版，增加了列宁在十月革命后涉及党的建设、经济建设、法制建设与科学文化建设等方面的文献，丰富了马克思主义理论与社会主义建设理论。1990年，时任政治局常委的李瑞环说过，中共中央编译局的再编译为我国更好贯彻落实马克思主义深入国内各项工作具有重要意义，是马克思列宁主义研究的一项重大成果。③ 改革开放时期马克思主义著作的翻译与

---

① 邓小平眼中的马克思 [EB/OL]. (2018-05-09) [2020-08-30]. http://www.wenming.cn/ll_pd/mgc/201805/t20180509_4679898.shtml

② 李爱华. 马克思主义研究辑刊（2008年卷）[M]. 济南：山东大学出版社，2008：131-164.

③ 李瑞环. "庆祝《列宁全集》的中文第二版六十卷出版和发行座谈会"讲话. 新华社，1991-04-26.

传播，加强了党的理论和思想建设，为后续邓小平理论、"三个代表"重要思想、科学发展观的形成做好了理论铺垫。

2. 代表作品

(1)《马克思恩格斯选集》

《马克思恩格斯选集》第一版的1—4卷在毛泽东主席的指导下于1972年出版，收录了89篇著作、96封书信的211万字，并以900多万部的高发行量推动了马克思主义在国内的传播。1995年的第二版在第一版的基础上增加了1843—1895年著作、《资本论》节选及马克思、恩格斯书信。2012年第三版对所收录的作品按编年和专题进行了编排，对最新成果进行了注释并全面进行了修订。

《马克思恩格斯选集》（第二版），结合了《资本论》，更为全面地总结了马克思主义哲学与政治经济学、科学社会主义的理论体系。马克思主义哲学中阐明了资产阶级与无产阶级的矛盾导致了阶级冲突，这种冲突导致了社会动荡，是引发革命的原动力。在资产阶级与无产阶级的革命下，一种基于贡献所得的分配模式与按需求生产的经济模式诞生，产生了社会主义。马克思主义哲学理论在一定程度上促进了中国家庭联产承包责任制的形成，将个人的付出与收入挂钩，调动了农民的积极性。中共十七届三中全会中指出，我国的农村政策需要坚持以马克思主义为指导的双层经济体制。马克思主义政治经济学，更是解释了资本主义生产和剥削，指明了建立社会主义制度的必要性。马克思主义政治经济学对邓小平在了解社会主义本质上有着巨大作用。在此影响下，邓小平深刻认识到需要解放和发展生产力，消灭两极分化，这才是最终达到共同富裕的正确道路。在探索马克思科学社会主义中，邓小平提出了"解放思想、实事求是"的要求，在改革开放中起到了不可或缺的重要作用。阅读《邓小平文选》，读邓小平对马克思主义的引用与解读，可以深刻体会到邓小平对马克思主义的理解及学习对后续邓小平理论的产生与发展有着重大的作用。

(2)《列宁全集》

作为马克思恩格斯的继承者，列宁是世界上第一个社会主义国家的缔造者，也是十月革命的重要领导人。列宁主义是列宁将马克思主义与俄国革命相结合的产物，为当代中国的社会主义道路提供了重要借鉴价值。1957年，中共中央编译局开始根据《列宁全集》俄文第五版筹备《列宁全集》中文第二版，其中包括了一些正式文献提纲、草稿、笔记与批语等，于1990年出版了60卷全集。

十月革命的胜利促成了首个俄国无产阶级专政的国家政权。但是，俄国的政治经济文化并没有得到改善，仍然处于落后的状态，人民群众的生活仍然十分艰辛。面对此情况，列宁转变了俄国的发展战略，从余粮收集制转为粮食税收制，实现了"新经济政策"的转变。在列宁的新经济政策下，高度集中的计划管理转向了多种形式经营的自由贸易，大大提升了市场的活跃性，是社会主义国家成功的经济改革。与此同时，在建立苏维埃政权后，列宁确定了要将发展生产力和经济建设作为整个国家的重点，强调了经济工作不同于政治，是不为人意志转移的客观存在。在此影响下，邓小平结合中国的实际国情，提出了"大力提高生产力"思想，并强调社会主义建设是长期的艰难过程，我们需要坚定自己的目标，为社会主义贡献力量。

《列宁全集》中列宁以大力发展生产力理论与新经济政策思想探索出了全新的社会主义建设道路，为中国社会主义发展提供了强有力的理论支持与实践经验，对中国社会主义现代化建设起到了长期的指导作用，对实现中华民族的中国梦有着重要的理论及现实意义。

二、马克思主义中国化的进程

1. 邓小平时期——邓小平理论的形成

新中国成立初期，对于刚刚步入社会主义国家的中国而言，有关社会主义的认识仍处于初级阶段。1966—1976年，受"左"倾思想的影响，中国共产党从运行机制到党内建设均受到了严重破坏。改革开放后，对于刚刚打开大门的社会主义国家而言，最重要的问题是对社会主义与社会主义道路的正确认识。[1]

马克思恩格斯曾经表示社会主义社会同其他形式的社会模式一样逐渐进步与发展，否认了社会主义"一成不变"的观点。[2] 在马克思主义政治经济学基本原理的影响下，改革开放后，邓小平同志首先对社会主义的本质提出"什么是社会主义，怎样建设社会主义"的问题；强调了中国所走的路不是资本主义道路，但是，也不是贫穷社会主义的道路。我们要实现的是发达的、富强繁荣的社会主义道路，并且在1984年，明确提出贫穷不是社会主义的结论。

在确立我国社会主义道路的同时，我国仍然面临着生产水平低下与人民基本生活得不到保障等问题。在此基础上，中国迫切需要发展生产力。在《德意志意识形态》中，马克思与恩格斯首次阐述了生产力与生产关系的辩证关系。此后，结合马克思主义的生产力理论，邓小平在社会主义的本质上逐渐提出了社会主义

---

[1] 祝黄河，冯霞. 中国特色社会主义理论体系的形成与发展：从邓小平理论到科学发展观 [J]. 马克思主义与现实，2008（1）：184-187.

[2] 马克思，恩格斯. 马克思恩格斯文集：第10卷 [M]. 北京：人民出版社，2009：588.

要解放发展生产力，消除两极分化与剥削，最终才能达到共同富裕，并为中国人民阐明了改革方向。新时期，在邓小平同志的领导下，我国深化了对外开放，引进了国外先进的科学技术发展国家建设；引进外资，积极学习国外先进的经营方式与管理方法；建设了五个经济特区与两个国家新区作为我国对外开放的窗口，利用境外先进技术、资金、人才与管理经验大力发展中国经济，取得了巨大成功。以中国特色社会主义为主题的邓小平理论，为中国特色社会主义建设开辟了道路，推进了马克思主义中国化。

2. 江泽民时期——"三个代表"重要思想的形成

2000年，江泽民阐述"三个代表"重要思想，即，中国共产党要始终代表中国先进生产力的发展要求、先进文化的前进方向和最广大人民的根本利益，[①]成为继毛泽东思想、邓小平理论之后又一次马克思主义中国化的重要成果。

《马克思恩格斯选集》中说过"社会的物质生产力发展到一定阶段，便同它们一直在其中运动的现存生产关系或财产关系发生矛盾。随着经济基础的变更……上层建筑也或慢或快地发生变革"[②]，以及"无论哪一个社会形态……在它的物质存在条件在旧社会的胎胞里成熟以前，是决不会出现的"[③]。在此基础上，江泽民表示中国特色社会主义的根本任务是发展先进生产力，并强调发展先进生产力的重要性。在《马克思恩格斯全集》中，恩格斯提到科学力量在历史上具有推动历史的作用。[④] 此观点下，江泽民意识到，提高生产力要依靠科学技术。江泽民在邓小平的基础上推动了科学技术的作用，提出"科学技术是第一生产力，是先进生产力的集中体现和重要标志"[⑤] 的观点。随后，江泽民在1995年全国科学技术大会上更是提出了科教兴国战略，并确定科技和教育是发展国家的手段和基础方针，将教育与科技同经济社会紧密联系了起来。科教兴国战略对后续我国经济发展质量与水平的提高具有重大战略意义，实现了先进生产力的快速发展。在进一步强调科学技术是先进生产力的发展方向的同时，逐渐重视科研机构，鼓励科研工作，实现了科学技术的进步。科教兴国战略为现代科技的突飞猛

[①] 中共中央政策研究室，中共中央文献研究室. 江泽民论加强和改进执政党建设（专题摘编）[M]. 北京：中央文献出版社，2014：5.

[②] 马克思，恩格斯. 马克思恩格斯选集：第2卷 [M]. 北京：人民出版社，1995：32-33.

[③] 马克思，恩格斯. 马克思恩格斯选集：第2卷 [M]. 北京：人民出版社，1995：33.

[④] 程明华. 科学是一种在历史上起推动作用的、革命的力量 [J]. 湘潭大学社会科学学报，1983 (02)：74-80.

[⑤] 中共保持共产党员先进性教育活动领导小组办公室. 保持共产党员先进性教育读本 [M]. 北京：党建读物出版社，2004：166.

进做好了铺垫，有效地推动了我国经济与社会的发展。在全球化的时代背景下，江泽民意识到需要准确把握全球化的发展趋势，呼吁新时代经济全球化下日益加深的科技与人才培养模式，在西方所主导的全球化中发现其历史机遇，面对其挑战，以全球化的视野谋求共同发展。

"三个代表"重要思想深化了邓小平同志"什么是社会主义"的认识，提出了"建设什么样的党、怎样建设党"的问题，一脉相承马克思主义基本理论，是马克思主义中国化的又一成果。

3. 胡锦涛时期——科学发展观与构建社会主义和谐社会

2003 年 7 月 28 日，胡锦涛提出以人为本，树立全面协调的可持续发展观，促进全面发展，开启了科学发展观的重大战略思想。科学发展观继承发展了邓小平理论和"三个代表"重要思想，有效结合了我国发展实际情况，汲取了国内外发展的经验与教训，提出了符合我国发展规律的政策，是马克思主义中国化的又一次重要成果。

《关于费尔巴哈的提纲》与《德意志意识形态》，作为马克思哲学基本思想形成的著作，确立了辩证唯物主义与实践唯物主义。在此，马克思批判了近代西方社会的发展观。马克思提出过去的发展并没有以人为中心，把人作为活动主题去理解，相反从客体的角度去理解世界，这样是不正确的。[①] 在《关于费尔巴哈的提纲》中，马克思同时批判了抽象的人性论。马克思表示，人处于社会与环境的条件之下；因此，要解放人类，实现自由的根本就是回归于"让人成为人"[②]，使人与世界的关系回归到人本身。

马克思主义的辩证唯物主义与实践唯物主义对胡锦涛的科学发展观影响非常大。胡锦涛指出我国要以人民的全面发展为目标，将社会发展的方方面面与人民群众紧密联系起来，要让发展成果体现在人民全体的生活水平上，从而提出树立和落实科学发展观。[③] 党的十七大报告指出要实现、维护与发展最为广大人民的根本利益，这才是党与国家最重要的任务与奋斗目标。中国共产党充分意识到人民群众是国家的主体，祖国的发展与未来在依靠人民的同时，发展成果也由人民

---

① 马克思，恩格斯．马克思恩格斯文集．第 1 卷 [M]．北京：人民出版社，2009：499．
② 卢桂梅．从《关于费尔巴哈的提纲》解读人的本质及其当代价值 [J]．赤峰学院学报（汉文哲学社会科学版），2016，37（8）：47-48．
③ 胡锦涛．在中国科学院第十二次院士大会、中国工程院第七次院士大会上的讲话 [C] //十六大以来重要文献选编：中．北京：中央文献出版社，2006：113．

共享；在保障人民各项权益的同时，实现全面发展、共同富裕的伟大历史征程。① 胡锦涛的科学发展观理论强调人与人的发展，与马克思主义新无产阶级的发展与命运不谋而合，体现了马克思主义政治理论思想。在邓小平理论与"三个代表"思想基础上，胡锦涛提出了"怎样发展"等问题，介绍了"和谐社会""科学发展观""社会主义荣辱观"等思想，坚持"以人为本""全面发展"的核心，体现了马克思主义关于人的全面发展的继承与创新，实现了改革开放后第三次马克思主义中国化。

三、马克思主义中国化的影响

1. 发展政策的变化——以人为本

在《关于费尔巴哈的提纲》中，马克思说过人是社会关系的综合，② 其本质并非一成不变。后来，马克思主义在谈到人的本质时说区分人与动物的开始是人产生自己生活资料、物质本身的时候。③ 马克思恩格斯从劳动入手，说明了人与动物的不同特性，讨论了社会对人的特性。马克思谈道，在满足人类需求的同时，第一，需要建立社会主义制度；第二，大力发展物质与知识生产，丰富人们需要的物质与精神产品；第三，让所有有劳动能力的人参加劳动；第四，深刻认识人类的社会性质；第五，培养出满足社会需求的高水平人才。

改革开放后，中国共产党继承了马克思主义理论，开始探讨"以人为本"理论的合理性与必要性，开始以"以人为本"作为核心指导思想。邓小平指出，社会主义本质的最终目的是共同富裕，需要解放、发展生产力，消灭剥削并消除两极分化才能达到此目的。④ 邓小平开创了中国特色社会主义道路，并始终秉持着为人民服务的思想和理念。邓小平还强调生产力是人类社会发展的基本力量，综合国力的增强有利于中华民族的独立与强大，最终将有利于提高人民生活水平，是马克思主义以人为本思想的深刻体现。江泽民在邓小平的基础上对"建设什么样的党、怎样建设党"等方面进行了推进与探索，提出了从生产力、文化和人民利益三者出发的"三个代表"的重要思想，并指出其本质为执政为民。1996年，

---

① 胡锦涛. 高举中国特色社会主义伟大旗帜　为夺取全面建设小康社会新胜利而奋斗［N］. 人民日报，2017-10-25.
② 马克思，恩格斯. 马克思恩格斯选集：第2卷. 北京：人民出版社，1995：18.
③ 李凤丹. (2011). 青年马克思关于人与动物的区分. 学理论，2011，(035)：35-36.
④ 张宇：重温邓小平同志关于社会主义本质的理论［EB/OL］. (2014-08-20［2020-08-30］. http://theory.people.com.cn/n/2014/0820/c40531-25501324.html

江泽民在《加快国有企业改革和发展步伐》中指出放眼未来,党与国家领导的改革代表着工人、农民等社会各类群众最为根本、长远的利益。① 与此同时,江泽民大力发展社会主义民主政治,在社会的方方面面保障了人民群众的各项民主权利。江泽民还坚持了全心全意为人民服务的宗旨,代表了最为广大的人民群众的根本利益,强调"自己手中掌握的权力是人民赋予的,只能用来为人民谋利益"②。胡锦涛在邓小平与江泽民的基础上,提出了我国的发展需要坚定不移地坚持以人为本,在经济快速发展的同时兼顾社会和人的全面发展。胡锦涛以人为本作为核心的社会发展观,是全面建设小康社会与和谐社会的内在要求,是马克思主义中国化的重要成果。

2. 法制政策的变化——依法治国

1978 年,十一届三中全会后,"实践是检验真理的唯一标准"解放了人们的思想,形成了实事求是的良好环境。改革开放后,随着我国民主法制建设的发展,西方法学观在我国的传播又一次兴起。③ 首先从国外引进了带有启蒙作用的法律理念类书籍;国内对法制、社会主义法制国家的讨论进入了高峰。《论法的精神》是资产阶级法学的古典名著,④ 其中提出了自由、法制与三权分立的理论。⑤ 17 世纪末、18 世纪初,在工业革命兴起的同时,社会矛盾日益激化,人民与封建主义、专制主义的冲突日益尖锐。一方面人们看到了宫廷贵族的奢侈生活,另一方面人民群众受到了残忍的压迫。在此背景下,孟德斯鸠提出了三权分立思想。在孟德斯鸠的影响下,早在 1940 年,毛泽东主席在《新民主主义论》中提到过采取人民代表大会系统,并于新中国成立时通过确立人民代表大会制度。改革开放时期,邓小平同志指出必须使民主制度化、法律化。邓小平在建设中国特色社会主义理论的过程中,结合国内外理论著作,总结了其他社会主义国家践行民主法制的经验与教训,采取了"摸着石头过河"的策略进行探索,⑥ 强调了我国在经济发展的同时要完善社会主义经济、政治制度。邓小平提出发展与

---

① 江泽民. 加快国有企业改革和发展步伐 [C] //中共中央文献研究室. 十四大以来重要文献选编:下. 北京:人民出版社,1999:1936.
② 江泽民. 江泽民在中央纪委第五次全会上的讲话. 人民日报,1995 - 03 - 02 (1).
③ 姚兵. 西方法治思想对我国法治建设的借鉴 [J]. 法制博览,2017 (4):117 - 118.
④ 钱培鑫. 法国文学名著便览 [M]. 上海:上海外语教育出版社,2015:100 - 102.
⑤ 长孙博. 2016 年全国硕士研究生入学统一考试历史学基础名词解释 [M]. 济南:山东人民出版社,2015:228.
⑥ 郝铁川. 中国改革开放以来法治现代化的范式转型 [J]. 法学,2019 (5):3 - 18.

完备社会主义法制，①向法制社会迈出了第一步。《论法的精神》作为享誉世界的不朽名著，后续，在2009年许明龙的译本中，增加了常识性的译注，供读者在阅读中参考。例如，增加了写作前的文章与史料，并在介绍上收录了一些介绍性文章，供读者了解。许明龙先生在谈论《论法的精神》译本的时候说过，在第二章中，修正了一些前人的错译［例如将 Mr Law（英国金融家 John Law）的错译"法律先生"修改为"劳先生"］、理顺了句子的结构，在一定程度上为读者提供了阅读便利。

改革开放以来，法制的秩序功能为我国经济发展做了铺垫。邓小平同志曾经指出一个国家要想发展，首先要有稳定的外部环境；若社会动乱，已取得的成果也会失去。② 在后续国家领导人中，江泽民也强调了稳定发展与改革是前提，胡锦涛更是倡导构建社会主义和谐社会，有机结合了政治的稳定、民族的团结和社会的和谐。

3. 教育政策的变化——科教兴国

早在1877年，恩格斯在德国社会民主党中央机关报上刊登《欧根·杜林先生在科学中实行的变革（反杜林论）》。这本总结了无产阶级革命的经验与自然科学发展成就的图书，被后人称作是马克思主义百科全书。《反杜林论》的出版发行为无产阶级军事科学的创立奠定了基础，开启了科学社会主义。在此影响下，毛泽东曾经提出生产力的提升离不开科学技术，科学技术需要通过教育等方式促进等观点。1978年后，邓小平发展了毛泽东思想，提出"科学技术是生产力"和"知识分子是工人阶级的一部分"等提议，重新开启了科研教育事业。在党中央的领导下，1981年，党的十一届六中全会中指出要提高教育科学文化在现代化建设中的地位和作用；1982年，将科技与教育作为战略重点，肯定了科技与教育在社会主义建设中的巨大作用；1987年，提出要依靠科技进步和提高劳动者素质来提高经济建设等政策，大力发展科学技术。

以美国为例，在冷战结束后，美国在支持科技的政策与报告中，发布了《改变21世纪的科学与技术》《技术促进经济增长》《技术与国家利益》《科学与国家利益》等，将教育中心任务确定为普及科学、数学与技术等科学知识，将科技与教育放在政策制定的中心位置。然而，在同一时期，中国的科技发展仍然比较落后。发展科技就意味着首先要学习国外的先进科学技术。改革开放后，党中央开

---

① 邓小平. 邓小平文选：第2卷. 北京：人民出版社，1994：208.
② 邓小平. 邓小平文选：第3卷. 北京：人民出版社，1993：284.

始对马克思主义进行重新学习，发表了一系列书籍。1995 年，中共中央编译局在《马克思恩格斯选集》中收录了《反杜林论》；1999 年，人民出版社根据德文进行校审，编印了《〈反杜林论〉的准备材料》等单行本供人们更好地去理解马克思主义，在国内广泛传播。① 《反杜林论》的传播对中国开启科学社会主义有着至关重要的作用。

《历史与阶级意识》（1999 年）提出了物化理论；即，资本主义固有的弊端是将人民物化，把人与人的关系看作物与物的关系；劳动的过程变得机械化与物质化，从而使劳动人民失去创造能力与劳动者的主体地位；并提出，只有通过实践方能消除物化意识。在此影响下，中国人民开始正确看待并合理利用科学技术，坚持科教兴国的发展战略。《反杜林论》与《历史与阶级意识》的传播，对于党中央意识到教育与科技发展的重要性起着至关重要的作用。1998 年的中国科学院研究报告中，江泽民表示在 21 世纪，知识与创新对国家的发展至关重要。对于科研机构，首先要形成发展设想，做试点研究，然后贯彻落实到整个国家，推动国家创新体系。② 由此可见，从毛泽东到江泽民，始终重视将教育纳入国家现代化建设，贯彻着马克思主义"科学技术是第一生产力"的基本观点。

从新中国成立到改革开放，再到 21 世纪全面发展小康社会，以毛泽东为代表的党中央领导人将马克思主义基本理论与中国革命、国家建设相结合，实现了中华民族的独立与中国人民的解放，是马克思主义中国化的第一次飞跃；以邓小平为代表的党中央领导人将马克思主义作为指导思想，重视生产力的发展，重视广大人民群众最为根本的需求与利益，解放与发展了生产力，实现了人民共同富裕，是马克思主义中国化的第二次飞跃；以江泽民为代表的党中央领导人，将中国国情充分考虑在内，面向世界，初步建立了社会主义经济体制，提出了"三个代表"重要思想，代表了广大人民群众最为根本的利益，是马克思主义中国化的第三次飞跃；以胡锦涛为代表的党中央领导人，在毛泽东思想、邓小平理论、"三个代表"重要思想的指导下，提出了"以人为本"的可持续发展理念，是马克思主义中国化的第四次飞跃。

---

① 姚颖.《反杜林论》在中国的翻译及版本流传简考［J］.党政干部学刊，2012（6）：19-22.
② 杨桂元.知识经济与人才培养［J］.财贸研究，1998（6）：4-5.

（下）

建党百年中国翻译传播研究

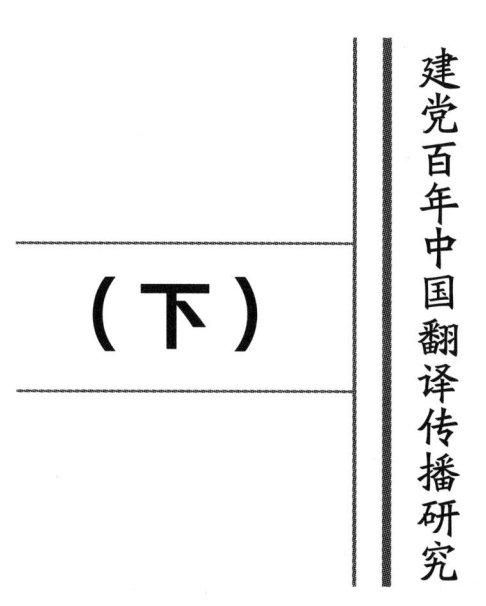

主线：翻译传播对中国强起来的贡献

习近平新时代翻译传播的繁荣期（2012年至今）

引 语

　　进入新时代，中国按照"五位一体"的国家发展总体布局，在习近平新时代中国特色社会主义思想指引下，在国家治理方面提出许多新的发展理念、新的观点和新的思路，为国家中长期发展做了明确的规划。未来十五年中国要快速提升文化软实力，提升国际影响力和国际话语权，把中国建设成为名副其实的社会主义强国。其中，文化强国是重要目标之一，国家在"十四五"规划和二〇三五中长期目标中对我国社会主义文化强国建设做出了清晰的发展规划，设定了明确的发展目标，为我国未来发展指明了方向。中国大力支持"一带一路"倡议和文化走出去战略，习近平总书记创造性提出建设人类命运共同体思想，这些目标的实现离不开我国强大的中外文化交流和文化互鉴能力，这就需要加强我国对内和对外的翻译传播能力。习近平新时代中国翻译传播的发展要坚持马克思主义在意识形态领域的指导地位，以翻译传播社会主义核心价值观为引领，向国际社会讲好中国故事，传播好中国声音，展示好中国社会发展的良好形象，提升中国马克思主义国际化水平，借鉴国际一切优秀的发展成就和文明成果，通过加强翻译传播能力，提升中外文化交流互鉴水平，为切实建成社会主义文化强国发挥中国翻译传播的作用。

　　建党百年中国翻译传播进入新时代篇，研究需要从译出和译入两个方面考察中国翻译传播的价值及影响。新时代中国翻译传播进入繁荣发展期，中国翻译传播要为提升中国文化软实力发挥作用，更要为建设文化强国发挥作用，全面分析、梳理和总结中国翻译传播的发展现状显得尤为重要。习近平新时代中国特色社会主义思想是马克思主义中国化的最新成果，人类命运共同体和"一带一路"倡议是新时代中国马克思主义国际化的最新思想，这些新的思想和新的成果都是中国翻译传播推动的结果。建党百年中国翻译传播新时代篇要考虑社会需求，透彻分析新时代文化强国建设对翻译传播的国内外主客观需求，要选择好中国翻译传播的主要内容和重要策略，要发挥好中国翻译传播的主体作用，要总结提炼好中国翻译传播在新时代文化强国建设中的价值与贡献，要展示好马克思主义中国化和中国马克思主义国际化的新成就，为未来中国翻译传播的新发展奠定坚实的理论基础，为未来中国翻译传播研究提供跨学科的方法支撑，为未来中国翻译传播推进马克思主义中国化和中国马克思主义国际化提供科学依据，为未来中国翻译传播为国家发展做出新贡献指明方向。建党百年中国翻译传播的价值提炼有助于定位中国翻译传播的未来，考察其对进一步推动"一带一路"倡议和人类命运共同体建设的作用，也更有助于理解习近平总书记倡导"一带一路"和人类命运共同体建设的现实意义。

第七章
习近平新时代中国外译传播

导语：建党百年中国翻译传播进入新时代后，外译传播是这一时期的主要特征。党的十八大召开以来，以习近平同志为核心的党中央，团结并带领全党全国人民，举旗定向，谋篇布局，从实践和理论层面上分别解答了在新时代背景下，发展和坚持怎样的中国特色社会主义，以及如何坚持和发展中国特色社会主义的重点难点话题。创立习近平新时代中国特色社会主义思想，明确新时代党的历史使命，统筹推进"五位一体"总体布局、协调推进"四个全面"战略布局，将中国特色社会主义和我国的国家制度坚持完善和发展下去，将国家治理体系的现代化进程坚持推进，解决了以往长期想解决却没解决的难题，完善了许多曾想完善却没有完善的事情，推动党和国家事业发生历史性转变、取得历史性进展、获得历史性收益，推动中国特色社会主义进入新时代。2017年，党的十九大报告做出了关于中国特色社会主义进入新时代的重大研判。新时代指的是什么？不仅是指在技术上进入互联网数字化时代，更是在文化层面上进入中华文明伟大复兴与文化创新发展的时代。所以，新时代并不是单纯以时间节点作为划分标准，而是划时代意义的开启，是一种政治文化层面的研判。它标志着中国以及中国共产党越来越趋向于世界舞台中央，标志着中华民族迎来伟大复兴的世纪转折点，标志着中国特色社会主义思想在全球焕发光芒。

伴随着科学技术的飞速发展、经济全球化的不断深入、各种社会思潮的冲突碰撞，文化交流在国与国交往中的作用更加凸显，在综合国力较量中的地位也日益突出。历史悠久、丰富多彩的中华文明不仅锻造了勤劳勇敢的中华民族，还创造了许多代表世界最高成就的科技成果，为全世界人类文明的进步发展做出了自己不可磨灭的突出贡献。由此，在新时代中国文化走出去的国家战略大背景下，中国作为世界上一个在政治、经济和文化方面拥有大国国际地位的国家，对外翻译传播显得尤为重要。

翻译传播什么？如何进行传播？如此进行的翻译传播对于中国的政治、经济、文化的发展都有什么贡献？一系列的问题摆在我们面前亟待解决。首先从新时代翻译传播的内容需求展开来阐述，客观上世界有了解中国的需求，尤其对于我国治国理政方略，优秀传统文化诸如中医、传统武术和茶叶的国际传播需求，还有对于中国资源丰富的旅游产品和景点的国际传播需求。主观上中国文化也有"走出去"，构建中国话语权的需求。政治上主要包括中国政治理念和治国经验对于国际世界做出的贡献，经济上文化产业及产品对外贸易的国际贡献，还有文化对外传播的贡献。

在强烈的主客观需求下，翻译传播要遵循一定的指导思想，这其中包括翻译作品的选择、传播媒介的选择和翻译策略选择的标准。对于翻译作品的选择大致有以下四大类："中国特色思想类"即中国马克思主义国际化，如习近平治国理政思想、中国特色社会主义思想、中国梦、构建人类命运共同体等有益于国际社会全面客观认识现当代中国的优秀文明成果；"社科研究前沿优秀成果类"，如国家社科基金的中华学术外译项目所资助的研究社科前沿的成果外译；"中国传统文化优秀成果类"，特别是具有文化对外传播价值的成果外译；"国际重大问题研究优秀成果类"，诸如反映国际重大问题以及我国为世界做出重要贡献的成果外译等。对于传播媒介的选择，主要从译文形态的选择、译介模式选择和传播媒介选择这三个角度来具体解释。重点突出了进入数字时代，萌生出了将语内翻译、语际翻译和符际翻译都囊括在内的"大翻译"这一新概念。对于翻译策略而言，既有传统的异化和归化策略的讨论，还有针对不同文本类型而区别对待的不同策略选择标准。这些翻译传播的指导思想引领着新时代翻译传播的主体、内容、策略和对象上的选择，凸显了与其他时代明显不同的特征。

近年来，世界多元化和科学技术的发展，过去一段时间内被西方资本主义发达国家垄断的世界政治、经济秩序逐渐被打破，新的世界格局逐渐形成。在这种背景下，作为世界上最大的发展中国家，中国不仅面临着自身的生存、发展和制度的挑战，更应对着国际上"中国威胁论""中国霸权论"的负面论调。中国国力日益强大，在今日之世界和平与发展进程中扮演着越来越重要的角色，是世界其他国家主动寻求合作的对象。然而中国成功的道路和经验与西方国家截然不同，这一切究其根源是中国共产党在发展的过程中将马克思主义理论融入中国实践，摸索出了一条新时代中国马克思主义的成功道路。这些促使外部世界渴求找到中国成功的中国方案,并希望从中获得对自己国家有益的中国智慧。由此可见,新时代中国翻译传播对于推进中国马克思主义国际化是时代的需求,更是国际社会对中国翻译传播的期待,中国翻译传播肩负着"兴文化、展形象"的历史使命。

★ 第一节 翻译传播目的 ★

历史上,翻译传播往往处于社会变革和文化交流的关键结点,从一定程度上说明了其与重大社会实践变革之间重要的内在联系。新时代,我国正处于实施国家文化发展战略、推动中华文化走向世界的重要时刻,以习近平总书记为核心的中国共产党带领中国人民走出了一条中国道路,这是中国贡献给世界的珍贵礼物。[1] 对外翻译传播与各种重大社会问题密不可分,中国翻译传播的目的比以往任何时期都具有更大的社会价值,翻译研究必须关注并解读翻译传播在现实社会语境下的政治、经济、文化生活价值和作用。

一、翻译传播的社会语境

1. 政治语境

目前,我国正面临百年未有之大变局,综合国力和国际影响力日益增强,国际地位与角色愈加重要,"一带一路"倡议备受世界关注,国际地位与角色愈加重要。中国的国家形象正逐渐由"他塑"转为"自塑",翻译传播的使命也随之发生了变化,它已摆脱了传统的'工具'性的单一功能,正在承载着愈益重要的国际化任务。在中国文化'走出去'国家战略推动下,大力弘扬民族文化、融合别国文化,树立中华文化自信、用世人能听懂和读懂的语言来'讲好中国故事'就成为新时代翻译传播的任务"[2]。2012年11月,中国共产党召开了十八大,"人类命运共同体"这一概念在大会报告中明确提出;紧接着在2013年,"一带一路"倡议由中国政府提出,倡导"和平合作、开放包容、互学互鉴、互利共赢"的价值理念,明确指出要"以文明交流超越文明隔阂,以文明互鉴超越文明冲突,以文明共存超越文明优越";2015年,习近平总书记在第70届联合国大

---

[1] 韩庆祥. 中国道路对世界的四大总体性贡献:对梁漱溟之问的回答 [J]. 理论导报,2016 (4):9-11.

[2] 王宁. 翻译与国家形象的构建及海外传播 [J]. 外语教学,2018 (9):1-6.

会上提出要打造"人类命运共同体",并在两年之后载入了联合国相关文件。由于"智慧"和"方案"的全球贡献,中国拥有越来越多的国际话语权,中国优秀文化也被越来越多的国家所接纳和理解。2017年10月召开的十九大报告中强调了在实现中华民族伟大复兴的道路上文化繁荣和文化自信的重要作用。激发全民族文化创新力,建设社会主义文化强国,推进中国文化国际传播能力建设,展现真实、立体、全面的中国已经成为重要的时代话题。2018年恰逢改革开放40周年,8月在全国宣传思想工作会议上,习总书记再次强调,"必须自觉承担起举旗帜、聚民心、育新人、兴文化、展形象的历史使命"。"展形象"即推进国际传播能力建设,讲好中国故事,传播好中国声音,向世界展现真实、立体、全面的中国,提高国家文化软实力和中华文化影响力[①]。2019年3月,在教育系统思想政治理论课教师座谈会上,习总书记强调各级各类学校思政课的重要任务之一是要正确引导学生增强"四个自信"。新时代,重新研读马克思理论原著和中国特色社会主义理论,加强中国特色社会主义文化建设,通过文化翻译传播,实现新时代中国特色社会主义文化的国际化,具有重要的现实意义。

纵观世界,大规模的翻译文化传播活动大都在历史重大转折点或社会危难时期出现。从西方历史来看,古罗马征服希腊一统西方的时期,十五六世纪的文艺复兴、宗教改革时期,十八九世纪的浪漫主义时期都是翻译活动频繁的时期,都是文化传播兴盛的时期。从中国历史来看,我们曾经历了三次翻译传播高潮。当前,翻译传播已进入了空前繁荣的第四个翻译兴盛时代,涉及互译的语种之多、翻译传播的学科领域之广都是前所未有的,可以说翻译活动已渗透到人类精神生活的方方面面。

前三次翻译高潮中,占比例较多的翻译活动是将外国作品译入国内,很少关注中国文学作品的外译传播研究。进入新时代以来,在中国文化"走出去"国家战略推动下,第四次的翻译传播高潮更多地体现为中译外。据中国翻译研究院数据统计,"在语言服务企业的工作量中,外译活动的占比在2011年首次超过译入活动,达到54.4%"[②]。另据中华人民共和国国家版权局的数据统计,截至2019年底,我国版权输出总计14 816例,较之2010年版权输出总计的5 691例增长了近两倍。这些数据都表明我国已将以译入传播西方文化为主的状况转变为以译

---

① 习近平出席全国宣传思想工作会议并发表讲话[EB/OL].(2018-08-23)[2018-08-30]. http://www.xinhuanet.com/2018-08/23/c_129938245.htm.

② 中国翻译服务业分析报告(2014)[EB/OL].(2015-06-04)[2020-08-30]. http://www.china.org.cn/chinese/catl/2015-06/04/content_35737213.htm.

出传播中国文化为主，且文明文化对外翻译传播的比例逐年递增，其在推动中国的方方面面走向世界舞台的中央发挥着越来越大的作用。

新时代以来，中国人在文化"走出去"进程中，进行了一系列的探索与尝试。2006 年，"中国当代文学百部精品译介工程"由中国作家协会全面启动。2010 年，"国家社会科学基金中华学术外译"项目也由全国哲学社会科学规划办批准创办。2011 年 10 月，"组织对外翻译优秀学术成果和文化精品"这一策略由十七届六中全会提出。紧接着《人民文学》期刊在同年 11 月份推出其英文版 Pathlight 季刊，由 20 多位西方国家汉学家及中国学者领衔中国文学作品进行对外翻译传播。2013 年 11 月，江苏文学翻译与研究中心成立，并于次年 4 月推出英文期刊，目的在于向海外翻译传播中华文化的优秀成果。[1]

这些"走出去"的探索与尝试带来了直观的效果，例如，近年来海外学习汉语的人数越来越多。据中国汉办官网数据，截至 2020 年年底，在全球 160 多个地区或国家，由政府组织，我国共建立孔子课堂 1 170 多个，孔子学院 540 多所。这些非营利性中外合作的孔子学院相关机构，其快速发展一方面回应了不同国家的人们想要学习汉语、了解中国文化的诉求，另一方面也加强了中国与各个国家的文化教育交流合作。所到之处均受到当地人民的欢迎和拥护。海外华人与当地居民共同庆祝中国新年，中国不断成为各国书展的主宾国，"请进来"与"走出去"的活动越来越频繁，这些都表明世界一直在通过不同的方式，表达自己对了解中国的渴望。

随着科技发展和全球化程度的加深，人类社会已进入了一个新的发展阶段，国与国之间的竞争愈发激烈，但合作与发展才是全人类应面对的首要问题。我国在为世界和平发展的进程中，不断贡献着自己的智慧、方案和力量。国家和社会的文化发展需要推动力，这一推动力，可以向传统寻求，也可以向外部寻求，而无论是传统的更新，还是外来文化和思想的引入，都离不开或狭义或广义的翻译传播。我们有着数千年悠久的翻译传播历史，新时代对翻译传播更有着广泛而深刻的要求，翻译传播活动涉及社会发展的各个方面，因此，翻译传播深刻影响着人类的精神生活和文化交流。

2. 经济语境

跨入 21 世纪，我国全面进入建设小康社会的新阶段，人民的文化需求日益

---

[1] 胡安江. 改革开放四十年中国文学"走出去"的成就与反思 [J]. 中国翻译，2018，39（6）：18-20.

增长，文化在各国的综合较量中所占比重越来越大。全球化趋势日益明显，全球产业链分工日趋完善。2000年10月，《中共中央关于制定国民经济和社会发展第十个五年计划的建议》在十五届五中全会通过，建议将"文化产业"的概念进一步明晰化，并将其纳入整个社会的国民经济发展体系中，标志着国家层面对文化产业及其地位的认可。2001年，中国正式加入世界贸易组织，国与国之间的文化交流和文化贸易往来日益频繁。十六大报告明确提出："积极发展文化产业是在市场经济大背景下，繁荣社会主义文化事业、满足广大人民群众精神文化需求的重要路径。"[1] 报告明确区分了文化事业与产业，这是文化建设理论的重大突破。

之后，中国文化产业迎来发展的新纪元，新型业态层出不穷，开辟了一批经济发展的新领域。同样新兴的科技也为文化遗产保护、传统文化和公共文化的数字化传播与对外宣传提供了全新的平台和视角。党的十八大以来，面对"百年未有之大变局"，以习总书记为核心的党中央始终坚持中国特色社会主义思想和发展道路，以"核心价值观"和"文化自信"为指导方针，进一步丰富和完善了中国特色社会主义文化的内涵。新时代，在以习近平同志为核心的党中央领导下，我国已经成为世界第一大工业国、第二大经济体、第一大外汇储备国，对世界经济增长的贡献率达到30%左右。[2] 与此同时，脱贫攻坚成果举世瞩目，现行标准下农村贫困人口全部脱贫，8年来累计脱贫近1亿人，全国832个贫困县全部摘帽。人民生活水平显著提高，中等收入群体超过4亿人。新时代中国共产党对全面发展文化产业进行了战略谋划，文化产业在国家新的发展战略下需要扮演新的角色并发挥新的作用。

在大力发展经济的大背景下，国家对于对外文化工作的支持力度也在不断加大。一方面，文化产品的国际贸易和交流是文化走出去的重要途径。近年来文化贸易国际交往方面的发展态势良好。商务部在2020年初发布的数据显示，在过去的2019年，整体文化贸易水平稳定发展。文化产品进出口总额同比去年增长8.9%，其中进口总额115.7亿美元，出口总额998.9亿美元，分别较之前一年增长17.4%和7.9%；[3] 另一方面，文化的国际交流活动和具有国际影响力的品牌是文化走出去的重要载体和平台。据2020年6月，国家文化和旅游部发布的

---

[1] 中共中央文献研究室. 十六大以来重要文献选编：上[M]. 北京：中央文献出版社，2011：31.
[2] 张红，严瑜. 人民的获得感满满的暖暖的[N]. 人民日报海外版，2018-07-05（008）.
[3] 2019年中国文化产品进出口总额同比增8.9%[EB/OL].（2020-03-17）[2020-08-30]. https://www.chinanews.com/cj/2020/03-17/9128289.shtml.

有关文旅发展公报的统计数据，2019年全球130多个国家和地区开展了1500余场"欢乐春节"活动，有关中国春节的影响范围进一步扩大。"美丽中国"旅游形象的海外推广持续进行，不但包括举办多年的"中法文化年""中俄国家年"等"欢乐春节"一系列大型人文国际交流活动，还成功举办了"俄罗斯文化节""中老（挝）旅游年""跨越太平洋—中国艺术节"等形式丰富的旅游文化交流推介，对提升国际文化软实力和国际文化对外影响力具有十分重要的战略意义。此外，还加强海外文化阵地建设，设立海外中国文化中心。到2019年底，共设立海外中国文化中心40余家，指导海外文化阵地和机构举办中国文化相关的活动共计370多场，直接公众参与人数达到近190万余人次。中外媒体报道1100余篇，有效覆盖超过5000万人次。中央电视台分布在全球160多个国家和地区的海外频道用户达到近4亿，[①] 官方的传播渠道辅之以"非洲数字电视发展论坛"等为典型代表的新一代融媒体平台，扩宽了海外文化市场了解中国文化产品的渠道。[②] 文化"走出去"不但增强了一些国家和地区人民对于中国文化产品的认同，如中国文化主题的影视作品带动相关产业链的出口，还间接带动了出版物等相关行业领域的出口，文化"走出去"的连带效应逐渐奏效。

2013年10月，"一带一路"倡议由我国政府提出，这对于积极参与沿线国家与地区的建设起到了不可忽视的推动作用。据2020年初国家统计局发布的数据，在对外经济方面，截至2019年底，我国对于"一带一路"沿线国家的进出口总额较之前一年增长了10.8%，其中出口52 585亿元，增长13.2%，涨幅较大。[③] 近年来还推进"全球汉籍合璧工程"，推动海外中华古籍数字化回归和重点古籍保护工作，遴选了"一带一路"45个有关文化产业国际合作的重点项目进行支持。[④]

对外文化贸易体系市场主体多元化，文化产品和服务出口贸易逐年递增。版权、图书和数字出版三大国际贸易连续增长，位居世界前列。游戏、动漫、网络

[①] 中华人民共和国文化和旅游部2019年文化和旅游发展统计公报[EB/OL].（2020-06-20）[2020-08-30]. 国家文化和旅游部：https://www.mct.gov.cn/whzx/ggtz/202006/t20200620_872735.htm.

[②] 范玉刚. 提升文化贸易质量 助力新时代文化"走进去"[J]. 湖南社会科学，2020（2）：130-140.

[③] 中华人民共和国2019年国民经济和社会发展统计公报[EB/OL].（2020-02-28）[2020-08-30]. http://www.stats.gov.cn/tjsj/zxfb/202002/t20200228_1728913.html.

[④] 欧阳雪梅. 新时代中国特色社会主义文化建设的理论与实践创新[J]. 党的文献，2019（1）：13-20.

文学作品等新兴行业也已在世界领跑。根据联合国教科文组织 2016 年的数据，自从 2010 年开始，中国已跃升为世界文化产品出口国第一的位置。① 近些年的文化贸易发展势头更是一年比一年足，在对外宣传自己文化的同时，直接带动了国内旅游行业的发展。据国家统计局 2020 年 2 月发布的统计数据，截至 2019 年，入境旅客中外国人 3 188 万人次，增长 4.4%。国际旅游收入 1 313 亿美元，增长 3.3%。②

新时期对外开放举措中最吸引国内外眼球的即为中国国际进口博览会。这一贸易盛会的举办是新时期党中央进行新一轮改革开放的重大举措，宣示了中国推进更高水平开放的坚定决心，为支持全球经济一体化和建设开放型世界经济贡献了中国力量和中国智慧，为推动经济高质量发展和满足人民美好生活提供了重要渠道。自 2018 年 11 月开展首届进口博览会，到 2020 年 11 月已成功举办了三届，不论是从参展国家和地区的数量，还是参展商品的种类和数量，抑或是展会成交金额，均展现了一届更比一届好，芝麻开花节节高的良好成绩。此外，三届博览会吸引的国外媒体记者和报道的数量也在逐年递增。2018 年首届博览会共有 75 个国家 695 家媒体，4 100 余名中外媒体记者参加。尽管 2020 年受全球新冠肺炎疫情影响，但第三届仍然吸引了来自 107 家境外媒体机构的 3 000 多位记者采访报道。这样的数据说明中国国际进口博览会的对外传播影响力逐年递增。③

以上这些对外文化产业的发展数据，充分表明了新时代在实现中华民族伟大复兴中国梦、中国文化走出去的大背景下，以习近平同志为核心的党中央始终坚持中国特色社会主义思想和发展道路的正确之举。

3. 文化语境

新时代大背景下，马克思主义理论在意识形态领域的指导地位得到加强，社会主义核心价值观得到大力弘扬，文化产业贸易交流得到全面发展，国家文化软实力显著增强。十八大以来，在对外文化交流方面，国家注重中国价值观和文化传统的国际传播，增强当代中国价值观的国际认同，持续深化中外思想交流与对话，充分展现和而不同、立己达人等中华优秀传统文化价值观，在全球面前展现了新的国家形象。习总书记在部署外交战略时提出"真正做到弘义融利""深化

---

① UNESCO. The Globalization of Cultural Trade：A Shift in Consumption [M]. Montreal：U1S，2016：33.

② 中华人民共和国 2019 年国民经济和社会发展统计公报 [EB/OL]. (2020 - 02 - 28) [2020 - 08 - 30]. 国家统计局：http://www.stats.gov.cn/tjsj/zxfb/202002/t20200228_1728913.html

③ 中国国际进口博览会 [2020 - 08 - 30]. https://www.ciie.org/zbh/index.html.

同周边国家的互利合作和互联互通"等要求，积极践行对周边国家和地区施行"亲诚惠容"等的方针理念，① 真正做好"人心工程"，使得中国文化真正走进国外群众的心里，夯实与各国民众长期友好的民意基础。

2016 年 11 月中央全面深化改革领导小组召开会议，会上提出中国文化要想真正走出去，首先要加强顶层设计，坚定"四个自信"。其次要创新内容形式和体制机制，在传播渠道、创新方法上下功夫拓展，增强中国文化的感染力和竞争力。2017 年 1 月，中央印发了《关于实施中华优秀传统文化传承发展工程的意见》（以下简称为《意见》），《意见》强调中华民族悠久的文化以及由此而来的文化自信共同构成了中国精神强大的支撑力。随着中国政治经济的全面发展、国际地位的不断提升、数字化科学技术的飞速发展，频繁的文化交流时不时会出现碰撞。在这样的大背景下，追溯中国优秀传统文化根源、树立文化自信显得极为重要。同年 10 月，习总书记在党的十九大报告中提到"文化"79 次，"文化自信"和"中华优秀传统文化"也多次被提及。此外，更是将"中华文化全球影响更加深入，国家文化软实力显著提高"作为 2035 年基本实现社会主义现代化的参考指标之一。② 从党的十六大到十九大报告可以明显看出国家对繁荣中国传统文化越来越重视，从"继承和弘扬优秀民族文化传统，吸收和借鉴世界各国优秀文化"到"推进国际传播能力建设，讲好中国故事，真实、立体、全面的中国"再到整体上"提高国家文化软实力"。③ 中国文化走出去成为国家制度治理顶层设计的一个重要环节。在这样的背景下，很多政策逐渐实施起来。例如在创新设计、翻译传播、市场推广等方面予以政策和资金的扶持。以上政策将合作共赢的核心理念融入政治、经济等对外交流的各领域，持续推动与世界不同国家文化的发展和交融。

在中央政策和相关部门的共同支持下，近年来海外文化阵地和文化产业品牌建设不断拓展，文化交流和贸易开始走向"深水区"，已逐渐形成了多模态化的传播矩阵。在语言方面，据国家文化和旅游部 2020 年 6 月发布的数据，中文已成为联合国世界旅游组织的官方语言。④ 在文化方面，与不同国家合作的文化年活动使得中国文化影响力持续增强；出境旅游、中国形象海外宣传片等载体发挥

---

① 习近平. 习近平谈治国理政：第 2 卷 [M]. 北京：外文出版社，2017：444.
② 许德金. 中国文化软实力海外传播研究：现状、问题与对策 [J]. 外语教学与研究，2018，50 (2)：281-291，321.
③ 中华人民共和国中央人民政府. https://www.gov.cn/.
④ 中华人民共和国文化和旅游部 2019 年文化和旅游发展统计公报 [EB/OL]. (2020-06-20) [2020-08-30]. 国家文化和旅游部：https://www.mct.gov.cn/whzx/ggtz/202006/t20200620_872735.htm

着越来越重要的作用;各式各样文化交流的品牌,诸如感知中国等,以及侧重学术研究方面的文化交流国际论坛,在不同国家和地区交流举办,文化交流、传播和贸易融合发展,不断提升了中国文化的国际影响力,为"人类命运共同体"的构建和"一带一路"倡议的行稳致远奠定了深厚的社会基础。

二、翻译传播的内容需求

1. 世界需要了解中国的客观需求

(1) 中国治国理政方略的国际传播需求

随着当今中国国际影响的日益增大,中国的一举一动都牵动着世界的目光。新时代,记录习近平总书记主要讲话、谈话、演讲、批示、贺信的著作《习近平谈治国理政》的出版引起了世界各国的关注。著作典型体现了习近平作为党和国家最高领导人以及新一届中央领导提出的许多创新型治国理政思想和方针,回应了新时代背景下中国发展所面临的理论和实践方面的问题。2014年出版发行了中、英、德、法等10个语种的版本,之后又有18家国外出版社将该书翻译成本国语言出版发行,使该书的版本一度达到空前的28种,在一年以后的全球销量突破400余万册。[①] 据相关数据统计,该书截至2016年上半年,全球销量持续走高,一度达到540余万册,这在国家治理方面的图书海外销量创下了世界奇迹,传播区域也达到100多个国家和地区。[②]

《习近平谈治国理政》丛书不仅单本传播在数量上创了纪录,其在海外的接受也空前成功。该书自海外发行以来,一直处于热销书榜单,成为国外政要、海外学者、华人华侨、民间组织及海外媒体了解中国领袖执政理念的绝佳途径。美国前国务卿基辛格博士给予了该书很高的评价:"这本书为想要了解一位国家领导、一个古老的东方国家及其文明的读者打开了一扇窗户。"[③] 吉尔吉斯斯坦外交委员会主席伊马纳利耶夫也对该书给予高度赞赏,认为通过阅读该书,可以深刻领悟到有关中国治国理政的整体宏伟规划,同时也是解开中国快速发展秘诀的钥匙,能够对吉尔吉斯斯坦的发展起到有效的借鉴作用。[④] 德国著名汉学家南因

---

① 《习近平谈治国理政》全球发行量突破400万[N].人民日报,2015-04-15(1).
② 陈金明,赵东升.《习近平谈治国理政》的海外传播[J].三峡大学学报(人文社科科学版)(5):23-26.
③ 焦波.《习近平谈治国理政》发行百余国家和地区[N].中国文化报,2016-02-25.
④ 陈瑶.《习近平谈治国理政》俄文版推介会在比什凯克举行[N].人民日报,2014-12-24(3).

果指出,《习近平谈治国理政》的德语版本为德国人了解中国治国政策提供了"一个令人满意的答案"[①]。这些评价真实地记录了世界各国对于中国道路、中国文化的迫切了解需求。这些对外译著也为渴望了解中国的西方读者打开了一扇大门,为中国把自己鲜活的制度和优秀的文化推介到世界各地提供了良好的客观语境。

(2) 中医的国际传播需求

2015 年,我国著名药学家屠呦呦获得诺贝尔生理学或医学奖,成为我国首位获此殊荣的科学家。在瑞典诺贝尔奖演讲台上,她发表了题为《青蒿素:中医药献给世界的一份礼物》的学术报告,[②] 我国古时中医典籍中关于青蒿的描述首次向世界医学界公开,引起了国际医学界对于中医的一波追捧热潮。实际上,这不是第一次国际上对于中医的关注。历史记载,最早关注中医药文化的国家是日本,早在被秦始皇派入扶桑的徐福船队中就有医者,他们应该是最早将中医带到国外的人。直至现代,日本和朝韩还保留着大量的中医传统。至元明清时期,大量传教士进入中国,其中以利玛窦、卜弥格等人贡献最为突出,他们翻译了部分中医典籍,开启了中医在西方较为频繁的传播历程。[③]

一直以来中草药和针灸就是西方医学对中医探索的重点问题。以俄罗斯为例,俄罗斯医学界十分重视对中医的研究和应用,20 世纪 50 年代前后,苏联(当时的俄罗斯)医学界对针灸进行了多次深入的研究,甚至还设立了反射疗法研究所,将针灸应用于多种疾病的治疗。时至今日,俄罗斯已是世界针灸学会联合会的重要成员之一,它们的《针灸治疗法》是中医研究的核心期刊,也有诸多新的研究成果出版,如《时间针灸学》《新针灸学》等。

2003—2007 年,中国 SARS 疫情严重,"中医药在抗击 SARS 的过程中发挥了重要作用"[④],中医药的重要价值得到广泛关注;时隔十多年,2020 年新年伊始,一场突如其来的新型冠状病毒肺炎疫情席卷全球,中医药同样在抗击新冠疫情的过程中发挥着重要的作用。中医药应对传染病有着深厚的历史积淀,"中医抗疫有阵地"是中医药抗击"非典"时形成的宝贵经验;在应对新型冠状病毒性

[①] 郭洋,冯玉婧.《习近平谈治国理政》首发式在法兰克福举行 [N]. 新华每日电讯,2014-10-09 (1).

[②] 方向明,邵海鹏. 美国农民种的中药材靠谱吗 [N]. 第一财经日报,2015-05-08.

[③] 鲁旭. 中医文化的海外传播与翻译 [J]. 晋阳学刊,2019 (3):141-143.

[④] 朱剑飞. 中医翻译研究:现状与反思——2000 至 2009 年 10 年文献计量分析 [J]. 中国中医基础医学杂志,2010,16 (10):942-944.

肺炎（新冠肺炎）疫情过程中，我国形成了全过程中医药介入模式。在不同环节发挥中医药的优势解决问题，提高了防治效果。[1] 中国医药文化是植根于中国传统哲学体系，并且始于中国农耕社会的一种医疗临床实践的学科。中国医药文化外译是中国文化"走出去"的重要组成部分，将中华医学经典文化推向世界，实现中国医学文化在世界范围内的传播也是实现中国梦和伟大民族复兴的重要组成部分。近年来，中国医学文化带着强劲势头走向世界，中西方医学人才和学术交流已经成为常态。目前，中医药已经传播到世界超百余个国家，据世界卫生组织统计，截止到《中国的中医》白皮书发布时，已有103个会员国认可了针灸。除此之外，中国以国家名义与他国签订的中医药合作协议也多达近百项。文化"走出去"和"一带一路"倡议的提出，为中华优秀传统的中医药文化在海外的广泛传播提供了最佳的时代契机。时至今日，以中医药为代表的中华优秀传统文化，正在新时代迸发出积蓄已久的光彩。

(3) 中国传统武术、茶叶的国际传播需求

中国传统武术集艺术、科学、哲理于一体，集竞技、娱乐、养生于一身，[2]是中华民族独有的体育项目和文化符号。东方文化宝库中的中国传统武术，是华夏文化巨系统中的一个分支，是中华文化史的重要组成部分。[3] 中国传统武术作为一种独有的身体文化，是中国体育文化走向世界的重要载体和实现途径。有史可考的武术英译始于乾隆年间，而早在汉朝时期，中国武术就已被译介到日本及西域各国。[4] 新时代，中国想要赢得世界体育界的尊重，树立体育大国，甚至体育强国的国际形象，单纯依靠竞技体育的成绩以及"唯金牌"是远不能满足这一要求的，必须溯源中华民族传统体育文化。而传统武术在给世界体育界做出重要贡献的同时，也使得西方社会可以更加有效直接地了解中国体育文化，颠覆对中国的刻板印象。

除了武术的对外传播，茶叶的对外传播一样在国际上引起关注。由首都文化创新与传播工程研究院和国际调研平台合作，在线调查了2 000多名来自法、英、美等国家的普通民众。结果显示，认知度最高的三个文化符号是阴阳、茶叶

---

[1] 杨丰文，郑文科，张俊华，等. 中医药全过程介入新型冠状病毒肺炎防治的模式[J]. 中华危重病急救医学，2020，32（8）：897-899.

[2] 于文谦，戴红磊. 中国武术对外推广的战略思考[J]. 首都体育学院学报，2016，28（1）：77-80，89.

[3] 国家体委武术研究院. 中国武术史[M]. 北京：人民体育出版社，2003：1.

[4] 张莺凡. 武术英译的历史回顾与研究[J]. 成都体育学院学报，2014（7）：17-20.

和熊猫。①茶叶作为其中唯一的产品，代表着中国人传统的生活方式，国外民众则尤其关注中国普通老百姓的日常生活。自十八大以来，党中央提倡讲好中国故事。将中国老百姓的日常生活与茶叶相关的环节用讲故事的叙事方式真实地呈现在国外民众面前。如根据季节的变迁，讲述着不同茶叶品种的故事。中国人一年四季喜欢喝不同种类的茶叶，这些喝茶习惯体现了中国人与大自然的高度契合，体现了人与自然的和谐相处，体现了对天地的敬重，更体现了中国古老哲学中最质朴的生态观念。

（4）中国旅游产品及旅游景点的国际传播需求

我国旅游资源丰富，旅游景点分布众多，是国际重要的旅游目的地之一。近年来，随着中国旅游产业的发展，旅游产业的游客接待能力逐渐提高，市场发展前景广阔，同时入境游客数量不断攀升，旅游产业外汇收入在2010年已位列全球第四。入境旅游不仅成为中国国际贸易收入的重要来源，带动中华文化消费和文化产品的出口，同时还成为彰显中国文化魅力、助力中国文化走出去的重要途径。为了进一步推动入境旅游的发展，首先，旅游产业应当加大在国际市场的宣传推广力度。通过网络直播、旅游展览、入境游客访谈等多种模态传播方式，提高入境旅游广告宣传的曝光度，有目的地培育新兴入境旅游市场。其次，加强国际合作，提升旅游企业的国际竞争力。在提升和完善中国文化旅游企业的组织结构及管理水平的同时，还可采用国际旅游企业合作的方式，提升国内旅游业的开放程度和中国文化旅游产品的国际竞争力。因此，对于旅游产品、旅游景点介绍的对外翻译传播，就成了世界各国了解中国的客观需求。

2. 中国文化走出去的主观需求

（1）中国政治理念和治国经验的国际贡献

历史上，翻译传播活动在很多地区和民族的语言文化形成与发展过程中起到了决定性的作用。不同以往，当今社会判断一个国家的国际地位在很大程度上依赖的是文化软实力的强弱，而不是政治经济科技的硬实力。而文化软实力的提升，从输入和输出角度来看，都与语言文化的翻译传播关系密切。在新时代，翻译传播活动出现了新的特点，其走向有了新的变化，社会开始特别关注中国文化与思想的对外译介，这为翻译传播研究提供了前所未有的机遇，也提出了新的问题。

---

① 于丹，杨越明．中国文化"走出去"战略的核心命题"供给"与"需求"双轮驱动：基于六国民众对中国文化的认知度调查［J］．人民论坛，2015（24）：72-75．

从国内来看，中国特色社会主义发展进入新的历史阶段，国家体制深化改革进一步稳步推进，建设社会主义文化强国的总体目标越发明朗，中国文化走出去的主观需求越来越大。放眼国际来看，世界文化秩序变化与格局重构跌宕起伏，国与国之间文化实力的较量愈演愈烈，中国正处在这种深度变革、相互交融的重要历史转折点。这一时期提出文化走出去则是提升我国国际地位、赢得更多话语权、拓展更多国家利益的现实需求。应从国家层面进行顶层设计和整体规划，从自身的视角和立场争取更多的发言权，对在此基础上进行的翻译传播活动进行深入探索和研究，摸索出一整套适合中国文化走出去的翻译策略和传播路径，促使决策者对文化交流中的障碍做出更为合理的解决途径，促进不同文化之间的互动交流，共同开创平等对话的良好国际生态环境。

（2）文化产业及产品对外贸易的国际贡献

"文化产业"的概念首次在中央文件中提出是在十六大会议召开之前。党的十六大报告强调提高文化产业的整体实力以及文化产品的竞争力，满足人民群众不断增长的文化需求，在社会主义市场经济条件下繁荣和发展社会主义文化。根据文件要求，十六大文件下发的第二年，全国九个地区包括 30 多个文化单位相继成为文化体制改革试点，改革的主要内容为进一步深化与文化相关的企事业单位的内部改革，同时政府加强宏观管理，建立和健全文化市场体系。[1] 值得注意的是 2006 年和 2011 年国家相继发布了《关于深化文化体制改革的若干意见》以及《中共中央关于深化文化体制改革　推动社会主义文化大发展大繁荣若干重大问题的决定》，为文化体制的深入改革做好了顶层设计。在此基础上，紧接着党在十八大报告中指出要同时提高文化产业的国际竞争力和发展潜力，文化产业发展迅速，文化产业出口总额稳步增长。立足中国经济发展新常态，针对中国文化产业发展的新势态，习主席在十九大报告中首先肯定了我国文化产业当前已取得的成绩，强调了发展文化软实力的重要性，提出"文化兴国运兴，文化强民族强"，并指出人们不仅对物质生活的推动需求有所提高，同时对在精神方面的需求也有所增加。报告中明确提出"推动文化事业和文化产业发展"，同时明示当前工作的重点在于"健全现代文化产业体系"。这意味着我国当前文化产业正面临着增长方式的改变，即从注重数量转变到注重质量的提升，充分发挥文化产业在经济建设中的重要作用和绝对优势。

文化软实力作为综合国力的重要衡量指标，其发展水平的高低在一定程度上

---

[1] 张春林，李群. 新时代中国文化产业路径选择 [M]. 北京：人民日报出版社，2020：13.

反映了一个国家的国际影响力以及在国际社会中的发展潜力。而文化产业的发展则为国家的文化软实力奠定了坚实的经济基础。当前，中国是世界第一大工业国、第二大经济体，同时也是世界上外汇储备最多的国家和最大出口国。这些都为中国文化产业及文化产品的对外贸易提供了良好的国际环境。具有中国特色的文化产品是中国文化对外传播的物质载体，要想让中国文化真正走进国外民众心里，真正激发国外民众对于中国文化的整体兴趣，只有通过有国际影响力的文化品牌和有市场竞争力的文化产品才能实现这一目标。

（3）中国文化对外传播的国际贡献

随着文化"软实力"越来越成为国际话语的关键词，成为各国政要尤其是发达国家所关注的话题，有关文化相关领域的竞争已成为各国政治博弈、抢夺国际话语权的焦点之一。文化是一个民族的根基和灵魂，是实现民族振兴和国家发展的强大精神力量。随着我国综合国力和国际影响力的不断增强，文化走出去的呼声日渐高涨。党的十九大以来，国际社会对中国特色社会主义新时代的关注与认同与日俱增。2020年10月，《中共中央关于制定国民经济和社会发展第十四个五年规划和二〇三五年远景目标的建议》指出，到2035年要建成"文化强国"，并提出要"坚持马克思主义在意识形态领域的指导地位"。[①] 随着全球化趋势深入发展，世界正日益成为一个普遍联系、相互依存的有机整体，不同国家、不同民族之间的文化交流互动愈加频繁，综合国力竞争中文化的地位更加凸显，促进中华文化域外翻译与传播，推动中华文化"走出去"是增强国家文化软实力、建设社会主义文化强国的必然要求。

中国自有历史记载以来，就有着悠久的文化交流历史。这些从《马可·波罗游记》等书中可见一二，说明世界各国人民很早就对中国的历史文化感兴趣。[②] 进入新时代，我们更要主动向世界讲述中国故事，传播好中国声音，讲述关于"人类命运共同体""人与自然和谐共生""中国优秀传统文化"等中国故事。因此，需要让国外的读者了解中国的过去、现在和未来的点点滴滴。中国是个古老的文化大国，历史上有很多关于农业、科技、中医、天文等典籍作品，新中国成立后现当代文学也迎来了发展的高潮，新时代我国在文化上更是呈现出了多领域百花齐放的盛世景象。这就需要翻译工作者将这些作品进行翻译传播，让对汉语一窍不通的外国人同样有机会阅读中国的上下五千年，领略中国优秀文化的魅

---

① 中共中央关于制定国民经济和社会发展第十四个五年规划和二〇三五年远景目标的建议［EB/OL］.（2020-11-03）［2021-01-28］. http://www.gov.cn/zhengce/2020-11/03/content_5556991.htm.

② 周龙."中为洋用"传播好中国价值理念［N］. 光明日报，2014-01-17（1）.

力。由此,将讲故事与提升文化软实力有机融合在一起,使中国文化对外传播在国家形象建构与国际竞争中发挥着越来越重要的作用。

三、翻译传播的指导思想

1. 翻译作品的选择标准

为了让中国文化更好地走出去,同时讲好中国故事并弘扬中华文化价值观,首先要考虑的就是传播什么内容,即对外译介的选择标准是什么。

我国拥有悠久的历史和由此沉淀出的灿烂文化。其一,中国典籍文化承载着中国传统的历史文化、人文思想等特有的价值观,是中国文化走向世界的渊源和基础。作为中国传统文化历史积淀的典籍文化应该成为全世界人类文明最重要的组成因素,应该获得国际社会的了解和认可。诸如中国传统儒家思想、道家思想等经典思想典籍一直被很多学者译介与阐释。一个民族文化的发展是随着时间的推移不断积累、创新的过程。而翻译从某种程度上就是在促进不同语言、不同文化的民族进行创造和积累。传统文化之于一个民族,就好似源头之于湖海,在奔腾发展的过程中不能没有源头。对于不同时期传统的理解、阐释与翻译的过程,会赋予其新的内涵。其二,中国文学作品,尤其是现当代文学作品应该受到重点推介,助力中国文学作品"走出去",拓展文学作品在世界各国的传播影响力。毋庸置疑,文学是以一个时代的社会政治、经济、文化为大背景进行创作的。但同时,文学又不是政治或历史的注脚。其在促进不同民族地区和国家之间文化的交流、思想的交换、灵魂的共鸣等方面均有着深刻的作用。具体到中国文学而言,若想在国际文坛占有一席之地并影响深远,必须在作品的质量上下大功夫,必须取其精华,向世界更好地展示当代中国形象。[①] 其三,代表中国文化的除了典籍和现当代文学作品,还有一大批在法律、科技、军事、医药等专业领域方面的经典学术著作,它们同样值得也应该"走出去"。其四,针对中国新时代治国理政的方针,有关中国道路、中国智慧、中国力量、中国精神的阐释,有助于国际社会全面客观了解中国的优秀成果。由此,应注重如上不同种类作品和内容在对外翻译传播过程中,化冲突为理解,在共同发展中丰富世界文化,最终实现世界文化文明的和谐化和多样化并存。

在讨论了上述译介标准后,我们认为对于翻译传播作品的选择,大可不必像文学史的编撰一样谨慎。无论是科技典籍、医学典籍、政治文献抑或是任意一个

---

① 周新凯,许钧. 中国文化价值观与中华文化典籍外译[J]. 外语与外语教学,2015(5):70-74.

时期的文学作品，都是中华文化的重要组成部分，都有无可替代的文本功能和读者阅读群。如果仅仅将"中华文化走出去"局限在某一种类型的文本上面，那我们在世界多样性文化的大家庭中同样是残缺不全的。因此，所有记载形式的中国文化，无论是口头、书面还是网络的，理论上都应该得到关注、译介和传播，因为它们都是中国文化走出去中完整的组成部分。具体而言，大致可以按照以下四大类来划分："中国特色思想类"即中国马克思主义国际化，如习近平新时代治国理政思想，党的十九大精神的外译作品，研究阐释中国经验、中国梦、构建人类命运共同体等有助于世界各民族地区和国家正确客观了解当代中国的优秀成果；"社科研究前沿优秀成果类"，如国家社科基金的中华学术外译项目所资助的研究中国社会科学研究前沿的成果外译；"中国传统文化优秀成果类"，特别是具有文化对外传播价值的成果外译；"国际重大问题研究优秀成果类"，如反映重大地区和国际问题、人类共同关注话题等的优秀成果外译。

2. 翻译传播媒介选择的标准

其次要考虑的是翻译作品如何传播，传播媒介如何选择。

第一，对于译本形态的选择。随着历史的推移，一部原著会在不同时期出现不同版本的编译、变译和全译的译本形态。对于译本形态进行研究，主要是探索为什么在这个时期会出现这样的译本形态，这种译本形态在这个时期出现有什么特殊的意义，同时也要纵向比较不同译本形态的传播效度影响。[①] 一方面，国外目标读者的接受性要给予充分尊重，另一方面，目标语语境出版市场的可接受力也要给予充分考虑，除了不同的译本形态，还要在译本基础上推出适合不同年龄段、不同层次读者群体的彩绘版、简写本、双语对照版或者普及版等不同的版式。[②] 还有对于同一部原著的不同翻译版本，如节译本、全译本、全译加注本等。甚至可以考虑有步骤地分批进行译介，对于其中比较艰涩的大部分中国文学作品，可以采取择其精要而译之的翻译策略，采用更为灵活的"改编本"作为翻译源本。随后待目标语读者群体对这个以"改编本"作为翻译源本译出的作品认可和接纳之后，再推出相对应的其他译本形态。以上举措可以为同一文本产出不同译本形态提供方法借鉴，从而做到在海外读者群中循序渐进地推广中国文化。通过这些变通的翻译策略、全面立体的翻译传播模式，目标受众可以在一定程度上多维度、分阶段地了解中国文化。

---

① 周新凯，许钧. 中国文化价值观与中华文化典籍外译 [J]. 外语与外语教学，2015（5）：70-74.
② 胡安江，梁燕. 多元文化语境下的中国文学"走出去"研究：以市场机制和翻译选材为视角 [J]. 山东外语教学，2015，36（6）：67-76.

第二，对于译介模式的选择。当下信息科技的快速发展引发了整个语言服务行业的深刻变革，中国文化在海外的翻译传播必然不能忽视这个时代大背景。在探索译介模式方面，需要将数字时代的传播特点、目标受众的阅读习惯以及译者的翻译模式等因素进行综合考量，兼顾线上、线下的传播方式，采用网络化的"众包"翻译和专业对象化"外包"翻译结合的翻译模式，以及政府机构与民间或非营利性组织相结合的市场营销模式，全面客观立体地推动中国文化的对外译介传播。

第三，对于传播媒介的选择。翻译作为一种阐释行为，正在突破文本的局限，将声音、图像等多模态手段纳入其中，进入"大翻译"阶段。在这种阶段中，"阐释与翻译共生"[①]，除了传统的语内翻译和语际翻译，还增加了符际翻译。也就是说在原本只有文本呈现方式的基础上，增加了多种符号的呈现方式，如电影、动漫等。这些对于传统媒介的传播来说，无疑是一种有效的补充和延伸。以《木兰诗》的翻译传播为例，在语内翻译和语际翻译的基础上，符际翻译使得"花木兰"这一中国文化符号在西方世界得到极大传播，产生了巨大影响。经过1400多年不同形式的阐释，花木兰故事由最初几百字的叙事诗发展出各种艺术形式，包括小说、戏剧、电影和电视剧等。1998年，花木兰成功通过"大翻译"登上好莱坞的荧屏。2018年，迪士尼再次翻拍1998年的动画电影《花木兰》并进行全球选角。时隔20年，迪士尼再次大手笔投资的背后是花木兰的影响力及其商业价值，而商业价值的背后是巨大的文化价值。《花木兰》的"大翻译"显示出翻译传播的力量，也为中国文化典籍翻译传播带来新的思路。[②]

3. 翻译策略选择的标准

最后要考虑的是在进行对外传播的过程中，翻译的策略是什么。

中国著名作家莫言于2012年10月11日获得诺贝尔文学奖，引起了社会各界对翻译的关注，也引发了学界对翻译的很多讨论。其中最为重要的一点，是对翻译策略的讨论，其焦点问题就是翻译的"忠实性"原则是否应该恪守。有一些学者认为，其背后的西方译者葛浩文对莫言作品的翻译有"删改"，有"调整"，是一种"连译带改"的翻译，这样的翻译方法有效，是帮助中国文学成功"走出去"的"灵丹妙药"。而与此同时，另有学者明确提出，这样的翻译策略有悖翻译伦理，忠实于原作的翻译方法应再次被提倡和呼吁。这样的争论迄今为止在学

---

① 罗选民. 大翻译与文化记忆：国家形象的建构与传播 [J]. 中国外语，2019（5）：95-102.
② 罗选民，李婕. 典籍翻译的内涵研究 [J]. 外语教学，2020，41（6）：83-88.

界仍在延续，而对于不同类型的翻译作品，更应适时采取恰当的翻译策略：

对于政治文献的翻译策略选择。贾文波指出我国的政治文献对外翻译，应在尊重原文、尊重政治语言特点、政治正确的前提下，着眼于国际通行的政治话语规范，用贴近译语"自然文体"的语言进行翻译，将翻译的重心适度转向注重译文的地道性和可接受性，注重与国际通行的政治话语规范接轨，这将有助于更好地"讲好中国故事"，传播中国治国理政的经验教训，全面助力构建中国国际话语体系。①

对于科技典籍的翻译策略选择。"不应以译文对原作者的'忠实'来判断科技典籍译文信息传递的准确性和真实性，而应以目标语受众是否能读懂，或者传递的信息不被误解作为判断的基准"②，并且应"根据读者的需求确定译文的文体风格"③。

对于中医典籍的翻译策略选择。在中医药翻译策略方面，以异化和归化探讨为主，且多推崇归化异化结合使用。如郭先英对"五行学说""气""藏象"等常见中医药术语英译进行评析，指出归化和异化"两种译法相互结合、取长补短，方能相得益彰"④；蒋基昌则主张"在中医方剂名称的翻译过程中，应将异化翻译放到首位，同时结合归化的方法"⑤。

对于儿童文学的翻译策略选择。毋庸置疑，儿童文学作品的目标受众首先是儿童，因此，对于儿童文学的作者和译者而言，除了有基本的文学素养和写作功底，还需要使用符合儿童读者心理的生动有趣的文字来吸引孩子，更加着眼于提高文本的可读性。在对待这一类文学作品时，归化的翻译策略为首选。可以在语言、叙事和内容上创作出深受儿童喜爱的作品。但由于英汉两种语言在音、字、词、句等方面差距较大，分属完全不同的语系，需要译者在保留其中童趣的基础上对于语言和文化进行适当调整。⑥

---

① 贾文波. 新时期政治文献对外翻译：理念更新、与时俱进才是硬道理 [J]. 上海翻译，2021 (1)：18 - 22，95.

② NIDA E. Language and Culture [M]. Shanghai: Shanghai Foreign Language Education Press, 2001：129.

③ 王宏.《墨子》英译比读及复译说明 [J]. 上海翻译，2013 (2)：57 - 61.

④ 郭先英. 浅谈归化和异化在中医术语英译中的选择原则 [J]. 中国中医基础医学杂志，2010，16 (4)：334 - 336.

⑤ 蒋基昌. 中医方剂名称英译的归化与异化 [J]. 中国中西医结合杂志，2012，32 (8)：1144 - 1145.

⑥ 修文乔. 中国当代儿童读物英译出版与传播（2000—2019）[J]. 上海翻译，2020 (5)：89 - 93，95.

以上对四种不同类别的翻译作品在翻译策略方面进行了阐述。在实际翻译过程中，为了保证翻译的可读性和忠实性，应将二者进行全面考虑，使其相对平衡。这样，不同类型的反映中国文化的翻译作品才能被西方读者认可和接受，真正起到文明交流互鉴的作用。

★ 第二节 翻译传播主体、内容、策略与对象 ★

2012年以来，习近平总书记明确了中国社会新的发展历史方位，即进入中国特色社会主义新时代。这一思想起源于马克思主义理论，发展于中国革命和社会主义建设，继承于中国特色社会主义建设的伟大实践。习总书记多次大力倡导"中华文化走出去"，提出人类命运共同体概念，将传承中华优秀传统文化摆在很重要的位置。新时代中国优秀文化外译与文化传播在国家形象建构与国际竞争中正发挥着越来越重要的作用。它们成为新时代"中华文化走出去"的主要载体和媒介，也为推动"中华文化走出去"奠定牢固的基石，更加成为加速"中华文化走出去"的具体实践。在"中华文化走出去"的宏大语境背景之下，习近平新时代外译重点关注"译什么""怎么译""谁来译"三大核心环节，打造精品外译成果。

一、翻译传播主体

习近平新时代优秀成果外译的主要贡献力量由国家社会科学机构、高校科研机构、出版社等单位和翻译的专业人才共同组建而成。国家社会科学机构以中共中央党史和文献研究院与中国外文局为主要支撑。翻译专业人才主要分布于各学术及高校研究机构，他们翻译功底深厚、学术水平高超且百科知识丰富，能够将习近平新时代中国特色社会主义思想的科学内涵和中国优秀传统文化完整地传递到他国民众面前。

1. 翻译机构

（1）中央党史和文献研究院

中央党史和文献研究院由中央编译局、中央党史研究室、中央文献研究室职责整合而来，是党的历史和理论研究的专门机构。中共中央在2018年3月印发的《深化党和国家机构改革方案》中曾指出，中央文献编译工作是党和国家事业的重要一环，在统筹和加强党史理论研究、构建党的理论研究综合体系方面起着举足轻重的作用。

(2) 中国外文局

中国外文局,全称为中国外文出版发行事业局,对外统一称为中国国际出版集团,主要为国家机关报刊、书籍以及网络进行对外宣传,隶属中央事业单位。一直以来被誉为"外宣国家队",是我国规模最大、创办最早的专业对外传播机构。机构从创办伊始就本着反映中国悠久的历史文化和新中国的社会风貌,真实展现了各个阶段所取得成果,为对外传播信息,增进与世界各民族国家的文化交流发挥了积极的桥梁作用。

中国外文局可以说是根红苗正,是由老一辈无产阶级革命家直接领导,发展到现如今已经拥有 20 余个下属机构和近 3 000 名职工。下属机构从出版社、杂志社到图书贸易公司、研究院和考评中心,形成了覆盖多个领域的全面事业格局,做到了国内产学研一条龙结合。在国外也在 12 个国家和地区设有分支机构,每年平均出版 3 000 余种图书,涉及 10 余种文字,将近 30 种期刊出版发行,同时还运营 30 多家互联网站,书刊的发行覆盖欧洲、大洋洲、亚洲、非洲等多个地区。

由中央批准成立的当代中国与世界研究院,隶属中国外文局,其主要职责是国际涉华舆论研究和对外传播信息,为国家提供专业级智库保障。其中中国翻译研究院、对外话语体系研究等为中国开展有关对外传播方面的实践与理论研究提供了平台保障。共有六届"全国对外传播理论研讨会"由当代中国与世界研究院承办,此外还出版发行专业期刊《对外传播》、《网络传播》和《中国翻译》等。

中共中央党史和文献研究院(即原中央党史研究室、中央文献研究室、中央编译局)与中国外文局先后外译出版了习近平系列重要译著《习近平谈治国理政》(1—3 卷)、《论坚持推动构建人类命运共同体》、《习近平谈"一带一路"》等新时代中国马克思主义经典著作,以及"读懂中国"系列丛书和《中国道路与中国梦》等重点外宣图书。

(3) 高校科研机构

中华人民共和国成立 70 多年以来,国内各领域诸多学者致力构建中国对外话语体系。以高校科研机构为例,近些年相继成立了翻译与对外话语研究科研机构。诸如 2015 年"国家战略传播研究院"由北大创办、"当代国际话语体系研究院"和"中国外交话语研究中心"则均在 2016 年分别由四川外国语大学和郑州大学创办,还有 2018 年同济大学外国语学院创办的"国家对外话语体系研究中心"等。国内各领域学者及研究人员都在提高中国国际话语权、提升国家软实力方面做了不懈的努力。①

2. 个人译者

新中国第一代翻译家,如季羡林、林语堂、杨宪益等,把中国智慧译往西方,让中国的美成为世界的美,是中国文化走出去的先行者和践行者。到了新时代涌现出的林戊荪、李士俊、许渊冲等一批翻译大家,同样从事着中国翻译传播事业,将智慧与青春献给了国家的翻译外宣事业。表7-1中列出是新时代主要从事外译工作的译者概况:

表7-1 新时代从事外译工作主要译者概况

译者	生卒年	籍贯	主要译著	其他贡献
林戊荪	1928—2021	天津人	《孙子兵法》《论语》《南京大屠杀》《丝绸之路》《孙膑兵法》《西藏》等	《北京周报》创刊参与者,曾任外文出版发行事业局局长兼中国对外出版集团主席
李士俊	1923—2021	河北安国人	《阿诗玛》《论人民民主专政》《聊斋的故事》《实践论》《孔雀东南飞》《在延安文艺座谈会上的讲话》《配图古诗精选》《水浒传》	享受国务院颁发的政府特殊津贴
许渊冲	1921—	江西南昌人	《诗经》《毛泽东诗词选》《楚辞》《唐诗三百首》《宋词三百首》《李白诗选》《西厢记》	"诗译英法第(唯)一人",获得中国"翻译文化终身成就奖"和国际翻译界最高奖项之一的"北极光"杰出文学翻译奖

二、翻译传播内容

这部分将以2019年国家社科基金中华学术外译项目②申报公告中提出的四大外译作品资助范围为依据,分别以研究习近平新时代中国特色社会主义思想的作品,研究中国社会科学研究前沿的优秀成果作品,研究中国文化和研究中华民族

---

① 王燕,李正栓. 翻译与对外文学话语体系之构建[J]. 外国语文,2020,36(2):128-134.
② 中华学术外译项目主要资助代表中国学术水准、体现中华文化精髓、反映中国学术前沿的学术精品,以外文形式在国外权威出版机构出版并进入国外主流发行传播渠道,旨在发挥国家社科基金的示范引导作用,深化中外学术交流和对话,进一步扩大中国学术的国际影响力,提升国际学术话语权,让世界了解"哲学社会科学中的中国"。

精神的优秀成果作品，重大地区和国际、人类共同关注话题的优秀成果作品的外译作为主要研究内容，主次分明地介绍习近平新时代中国外译传播的成果。其中有关习近平新时代中国特色社会主义思想的成果作品外译将在本章第四节中国马克思主义国际化的内容中做详细阐述。

1. 中国社科研究前沿优秀成果

中国社科研究前沿的优秀成果强调中国现代化实践逻辑的真实体现是"中国特色社会主义理论体系"，是中国人民对时代精神的深刻表达，以中国特色社会主义发展道路为研究主线，也是当代中国学术走向世界的引领旗帜。[①] 在习近平新时代中国特色社会主义背景下，如何更好地建构中国学术话语体系？如何基于中国学术话语体系有针对性向世界表达中国道路和中国经验？如何加强中国学术话语体系解读，突出以习近平同志为核心的执政特色？《中国社会科学学术前沿（2010—2011）》蓝皮书中指出马克思主义分析的总论是以"中国道路"为总原则，展示社会科学各学术领域重大问题研究为核心的专论是以"中国特色"为标尺。[②] 各个社科领域的中国专家学者以国家社科基金项目要求为指导，致力于打造反映中国学术前沿、体现中华文化、代表中国水准的学术精品，让各国了解"哲学社会科学中的中国"。

习近平新时代对有关中国社科研究的优秀前沿成果进行中译外的译作相当丰富，涉及政治社会、经济文化等多个领域。随着中国社会发展和国际地位的提升，国内学界开展有关中国社科前沿外译研究的范围扩大了，研究层次提升了，研究内容更加细化了。近些年，中国学界有关外译外宣课题受到国家有关部门高度重视，各级科研机构立项数量不断增多，取得累累硕果，相关研究课题涉及国家哲学社会科学规划办项目、省部级哲学社会科学基金项目和其他来源的人文社会科学研究规划项目等。

这其中以国家哲学社会科学基金项目最为典型。截至目前，国家社科基金已形成六个类别的立项项目。本小节专注其中的中华学术外译项目，选取自2010年创立项目以来，关于中国建设与中国发展的各学科优秀前沿研究成果的外译传播为核心研究内容。根据统计数据，从2010年中华学术外译项目创办到2020年期间，立项总数为1 232项，从2010年创办最初的13项增至2020年的196项，除2013和2019年之外，外译项目立项数量呈逐年增长趋势。中华学术外译项目实施期间，资助立项语种从2010年和2011年仅为英语的状态，经过逐年发展，

---

①② 高翔. 中国社会科学学术前沿（2010—2011）[M]. 北京：社会科学文献出版社，2011.

到 2020 年实现百花齐放的局面。项目涉及语种多达 16 种，包括英语、俄语、韩语、日本、法语、西班牙语、德语、阿拉伯语、吉尔吉斯文等。中华学术外译项目的学科门类也是丰富多元，大小学科兼容并蓄。2010—2020 年期间，立项学科门类占比较高的学科分别为：政治学 50 项、语言学 46 项、艺术学 41 项等，集中外译传播能够体现博大精深的中华文化和国家哲学社会科学的学术成就。

通过资助学科范围的逐渐扩大，更多优秀成果获得了该项目的立项资助。借助学者和译者的共同努力，这些优秀学术成果走出国门，走到国外民众的面前，使他们有机会感知中国的学术文化。① 张异宾提出构建中国特色哲学社科学术话语体系通过以下四种路径过程：直面中国问题并理性分析、全面总结中国实践经验、研究传承创新和阐释中国传统文化以及中国梦的阐释和传播。② 习近平新时代中国特色社会主义思想与中国共产党治国理政新理念受到国际社会的关注，其外译项目从无到有，从少到多，有助于积极构建中国对话体系，传播好中国声音，讲好中国故事，呈现出中华文化传播的时代最强音。随着时代的发展，中华外译项目立项学科与内容与时俱进。尹洪山指出伴随着国内外重大事件的发生，中华学术外译项目立项数量会发生相应的变化。在 2012 年莫言获得诺贝尔文学奖之前，有关中国文学领域的研究没有获得立项。但在此后，该领域成为项目主要资助领域之一。莫言获诺贝尔奖变成了重要的分水岭。③ 另外，针对国际重大问题的研究，"一带一路"倡议的提出同样成为立项的分水岭。倡议提出之前，有关国际问题的相关研究，在 2010—2015 期间平均每年有 2~4 个立项数。倡议提出以后，2016 年的立项数是 2015 年的 4 倍，2017 年则为 6 倍。而且不难发现，2012 年之前有关党史党建的研究成果几乎没有，在召开十八大会议之后，2013 年就开始慢慢有一些党史党建领域的研究成果获得项目资助。显然这些与十八大以来，以习总书记为核心的党中央推行新的治国理政方针受到国际社会关注是呈正相关的。④

2. 中国传统文化的优秀成果

中国优秀传统文化历史悠久，源远流长，汇聚了各族人民智慧的结晶，是中华民族走向世界的精神源泉。中国传统文化内涵丰富，承载多元的文化元素，大

---

① 王伟. 中华学术外译项目成果（2010—2016）引用分析 [J]. 情报资料工作，2019，40 (5)：13-16.

② 张异宾. 构建中国特色的哲学社会科学学术话语体系 [J]. 中国高等教育，2015 (Z1)：20-22.

③④ 尹洪山. 国家社会科学基金中华学术外译项目的调查分析 [J]. 出版科学，2018，26 (4)：64-68.

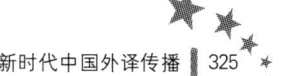

致包括物质、精神和社会生活三种文化类型。具体而言，中国传统文化的表现形式不仅包括饮食烹饪、民族服饰、民间工艺、中医药等物质文化，还包括武术、戏曲、琴棋书画、典籍等精神文化，以及祭祀、传统节日等社会生活文化。① 国内目前关于中国传统文化与艺术的翻译传播中，主要以中国文学典籍外译、中国科技典籍外译、中国民族典籍外译、中国当代文学外译和传统民俗文化外译传播为主。

第一，在文学典籍外译方面，近年来我国在对其外宣方面成效卓越。首先，国家非常重视对外宣传，国家领导人出访不仅推动我国在政治经济上与他国进行合作，也会通过多种形式展现中国文学典籍的魅力。我国是世界"四大文明"古国之一，具有独具特色的东方文化体系，尤其拥有丰富的文化典籍遗产。我国典籍浩如烟海，经子史集、自然科学，种类繁多。其次，国家创建了多个外译传播项目，真正将对外宣传理念落到实处，例如"熊猫丛书"、《大中华文库》便是极具代表性的中华典籍外译项目工程。

"熊猫丛书"是典型的国家机构对外翻译项目，由中国外文出版发行事业局（外文局）于1981年出版发行。主要面向欧美国家和地区翻译介绍中国文学与文化，其重点是现当代文学，也是当时少数由中央外宣机构对外译介的大型图书项目之一。另一个引人注目的工程是《大中华文库》，该项目于1994年启动，截止到2018年底，在国内31家出版单位20多年的共同努力下，《大中华文库》已经出版111种汉英对照版中国典籍，分为哲学、历史、文学、科技、军事五大类，语种也由英语扩大到西班牙语、阿拉伯语、韩语等语种。②

第二，中国科技典籍彰显着中华民族的智慧水平和文化传承，是世界科学体系的重要组成部分。科技典籍不仅记载了科学知识和技术，而且反映了中国古代的社会特征和风俗习惯。③ 科技典籍翻译研究包括医学、数学、地理学等典籍的翻译研究。表7-2详细列出由国家资助的《大中华文库》中，汉英对照的科技类典籍出版情况。其中，值得重点关注的是医学典籍翻译。在2020年全球新冠肺炎疫情中，根据古代医书配制的清肺排毒汤和连花清瘟胶囊等中医药以其疗效在一众中西药物中脱颖而出。我们应该加大对医学典籍的研究力度，助力中医药的"去污名化"。除此之外，例如《茶经》、《园冶》、《考工记》和《随园食单》

---

① 徐文. 以数字文化推动中华文化全球传播 [J]. 人民论坛·学术前沿，2020（8）：132-135.
②③ 王燕，李正栓.《大中华文库》科技典籍英译与中国文化对外传播 [J]. 上海翻译，2020（5）：53-57，94.

等在如今各行各业仍旧有实践意义的科技典籍也需关注。①

表7-2 《大中华文库》汉英对照科技类典籍出版情况概览

类别	作品名称	作者	译者	出版时间	出版社
医学典籍	《黄帝内经：灵枢》《黄帝内经：素问》	（战国）佚名	李照国 刘希茹	2008，2005	世界图书出版公司
	《伤寒论》	（东汉）张仲景	罗希文	2016	新世界出版社
	《金匮要略》	（东汉）张仲景	罗希文	2016	新世界出版社
	《周易参同契》	（东汉）魏伯阳	吴鲁强、坦尼·L.戴维斯	2012	岳麓书社
	《本草纲目》套装共六册	（明代）李时珍	罗希文	2003	外文出版社
数学典籍	《九章算术》	（三国）刘徽	沈康身、郭树理、伦华祥	1999	牛津大学出版社和科学出版社
	《四元玉鉴》	（元）朱世杰	郭书春	2006	辽宁教育出版社
地理学典籍	《山海经》	陈成今	王宏、赵峥	2010	湖南人民出版社
	《洛阳伽蓝记》	（北魏）杨衒之	王伊同、曹虹	2007	中华书局
	《徐霞客游记》	（明）徐霞客	卢长怀、贾秀海	2011	上海外语教育出版社
农学典籍	《茶经（续茶经）》	（清）陆延灿	郭孟良	2010	中州古籍出版社
手工业典籍	《天工开物》	（明）宋应星	潘吉星、王义静、王海燕、刘迎春	2011	广东教育出版社
综合性典籍	《梦溪笔谈》	（北宋）沈括	王宏	2011	英国帕斯国际出版社

第三，中国民族典籍方面，自新中国成立以来，国家十分重视民族典籍整理与外译传播工作。民族典籍是指中华民族内部各少数民族的典籍，是少数民族典籍的简称，它与汉族文化典籍的概念相互对照、补充、完善。少数民族典籍使得中国典籍更具有了多样性。少数民族典籍是中国典籍的重要组成部分，其翻译的不同之处则在于，要经历从"源文本"（少数民族原始文献或口传资料）到"原文本"（汉语译本）的过程。② 古典文献学研究者朱崇先教授在民族典籍翻译译本选择方面提出了几点建议，即优先选择具有地方特点的翻译底本，优先选择年

---

① 罗选民，李婕. 典籍翻译的内涵研究［J］. 外语教学，2020，41（6）：83-88.
② 刘建国. 全球化背景下民族典籍外译的理念与策略考量［J］. 贵州民族研究，2017，38（4）：148-151.

代久远、保存完好、可辨识性强的底本，在同书异写的抄本中选择文字及表述规范的典籍作为底本。民族典籍外译研究开始成规模、成系统、有意识地逐步进行，覆盖作品范围涉及《藏族格言诗》《蒙古秘史》《嘎达梅林》等外译作品。有学者统计，少数民族典籍外译作品中，《格萨尔》、《玛纳斯》、《萨迦格言》、《阿诗玛》和《尘埃落定》受关注度较高。[1]

第四，中国当代文学世界影响的效果评估也是探究"中华文化走出去"的又一重要考量。习近平新时代中国当代作家作品的翻译、传播与接受也日趋走向成熟。何明星曾研究统计出在海外图书馆收藏中，影响较大的有刘慈欣的英文版《三体》、麦家《解密》的英法西文版、贾平凹的《高兴》英文版、严歌苓的《小姨多鹤》英文版、迟子建的《额尔古纳河右岸》西班牙文版和曹文轩的《青铜葵花》意大利文版等。[2] 值得注意的是，中国科幻小说《三体》创下了中国当代文学翻译作品被欧美大部分主流媒体接受，并且海外馆藏数量最多的纪录。中国作家刘慈欣创作的《三体》是由以下三部著作组成的长篇科幻系列小说，其中英文出版信息概况如表7-3：

表7-3 《三体》中英文出版信息概况

作品中英文名称	作者	中文出版时间	中文版出版社	译者	英文出版时间	英文版出版社
《三体》 The Three-Body Problem	刘慈欣	2006	《科幻世界》杂志连载	刘宇昆	2014	美国托尔出版社
《三体Ⅱ·黑暗森林》 The Dark Forest	刘慈欣	2008	重庆出版社	Joel Martinsen	2015	美国托尔出版社
《三体Ⅲ·死神永生》 Death's End	刘慈欣	2010	重庆出版社	刘宇昆	2016	美国托尔出版社

第五，传统民俗文化是中华文化对外传播的重要组成部分。不同民族之间存在着明显的文化差异。为了促进各民族之间的文化交流与传播，传统民俗文化的翻译与传播起着至关重要的作用。在这一过程中，最难以解决的是不同民族和国家在宗教文化、意识形态、社会风俗等方面存在的差异，许多中华传统民俗在西

---

[1] 刘艳春，赵长江. 国内民族典籍英译现状、成就、问题与对策 [J]. 西藏民族大学学报（哲学社会科学版），2017，38（2）：140-145.

[2] 何明星. 中国当代文学的世界影响评估研究：以《三体》为例 [J]. 出版广角，2019（14）：6-10.

方国家根本不存在，诸如中医方剂、武术、二十四节气、中国美食等。① 这就造成了在一定程度上的文化不对等现象，也涌现出了很多文化负载词，翻译传播难度可想而知。既要保留中华文化意象，加强中华民俗文化特征，同时又要兼顾西方国家和民族受众的语言表达等差异，助力双方可以更好地达到文化交流的目的。在国家倡导"中国文化走出去"的时代大背景下，做好传统民俗文化的外译工作对宣传我国传统文化、扩大国际影响具有深远的现实意义。

3. 国际重大问题研究的优秀成果

进入 21 世纪以来，国与国之间的联系越来越紧密，全球化越来越深刻地影响着世界，每个国家都不能独善其身。随着国家间相互依存关系的发展，开放包容和共同发展成为各国交往的主要指导原则。中国进入新时代以来，塑造了中国模式，开创了一条独具特色的中国道路。不仅使自己的腰包鼓了起来，还带动周围国家搭上了中国快速发展的"顺风车"。尤其是"一带一路"倡议提出以来，沿线国家的政治、经济文化发展在很大程度上都被高速发展的中国带动影响着。习总书记曾说过："中国愿意为包括蒙古国在内的周边国家提供共同发展的机遇和空间，欢迎大家搭乘中国发展的列车。"② 世界各国借鉴学习中国发展的经验，中国的朋友圈逐渐扩大；同时对不发达国家提供国际援助，尽大国责任，形成合作多赢、互惠互利的局面。

中国积极参与全球治理和国际事务的全过程，在国际重大问题，诸如维护世界和平与发展、网络安全、气候问题、公共健康、反恐等问题上发挥应有的作用。另外，作为联合国安理会常任理事国，中国也努力负起大国应有的责任。③ 但同时，中国的崛起颠覆了目前由英美等西方国家主导的国际秩序，一些西方媒体和政客凭借着话语霸权，对中国施压，污蔑中国国际形象。国家层面从多个场合，多个角度多次重申要加强中国客观全面形象的构建，其目的就是要真实展现中国的发展现状，增进国际社会对中国的真实了解。

三、翻译传播策略

翻译策略和传播渠道是推进习近平新时代中国优秀成果对外宣介的关键因

---

① 路春燕. 浅谈民俗文化翻译［J］. 文化创新比较研究，2018，2（5）：39-40.
② 习近平：欢迎搭中国发展列车［EB/OL］.（2014-08-22）［2020-08-30］. http://politics.people.com.cn/n/2014/0822/c1024-25520515.html
③ 王艺潼. 解构"中国外交强势论"：基于国家角色理论的实证分析［J］. 当代亚太，2019（6）：99-130，160.

素。翻译策略的好坏影响着目的语民众对中华文化信息理解的深度，而受众国家民众接触信息的频度则受传播渠道多少的影响。中国优秀文化成果要走向世界，翻译和传播环节二者缺一不可，以期达到理想的传播效果。在习近平新时代背景下，多家对应机构积极参与海外文学、文化宣传，如我国国际图书出版集团每年向海外发行中国书籍的数量都在增长，2016—2017年间，仅图书输出版权总数（项）就由8 328增长为10 670，① 这是国内翻译界和出版界共同努力的结果，也是国家进行对外话语权构建取得的成效。

1. 翻译策略

国外翻译理论学家Venuti认为，翻译策略是"首先选取需要翻译的外国文本材料，随后整体上制定一种将其翻译为本国语言的策略"。译者所采用的翻译策略是其在语言、历史、社会文化等因素共同作用下的产物，科学、合理的翻译策略对于翻译质量具有重要的影响作用。② 如何选择恰当的翻译策略是译界一直在探讨的问题，它不仅有助于加强宏观翻译理论的构建，还能推进微观的语篇、句子、词汇的翻译技巧研究。好的译文应该再现原作者的写作风格与写作目的。

由中外译者和出版社共同合作是中国优秀文化走出去的重要翻译策略之一。何明星曾经提出在中国图书海外传播中以中国出版机构自主翻译与独立出版为主，并加强与域外机构合作，借助合作机构在翻译过程中的语言优势才是中国出版"走出去"的主要方式。③ 在中外合作的典型案例中，国内当属中国外文局表现较为突出。中国外文局成立70多年以来，共聘请外国专家2 000余人次，是截至目前国内聘请外国专家历史最久、规模最大的机构。该局成立后一直致力于中国优秀著作外译传播，走出海外，通过中外翻译家共同执笔，共述中国故事。

由中方主导选题策划，外方负责翻译也是中国优秀文化走出去的重要翻译策略之一。2018年恰逢改革开放40周年，"改革开放研究丛书"就是由中外合作出版的一套经典丛书。中方负责选题策划、遴选作者，外方仅在翻译语言和出版传播方面提供支持。丛书内容涵盖政治体制、社会发展、经济改革、文化发展等若干领域和主题。中外出版社还合作出版英文语种的三部著作，分别为《冷战与

---

① 2017年全国版权统计［EB/OL］.［2018 - 10 - 10］. http：//www. ncac. gov. cn/chinacopyright/contents/11228. html.

② VENUTI L. Strategies of translation［C］//M. Baker. Encyclopedia of Translation Studies. London：Routledge，1998：240 - 244.

③ 何明星，李丹. 使命感　责任感　历史感：2018年中国出版"走出去"［J］. 出版广角，2019（5）：25 - 28.

新中国外交的缘起 1949—1955》、《中国参与全球秩序的重建》和《2018 年中国社会形势分析与预测》。除欧美发达国家的语言之外，在阿拉伯语世界，中国出版机构同样做出了不懈的努力。

此外，翻译结合传播学特点融入文化因素也是中国优秀文化成果外译传播的重要策略。文化翻译研究源自西方翻译研究的"文化转向"，将翻译从语言本位中解放出来，关注文化背景、历史语境等宏观课题，强调翻译过程中的文化因素及文化转换。可以说，文化翻译赋予了翻译研究新的维度，拓展了翻译研究的视野，使我们关注到翻译活动与其他文化要素之间的关联，同时也更多地关注到文化翻译传播的生产与实践层面。由此，开始借助传播学的理论视角来重新认识翻译活动，并进行了建构翻译传播学的探索，阐释了翻译传播学的理论基础和研究内容，明确了外译和外译研究对于中国国家形象建构及文化传播的重要意义。

2. 传播策略

首先，中外出版机构合作是传播策略之一。为传播好中国声音，进一步讲述好中国故事，2015 年起根据国际合作出版发展的要求，中国外文局开始与目标语国的出版机构开展业务合作，借助外方成熟的发行渠道，共同打造针对不同地区和国家的中国主题图书，真正与本地发展实际结合，实现发行本土化。在当今世界主要书展上，不仅伦敦书展、美国书展、法兰克福书展经常会出现中国出版社的身影，甚至连南亚的新德里世界书展、南美的瓜达拉哈拉国际书展都开始有相当一批的中国出版机构参加。截至 2018 年底，据不完全统计，由中国出版机构与海外一些大学和出版机构联合设立的中国图书编辑部，数量上已超过 100 家，分布在拉丁美洲、东南亚和中东欧等地区。

其次，媒介多元化也是重要的传播策略。传播媒介涉及杂志、报纸、图书、电视、网络、广播等，在内容和形式上都各有优势和劣势，影响力、作用力和传播效果也都各不相同。在习近平新时代中国优秀成果外译中，图书、影视等大众媒介方式依旧作为承载中华文化思想价值、历史精神的主要文化载体。中国图书海外出版承担着"文以载道"的使命，旨在传播好中国声音，讲好中国故事。在中国图书逐渐走出去的过程中，从参与各国书展到电子书籍、数据库与互联网平台的域外推广平台等创新手段不断拓展中国图书的海外市场。诸如由浙江出版联合集团打造的"海外中小学移动数字图书馆"项目，2018 年 8 月 22 日在北京国际图书博览会上发布。该项目采用国内首届"数字平台＋终端＋图书＋数字化阅读"的形式，为超过 500 所马来西亚华文小学提供了海量、高质、主流数字图书馆平台，期望可以让更多马来西亚年轻人多了解中国的现状，从而推进两国文化的交流互鉴。①

四、翻译传播对象

截至 2019 年 9 月，共有 180 个国家与中国建立了外交关系，涉及亚洲、非洲、欧洲、美洲及大洋洲。习近平总书记上任以来，大力推进和深化中外人文交流，中国正以开放的姿态讲好中国故事、传播新理念和新思想。接下来，本节将分别介绍中国文化在亚洲、非洲、欧美国家与地区的翻译传播情况。

1. 亚洲国家和地区

中国是亚洲的主要地区大国，亚洲（涉及东南亚和南亚地区）在中国全球战略中处于重要位置。其中，东亚、东南亚国家与地区多与中国相邻，从古至今，中华文化就对周边国家和地区产生了较为深远的影响并因此形成了中华文化圈，诸如印尼、韩国、马来西亚、日本、越南、泰国等地。而且，中国近年来科学技术突飞猛进，知识经济蓬勃发展。亚洲大部分地区和国家为发展中国家，均提出借鉴中国发展模式，谋求更大发展。

近年来中国在立足亚太地区的基础上，开展以稳定周边、富邻安邻为理念的外交活动。习总书记曾在亚洲文明对话大会的开幕式上讲过，今天的中国是亚洲的中国。"两廊一圈""欧亚经济联盟"等拓宽了各国文明交流的途径，在各领域的合作蓬勃开展。

习近平新时代，中国优秀外译作品以日本、韩国、越南、泰国、印度等亚洲国家传播较为突出。原因在于，它们都和中国有着密切的文化渊源，形成共同的中华文化圈。习近平总书记的著作和国家重点外宣图书在亚洲国家和地区的外译传播文版主要涉及英文版、日文版、韩文版、越南文版、泰文文版以及印度文版等。以《习近平谈治国理政》外译为例，其韩文版自 2015 年出版以来，深受韩国民众喜爱。根据相关销售报告，截至 2015 年底，该书已销售 2 709 册，其中精装 1 263 册、平装 1 446 册，创造了该书海外出版发行的又一佳绩。2016 年 1 月 10 日，《习近平谈治国理政》一书研讨会在印度国际书展期间举办。印度总统新闻秘书拉加穆尼在致辞中强调，中国历史文化源远流长，对印度而言，没有哪一个国家像中国一样重要，印度民众应当更多地了解中国，学习中国文化。

---

① 何明星，李丹. 使命感　责任感　历史感：2018 年中国出版"走出去"[J]. 出版广角，2019 (5)：25-28.

中国与"一带一路"沿线国家和地区在进行交流合作中也推动了中国学术著作走出去。自2010年中华外译项目立项以来，到2020年，立项语种多达16种，小语种外译项目逐渐增多，反映出中国正在不断加强与"一带一路"沿线国家的文化交流传播。据统计，截至2019年，中华外译项目中英文外译依旧占比最高（58.6%），主要传播地区涉及西方各国。[①] "一带一路"沿线国家的外译文版总体占比较少，传播力度相对较小，启示未来更加深入推进"一带一路"沿线国家学术对话，把中国学术著作传播得更远更深。

另外，以中华文化思想集大成者的中医药文化外译和传播为例，中医药传统文化在东南亚、东亚以及部分西亚北非地区，有着广泛的受众群体。最早出现于有相同文化背景的东北亚、南亚等中华文明辐射范围内的国家。其中日本应是最早传入中医药文化的国家，早在被秦始皇派入扶桑的徐福船队中就有医者，他们应是最早将中医带到国外的人。直至现在，日本和朝韩还保留着大量的中医传统。至元明清时期，大量传教士进入中国，其中以利玛窦、卜弥格等人贡献最为突出，他们翻译了部分中医典籍，并开启了中医在西方较为频繁的传播活动。[②] 中医药图书在亚洲国家与地区的外译传播，一直备受关注，也是这些国家的重点出版译著。

2. 非洲国家和地区

中非友谊源远流长、历久弥坚。中非良好的外交关系历经时代和环境变迁的考验，给培养良好国际关系树立了典范。在习近平新时代背景下，中非合作朝着更高质量、更惠民生的方向发展。随着中非全面战略合作伙伴关系的政治基础不断被夯实，中非合作新成果、新进展亦不断涌现。

我国文化外译逐渐扩大及非洲国家和地区，从中华学术外译项目语种选择来看，周边国家以及非洲、拉美等地区的语言备受关注。中国驻南非大使馆分别于2017年12月5日和7日在比勒陀利亚、开普敦举行了两场书评会。《习近平谈治国理政》（第2卷）得到了当地学者和政府官员的高度赞誉，被称为"所有政党的行动指南"。2018年，在中非合作论坛北京峰会召开前夕，中联部连续推出两支视频《美美与共》和《我读〈习近平谈治国理政〉》，引发网友广泛关注。视频显示，不少非洲政党和政治组织的领导人被会场外的《习近平谈治国理政》一书所吸引，很快摆放了一桌的书籍被"一抢而空"。作为国家新闻出版广电总局主

---

① 高芬，何倩妮. 国家社科"中华学术外译"项目研究回顾与展望：基于2010—2019年的CNKI文献计量分析 [J]. 陕西理工大学学报（社会科学版），2020，38（6）：53-59，66.

② 鲁旭. 中医文化的海外传播与翻译 [J]. 晋阳学刊，2019（3）：141-143.

导的"中国优秀电视剧走进东非"项目的典型代表,中国电视剧《媳妇的美好时代》在坦桑尼亚的播出受到当地群众的好评和热烈拥护。2018年10月,中国画报出版社的《中国援非医疗队》阿拉伯文版入选中国图书对外推广计划。

3. 欧美国家和地区

欧美是欧洲和北美洲的统称,从地理上来讲,主要指欧洲、北美的国家,外加南半球的新西兰和澳大利亚,但由于历史原因,其文化统一溯源欧洲,归属西方文化。这一地区以往长期占据世界文化的中心和高地,有一套较为成熟完整的文化体系,同时向世界其他地区输出自己的意识形态、文化文学理念等价值研判。[①] 与此同时,中国一直以来从国家和民族的大局出发,积极谋求同西方各国的外交发展,具有重要的现实意义。习总书记在多个场合重申中国的发展战略高度重视和平发展,这也是与其他国家形成良性互动的坚实基础。

自改革开放以来,中国持续保持高速发展态势,国际社会越发关注我国的发展模式、道路和经验。由于我国采取的发展道路,与大部分西方国家的治理模式截然不同,这也引发了外部世界持续关注我国发展经验的浓厚兴趣。陈双双提出,以中国政治文献向西方国家翻译传播为例,基于国际舆论的大环境,主要是由西方主导的话语权所控制,加之文化、历史、意识形态等方面的原因,西方主流话语对中国存在许多偏见和误解,此举旨在改变各国对中国的舆论环境,平衡和制约西方话语的霸权。中国需要发出自己的声音,因此,中国文化对外翻译传播的意识越来越强。[②]

2015年3月,距离白宫不远的美国最大零售连锁巴诺书店将《习近平谈治国理政》一书的英文版设置在了"时政"的架位。2015年5月,《习近平谈治国理政》研讨推广会在美国举行,此研讨会打开一扇了解当代中国之窗。从媒体视角来看,在美国、澳大利亚、欧洲等发达国家和地区,媒体重点报道该书主张的中国和平外交政策、军事改革、全球治理、"一带一路"倡议和新型大国关系理念等主题内容,以此来加深西方国家政党对于中国发展经验和模式的了解。

中国当代文学取得了辉煌成就,当代小说创作硕果累累,大量脍炙人口的小说名扬四海,获得西方世界各路精英读者的高度认可与评价。美国托尔出版社于

---

① 何明星. 欧美翻译出版中国当代文学作品的现状及其特征 [J]. 出版发行研究,2014 (3):15-18.
② 陈双双. 构建中国政治文献外译研究体系的现实意义 [J]. 天津外国语大学学报,2020,27 (3):100-108,159.

2017年初在其官网登出前总统奥巴马和著名书评家的谈话,其中有关中国作家刘慈欣所著的《三体》小说,均得到两位的高度赞誉,认为该书"想象力非常丰富,非常有趣"。曾获得世界科幻奖、雨果奖等多个世界文学奖项的著名作家乔治·马丁也认为《三体》是"一本极具突破性的书,是对于哲学和科学的猜测,将宇宙论、历史和政治进行的独特组合"[①]。2019年,英法中三国出版社共同签订了《人民的名义》版权。同年,英国发布了新版的《哪吒闹海》《美猴王》《精卫填海》等一批中国优秀传统民间故事,受到当地读者的追捧。在中国图书"走出去"的过程当中,一些中国热点问题、中国文学、经济书籍等也都备受关注。如《手机》《我的丈夫溥仪》《陕西作家短篇小说选》等。

★ 第三节　翻译传播影响 ★

随着我国综合国力和国际影响力的不断增强,文化走出去的呼声日渐高涨,中国文化"走出去"日渐成为我国建设文化强国的重要策略。在这样的语境下,"文化外译"和"文化传播"成了文化强国建设的重要载体。中国的世界影响力需要政治、经济、军事等硬实力的保障,同样更离不开文化这个软实力的吸引和感召。在如此时代大背景下,中国文化翻译与传播的重要性不置可否,对于中国乃至世界很多国家都有着经济和文化等方面的影响。

一、经济影响

新时代中国优秀成果外译与传播带动了我国翻译活动文化产业国际化发展进程,有助于促进我国文化发展配合市场经济步调,提升文化产业国际化。从经济学的角度来看,中国优秀文化外译与传播为文化宣传和文化发展等文化活动搭建了沟通渠道。在信息化迅速发展的今天,无论是外译方式还是传播渠道都已打破传统,出现了翻天覆地的变化,大大提升了翻译和传播效率,缩短了译出时间成本,增加了传播效益。同时,新时代中国优秀文化外译与传播正在逐渐形成一条条文化外译产业链,促进国内外翻译和文化企业提升效益。胡惠林指出中国现当代优秀文化外译与传播是中华文化"走出去"的重要路径,也是对文化产业领域

---

① 何明星. 中国当代文学的世界影响评估研究:以《三体》为例 [J]. 出版广角,2019 (14):6-10.

中"经济走出去"的必然补充。① 挖掘背后深藏的原因是现存的巨大文化贸易逆差与我国的大国地位不相符合，必须通过转变这种逆差，克服全球化进程中我国文化产业落后的局面，从而提升国家文化地位，维护国家文化安全。

新时代中国优秀外译成果与传播将中国文明传向世界。以图书推广为例，中国政府坚持把控外译书稿的翻译质量，以谋求更深远的海外影响力和国际传播力。中国政府坚持拓展外译图书的国际主流发行渠道，促进"走出去"战略下中国优秀外译成果经济效益与社会效益并行，采取合作翻译与出版模式，使更多优秀的外译图书落地目的国家和地区，借用外方出版机构和销售渠道，增加图书海外发行量。随着中国综合影响力的日益增强，世界出版市场逐渐将焦点对准了中国主题图书市场。新时代中国不断加强主题图书外译出版发行与传播，这对于阐发中国共产党在实现中华民族伟大复兴道路的过程中，领导中国人民实现从"富起来"到"强起来"的伟大历史实践具有重要的价值和作用。何明星通过研究中国主题相关的数据库、图书、报刊、电子书等海量互联网资源出版物和逐年递增的学术论文，发现其数量和热度正在逐年递增，堪称当今世界的重中之重。② 自改革开放到新时代历史背景下，中国正迎来从"富起来"到"强起来"的伟大飞跃，这也全面客观反映出在社会主义建设的时代背景下，我国跨越式发展的特点。以中国主题图书出版为例，中国主题图书的内容和模式从单一到多元、从涉猎中国自然风光、历史遗迹、地方资源等逐渐深入到中国党建、经济发展、历史传统和文化资源等相关内容。

新时代中国优秀外译成果与传播有助于讲好中国故事，让世界了解中国。新时代中国优秀成果的外译与传播影响广泛，涉及亚洲、非洲、欧洲、美洲和大洋洲等地的地区和国家。伴随中国和平发展的外交方针和"中华文化走出去"战略的实施，新时代中国优秀成果的外译与传播也让越来越多的外国人开始了解中国文化，甚至热衷融入中国生活，在很大程度上把中国广播电视产业、影视产业和旅游产业等相关文化产业的国际化发展逐步推向高潮。

广播电视是中国文化对外传播的主要窗口之一，我国现有建成的国际合作平台，如"一带一路"项目经济带，对于中国广播电视节目在全球的推广传播起到了很好的促进作用，也更有利于塑造更真实和更优秀的中国国际形象。通过打造

---

① 胡惠林. 文化民权：国家文化软实力建构的战略基础和价值取向 [J]. 探索与争鸣，2010 (10)：68-71.

② 何明星. 从"阐释中国"到"中国阐释"中国主题图书"走出去"：70年回顾与展望 [J]. 人民论坛，2019 (25)：128-131.

国际知名的中国权威广播电视奖项，可以提升中国电视电影等广电节目的国际话语权。在提高我国对外影视作品时效性与可信度的同时，广播电视传播业要力求打造具有中国特色的品牌。同时，我国电视传播业正积极融入媒体融合的浪潮，在传播生态体系中扮演合适的角色，通过资本手段进行大规模媒体形态整合，优势互补，以更加整合的力量进入国际市场。另外，作为世界范围传播的文化作品，影视作品不仅代表着我国文化经济的发展情况，在展播的同时也是在对外宣传我国的文化形象。[①] 因此，我们必须加强国际合作，加强影视作品的翻译传播，促进中国优秀影视作品走向海外，打造国际化影视产业链。

除了影视传播行业带来的经济效益，旅游产业同样也拉动了国内的经济发展。中国拥有丰富的文化旅游资源，自改革开放以来，中国逐渐变为国际旅游的主要目的地。随着全球化经济的迅猛发展和中华文化受到海外热捧，中国国际旅游产业迎来了新的发展机遇，越来越多的中国入境游客来中国了解我国的文化和历史古迹，体验我国的风土人情。根据世界旅游组织的统计数据，我国在2017年有来自210多个国家或地区的入境游客，本土公民的出境目的地也达到了180多个国家或地区。[②] 在这些数字的背后，体现了我国与他国之间的人员往来、信息流动、商品贸易和资本流动，更从深层次促进了不同文化之间的交流互鉴，推动了中华文化走向世界。由此可见，加强旅游行业的翻译与传播，可以更好地塑造我国国家形象，大大提升我国的文化软实力与国际地位。

综上，各项文化产业的国际化与文化的对外传播紧密联系，息息相关。两者发展往往呈正相关，一者强则另一者更强，双方互为前提，相互促进和发展。可以说，文化贸易产业是促进文化交流和对外传播的有效载体，有益于增进国家之间的理解和民心相通。文化翻译传播将成为人类命运共同体建设的重要手段和重要内容，是人类命运共同体建设不可或缺的部分。

二、文化影响

中华民族在奋斗之中培育和发展了博大精深、历久弥新的中华文化。中国对外文化交流以非物质文化遗产、汉语、武术、中药和节日民俗为代表，中国优秀文化项目正在世界舞台上焕发光彩。世界文化背景各异，通过准确有效的翻译，

---

① 赖敏，方杰. 网络文学影视改编的文化产业影响研究［J］. 西南石油大学学报（社会科学版），2018，20（3）：78-87.

② 梁茹，孙根年. 中国与140个伙伴国出入境旅游市场反转及影响因素分析：基于1995—2016年客流量数据［J］. 陕西师范大学学报（自然科学版），2018，46（5）：108-119.

讲好真正展现中国精神的、外国人感兴趣的、与其利益和生活息息相关的中国优秀文化故事可以增强中华文化的吸引力和传播力，传承和留存中华文化记忆，提升中外文明交流互鉴，扩大中国国际影响力，提升中国文化软实力。骆玉安指出，推动中国现当代优秀文化成果的外译与传播，实施文化"走出去"战略，有助于扩大中国现当代文学的影响力，营造中国和平发展的国际环境，增强文化产业竞争力。① 新时代中国优秀成果的外译与传播，有助于夯实文化自信的内涵基础。在弘扬传统文化和推动现当代文化的今天，习近平新时代中国优秀成果外译将二者有机结合在一起，将中华传统文化精髓与现当代文化融会贯通，将新时代中国文明推向海外，重塑中国文化自信。

随着我国国际影响的日益提升，中国传统文化中中医中药、民族服饰、琴棋书画、传统节日、传统戏曲、民俗文化、中华武术等在海外的影响辐射范围不断扩大，影响力逐渐升高。2013年"一带一路"倡议的提出，为"中华文化热"持续升温，为中华医药、中华武术等中华传统文化的传播与发展提供了新机遇。本节以中医药文化、武术文化、传统节日和茶文化为例集中介绍中华传统文化的对外翻译传播与影响。

中医药文化是将中华民族传统的中医药本质融合进中华民族特色物质文明和精神文明的集中体现。近年来，中国医学文化带着强劲势头走向世界，中西方医学人才和学术交流已经成为常态。据不完全统计，目前国内外从事中医行业的人数多达30余万，每年接受中医保健服务的当地人和华人大致有30%和超过70%。② 中医开始时间早，传播范围广，并以其不同于西医的治疗方案、显著的治病防病效果以及所蕴含的价值观，受到了世界多达180余个国家和地区民众的广泛认同与接纳。目前，分布于大洋洲、欧洲、美洲和亚洲的中医孔子学院共有五所。它们促进了中医药的对外传播交流，让更多的外国人了解中医，发挥了良好的中医文化传播功能。③ 在以汉语教学为主的孔子学院基础上创建的中医孔子学院，不但为国外读者深入阐释了五行、阴阳、气等核心中医药术语，还向广大外国受众普及中医药知识以及介绍中国文化。④

---

① 骆玉安. 关于实施中华文化走出去战略的思考［J］. 殷都学刊，2007（2）：153-156.
② 中医药"出海"硕果累累，已传播到183个国家和地区［EB/OL］.（2017-12-06）［2020-08-30］. http://www.cinic.org.cn/hy/yy/412183.html.
③ 王思懿，张春月，陈铸芬. 伦敦中医孔子学院中医药传播研究［J］. 中国中西医结合杂志，2018，38（5）：621-624.
④ 常玉倩. "一带一路"倡议下中医药文化传播策略：以《中医文化关键词》为例［J］. 出版广角，2020（6）：62-64.

中国武术源远流长，既是中华民族传统文化之瑰宝，也是世界文化遗产的重要组成部分。有史可考的武术英译始于乾隆年间，而早在汉朝时期，中国武术就已被译介到日本及西域各国。① 武术书籍是中国传统武术文化对外传播的重要载体，借由武术古籍这一重要传播途径，中国与朝鲜实现了武术文化的交流和转移。据记载，中国武术古籍自明朝中后期开始陆续东传朝鲜半岛。② 近代以来，中华武侠功夫片在海外广受好评。新时代以来，"一带一路"倡议的提出为中国武术走出国门提供了新的时代命题和历史机遇，同时也夯实了传播基础，扩宽了传播区域，让"源于中国"的武术，真正"属于世界"。③ 目前，海外孔子学院等积极发展武术对外教育，国际上常常通过举办重大武术赛事等方式促进国际武术跨文化交流活动，鼓励发展武术文化产业例如影片《花木兰》《功夫熊猫》等，使它们作为载体通过外译传播，推进中国传统文化走出去。

中华传统文化节日构成了中华民族传统文化的重要一环。以春节为例，春节的海外认知度和接受度最广。2019 年，超过 133 个国家和地区在文旅部的组织下，开展了多达 1 500 场全球"欢乐春节"活动，活动涵盖了冰雪龙舟、庙会、展览、非遗互动等 30 多种类型。④ 海外各个国家领导向中国及全世界华人恭贺新春、民众以各种形式庆祝中国春节已不是新鲜事。不少西方民众对于中国春节的习俗有所了解，这也是近些年来中国传统节日"走出去"的积极成果。⑤ 农历春节是中国节日文化的代表者，向海外国家翻译传播中国传统的春节文化是对外译介中国节日文化的最佳选择。

中国茶文化历来在传统文化中占有举足轻重的地位，早在汉唐时期就走上了海外翻译传播之路。目前，已经有许多与茶文化相关的译著在国际上广受欢迎。其中，有多语种译文的《茶经》作为承载着中国茶文化核心内涵的著作，为我国传统茶文化的对外翻译与传播提供了很多有借鉴价值的经验。⑥

新时代中国优秀成果外译与传播有助于对外文化交流与多层次文化对话，打

---

① 张莺凡. 武术英译的历史回顾与研究 [J]. 成都体育学院学报，2014 (7)：17 - 20.
② 蔡艺，郑燕. 中国武术古籍在朝鲜半岛的传播与影响 [J]. 武汉体育学院学报，2020，54 (8)：51 - 56，64.
③ 王国志，张宗豪，张艳. "一带一路"倡议背景下中国武术国际传播偏向与转向 [J]. 武汉体育学院学报，2018，52 (7)：70 - 74，87.
④ 张一琪. 春节：是中国的，更是世界的 [N]. 人民日报海外版，2019 - 02 - 04 (5).
⑤ 吴雅云. 镜像理论视阈下的中国传统节日海外传播研究 [J]. 吉林省教育学院学报，2020，36 (11)：143 - 146.
⑥ 董宁. 利用茶文化翻译消除中医国际传播中的"文化折扣" [J]. 福建茶叶，2017，39 (11)：244 - 245.

破文化交流互鉴中的语言壁垒，这在很大程度上会减轻跨文化交际过程中因文化差异引发的摩擦与误解，从而提升文化适应性和目的国家受众的接受度。新时代中国优秀成果外译与传播还有助于促进文化教育交流，为中国传统文化和现当代文化教育注入新的活力。历史经验告诉我们，国家与国家之间的文化教育只有通过交流、合作、取长补短才能够获得共同繁荣发展。目前新时代中国优秀成果的对外翻译传播，高度融合了期刊图书等传统媒体和以互联网、电视为代表的融媒体等不同媒介，带动中华文化高质量与高效地走出去。

新时代中国优秀成果外译与传播还带动了中华文化相关文化产品翻译、出版与传播人才的培养。国家重点扶持并设立中华文化传播基金和中华文化传播工程等，组织国外中华文化教育机构、优秀汉学家、青年学者与中华文化爱好者等形成系统性翻译与传播架构，有组织、有计划地进行关于中国政治、经济和文化经典等优秀成果作品的"走出去"。在中华文化优秀译著文版大幅度增多的同时，中华文化走出去战略也在逐渐加大对各种小语种人才的培养与培训，例如泰米尔语、旁遮普语、土耳其语、普什图语、祖鲁语等语言。中国文化产业近10多年来不断发展壮大，取得了丰硕的成果。根据国家统计局2019年最新统计数据年鉴信息可知，2008年中国文化及相关产业的增加值总额为7 630亿元人民币，占GPD总额的2.39%，2013年文化产业增加值总额在GPD中占比首次突破3%，达到3.36%，为当时的历史新高，同年文化及相关产业增加值总额达到18 071亿元人民币；在接下来的五年中，文化产业的增值数量不断攀升，从2014年的24 538亿元，增加到2016年的30 785亿元，2018年达到了38 737亿元。2014—2018年间，文化及相关产业的增加值在GDP中的占比也有了新的突破，在2017年占比首次突破4%。文化产业整体呈现出稳步增长的态势。在新时代背景下，要实现中国出版业"走出去"，需要我国政府营造更加健康的行业环境，出版企业必须明确各自竞争优势，推动我国图书商品、版权及行业流程规则走向国际市场。在中华文化优秀译著传播中，图书出版、影像传播采用中外合作、合资等多种形式制作生产各式各样包括新媒体在内的文化产品，扩大中华文化的影响力，拓展传播渠道。[①] 除了中国优秀图书在翻译传入国家与地区备受欢迎之外，中国影视文化产品也在这些国家与地区广受喜爱与好评。成立于2008年的掌阅是一家专注于数字化阅读的移动阅读分发平台。平台于2015年抓住国家

---

① 何明星."一带一路"国家、地区中国图书翻译出版的现状与应对[J].出版广角，2015 (14)：20-22.

"一带一路"倡议契机,推出了海外版,将中东欧、东北亚、和东南亚列为优先发展区域,积极培育合作伙伴,与当地文化紧密融合,是首个成功进军海外的国内阅读品牌。信息技术的快速发展使得中国文化海外业务发展不可避免地需要把汉语版数字信息翻译成目的语信息在目的语国家或地区广泛传播,从而实现中华优秀文化真正走出去,而提高翻译的质量和传播的效果能在中华优秀文化"走出去"的基础上实现中华优秀文化真正"走进去"。

★ 第四节　翻译传播与中国马克思主义国际化 ★

习近平新时代党和国家长期坚持的指导思想是中国特色社会主义思想,是原创的中国马克思主义,也是马克思主义中国化的最新成果。与马克思主义中国化相对应的是中国马克思主义国际化,前者是将马克思主义普遍原理与中国实际相结合,而后者则以前者为理论基础,要求与国外学者进行实质性对话,使得中国化马克思主义成为与中国的经济和政治地位相匹配的理论科学,成为在国际上有影响力的思潮。

要推进中国马克思主义国际化,就需要大力支持优秀的中国马克思主义成果外译传播,鼓励学者用外文尤其是英语进行写作,把中国马克思主义经典著作翻译传播出去,以扩大其国际影响力。党的十八大以来,以习近平同志为核心的新一代党中央领导高举中国特色社会主义伟大旗帜,紧紧围绕新时代坚持和发展什么样的中国特色社会主义,以及怎样坚持和发展这一难题,实现了新时代马克思主义的中国化,逐渐形成了习近平新时代中国特色社会主义思想,[①] 彰显了对马克思主义的原创性贡献。[②]

习近平新时代以来,在马克思主义中国化理论成果指导下,中国共产党带领着中国人民奋斗不息,为实现中华民族的伟大复兴和现代化而努力着。同时,中国政府正积极实行"走出去"战略和全方位外交活动,将中国经验、中国道路和中国模式带入与世界的交流和对话中,突出其在解决和应对人类共同面临的问题时的价值与意义。习近平新时代,中国马克思主义国际化就是将新时代中国马克

[①] 邹文通,肖仕平. 新时代马克思主义中国化的逻辑演进与理论跃升 [J]. 东南学术,2018 (5):18-24.

[②] 习近平新时代中国特色社会主义思想:彰显对马克思主义的原创性贡献 [EB/OL]. (2018-09-18) [2020-08-30]. http://www.china.com.cn/opinion/theory/2018-09/18/content_63573227.htm.

思主义的成果和经验翻译传播向世界，为世界文明的发展做出贡献。以习近平为核心的党中央提出增强中国特色社会主义的道路、制度、理论和文化自信，推进中国政治话语体系建设，加强中国的国际话语影响力，最终获得更多国际话语权，这正是中国马克思主义国际化的必然结果，以此重塑大国形象，纠正西方国家对于中国文化的误解。中国外交正以宏大的格局、伟大的笔触、雄伟的气魄，引领中国走向世界舞台的中心。它充分展示了中国的外交自信和风采，开拓中国大国外交的新局面，凸显了中国特色的大国外交风格。[1] 中国政府坚持理论和实践的自主性，捍卫话语的独立性，理直气壮地讲清楚中国特色社会主义理论内涵和实践追求。

习近平新时代中国特色社会主义思想融合了当代中国马克思主义、21世纪马克思主义以及以习近平为核心的党中央提出的诸多原创性思想观点，真正称得上是中国马克思主义。韩庆祥认为，习近平新时代中国特色社会主义思想胸怀两个大局，直面当代中国、当今世界，回答了世界社会主义运动的中心转移到当代中国以后突显出来的中国之问、世界之问、时代之问和人民之问，破解了一系列具有总体性、战略性、根本性的问题，为创新发展21世纪马克思主义做出了原创性贡献。[2] 这是习近平新时代中国特色社会主义思想最具特色的原创性话语。新时代中国特色社会主义思想有关"一带一路"建设、全球治理、人类命运共同体等重要思想，也为解答当今世界难题贡献了中国智慧和中国方案，为全球话语体系的重建做出了独具中国特色的贡献，让中国化的马克思主义走向世界，走向未来，推进实现中国马克思主义的国际化。

一、新时代中国马克思主义国际化的内容

习总书记立足中国的具体发展，高瞻远瞩以中华优秀传统文化和马克思列宁主义为指导，在应对国际发展的问题上，逐步形成了一系列影响深远、行之有效的治国理政思想。《习近平谈治国理政》系列丛书翻译成多种语言传播到世界各地，受到各国读者的欢迎，尤其是一些国家的政治领导人对该丛书给予了高度的评价。除此之外，近些年，国际书展上由相关大型出版社推出的重点外宣图书也颇受欢迎，涉及的语种多样化，主要有：谢春涛的三部曲《中国共产党如何治理

---

[1] 崔小娟. 叙事学视野下政论专题片的特点分析：以《大国外交》为例 [J]. 传媒，2018（02）：64-65.

[2] 杜利娟. 中国话语体系建构的"道"与"术"：第三届中国话语高端论坛综述 [J]. 理论视野，2020（11）：109-112.

国家?》、《中国共产党如何治党?》和《中国共产党为什么能?》;"读懂中国系列丛书";《中国道路与中国梦》;武力的《小康之路》、《中国(1949—2014)》;黄慧英的《拉贝传》和汤一介的《中国文化精神》等等。① 这些重点外宣图书的外译与传播对提高中国国际话语权,提升中国的国际软实力发挥了很好的作用。下面就马克思主义中国化最新成果进行梳理,向世界展示用于指导解决中国问题和世界性难题的中国马克思主义,包括其新的观点、新的理念和新的方法。习近平新时代中国特色社会主义思想的对外翻译传播是新时代中国马克思主义国际化的主要内容,因此,治国理政、中国梦和人类命运共同体三个方面的对外翻译传播构成了这一时期中国马克思主义国际化的主要内容。

1. 治国理政思想

新时代中国马克思主义国际化最突出的内容就是有关习近平治国理政思想的对外传播。中国马克思主义国际化在新时代提出了新的要求,在立足中国特色社会主义思想的基础上,对内对外讲好新一届政府治国理政的经验和故事,小到普通老百姓拼搏奋斗的故事,大到国与国交往,促进世界和平的故事,全面客观的对外传播,让各国加深对中国的了解,以构建中国对外话语体系。中国对外话语体系不光是侧重于话语,更是中国精神、道路和力量的中国术语表达。这些中国术语和中国表达的国际化程度决定了中国国际话语权的大小。有了真正的中国话语,才能真正表达中国道路、中国力量和中国精神。基于新时代中国特色社会主义思想和中华优秀文明,中国对话体系建设要不断从中寻找和凝练中国话语的对外表达方式。新时代中国优秀成果外译借助翻译和传播手段把表达中国精神、反映中国力量和描述中国道路的话语传向世界。习近平总书记系列重要著作集中蕴含着马克思主义中国化思想,是最能体现习近平新时代中国特色社会主义思想的成果。习近平新时代中国特色社会主义思想的成果作品外译重点包含宣介习近平新时代中国特色社会主义思想及习总书记相关著作和重点外宣图书,还包括讲述和展现中国人民拼搏奋斗的故事、实现国家和个人梦想的故事、中国政府治国理政对外交流、促进世界和平发展的故事等相关的影视图书。

进入新时代以来,中宣部会同有关部门和单位合作外译出版了以《习近平谈治国理政》(1—3卷)为代表的多语种中国治国理政相关著作,详细出版信息如表7-4:

---

① 梁怡,杜意娜. 新中国开展国外中国学研究的进程与思考[J]. 北京联合大学学报(人文社会科学版),2019,17(3):18-28.

表7-4 《习近平谈治国理政》(1—3卷) 外文版出版信息概况

作品名称	内容简介	外译文版	译者	出版社	出版时间
《习近平谈治国理政》(第1卷)	十八大闭幕至2014年6月13日期间习总书记的重要讲话 共涉及18个专题,包括贺信、谈话、批示、演讲等79篇	33个语种、38个版本(中、英、日、德、葡、法、西、俄、阿等文版)	外文出版社	外文出版社	2014年9月
《习近平谈治国理政》(第2卷)	2014.8.18—2017.9.29期间习总书记的重要讲话 共涉及17个专题,包括贺电、批示、讲话、演讲等99篇	12个语种、15个版本(中、英、法、俄、阿、西、葡、德、日等文版)	中央编译局、外交部等单位专家在内的国家精英翻译团队,还包括1名外国校审专家,2位外国专家协助及7位最终定稿人	外文出版社	2017年11月
《习近平谈治国理政》(第3卷)	2017.10.18—2020.1.13期间习总书记的重要讲话 共涉及19个专题,包括贺信、指示、演讲、报告等92篇	英文已出版 17国的知名出版机构已同外文出版社签署第3卷国际合作翻译出版备忘录,分别为:阿尔巴尼亚、波兰、罗马尼亚、白俄罗斯、乌克兰、阿富汗、柬埔寨、尼泊尔、老挝、孟加拉国、泰国、印度、巴基斯坦、斯里兰卡、塔吉克斯坦、吉尔吉斯斯坦和蒙古国	集中资深外籍专家、翻译骨干和权威终审定稿专家进行翻译、润色和审核	外文出版社	2020年6月

以上表中列出的1—3卷均由中宣部会同有关部门和单位联合修订,经由中外专家翻译审定润色,最终在海外多个国家出版发行。最新的第3卷除了已出版发行的英文版,中国外文局外文出版社也于2021年3月,与17国的著名出版社签订了有关第3卷的中外合作出版翻译备忘录。在中华文化"走出去"的大背景下,以《习近平谈治国理政》(1—3卷)为主,反映习近平新时代中国共产党治

国理念的优秀作品在国外多家权威出版机构以不同语种、版本的形式出版发行，并经由主流媒体进行传播，受到当地民众的广泛好评和关注，为国际社会了解中国共产党和中国发展现状搭建了一架桥梁，也为国内党员干部和普通群众领会学习习近平新时代中国特色社会主义思想理论提供了素材。习近平新时代中国特色社会主义思想的成果作品外译传播旨在关联中国与世界发展，积极引导国际社会加深对中国客观、立体、全面的认识，消除对中国的错误认识，将国际社会的良好大国形象不断提升，进而促进世界各国的共同发展。① 此外，在由"丝路书香工程"资助的图书中，据统计，共有16种有关习近平的著作出版翻译，涉及92个项目。其中包含《习近平谈治国理政》（第1卷）蒙古文、泰文、越南文、乌尔都文4个语种；《习近平讲故事》阿文、法文、西班牙文等19个语种；《习近平讲故事》（少年版）阿文、俄文等13个语种；《习近平用典》阿文、俄文、法文等6个语种；《习近平用典》（第二辑）蒙古文、阿拉伯文、俄文等6个语种；《平易近人：习近平的语言力量（外交卷）》阿拉伯文、俄文、土耳其文、老挝文、越南文、泰文6个语种；以及《习近平新时代治国理政的历史观》《学而时习之》《平"语"近人：习近平总书记用典》《习近平新时代中国特色社会主义三十讲》等总书记相关著作的多语种版。②

继该书之后，人民日报出版社的《习近平用典》中文版2015年出版，2018年出版了第二辑，并输出阿拉伯语、波斯语、土耳其语版权。2018年11月，二十国集团领导人第十三次峰会召开前夕，基于《习近平用典》中文版整理并用西班牙语翻译的《习近平喜欢的典故：平"语"近人》一系列视频全球上线，由美洲传媒集团下属的24频道在当地黄金时段播出。从一开始中文图书的出版到后来翻译成多语种图书出版，最后到联合各种融媒体推出视频，多种传播方式有利于各国民众更准确、便捷地了解中国执政领导的治国理念、中国梦的内涵以及中国特色社会主义的发展目标，更有利于世界深入地读懂中国。③

《之江新语》于2018年11月由外文出版社出版西文文版，2019年6月出版日文版，此外，涉及语种还包括英、法、日、俄、阿、西、葡、德等多语种。

---

① 赵秋迪.中国共产党主要领导人著作对外宣介述略及路径探赜[J].出版发行研究，2020（11）：88-94.

② "十三五"时期"丝路书香工程"成果卓著[EB/OL].（2020-12-28）[2021-01-30]. http://www.chinawriter.com.cn/n1/2020/1228/c403994-31981063.html

③ 何明星，李丹.使命感 责任感 历史感：2018年中国出版"走出去"[J].出版广角，2019（5）：25-28.

《之江新语》是中国国家主席习近平在浙江主政期间，从省域层面对国家治理进行了理论和实践的探索，收录了习近平在2003年2月至2007年3月期间发表在《浙江日报》专栏的232篇短论的集锦，被认为是学习研究习近平新时代中国特色社会主义思想的重要文献。另外一套著名的"读懂中国系列丛书"是国家创新与发展战略研究会与中国外文局合作，聚焦党的十八大以来，以习总书记为核心的新一届党政领导治国理政的实践，以新时代中国特色社会主义思想为立足点，多角度解读处在重大历史转折点和民族复兴进程中的中国，分享中国智慧与经验，讲述中国的发展与奥秘。2018年英文版《中流击水：经济全球化大潮与中国之命运》由外文出版社出版，同年《读懂中国脱贫攻坚》英文版出版。习近平治国理政相关著作及与新时代国家治理相关文献的外译传播为新时代中国马克思主义国际化发挥了重要作用，为马克思理论提升国际视野及马克思理论再升华做出了重要贡献，为与中国社会实际相结合所产生的能够解决中国问题的中国马克思主义用于回答和解决国际问题提供了机会和可能。

2. 中国梦思想

新时代中国马克思主义的又一重要理论成果是"中国梦"。该概念首次提出是在2012年11月习总书记参观国家博物馆《复兴之路》展览的时候。习总书记指出"中国梦"的核心就是人民幸福、民族振兴、国家富强。此后，有关"中国梦"的外译传播就成了新时代中国马克思主义国际化的又一内容。《习近平关于实现中华民族伟大复兴的中国梦论述摘编》于2014年6月由外文出版社翻译出版，该书描绘了人民幸福、民族振兴、国家富强的美好前景，生动形象地刻画了中国人民的共同理想追求，把习近平同志有关中国梦的著名论述外译传播至海外各国。该摘编外译语种涉及英、法、西、俄、日、阿等六种语言，共涉及八个专题，总共摘录有关中国梦的重要论述146段。描述中国梦的又一重要著作是《摆脱贫困》，2017年由外文出版社出版，同时将其翻译为英法语种出版发行。书中图文并茂记录了习近平同志在20世纪80～90年代曾任中共宁德地委书记期间的工作情况和重要讲话。以上摘编及著作的出版和外译传播使中国共产党人新时代的奋斗目标和中国人民的生活追求更好地被国际社会所了解。具体来说，消除贫困，使人民物质生活不再贫困，过上幸福生活，最终实现国家和民族的富强，就是中国梦的最好诠释，也是中国共产党人为之进行终身奋斗的目标。中国梦的外译传播对世界了解中国，对中国马克思主义国际化有着最现实的意义，对于世界上落后国家的人民来讲，中国梦的国际化传播将会催生所有落后国家的梦想，以及各国政府消除贫困的梦想。因此，中国梦的成功外译传播将会使其成为世

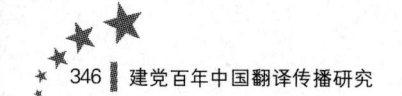

人民的梦和地球人共同的梦。

3. 人类命运共同体思想

党在十九大报告中，重申并给予了"中国梦"新的时代内涵，它与全体中国人民追求美好生活的向往紧密联系，与全人类的共同命运息息相关。由此，中国马克思主义的国际化又增添了人类命运共同体这一最新的重要内容。

党的十八大以来，共建"一带一路"倡议在习近平总书记和党中央的推动下从愿景变为现实，成为构建人类命运共同体的重要载体和实现路径。"一带一路"倡议的提出着力打造文化包容、经济合作、政治互信的责任共同体、利益共同体和命运共同体。其中一条主线便是打造互利共赢的命运共同体。代表性著作是《论坚持推动构建人类命运共同体》，该书集中收录了习总书记自2013年起关于构建人类命运共同体的一系列重要阐释，详细回答了一系列关乎人类命运前途的重大课题，为新时代构建全球人类命运共同体贡献了中国经验和中国智慧。目前由中央党史和文献研究院统一组织翻译的英法日文版已正式出版发行。

将人类命运共同体的理念落到实处，最经典的体现是在2020年中国抗疫故事里中国政府始终坚持的人民利益至上，以及体现出的不屈不挠、万众一心的中国精神。中国政府始终秉承共同构建人类命运共同体的原则，积极加强与各国的合作，主动帮助有需要有困难的国家，树立负责任的大国形象，彰显了中国经验对世界抗疫的积极影响。在中国国内疫情还没有彻底结束时，党中央始终秉持构建人类命运共同体的理念，尽自己所能向疫情较为严重，需要帮助的国家和地区提供医疗队伍和援助抗疫物资，展现出新时代负责任的大国形象。中国外文局和相关图书出版文化交流机构相继成功推出中国抗疫图书。在国际防疫大背景下，除了传统的纸质书出版，更多的书籍以电子书的形式输出海外。中国抗疫主题图书的出版，以高质高效、多语种为特点，向全球抗疫事业交出一份满意的中国答卷。[①] 中国抗疫成功经验相关图书的外译传播展现了中国政府和中国人民世界大同的传统思想，更生动诠释了人类命运共同体这一原创的中国马克思主义理论的时代意义和价值。

2020年3月10日，中国外文局开展抗击疫情系列出版物全球"云首发"仪式。外文局下属的七家出版社快速反应，在时间紧任务重的背景下，紧急策划出版了一系列以抗击疫情为主题的多语种图书，出版概况如表7-5：

---

① 刘濛，隅人. 抗疫图书生产与出版高质量发展［J］. 科技与出版，2020（5）：35-41.

表7-5　2020年以抗击疫情为主题的多语种系列图书出版概况（外文局下属出版社）

作品名称	语种	出版社	出版时间
《站在你身后！：从特拉维夫到黄冈的384小时》	中英	新星出版社	2020年2月14日
《直面"黑天鹅"：危机时刻的青少年心理疏导》（全网上线）	中英	海豚出版社	2020年2月15日
《武汉封城：坚守与逆行》（电子书）《2020：中国战"疫"日志》（电子书）	中英	外文出版社	2020年2月23日
《新型冠状病毒肺炎防护宣传图》	中英	中国画报出版社	2020年2月26日

在这里值得一提的是2020年2月14日，新星出版社从策划编辑翻译到出版发行，仅用8天时间，就出版了全国首本用中英两种语言讲述抗击疫情故事的图书《站在你身后！：从特拉维夫到黄冈的384小时》。在由于疫情导致武汉封城一个月后，2020年2月23日，外文出版社完成了两本电子书的出版。从出版的时间、密度和语种来说，都创下了出版界的神话。可以说，医护人员在前线抗击疫情，翻译界和出版界在后方全力记录中国抗疫的伟大壮举。此外，由中国外文局组织打造的共千余册抗疫主题实体专刊投放到美国、加拿大、英国、澳大利亚、法国、马来西亚和日本等多个国家，在国际社会引发热烈关注，取得了良好的对外翻译传播效果。

二、中国马克思主义国际化的路径

我国已经成为经济总量世界排名第二的国家，我国从事马克思主义研究的学者数量应该是世界之最。这样的物质基础和人力资源是中国马克思主义国际化的基本前提。目前，中国马克思主义国际化的路径从国家层面讲，已经取得了一定成就。例如，国家社科基金项目下设的"中华学术外译项目"中就包括马克思主义外译的相关研究。

首先，中国马克思主义国际化由我国翻译传播机构主导。中国马克思主义国际化的主要翻译力量集中于国家社会科学机构、高校科研机构、出版社等单位的翻译专业人才。在新时代背景下，中国优秀成果外译与传播主要以政府为主导力量。从一开始的"中国图书对外推广计划"，到"中国文化著作翻译出版工程"的实施，再到2010年创建的隶属国家社科基金的"中华学术外译项目",这些图书外译项目的规划和运作均交给各级政府机构。① 目前,中国政府主导的翻译机构主要包括中国外文局、中央党史和文献研究院等。它们致力于中国共产党文献外译传播研究,通过加强中国外译传播能力,提升中国国际话语权。外文局原副局长兼总编辑黄友义在新中国成立71周年之际撰写的《在外文局四十三年:与大师们相识的岁月》对外文局在中国翻译传播事业中所做的贡献以讲故事的方式进行了叙述,故事主线即为外文局的中外翻译专家。②

其次,中国马克思主义国际化由中外出版机构通力合作推进。为了使中国文化真正走进西方读者,促进中外人文交流,2016年,中国出版社与当地机构合作,设立中国图书中心项目,将中国主题出版物以赠送期刊或图书的形式,向海外读者传播客观全面的中国资讯。截至目前全球已有多家中国图书中心,分别设立在古巴、秘鲁、柬埔寨、波兰、伊朗、墨西哥等国。2018年中国外文局与日本两家机构合作设立东京编辑部;类似还有浙江大学出版社与俄罗斯出版社合作;山东与阿联酋合作;等等。其中较为著名的是商务印书馆和牛津大学出版社合作,联合推出《牛津学术英语词典》和第9版《牛津高阶英汉双解词典》等学习工具书。③ 中外合作翻译传播中国文化经典著作对于中国马克思主义国际化发挥了重要作用,尤其推进了其在非英语国家的传播。

最后,中国马克思主义国际化通过数字媒体平台获得新的发展。新时代,互联网正在打破传统媒介方式,以数字经济合作为契机,加强中国马克思主义国际化。2015年,中国文化网站《灿烂的中国文明》中英双语版本由中国文化研究院和外文局共同翻译完成,为英语国家受众了解中国文化提供了一个新形式平台。2019年由朝华出版社出版中法文明对话会的会议成果,名为《文明交流与互鉴:构建人类命运共同体》,面向海内外发行中法文版本。纸质书已在国内各大电商平台上架,法文版电子书已在法、英、美、德、西、意、荷、日等13国的亚马逊海外电商平台上架。

以上分别从翻译机构、中外合作出版和数字媒体三个方面阐释了中国马克思

---

① 吴赟.图书外译传播的公共外交实践研究:美国富兰克林图书项目的解析与启示[J].外语教学与研究,2020,52(4):594-606,641.

② 黄友义.在外文局四十三年:与大师们相识的岁月[EB/OL].(2019-09-02)[2020-08-30].http://www.china.com.cn/cipg70/2019-09/02/content_75163666.htm.

③ 何明星,李丹.使命感 责任感 历史感:2018年中国出版"走出去"[J].出版广角,2019(5):25-28.

主义国际化的路径。目的在于通过分析中国马克思主义国际化路径，为推动"中华文化走出去"找到科学有效的方法，从而有力提高国家文化软实力。

三、中国马克思主义国际化的影响

1. 外译传播治国理政思想

到 2019 年底，涉及 33 个语种、38 个不同版本的《习近平谈治国理政》出版发行，创下了海外发行量新高的记录；此外，介绍中国减贫经验的《摆脱贫困》和记录习总书记重要论述的《之江新语》等著作的多语种版本也先后出版发行，在巴西、意大利等多个国家举办首发式、读者见面会等互动活动。塔吉克斯坦第一副总理赛义德、吉尔吉斯斯坦总统热恩别科夫、意大利参议院外委会主席德罗切利等各国领导代表出席，一系列活动在国际社会引发积极反响，习近平新时代中国特色社会主义思想得到国际社会的认可和理解。

2014 年 10 月，多语种版本的《习近平谈治国理政》图书首发式在法兰克福国际书展落下帷幕。德国前总理格哈德·施罗德表示，通过这本书可以了解习主席以及新一届中国领导的治国理念和立场，可以深刻了解中国的政治现状。他还特别提到了书中的建设一个稳定、开放、富裕的中国和中华民族伟大复兴梦想的实现完全契合整个欧洲的利益。《环球时报》驻乌克兰特约记者曾专题报道过乌克兰前总理、现乌克兰祖国党主席季莫申科在阅读该书英文版后说道："当仔细阅读这本书后，发现由中国领导人提出的很多治国战略，完全可以适用于世界上的其他国家，有助于促进这些国家的经济发展、政治稳定等，我已经收藏这本书了。"由于乌克兰有着苏联的背景，曾经与中国一样，都是社会主义国家，现在处于国家转型时期，在读完《习近平谈治国理政》英文版之后，季莫申科对于书中所写的很多经验都能如数家珍，印象非常深刻，称其"给乌克兰和其他从苏联独立出来的国家提供了可借鉴的模式"[1]。新中国成立 70 年之际，她在基辅接受中国驻乌媒体联合采访时又一次称赞了中国为全球经济发展所做出的卓越贡献，尤其是"一带一路"倡议和构建人类命运共同体思想的提出。[2] 德国著名汉学家南因果去过中国的很多地方，对许多中国问题都富有极大的兴趣。曾说道"《习

---

[1] 张浩. 乌前"美女总理"季莫申科谈"新乌克兰"：乌"强国梦"，离不开中国 [EB/OL]. (2018-05-21) [2020-08-30]. https://world.huanqiu.com/article/9CaKrnK8CvR.

[2] 乌克兰前总理季莫申科：发展成就巨大的新中国为世界树立典范 [EB/OL]. (2019-09-22) [2020-08-30]. http://www.gov.cn/xinwen/2019-09/22/content_5432069.htm.

近平谈治国理政》的发行正当其时"[1]，可以满足西方很多人想要了解中国治理的诉求。

习近平新时代中国是一个走向复兴的开放大国，中国需要借助高质量的翻译实现对外传播，紧紧掌握中国道路的解释权，在中国议题相关方面，中国要精准翻译，提高外宣效果，提升中国的国际话语权。中华民族伟大复兴的中国梦思想是中国化马克思主义的最新理论成果之一。由习总书记提出的构建人类命运共同体理念，与马克思的共同体思想一脉相承，是中国提出的关于人类文明发展的新理念。人类命运共同体着眼于塑造新型人类文明，在大历史尺度的脉络中把握人类生存和发展面对的挑战，给出了建设性的全球治理新方案，超越了陷入困境的现代性西方话语体系，突破了西方现代性问题的框架，为现代性话语的重建做出了中国应尽的话语贡献。[2] 总之，中国马克思主义跟世界文明的沟通交流是有渊源、有桥梁、有连续性的关系。

2. 外译传播中国梦思想

习近平总书记表示，中国梦就是建设中国特色社会主义，实现中华民族的伟大复兴，建立富强、民主、文明、和谐的社会主义现代化国家，就是要为广大人民群众谋福利。[3] 对于中国梦的实践价值，习总书记提出两个方面：第一，让中国梦成为激励每个中国人拼搏奋斗的动力，自觉融入每一个中国人的生活。第二，中国梦还要惠及世界各国人民，全球得以共同发展。[4] 2013 年编辑出版的《习近平关于实现中华民族伟大复兴的中国梦论述摘编》被翻译成英、日、俄等六种不同语言版本在全球发行。该书的外文版是首次对外系统介绍习近平关于中国梦的阐释，有助于国际社会客观立体地认识中国梦的内涵。哈佛大学社会学教授傅高义指出，他理解的"中国梦"内涵是国家没有战争，人民在和平年代可以享受好的教育，幸福的生活，可以有自己感兴趣的工作，人人都爱护环境。[5] 提出"中国梦"这一思想，与美国梦相比，更容易让彼此增进了解，互相借鉴。最

---

[1] 史一棋. 《习近平谈治国理政》畅销海外多国 [EB/OL]. (2017-09-18) [2020-08-30]. http://news.cyol.com/content/2017-09/18/content_16509931.htm.

[2] 杜利娟. 中国话语体系建构的"道"与"术"：第三届中国话语高端论坛综述 [J]. 理论视野, 2020 (11): 109-112.

[3] 习近平. 习近平谈治国理政 [M]. 北京: 外文出版社, 2014: 39.

[4] 张卫明, 郭春林. 论习近平"中国梦"的理论创新与实践价值 [J]. 湖南人文科技学院学报, 2018, 35 (3): 1-4.

[5] 尹海洋. 傅高义说"中国梦"：和平年代人民生活幸福 [EB/OL]. (2013-05-07) [2020-08-30]. http://www.chinanews.com/cul/2013/04-16/4732828.shtml.

终为亚太地区构建"太平洋之梦",促进区域和平发展。①

2014 年 6 月,国家主席习近平在中阿合作论坛会议开幕式上,向与会人员描述了一位阿拉伯商人的故事,这位商人名叫穆罕奈德,习主席赞誉他"把原汁原味的阿拉伯饮食文化带到了义乌"。而后在《习近平讲述的故事》栏目中,这一"扎根中国的阿拉伯商人"的故事又以视频的形式,向中外观众娓娓道来。主人公穆罕奈德通过精心打理餐馆,努力拼搏,不但在义乌的事业上取得了成功,还与中国姑娘组建了幸福家庭,"真正扎根在了中国"。②将自己的人生和家庭的全部梦想与更大的中国梦结合起来,实现了中国梦和阿拉伯梦的完美结合。

中国梦思想作为新时期中国马克思主义,相信未来在国际化过程中还将会持续产生更多的影响,届时将不仅有美国梦、阿拉伯梦、太平洋梦、亚洲梦,还会有承载世界各国人民的"世界梦"。中国梦思想的实质是实现中国人对美好生活向往的梦想。中国梦思想的国际化有助于国际社会深入了解中国共产党的使命与担当,有助于国际社会了解中国共产党"以人民为中心"的执政理念,有助于展示中国共产党的国际形象,从而讲好中国共产党的故事,传播好中国的声音。

3. 外译传播人类命运共同体思想

新时代背景下的中国立足国情,面向世界。中国正站稳追求人类共同发展的立场,推动全球治理体系重构,推动构建人类命运共同体,为人类文明做出自己应有的贡献。中国作为新时期负责任的大国,是整个国际社会抵制贸易保护主义、霸权主义和强权政治的重要力量和中流砥柱,成为推动治理全球变革的重要进步力量。在今天的新全球化阶段,随着全球性普遍交往的广度和深度日益加强,国与国之间命运与共的时代已然来临。③可以说,不同国家地区的文化在交流中发生碰撞火花,相互依存构成了当今世界的多元化格局。习近平主席指出,人类"越来越成为你中有我、我中有你的命运共同体"。④

人类命运共同体的构建开启了一条与过往完全不同的、更加开放、包容,更有生命力的世界新格局。我国连续成功举办了三届国际进口博览会,参会企业人数逐年递增。2019 年举办第二届,共有 3 000 多家企业参展。涉及国家和地区以

---

① 陶季邑. 国外习近平治国理政思想研究综述 [J]. 武汉科技大学学报(社会科学版),2017,19 (4):386-390.

② 习近平在中阿合作论坛第六届部长级会议开幕式上讲话 [EB/OL]. (2014-06-05) [2020-08-30]. http://www.gov.cn/xinwen/2014-06/05/content_2694830.htm.

③ 段晶晶. 构建人类命运共同体的几个基础性问题 [J]. 中央社会主义学院学报,2020 (3):112-117.

④ 习近平. 习近平谈治国理论:第 1 卷 [M]. 北京:外文出版社,2018:272.

及企业数量均超首届。第三届中国国际进口博览会尽管受疫情影响，但仍然于2020年11月4日在上海如期举行。这一全球贸易盛会的如期举行，中国再一次用实际行动向世界证明了中国继续推动对外开放的决心与信心。同时也体现了中国真诚推动世界经济复苏的愿望。类似这样，不断扩大对外开放的举措在发展自己经济的同时，也造福了全世界人类，真正做到了人类命运共同体。

在2020年抗击新冠肺炎疫情的过程中，中国共产党同广大人民群众同心协力，一起讲好中国抗疫故事，为中国争取更多国际话语权积累了实践经验。面对来势汹汹的新冠疫情，党中央亲自指挥部署，国内严防严控疫情蔓延，同时还高度重视国际范围的抗疫合作，在多个场合发表重要批示和讲话，频繁开展领导外交，提倡构建"人类卫生健康共同体"，把全人类的卫生健康看作一个整体共同对待，表达了我国愿意参与国际合作抗疫的真诚，为全世界树立了抗疫榜样，呈现出大国应有的担当和责任。

习近平新时代中国马克思主义国际化的主要内容体现在对外翻译传播习近平总书记所提出的治国理政思想、中国梦思想和人类命运共同体思想，相关的著作、讲话和文稿精准外译传播是中国马克思主义国际化的重要内容，梳理相关文献的外译传播效果，为未来中国马克思主义国际化提供借鉴和指导，为习近平新时代中国特色社会主义思想外译、外宣和国际化传播提供理论支撑和实践指导。

第八章
习近平新时代中国译入传播

导语：十八大以后，中国特色社会主义发展进入了新时代。然而，国际局势风云变幻，中华民族伟大复兴前进路上的种种风险和挑战前所未有，新情况和新问题层出不穷。在党的领导下，全国人民不畏艰险、披荆斩棘、奋勇前行。中国共产党之所以能历尽风险与考验，带领中国人民冲破重重关卡，关键在于中国共产党时刻保持思想的先进性，时刻注重党的思想建设。作为马克思主义政党，中国共产党从诞生之初，就把马克思主义理论写在自己的旗帜上，将马克思主义作为理想信念的灵魂。中国共产党不断把马克思主义与中国革命、建设、改革和发展的实际相结合，提出指导解决中国问题的中国马克思主义理论，不断进行着马克思主义中国化、时代化和大众化，这为增强人们对社会主义与共产主义的信念提供了理论支撑，对世界各国找到解决本国发展的方法，对落后国家找到本国发展的出路，具有巨大的鼓舞作用，为世界各国发展提供了理论借鉴。

问渠那得清如许？为有源头活水来。重视译入传播是新时代中国社会、经济和文化发展的客观需求，也是中国需要了解世界的主观需求。在日新月异的信息化时代，社会思想、意识形态不断交流与碰撞，科技成果和文化产品不断推陈出新，因此，新时代我们在重视外译的同时，也要给予译入传播足够的重视。新时代全球化纵深发展，中外经贸交流更为频繁，文化多样性的特征愈加突出。多元的世界文化要各自创造条件继续发展下去才能持续人类文明的蓬勃发展。有着几千年历史的中华文化，有责任也有能力在今天经济全球化且文化多元化的世界中，做出积极的贡献。中国要加快自身的发展也必须全方位地了解世界。通过外译汉引进国外优秀的社会思想、经济、文化作品，了解国外社会科学发展的最新成果，批判性地借鉴国外学者的研究方法，促进中外各层面的交流与互动。

在强烈的主客观需求下,翻译传播要遵循一定的指导思想,这其中包括翻译传播要为新时代党建服务、为社会发展服务和为跨文化交流服务。主要译入作品有国外科学研究前沿的优秀成果、国外优秀民族文化的文学经典和国外优秀影视作品。在翻译与传播策略方面将分为国外文学经典作品、科技作品和影视作品的翻译传播策略。作为搭建不同话语体系的桥梁,翻译是积极的文化建构,是社会思想、经济、文化等发展的助推器。译入传播有助于重新审视国外经济发展的历程,更好地批判吸收和借鉴,在扬弃中促进我国自身经济进步,同时为学习西方有效经验、先进科技知识起到了桥梁作用,对新时期提升文化软实力,更好地塑造国际形象发挥了重要作用,同时有助于文化文明的交流互鉴、促进各国之间相互了解、增进共识。新时代马克思主义著作的译入对于全党以及全国人民不断学习、反复研读马克思主义经典著作,钻研其要义与精髓有着十分重要的现实意义。在马克思主义与时俱进理论品质的指导下,实事求是、一切从实际出发,结合新中国不同发展时期的不同现实国情,不断深入马克思主义的中国化进程,开创中国特色社会主义理论新境界。

关于翻译传播的社会影响主要从思想、经济、文化等方面进行阐述。在社会思想方面,经典哲学和西方马克思主义哲学思想的译入有助于拓宽当代中国哲学的研究视野,启发社会大众的理性认识与批判性思维;代表性法学思想的译入对于依法治国基本方略在新时代进一步推进与实施提供了更为充足的理论借鉴,有助于在扬弃中完善中国现代法学与新时代法治体系。在文化方面,新时代外国优秀文化作品的译入一方面可以让国内民众加深对中华文化与其他民族文化差异性的认知,在强化民族文化自信的同时,尊重并鉴赏其他民族文化之美,同时有助于推进文化强国战略的实施与中国文化话语体系的多维度建设。最后,要着重阐述新时代翻译传播与马克思主义中国化的关系,分别从译入代表作品、翻译传播机构、翻译传播策略以及翻译传播的影响几个方面展开研究,从新时代马克思主义"三化"三个方面进行描述性研究。重点分析马克思主义经典著作的译入传播对于新时代马克思主义中国化、时代化和大众化的贡献和影响。

民族的发展与开放同步,闭门造车是无法实现进步的,其结果只能是不进则退,因而我们始终敞开胸怀迎接变革。世界格局的变迁仍经历重大波折,需要面对的现实问题愈加复杂多变,世界迫切需要构建更为合理的多边化的秩序。这就迫切需要我们加强对当代西方发达国家的了解,在中国马克思主义理论指导下,通过翻译学习西方文化经典,对于世界经济发展、国际政治变革等发展变化的规律要加深认识,这样才能够应时代之大势,顺天下之民心,让中华民族的发展与复兴有利于世界人民，有利于人类进步，有利于实现人与社会、人与自然生态的平衡发展，彰显中国发展的时代性特征和世界性胸怀。

★ 第一节　翻译传播目的 ★

一、翻译传播的国内外社会语境

经过多年努力，中国特色社会主义新时代终于到来，我们前所未有地接近了民族复兴的伟大目标。世界经济历经波动，风暴频频来袭，政治格局也悄然发生变迁，如何转危为机考验着党的领导力，同时也考验着中国人民的智慧与定力。进入新时代，中国能否实现更长足的发展不仅关系到自身，同样关系到世界人民对于社会主义国家的看法和态度。

作为人类社会历史最悠久的活动之一，翻译对增进国与国之间的了解互通，加强彼此的交流互鉴具有强大的推动作用。季羡林对此有重要的论述："中华文化之所以能长葆青春，万应灵药就是翻译。翻译之为用大矣哉！"[①] 回望中国的近现代史，无论是梁启超、严复对西学的翻译，还是林纾对欧美小说的翻译，都通过引进新思想、新精神、新文化，启发和教育了一代又一代青年。在新时期，翻译更是在我国的文化强国战略中发挥了不容小觑的作用。翻译与经济社会发展紧密联系，为解放思想、改革开放和中华民族的伟大复兴起到了开拓性的作用；为学习西方有效经验、先进科技知识起到了桥梁作用；对新时期中国文化走向世界，对于提升中国文化软实力发挥着不可替代的作用，同时也有助于更好地构建中国的国家形象。

二、翻译传播的内容需求

在全球经济一体化的大背景下，世界文化的多元性如何能够持续发展？换句话说，就是如何实现全球文化一体化。解决这个问题需要相当长的时间，需要今后几代人的努力。在今后相当长的一段时间里，不同地域与国家的文化，都必须创造条件继续发展下去。同时随着信息全球化的不断深入，当今科技的发展可谓日新月异，国与国之间的科技战略合作伙伴关系也在不断深化，在科技领域的合

[①] 季羡林，许钧．翻译之为用大矣哉［M］.许钧，等．文学翻译的理论与实践：翻译对话录（增订本）．南京：译林出版社，2010：1-5.

作愈加密切。著名学者费孝通曾强烈主张对待不同文化，我们要端正自己的态度，给予异质性文化更多的尊重和理解，在此基础上，取长补短，互相促进，美美与共。① 有着几千年历史的中华文化，有责任也有能力在今天经济全球化而文化多元化的世界中，做出积极的贡献。

具体到翻译与传播的角度来说，就是通过外译汉的翻译活动使国内民众能够欣赏到异域的经典文学作品，国内学术界能够了解到国际前沿学术动态，进而在借鉴与批判的基础上推动我国社会科学、自然科学的长足进步与发展，从而了解西方思想，促进中外文化方方面面的交流互通。费孝通先生的初衷是实现译入的内容能为国人所用，开辟中国化的社会学道路，这可谓是在学术界运用译介实现洋为中用的典范。

在从国外译入的过程中，我们不断地在批判中有所借鉴，实现着自身文化的完善与改变。例如古时的佛经翻译不仅对我国宗教发展具有重要意义，同时还促进了语言学、哲学等学科的进步。有一部分先进的知识分子认识到为了改变当时中国在国际上的落后地位，必须让国人认识到西方正在发生着什么、经历着怎样的变革，因而他们希望通过译入实践让国人接触到这些改变，看到他们不曾看到过的异域风情。近现代译入活动对于我国社会方方面面的发展与进步都起到了举足轻重的作用。闭门造车始终只是自欺欺人，如果不能够放眼看世界必然会夜郎自大、停滞不前。以上这些都印证了"翻译强不翻译则弱"的道理。中国历史上几次大的翻译热潮都是以翻译引进和学习国外为主，以往的翻译大多是从西方译入。我国进入新时代以来，翻译也开始更多注重将中国自身的成果翻译出去，对外翻译传播数量增加。② 据中华人民共和国国家版权局的数据统计，2019 年底的版权输出较之 2010 年版权输出增长了近两倍。即便在"文化走出去"的政策大背景下，也还是不能否认从 2010—2019 年期间，我国版权引进的总数要远大于同年版权输出的总数。这说明，整体上我国版权还是引进大于输出。新时期译者肩上的责任愈加重大，对于西方作品的译入工作不会因为"中国文化走出去"而减少。因为翻译传播只有在文化交流互鉴的基础上进行，才具有长远的发展和可持续的影响。

进入新时代，中国能否实现更长足的发展不仅关系到自身，同样关系到世界人民对于社会主义的看法和态度，要知道很多第三世界国家，他们都以我们为标

---

① 费孝通. 费孝通文化随笔 [M]. 北京：群言出版社，2000：347.
② 方梦之，庄智象. 翻译史研究：不囿于文学翻译——《中国翻译家研究》前言 [J]. 上海翻译，2016（3）：1-8，93.

杆和榜样，不断寻找解决问题的出路。同时，中国特色社会主义也需要与时俱进，在对外开放中通过文化交流与互鉴推进自身的发展。因此，翻译传播西方著作，通过翻译引进和学习借鉴人类的一切优秀文明成果，不断改变自身，从而推动整个人类社会走向更加美好未来的重任。

三、翻译传播的指导思想

1. 为新时代党建服务

党中央高度重视翻译工作，习近平总书记指出，要加强对外话语体系建设，构建融通中外的新概念、新范畴、新表述[①]。外文局成立70周年之际，习总书记发来贺信，希望外文局继续提升自身的综合实力，建成国际一流的传播机构，让世界人民更好地看到并且理解多彩的中国。[②] 近几年中央领导同志也多次就加强翻译人才队伍以及翻译能力建设做出重要批示。这些都充分展现出中共中央非常看重翻译与传播这项事业，并对此给予了高度关注与支持。[③]

正是翻译传播，才将《共产党宣言》带入中国，这不仅为共产党人指明了前进方向，还为中国指明了发展道路。2018年，习总书记回顾了马克思艰难的人生历程，赞赏了马克思对于社会发展的科学论述，还高度肯定了马克思理论对于当下中国乃至于世界范围的指导意义与价值。[④] 共产党人应该将自己的信仰建立在对马克思主义具有科学的、全面的认识的基础上。要不断学习马克思主义基本理论，理解其对于社会历史发展规律的判断的科学性所在，才能真正懂得马克思主义对于现当代实践与应用的指导意义。马克思主义经典著作的翻译传播将进一步为党的建设提供新的理论指导，也为马克思主义在中国大地能够有新的创新与突破贡献力量。

2. 为社会发展服务

翻译的重要价值在于推进社会发展，通过翻译，人们可以改变落后的思想和认识，从而改变社会。新时代通过翻译国外的优秀作品及前沿研究成果，通过对新技术的译入，有助于我们科研人员对技术进行消化吸收和再创新性利用，进而有助于推动经济增长。同样，对于新思想的译入可以推动社会思想的革新。优秀

---

① 构建中国特色话语体系 增强国际影响力话语权［N］. 光明日报，2015-11-01（8）.
② 习近平致中国外文局成立70周年的贺信［EB/OL］.（2019-09-04）［2020-08-30］. http://www.xinhuanet.com/politics/leaders/2019-09/04/c_1124960271.htm.
③ 高岸明. 新时代中国翻译专业建设与发展［J］. 当代外语研究，2019（6）：5.
④ 习近平：在纪念马克思诞辰200周年大会上的讲话［EB/OL］.（2018-05-04）［2020-08-30］. http://www.xinhuanet.com/politics/2018-05/04/c_1122783987.htm.

作品和文化的引进对整个民族素质的提高以及社会的发展有着非常深远的影响。如果马克思主义的相关著作没有被翻译成中文，马克思主义就无法来到中国，中国就无法产生早期的马克思主义者。没有理论指导和组织保障，就没有中国共产党的成立，没有中国共产党领导的中国新民主主义革命就无法诞生新中国。在服务社会民生方面，翻译的价值体现在各个领域，进口产品的说明书需要翻译、外国电影需要字幕翻译等。由此可知，翻译是社会发展必不可少的工作，翻译传播推动着社会各方面的发展和进步。

然而在贸易保护主义盛行，去全球化加剧的当下，经典著作和先进思想的翻译传播是否还有价值？1920 年陈望道完成首个《共产党宣言》全译本之后，《共产党宣言》成为中国进步青年争相阅读的著作，毛泽东同志就是在读过陈望道《共产党宣言》全译本后深受马克思主义的影响，成为坚定的马克思主义者。中国早期追求革命真理的蔡和森就是在"猛读猛译"马克思主义和俄国革命的书籍后成为马克思主义者的，成为第一个提出成立中国共产党的革命者。鉴于《共产党宣言》的经典性，很多学者投身《共产党宣言》的再翻译，中国人民大学老校长成仿吾五译《共产党宣言》。经典之光，照亮真理之路。新时代《共产党宣言》对认识当今全球化有四点理论启示：一是资本主义与全球化相互推进的必然性；二是全球化并不仅仅局限于经济领域的丰富性；三是全球化可能会激发各种社会与阶级之间的矛盾；四是全球化的本质依然是无产阶级的世界联合，最终走向人类解放。① 由此得知，《共产党宣言》不仅指明了中国共产党的建设、中国道路的方向，还道出了当今世界社会发展的真谛，具有时代性和前瞻性。《共产党宣言》及其相关著作的翻译以及再次学习，有利于推动我国新时代的社会发展。

3. 为跨文化交流服务

翻译单从语言价值来讲，体现在符号的转换上。从某种意义上说，翻译活动必然有源语与目的语的接触，而两种语言符号的转换有可能创生"第三种语言"。从源语到目的语的转换，能够从句法、词汇等方面丰富并拓展后者。语言背后是思维，新词汇往往包含或者折射了新的观念或是新的思维方式。这就是鲁迅所提倡的通过翻译丰富汉语、改造国人的思维方式，例如，在五四运动中的"白话文运动"、"新文学运动"与"新文化运动"中都有显著表现。②

从文化交流角度看，翻译使得译入语国家与源语国家得以实现社会文化等多

---

① 艾四林.《共产党宣言》对认识当今全球化有四点重要启示 [EB/OL]. (2020 - 06 - 16) [2020 - 08 - 30]. http://theory.people.com.cn/n1/2020/0616/c40531-31748727.html.

② 许钧. 改革开放以来中国翻译研究概论（1978—2018）[M]. 武汉：湖北教育出版社，2018.

种层面的交流与沟通,从宏观上来讲为人类文明在互通有无中取得进步发挥了至关重要的作用。在当代"人类共同体"和"经济全球化"的大背景下,翻译传播对于跨文化交流的重要性不言而喻。中国近代最早的跨文化传播活动当属《共产党宣言》的翻译,自1919年出版李泽彰翻译的《共产党宣言》序言及第一章开始,我国关于马克思主义思想的翻译传播已有100多年的历史了。正是这些译者将马克思主义思想带到了中国,才为广大民众提供了认识与改造世界的科学方法论,可谓功不可没。翻译实践使得身处不同社会背景的人们能够实现精神层面的沟通,同时也推进了文化方面的交流,为世界人民创造了更多的福祉。因而,今日人类文明的辉煌离不开翻译的贡献。

在新时代,一切都需与时俱进,需要创新发展,否则就会被淘汰,因此,国家应加强跨文化交流活动,在交流互鉴中互通有无,推进创新发展。2019年5月在亚洲文明对话大会上,习主席提出了重要的倡议,要在亚洲范围内开展关于经典著作和文化的互译与交流活动。2020年6月,清华大学艾四林以"牢记共产党人的初心和使命"为主题,导读《共产党宣言》。他主张我们在强化文化自信的同时要把目光放长放远,主动去吸收其他文明的优秀成果,更好地实现马克思主义在实践中对于自身的发展与创新。[①]

★ 第二节 翻译传播主体及内容与策略 ★

一、翻译传播主体

1. 主要翻译机构

(1) 商务印书馆

商务印书馆作为中国出版业中历史最悠久的出版机构,主要任务是编纂出版中外语文辞书、翻译出版国外先进哲学社会科学图书等,在此过程中逐渐树立了自身品牌形象,形成了系列代表译著,包括"名人传记"丛书、"汉译世界学术名著丛书"等丛书书籍。商务印书馆的译作编辑室专门负责出版翻译作品,以译入出版世界各国的学术著作为主。这些名著作品都反映了各国学术界的先进思想和发展方向,对当代社会有深远影响。其译作编辑室出版的精品图书,涵盖各个

---

① 艾四林. 发展21世纪马克思主义、当代中国马克思主义是对马克思主义最好的坚持 [EB/OL]. (2020-06-16) [2020-08-30]. http://theory.people.com.cn/n1/2020/0616/c40531-31748706.html.

学科领域，包括政治、历史、经济、法律、哲学等学科的经典学术著作。经典出版物有"名人传记""汉译世界学术名著丛书"等。

商务印书馆的代表系列"汉译世界学术名著丛书"，所收录书籍均为人类历史上不同时代、不同国家具有跨时代意义的经典著作，丛书涵盖了多个学科领域，包括哲学、经济、社会学、语言学等学科，凝聚的是人类历史不同发展时代各民族文化的精华。中国社科院原副院长汝信曾指出："中国一代又一代的社会科学和哲学工作者都受到了来自商务印书馆的这些重要国外学术译著的感染、培养和教育。换言之，这些译著对于推动我国社科哲学的发展，发挥了不亚于一个综合性社科大学的作用。"①

商务印书馆于 2017 年出版"汉译世界学术名著丛书 120 年纪念版"，以此纪念其成立 120 周年，丛书包含哲学、政法、历史、经济、语言五大类共 700 种图书，合计 826 册。"汉译世界学术名著丛书"为我国的学术文化发展做出了突出贡献，也对社会现代化建设具有重要的指导意义。这套丛书开拓了国人的思想视野，介绍了世界各国先进的学术思想，丰富了国人的精神世界。该系列丛书的译入紧跟时代发展，为几代读者开阔了视野，为本土原创学术的发展提供了丰富的文化滋养，也极大地推动了中国现代学术发展，从思想上指引了中国现代化进程的发展方向，被誉为"迄今为止，人类已经达到过的精神世界"。"汉译世界学术名著丛书"虽然为译入作品，但这些书被翻译成中文，与中国文化产生共鸣，已经成为汉语文化的重要组成部分，促进了中国文化现代化发展，也为中国现代化进程做出了突出贡献。中国文化正是在吸收外来文化、取长补短的过程中得到滋养，并不断完善发展。

其中收录的哲学著作，如《理想国》《形而上学》等，大多在西方哲学史上具有划时代的意义，系统展示了西方哲学从古希腊到现代的发展历程。此外，丛书还收录了西方文明体系外的经典著作，包括《薄伽梵歌》《奥义书》等印度的哲学经典文献，柏拉图的《智者》，西塞罗的《论神性》以及康德的《历史理性批判文集》等。从书中收录的政法著作，包括《君主论》《社会契约论》等，均是对社会政治生活、人类文明发展的思考，它们标志着人类在文明探索进程中的重大发展突破，不断探寻研究社会的本质和社会的公共组织生活。收录的政法著作代表着人类在这些领域的深度思考和高深智慧。历史类别下收录的丛书包括希罗多所著《历史》、吉本著《罗马帝国衰亡史》等。不仅是西方的史学著作，世

---

① 于殿利．"汉译名著"：新时代，新使命［N］．人民日报，2019-05-14（20）．

界其他地区的史学著作均广泛收录在丛书中，如《阿拉伯—伊斯兰文化史》、《治国策》、《俄国史教程》和《东南亚的贸易时代》等。经济类别下译入的著作，包括凯恩斯、马歇尔、亚当·斯密等经济学大师的经典著述，同时也有诺贝尔经济学奖得主的代表作。目前"汉译世界学术名著丛书"所收录的语言学经典作品，多为西方语言学史上具有重要研究意义的著作，包括代表作《论语言的起源》。该丛书记录了西方语言研究的悠久历史，众多语言学家对语言问题进行的深入思考和探究，从不同维度研究语言的基本问题。读者可以对西方语言学的不同发展流派形成宏观认知，从而整体把握西方语言学科的基本体系和发展走向。

值得一提的是，在2019年公布的第十八届输出版引进版优秀图书获奖名单中，商务印书馆出版的图书《几率》入选引进版科技类优秀图书奖。在2020年第十九届输出版引进版优秀图书获奖名单中，《从一到无穷大》获得引进版科技类优秀图书奖。

（2）人民文学出版社

人民文学出版社出版的图书多次获得全国优秀外国文学图书奖，该社负责出版的图书覆盖80多个国家和地区。人民文学出版社系统地整理汇集世界文学大师的译著全集，译入名著丛书的代表系列为"世界文学名著文库"。

2019年人民文学出版社出版新版的"外国文学名著丛书"，是由在1958—2001年翻译出版的丛书基础上创作形成的。该丛书秉承"一流的原著、一流的译者、一流的译本"的原则进行翻译和出版，最终共出版外国文学名著丛书140余种。① 这是新中国第一套系统介绍外国文学作品的大型丛书，其系列译著由于作品多、质量高，反映了当时中国外国文学出版界和翻译界的最高水平。但由于出版时代较远，许多图书已经濒临绝版，读者无法购买，有的图书甚至还引发了收藏热潮，个别图书更是一书难求。为了延续经典世界文学名著的生命力，人民文学出版社于2019年发行了新版丛书。这一丛书的出版体现了文学的继承性，同时也弘扬了研究界、翻译界前辈的匠心，向经典译作、翻译大家致敬，这对于文学社科的译入传播具有重要意义。

翻译传播新时期人民文学出版社出版的外文译著丛书包括《哈利·波特》精装典藏版、《卢那察尔斯基论文学》外国文艺理论丛书等。其中《哈利·波特》系列丛书是外文儿童文学经典译入刊物的典范。它是英国女作家J.K.罗琳创作的以魔幻文学为主题的系列小说，该丛书历时10年，于2007年完成创作。截至

---

① 李岩. 网格本"外国文学名著丛书"推出新版［N］. 人民日报海外版，2019-07-17（7）.

2015年，该系列小说已经被翻译成70多种语言出版发行。该小说描写了主人公哈利·波特在霍格沃茨魔法学校的学习和生活经历，以及由此展开的冒险故事。该系列小说的各种版本在全球总销售量已超过4亿本，是当之无愧的全球最受欢迎的小说之一。人民文学出版社于2000年开始，出版发行《哈利·波特》系列丛书中文版，在市场上取得了巨大的成功。《哈利·波特》精装典藏版共7册，图书共计287万字，所有文字由"哈利·波特"系列译者马爱农进行了历时两年的精心完善和修订。丛书系列中的《哈利·波特与死亡圣器》获得第七届（2007年）"引进输出优秀图书奖"。此后，"哈利·波特"一直是中国儿童文学畅销图书，与此同时也获得了不少成年人的喜爱，造就了图书畅销的奇迹，成为一个非常值得关注的出版现象。表8-1概述了《哈利·波特》汉译版本的情况：

表8-1 《哈利·波特》七部小说汉译版本概况

原作	译者	译作	出版社	年份
1. Harry Potter and the Sorcerer's Stone	彭倩文	《哈利·波特：神秘的魔法石》	台湾皇冠文化集团	2000年6月繁体版
	苏农（曹苏玲和马爱农）	《哈利·波特与魔法石》	人民文学出版社	2000年9月简体版
2. Harry Potter and the Chamber of Secrets	马爱新	《哈利·波特与密室》	人民文学出版社	2000年9月简体版
	马爱新			2009年4月修订版
	彭倩文	《哈利·波特：消失的密室》	台湾皇冠文化集团	2000年12月繁体版
3. Harry Potter and the Prisoner of Azkaban	郑须弥	《哈利·波特与阿兹卡班的囚徒》	人民文学出版社	2000年9月简体版
4. Harry Potter and the Goblet of Fire	马爱农 马爱新	《哈利·波特与火焰杯》	人民文学出版社	2001年4月简体版
	马爱新			2001年5月修订版
	彭倩文	《哈利·波特：火杯的考验》	台湾皇冠文化集团	2001年12月繁体版
5. Harry Potter and the Order of the Phoenix	马爱农 马爱新 蔡文	《哈利·波特与凤凰社》	人民文学出版社	2003年9月简体版
	皇冠编译组	《哈利·波特：凤凰会的密令》	台湾皇冠文化集团	2003年9月繁体版

续前表

原作	译者	译作	出版社	年份
6. Harry Potter and the Half-Blood Prince	马爱农 马爱新	《哈利·波特与"混血王子"》	人民文学出版社	2005年10月简体版
	皇冠编译组	《哈利·波特：混血王子的背叛》	台湾皇冠文化集团	2005年10月繁体版
7. Harry Potter and the Deathly Hallows	马爱农 马爱新	《哈利·波特与死亡圣器》	人民文学出版社	2007年10月简体版
	皇冠编译组	《哈利·波特：死神的圣物》	台湾皇冠文化集团	2007年10月繁体版

（3）中国人民大学出版社

在世界社科经典名著引入方面，中国人民大学出版社树立了独有的品牌形象，出版了有深度文化价值，同时又具有高度社会影响力的译入丛书，在形成良好口碑的同时扩大了自身品牌的影响力和公信力。曾相继出版了众多世界经典译入丛书，包括"经济科学译丛"以及"社会学译丛"等优秀系列图书。

2007年3月中国人民大学出版社推出"世界文学名著导读丛书"。该系列丛书原著均是国外著名学者研究、阐释世界文学名著的经典著作。作为欧美国家高中生和大学生的必读书和重要的文学课教材，"世界文学名著导读丛书"阐述了欧美国家著名学者对本民族历史和文化的更深层次的理解与研究，展示了承载西方文明历史的世界文学名著的全新的一面。该丛书的引进不仅推动了文学社科译入事业的发展，还有利于增强大学通识教育，提升学生对西方文明的理解。

在2019年公布的第十八届输出版、引进版优秀图书获奖名单中，中国人民大学出版社的《深度思考》和《区块链冲击》分别获得引进版科技类优秀图书奖。

（4）上海译文出版社

上海译文出版社是全国最大的综合类翻译专业出版社，专注于出版经典译著，新时期也一直致力于外国文学作品、社会科学学术经典的翻译、编纂和出版工作。其外国文学经典译丛包括"外国文学名著丛书"、"二十世纪外国文学丛书"、"外国文艺丛书"以及"译文名著文库"等。外国社科中译本丛书包括"当代学术思潮译丛"和"二十世纪西方哲学译丛"，另外还翻译出版了众多学科领域的经典著作，包括政治学、社会学、经济学、法学等学科的学术专著以及回忆录和人物传记等。

经典译丛的出版为我国社科经典的译入工作做出了重要贡献，丛书收录的图书均对20世纪世界文坛产生了重要影响，极大地促进了我国文化事业的发展。

（5）译林出版社

译林出版社具备多语种较强的翻译力量和高水平的编辑队伍，该社承担了出版外国文学作品及外国社科著作、外国文学经典名著等的重要任务。其图书译入产业专注于翻译出版外国优秀文学作品，树立了良好的品牌形象。此外也翻译出版文学学术研究以及人物传记和双语图书等，多年来出版了诺贝尔文学奖、英国橘子文学奖、布克奖等大批优秀获奖作品，曾获得多个国家级出版奖项。译入图书系列丛书种类日渐丰富，"人文与社会译丛""西方政治思想译丛""译林人文精选""译林名著精选""经典译林"等系列丛书对翻译传播译入做出了突出贡献。

译林出版社从20世纪90年代初期开始致力于世界文学名著的译入工作。以世界杰出作家的一流著作为译本，不断打磨译本质量，树立起自身品牌形象，也在业界形成了良好口碑。随着时代的发展变化，新时期读者的需求也发生了转变，"译林世界文学名著"历经了多次调整成为国内世界名著类译丛的代表书系。译林出版社于2009年在现有译丛的基础上，出版了"经典译林"系列图书。"经典译林"的译者团队汇聚多语种翻译大家，十年来"经典译林"销售额已突破10亿，成为世界文学名著译丛的代表品牌。译林出版社出版的《自闭症》《明亮的泥土》获得第十八届输出版、引进版优秀图书奖。

2. 主要译者

新时期个人译者也为译入传播做出了重要贡献，很多译者的译入作品在社会生活不同领域产生了重要影响，下文中介绍的个人译者均在最近几年获得中国翻译界最高奖项——翻译文化终身成就奖。

（1）许渊冲

许渊冲是新时期中国翻译大家，译作种类涵盖中、英、法等多个语种，60余年专注从事文学翻译事业，为外国优秀文学译入传播做出巨大贡献。代表译著包括《追忆似水年华》、《红与黑》以及《包法利夫人》等。许渊冲为翻译事业做出了杰出贡献，多次荣获国际国内翻译奖项，2010年获得中国翻译协会颁发的"翻译文化终身成就奖"，2014年荣获"北极光"杰出文学翻译奖，摘得国际翻译界最高奖项，许渊冲也是首位获此翻译奖项的亚洲翻译家。

许渊冲把多年的翻译经验归纳为"三美论"，即形美、音美和意美。这三种翻译美论在他的译著里都有体现，加上不舍昼夜的学术冲劲，将其译文推向至美的高度。许先生致力于终身投身于翻译事业，2020年出版《许渊冲译莎士比亚戏剧集》三卷本以及《王尔德戏剧精选集》。《许渊冲译莎士比亚戏剧集》三卷本阐释了对莎士比亚戏剧的最新解读，《王尔德戏剧精选集》全三册收录了王尔德

《巴杜亚公爵夫人》《认真最重要》《莎乐美》《文德美夫人的扇子》《一个无足轻重的女人》五部戏剧，中英文对照为读者呈现了一场翻译盛宴。

许渊冲重译《许渊冲译莎士比亚戏剧集》三卷本的原因，用先生的话来说，"翻译文学可谓是创造美之艺术。纵观世界，莎士比亚是世界上创造美最多之人，故以另一门语言重现莎剧之美，亦是一种美的创造。回顾往昔，莎译无数，之所以仍需重译，《马克思恩格斯选集》给出了充分的解说，即古代人的性格描绘在今天是不再够用了。"① 重译本把莎士比亚具体形象化的语言风格移植到翻译中来，加上了浪漫主义色彩，使译文更加活灵活现。《王尔德戏剧精选集》是至今许渊冲的最新译作，以中英文对照的方式呈现，让读者感受到原汁原味的王尔德经典戏剧以及翻译名家的杰出译作。两本译著的出版极大促进了文学名著经典的译入传播，将新时期经典名著译入传播推向新的高度。

（2）草婴

草婴先生专注于从事苏联文学翻译，是我国第一位翻译肖洛霍夫作品的翻译家，曾翻译其著作《新垦地》《一个人的遭遇》等，历经20年独自完成译著《托尔斯泰小说全集》。草婴先生的译作对中国共产主义事业产生了重要影响，也是苏联文学译入领域的重要奠基人。在翻译领域曾获得"鲁迅文学翻译奖彩虹奖""翻译文化终生成就奖"等翻译奖项。

草婴先生认为"文学翻译是艺术性的工作"②。文学翻译的过程实际是一个再创造的过程，不是字对字直译，而是把原文的真情实感传达出来。正是秉持着这种艺术再创造的精神，他把毕生精力倾注于俄罗斯文学翻译事业，数十年如一日专注于文学翻译，历尽艰辛坎坷，极大促进了苏联文学的译入传播。

新时期草婴先生的翻译著作多次再版发行，这份苏联文学的血脉基因从未中止，同时流传下来的更是持之以恒、执着的翻译精神。现代出版社于2012年出版草婴先生译著《列夫·托尔斯泰小说全集》。2020年，在列夫·托尔斯泰逝世110周年，同时也是草婴先生逝世5周年之际，人民文学出版社推出纪念版精装图书，均为列夫·托尔斯泰的经典著作，以此缅怀文豪列夫·托尔斯泰和翻译大师草婴。

以上两位均获得"翻译文化终身成就奖"，该奖项由中国翻译协会设立，用以表彰取得突出翻译成就的个人翻译家。表8-2为该奖项设立以来获得的译者概况：

---

① 许渊冲. 美之创造　贵在新颖：《莎士比亚选集》前言［J］. 山西大同大学学报，2017，31（2）：1-2，21.

② 艾群. 文学翻译家谈文学翻译：草婴同志在上外作专题报告［J］. 外国语言教学资料指导，1982（2）：10-15.

表 8-2 2006—2019 年获得"翻译文化终身成就奖"译者概况

获奖年份	译者	语种	主要译作
2006 年 9 月	季羡林	英语、吐火罗语、梵语	德译著作《安娜·西格斯短篇小说集》等；梵文汉译印度名剧《优哩婆湿》和《沙恭达罗》、印度古代民间故事《五卷书》、七卷印度史诗《罗摩衍那》等
2009 年 9 月	杨宪益	英语	英译《红楼梦》、《楚辞》、《史记选》、《关汉卿杂剧》、《老残游记》、《鲁迅选集》（四卷）、《青春之歌》等 汉译《鸟》《和平》《奥德修纪》《牧歌》《罗兰之歌》《凯撒与克丽奥帕脱拉》《卖花女》等
2010 年 12 月	沙博理	英语	英译《水浒传》《保卫延安》《家》《孙犁小说选》《春蚕》《月芽》《林海雪原》《创业史》等；汉译《新儿女英雄传》
	许渊冲	英语、法语	汉译《红与黑》《包法利夫人》《约翰·克利斯朵夫》《追忆似水年华》《莎士比亚戏剧全集》；英译《楚辞》《唐诗三百首》《宋词三百首》等
	草婴	俄语	《托尔斯泰小说全集》《老人》《幸福》《顿巴斯》《一个人的遭遇》《新垦地》《战争与和平》《安娜·卡列尼娜》《复活》
	屠岸	英语	汉译《鼓声》《莎士比亚十四行诗集》《英国历代诗歌选》《李尔王》等
	李士俊	英语	英译《论人民民主专政》《水浒传》等
2012 年 12 月	唐笙	英语	《战斗里成长》《妇女代表》等戏剧；20 世纪 40 年代末曾任联合国总部同声传译员，新中国同声传译事业的开创者
	潘汉典	英语	汉译《英吉利宪法》《君主论》《权利斗争论》《英格兰状况》《有限公司法论》等
	文洁若	日语	《东京人》《高野圣僧：泉镜花小说选》《芥川龙之介小说选》《尤利西斯》等
	任溶溶	俄语、英语、意语、日语	《安徒生童话全集》、民间童话《俄罗斯民间故事》《普希金童话诗》《洋葱头历险记》《假话国历险记》《木偶奇遇记》《彼得·潘》《柳树间的风》《长袜子皮皮》《小飞人》、童话剧剧本《十二个月》等
2015 年 4 月	梁良兴	英语	《中国第一个世界纪录创造者陈镜开》《尚书》《山海经》等
	何兆武	英、德、法	《西方哲学史》（合译）、《社会契约论》、《思想录》、《历史理性批判文集》、《历史的观念》等
	郝运	法语	《红与黑》《黑郁金香》《巴马修道院》《企鹅岛》《都德小说选》等

续前表

获奖年份	译者	语种	主要译作
2018年11月	仲跻昆	阿拉伯语	《一千零一夜》《埃及短篇小说选》《阿拉伯古代诗选》《努埃曼短篇小说选》《纪伯伦散文诗选》《本来就是女性》《泪与笑》《库杜斯短篇小说选》等
	刘德有	日语	《占领下日本情况的分析》《祈祷》等
	汤柏生	西班牙语	汉译《世间最大恶魔》《茅屋》《大教堂》；西译《中国商务》《中国政治制度》《中国外交》《庞迪我与中国》《中国地理》等
	杨武能	德语	汉译《浮士德》《茵梦湖》《魔山》《少年维特的烦恼》《永远讲不完的故事》《格林童话全集》《纳尔齐斯与歌尔德蒙》《海涅诗选》等
	宋书声	德语	汉译《马克思主义论国家》，参与翻译《马克思主义哲学原理》《马克思恩格斯全集》《斯大林全集》《马克思列宁主义原理》《列宁全集》等
	易丽君	波兰语	汉译《波兰民间故事》《十字军骑士》《波兰20世纪诗选》《火与剑》
	柳鸣九	法语	《莫泊桑短篇小说集》《小王子》《局外人》《雨果文学论文集》等
2019年11月	曹都	蒙语	《第二次握手》《夜走灵官峡》《资本论》《列宁选集》《毛泽东选集》等
	顾锦屏	俄语	参与翻译《马克思恩格斯全集》《列宁哲学笔记》
	林洪亮	波兰语	《你往何处去》、《火与剑》、《人民近卫军》、《灯塔看守》、《十字军骑士》、《第三个女人》、《哈尼娅》、诗集《塔杜施先生》（合译）、《呼唤雪人》等
	王弄笙	英语	《新中国外交五十年》《毛泽东选集》《邓小平外交风采》《邓小平文选》《中国外交官看世界》《周恩来和他的世纪》《第四帝国的崛起》《努力建立中美建设性的战略伙伴关系》等
	王智量	俄语	《叶甫盖尼·奥涅金》《安娜·卡列宁娜》《黑暗的心》《上尉的女儿》《贵族之家》《前夜》《双子星座》《贝壳》《马雅可夫诗选》《野天鹅》等

二、主要译入作品

1. 国外科学研究前沿的优秀成果

近几十年来，我国的翻译理论研究得到了蓬勃发展，引进了大量的西方学术著作，国内也出版了大批学术专著，翻译学科得以建设和加强，国际性的学术交流空前频繁。学术文献译入部分，较早可以追溯到清朝英国入华的传教士合信（Benjamin Hobson，1816—1873）。合信在华期间，编译了多部具有代表性的西方科学著作，如《全体新论》《西医略论》《内科新说》等，在西医理论导入、西医普及和西医教育方面为西医在中国的传播做出了极大的贡献。此外，他还行医济世、创立医校，是尝试创立汉语医学术语的第一人，尤其是他的西医翻译对近代中国做出的贡献，值得铭记。[1]

此外，我国很多新兴学科的起源是借鉴与仿效西方相关学科的，因而国外学术成果的及时译入有助于我国学术界能够保持先进的视野。比如王国维入于"西学"出于"中学"的学术思想；章士钊通过对弗洛伊德著作的译介，传播和发展了中国的精神分析学科；著名社会学家费孝通，开创了"中国化的社会学"，对于中国社会的研究与他的译著相辅相成，共同构成了其思想发展的源头。在语言学领域的学者吕叔湘，结合翻译学与语言学开创了对比语言学。[2]

尤其是西方马克思主义经典哲学著作的译入引进还促进了中国哲学学科论域的拓展。西方马克思主义以实践的观点阐释马克思主义哲学，将马克思主义哲学与当代西方哲学相结合，使马克思主义哲学从抽象的本体论和认识论之争中解放出来，为我们开启了全新的哲学视阈。[3] 哲学关注的重心从思辨的形而上学问题转向了现实的社会历史领域和现实的生存过程。这种哲学论域的根本转变，与马列著作的译入贡献是分不开的。

2. 国外优秀民族文化的文学经典

文学翻译是各类翻译活动中对语言艺术性和文本审美性要求最高的一种活动，需要译者用另一种语言把一部作品当中全部的内容忠实地、尽可能完美地呈现。文学翻译是文学品质和内涵的转换。[4] 换言之，翻译即敢于突破封闭的旧习，主动去接触异质文化并与其交流和碰撞，这样才能有突破，推陈出新。翻译所打开的新的世界为人们进行新的创造发挥了间接却广泛的作用。很多现当代作家在文学创作的过程中也得益于西方的翻译文学带来的启发，他们都非常认可翻译文学对于激发灵感和创造力的作用。因此，继续研究国外优秀民族文化的经典成果，探索文学作品的译入不仅对于国内读者有益，对于译者同样大有裨益。

国外优秀民族文化中文学经典名著的翻译既包含新译入的文学作品，也包含

---

[1] 黎昌抱，汪若然. 试析合信医学翻译对近代中国西医翻译的贡献 [J]. 上海翻译，2020（1）：45-49.

[2] 方梦之，庄智象. 翻译史研究：不囿于文学翻译——《中国翻译家研究》前言 [J]. 上海翻译，2016（3）：1-8，93.

[3] 罗骞. 西方马克思主义对我国哲学学科的影响 [J]. 社会科学辑刊，2019（4）：57-68.

[4] 张丹丹. 中国文学外译：困境与出路 [J]. 西安外国语大学学报，2020（1）：103-108.

很多在新时代重译的经典文学著作，这也是新时代翻译传播文学经典作品在外译中方面的一个重要特点。近 20 年来，社会对于经典阅读的重视日益加深。中西方经典名著产生于不同的文化背景，因而他们的行文思路、表现手法等等皆因文化背景和思维模式而大相径庭，大量的西方名著类翻译作品可以让中国读者领略到西方作家的审美艺术，开阔自身文学视野。研究表明，翻译界大多数学者认为文学经典名著的重译是符合时代发展潮流的，是不同发展阶段适应不同的社会背景和满足读者不同需求的新要求。重译的作品既包括重新翻译译者自己曾经译过的作品，也包括重译他人翻译过的作品。每一次的重译都对译者带来新挑战，要着重考虑如何在现有译文的基础上嵌入时代发展的元素特征，使译本更加符合所属时代的需求。时代在进步，译者和读者的认知语境不断发展，这是经典作品不断重译的客观需要。随着社科文学领域的繁荣发展，新时代我国翻译传播国外名著需要译入引进一批新兴优质文学作品，各出版机构也需要源源不断推出重译版经典译作，或是推出世界文学名著丛书系列，这都为我国读者了解国外优秀民族文化中的文学经典作品提供了难得的机会。

在重译经典著作中，莎士比亚戏剧的翻译传播最具代表性。莎士比亚戏剧自 20 世纪初以来，经由翻译进入中国被广大群众所知。在莎士比亚得以传世的戏剧中，《哈姆雷特》译本至今已超过 40 种。在将近 100 年的时间里，《哈姆雷特》的翻译始终保持着旺盛的生命力，一个个鲜活形象的哈姆雷特在田汉、梁实秋、朱生豪、林同济等一代译作家的笔下向我们走来，方便国内读者从多重视角读懂莎士比亚的代表作。表 8-3 列出的是《哈姆雷特》在我国百年译介的概况：

表 8-3 《哈姆雷特》百年汉译概况

年份	译者	出版社	原作/底本	译作	翻译策略	译作特点
1903	/	上海达文社	《莎士比亚故事集》Tales from Shakespeare 旧称《莎氏乐府本事》	《澥外奇谭》第十章《报大仇韩利德杀叔》	汉化译法	文言文译本章回体小说的标题
1904	林纾 魏易	商务印书馆	《莎士比亚故事集》Tales from Shakespeare 旧称《莎氏乐府本事》	《英国诗人吟边燕语》	汉化译法	文言文译本
1922	田汉	上海中华书局	/	《哈孟雷特》	直译、释译、换译	白话文翻译
1924	邵挺	商务印书馆	《哈姆莱特》	《天仇记》	古文、旧诗曲词	文言文译本

续前表

年份	译者	出版社	原作/底本	译作	翻译策略	译作特点
1936	梁实秋	上海商务印书馆	The Oxford Shakespeare	《丹麦王子哈姆雷特之悲剧》/《哈姆雷特》	散文体翻译	以散文为主
1944	曹未风	贵阳文通书局	/	《汉姆莱特》	诗体译法	原诗分行排列
1947	朱生豪	上海世界书局	《莎士比亚全集》	《莎士比亚全集》	归化翻译	韵语
1956	卞之琳	人民文学出版社	/	《丹麦王子哈姆雷特悲剧》	以"顿"代"步"的诗体翻译	诗体译本
1982	林同济	中国戏剧出版社	The New Cambridge Shakespeare	《丹麦王子哈姆雷特的悲剧》	韵脚散韵法	诗体译本
1991	孙大雨	上海译文出版社	《新集注本》A New Variorum Edition	《罕秣莱德》	"音组"的诗体翻译	集注本
1996	杨烈	复旦大学出版社	/	《莎士比亚精华》	以诗译诗	分行韵文
1991/2000	方平	浙江文艺出版社	/	《哈姆雷特莎士比亚戏剧集》	以诗译诗	诗句结构
2001/2014	彭镜禧	联经出版事业股份有限公司	The Arden Shakespeare	《哈姆雷》	"音组"翻译无韵诗	译注本
2012	王宏印	上海外语教育出版社	The Oxford Shakespeare	《哈姆雷特（汉英对照）》	文体对应	英汉对照译评本
2013	黄国彬	清华大学出版社	The Second Quarto & Folio	《解读〈哈姆雷特〉：莎士比亚原著汉译及详注》	直译为主	"诗""剧"兼顾
2015	辜正坤	外语教学与研究出版社	The Royal Shakespeare Company	《莎士比亚全集》	文言白话互用，追求押韵	辑注
2020	许渊冲	浙江大学出版社	《莎士比亚戏剧全集》	《哈梦莱》	翻译文学	韵脚工整

3. 国外优秀影视作品

电影是一个民族文化最重要的载体，也是当下非常流行和时尚的艺术表达形式。近年来影视行业发展迅速，在国产电影快速发展的同时，影视行业同样需要引进高质海外片源以满足部分国内市场需求。以英美等国为代表的英文电影以其精良的制作、先进的技术而广受群众的喜爱，这些电影不仅向世界展示了奇思妙想的艺术内容，同时还对于英美文化的传播起到了非常重要的作用。比如美国科幻类的影片《超人》《复仇者联盟》《蝙蝠侠》等，这些电影中塑造了一系列具有超乎常人功能的超级英雄形象，正是英美式的个人英雄主义的集中体现。个人英雄主义的对外传播，除了英文电影对场景的逼真还原以及故事的精致打造外，将其译入国内，也可以和我国历史上出现的许多著名人物形成对比，对于颂扬和崇尚个人英雄主义具有良好的示范作用。此外，英美两国电影中还有很多体现了战争的残酷和人性的光辉，透露着强烈的反战情绪，符合当今世界和平与发展的主流思想。如《敦刻尔克》《拯救大兵瑞恩》《辛德勒名单》等电影，虽然用震撼的视觉效果还原了当时战争的残酷，但无一例外都强烈地突出了反战情绪，表达了对于和平的渴望。这些影片的翻译引入有助于新时代中国人民对于世界人民追求和平与发展理念的了解和认同。

在国外译入的影片中，迪士尼公司制作的动画片堪称经典之作，伴随着一代又一代中国观众的成长，迪士尼公司以其高质的动画设计、精彩的故事情节、精准的译入字幕给每一位观众留下了深刻的印象，对中国文化产业发展起到了很好的借鉴作用。该公司旗下拥有众多电影发行品牌，除了著名的好莱坞影片、华特迪士尼影片外，帝门影片、试金石影片、漫威影业等等都在业界颇具盛名。表 8-4 中列出了迪士尼公司自 2010 年以来，在中国国内上映的电影，全部配有中文字幕，其中多部影片获得电影界内著名奖项。

表 8-4　2010—2021 年迪士尼公司在国内上映的主要电影（汉语字幕）

中文名称	英文名称	年份	出品公司	获得奖项
爱丽丝梦游仙境	Alice in Wonderland	2010	华特迪士尼影片公司	第 83 届奥斯卡金像奖最佳艺术指导和服装设计
长发公主/魔发奇缘	Tangled, Rapunzel	2010	华特迪士尼影片公司	2010 年拉斯维加斯影评人协会奖最佳电影歌曲
阿凡达	Avatar	2010	20 世纪福克斯电影公司	第 67 届金球奖最佳影片

续前表

中文名称	英文名称	年份	出品公司	获得奖项
加勒比海盗：惊涛怪浪	*Pirates of the Caribbean: On Stranger Tides*	2010	华特迪士尼影片公司、杰瑞·布鲁克海默电影公司	第39届最佳真人电影动画特效提名
小熊维尼	*Winnie the Pooh*	2011	华特迪士尼影片公司	第39届安妮奖（2012）最佳动画电影故事板
美国队长：复仇者先锋	*Captain America: The First Avenger*	2011	美国漫威漫画公司	第6届尖叫奖（2011）最佳超级英雄
无敌破坏王	*Wreck-It Ralph*	2012	华特迪士尼影片公司	第40届安妮奖（2013）最佳动画长片
复仇者联盟	*The Avengers*	2012	华特迪士尼影片公司	MTV电影奖年度电影
疯狂原始人	*The Croods*	2013	20世纪福克斯电影公司	2013年BMI电影电视奖最佳配乐
金刚狼2	*The Wolverine*	2013	20世纪福克斯电影公司	BMI电影和电视奖
钢铁侠3	*Iron Man 3*	2013	中国印纪影视娱乐传媒有限公司、美国华特迪士尼电影工作室	第40届（2014）人民选择奖最受欢迎电影
冰雪奇缘	*Frozen*	2013	华特迪士尼影片公司	第41届安妮奖最佳动画长片 第71届金球奖最佳动画长片 第86届奥斯卡最佳原创歌曲 第86届奥斯卡最佳动画长片
银河护卫队	*Guardians of the Galaxy*	2014	华特迪士尼影片公司	第18届（2014）好莱坞电影奖
疯狂动物城	*Zootopia/Zootropolis*	2016	华特迪士尼影片公司	第44届安妮奖最佳动画长片 第28届美国制片人工会奖 第74届金球奖最佳动画片长

续前表

中文名称	英文名称	年份	出品公司	获得奖项
海底总动员2	Finding Dory	2016	皮克斯动画工作室 华特迪士尼影片公司	2017年青少年选择奖最佳喜剧类影片 2017年青少年选择奖最佳喜剧类女演员第43届人民选择奖最受欢迎电影
寻梦环游记	Coco	2017	华特迪士尼影片公司、皮克斯动画工作室	第75届金球奖最佳动画长片 第90届奥斯卡金像奖最佳动画长片
东方快车谋杀案	Murder on the Orient Express	2017	20世纪福克斯电影公司	第71届奥斯卡金像奖最佳女配角
无敌破坏王2：大闹互联网	Ralph Breaks the Internet	2018	华特迪士尼影片公司	第46届安妮奖动画长片类最佳视觉效果
冰雪奇缘2	Frozen II	2019	华特迪士尼影片公司	第47届美国动画安妮奖最佳动画视效、最佳动画配音两项大奖
玩具总动员4	Toy Story 4	2019	皮克斯动画工作室	奥斯卡最佳动画
花木兰	Mulan	2020	华特迪士尼影片公司	入围奥斯卡提名
野性的呼唤	The Call of the Wild	2020	20世纪影业	/
寻龙传说	Raya and the Last Dragon	2021	华特迪士尼影片公司	/

三、翻译与传播策略

翻译传播策略是指翻译传播过程中的译者采取的语言转换策略，翻译的思路、途径、方式和程序都属于翻译策略部分。翻译思路与宏观翻译理论是相互影响并由翻译实践所引发的。

翻译对于语言的转换并不是一种机械的活动，其实质与精髓远远超过文字变换这一层面。翻译更深的层面需要转化外来思想，并与原有的文化融合，甚至代替。从这个角度看，翻译传播是不同文化的交融发展，那么译者所处的时代、现实的社会背景、社会语境都会深刻影响翻译传播活动，这在译者所采取的翻译传播策略上有所体现。策略不同，所呈现的译文就不同，因此产生的传播效果也不同，而且在进行不同类型文本的翻译传播过程时，所采取的翻译传播策略也是不同的，本节主要讨论以下三种文本类型的翻译传播策略。

1. 国外文学经典作品重译与变译策略

首先，在国外文学经典作品方面，重译是最主要的一个翻译传播策略。我国很多出版社业内人士为此发声。《世界文学》主编高兴认为，外国文学经典重译在今天是必要的，同时"大有可为"。这其中固然有出版方的商业考量，但也有其自身存在的理由。比如弥补之前的遗憾，更切合新时代读者的诉求，更新语言，加强对原作者的理解，还有外语和汉语的平衡等等。"我们对翻译前辈们充满敬意，因为他们做了一件开拓性、建设性的事，这也是文学翻译中最重要的事。但完美的文学翻译是不存在的，即便是前辈们的翻译也存在着种种遗憾，比如理解有误、不切合时代背景、汉语与外语不对应等等。另外还有一个突出的问题，译界前辈们在翻译时可能用的是 20 世纪二三十年代的语言或者三四十年代的语言。相比现在的语言来说，这些语言有点落后了。"[①] 译林出版社法语文学编辑、青年译者唐洋洋也认为经典重译是很有必要的。"这里的'重译'，可以指更换新的译者翻译，推出新的译本；也可以指原译者在完成翻译一段时间后，大规模进行修改与订正译文。这两者对于提高译文质量都是很有必要的。"此外，受物质条件限制，老一辈译者对语言本身或者文化背景的认识不够深入，也会影响翻译的准确性。而发达的现代科技为解决这些问题提供了便利，译文质量的提高得到了保障。例如，译林出版社在 20 世纪 90 年代组织译者翻译《蒙田随笔全集》，当时用的底本里有不少古法语，译者的工具基本上也只有纸质词典，翻译难度很大，障碍重重；到前几年修订和重译时，就可以直接参照现代法语版本，翻译工具也得到了升级，这就使得重译工作顺利了很多。人类历史随着时间的车轮不断前进，由此而带来的语言结构和文化背景等各种复杂的生态特征，都在悄然发生着改变。面对这种语言生态的变化，原有大众认可的经典翻译版本，也有可能会遇到在新的语言生态中无法被接受的情况，因而需要进行再次翻译。也被称为复译或是重译。"复译不仅是必然的，而且是必要的"[②]。这个时候译者需要充分地理解经典版本的优越性与当下语境中受众的接受程度，找出相应的不足，这样才能够真正发挥复译的作用。

其次，对于新时代新增国外文学作品的翻译传播策略，要以《哈利·波特》系列和《飞鸟集》作品的译入为例来详细阐释。例如，在哈利·波特作品中，有

[①] 罗昕，谢蝶. 出版界那么多外国经典重译，这是文学的需要吗？［EB/OL］. （2020 - 12 - 25）［2021 - 01 - 25］https://www.thepaper.cn/newsDetail_forward_10518495.

[②] 许均. 重复·超越：名著复译现象剖析［J］. 中国翻译，1944（3）：2.

很多与魔幻相关的新奇词汇是出于作者自身的想象和创造，因而这些词汇并不是通用的，我们也没有办法在各种词典上查询到，这个时候译者就必须结合语境在语义上仔细分析，好的翻译是要能够正确甚至于等效地传达词汇在上下文语境中的交际功能，也就是说内涵与语用胜过字对字的意思。还需要创新地将其中的咒语译为符合中国读者阅读习惯的词汇。例如，我们注意到在马爱农的翻译版本中咒语大都译为四字短语，这种创新的翻译策略使得在译入语语境下，咒语更显其神奇力量，使得《哈利·波特》系列作品的译文真正遵循了翻译的"信达雅"原则。

《飞鸟集》是格言散文诗集，由印度诗人罗宾德拉纳特·泰戈尔创作，其中的名言警句非常多。短小精悍的篇幅，却蕴含着丰富无比、深刻隽永的道理，越是这样就越给译者带来了巨大的挑战。国内首位将其进行译介的翻译家是郑振铎，其分别于1922年和1956年出版了《飞鸟集》的部分译本和全译本。其译介影响了当时国内很多文人，诸如徐志摩、冰心、郭沫若等等。2015年冯唐所译的全新版本的《飞鸟集》问世，在整个翻译界产生了非常震撼的影响。这个译本呈现的诗歌意象非常别致，诗歌的特点也更加突出。① 在注重保留原有意蕴的基础上冯唐进一步追求押韵等语言形式，他认为押韵之于诗歌就如同生命一般重要，是诗歌区别于其他文体的突出和本质特征，诗人的伟大在于掌握了韵律这种强有力的武器，因而可以征服读者。这在译入语当中是同样的道理，倘若只保留了源语诗歌的意蕴而丢失了译入语当中诗歌的形式，就会使得受众对于诗歌美感的体验程度受到严重的损失。② 以冯唐译文的第9首为例：

泰戈尔诗：Once we dreamt that we were strangers. We wake up to find that we were dear to each other.

冯唐译文：

做梦时

我们距离非常遥远

醒来时

我们在彼此的视野里取暖

译者冯唐采用了归化策略和意译技巧，同样进行了创造性翻译，把原本两行

---

① 侯静，李正栓. 泰戈尔《飞鸟集》汉译策略与艺术研究：以郑振铎和冯唐译本为例 [J]. 西安外国语大学学报，2018，26（1）：88-93.

② 冯唐. 翻译泰戈尔《飞鸟集》的二十七个刹那 [M] // 泰戈尔. 飞鸟集. 杭州：浙江文艺出版社，2015：335.

毫无押韵的诗译成四行隔行押韵的诗。如此处"我们距离非常遥远"和"我们在彼此的视野里取暖"维持了一种和谐的韵律感,给人非常宁静而温暖的感觉。相比较"strangers"和"dear"的本身并不是"距离遥远"和"取暖亲近"的意思。但"远"和"暖"就起到了押韵的作用。也有人称这种创造性翻译为"创译"。在原文的基础上,进行创译,难度非常大。就连译者自己也表示了"耗掉了我大量精力"[①]。

2. 科技作品准确对等式翻译策略

现代飞速蓬勃发展的科学技术为国外科技作品的译入提供了更多机会,不过同时也提出了更高的要求,挑战与机遇并存。为了使各个领域的学者能够互相切磋、交流观点,促进现代化科技成果的传播;也为了能够创作出优秀的科技翻译作品,实现科技术语的准确对等转换,科技作品的翻译要系统全面地考虑科技文本语体的特点,通过比较分析译入译出语两种语言的异同,采取合理的、有针对性的翻译策略。常用的翻译策略有等值对应、准确性、简洁性和清晰合理原则。科技术语翻译的一条重要原则为等值对应,即在较完整地保留源语的同时,使得译语在语义、内容等方面实现动态对等;另外一条为准确性原则,是在尽可能简洁的基础上,将某一科技术语暗含的逻辑关系通过具象形式表现出来。换言之,翻译作品要在尽可能充分揭示原文术语概念内涵的基础上,争取准确简洁。[②] 此外,译文还应尽可能地清晰合理,易于读者理解,成功实现译文在译入语当中符合科技语体的特征也是另一翻译原则。既保证译文表达与逻辑一目了然,又保留原文确切的内涵。这就需要反复推敲词汇及上下文,更准确地传播科技信息,保证译文合情合理、逻辑清晰。

3. 影视作品意象化翻译策略

影视作品的翻译方式主要包括配音翻译和字幕翻译,就影视翻译现状来看,国内的影视行业字幕翻译已经比较成熟,占据了电影翻译的主流。但配音翻译还不够完善,采用配音翻译的片源也比较少,大众接受配音翻译的程度还不够。影视行业的特点决定了影视翻译不同于其他文本翻译,影视作品翻译受制于人物话语长度和影片画面,有严格的字数要求,同时还要传达出原片的作品风格和人物性格。除此之外,配音翻译的字词、停顿需要尽量和人物口型相符,还需要注意

---

① 冯唐. 翻译泰戈尔《飞鸟集》的二十七个刹那[M]//泰戈尔. 飞鸟集. 杭州:浙江文艺出版社,2015:335.

② 刘颖,高硕. 俄语科技术语特点、翻译难点及应对策略研究[J]. 中国俄语教学,2019,38(4):69-76.

音节数量是否和原片一致，若相差太大会影响观感体验。影视译入的另一个难点是文化意象在不同民族之间的传播。

不同于其他文体，影视作品文化意象的呈现方式是言语行为等，这就决定了形成与传播影视作品的文化意象是一段漫长的智慧沉淀的过程。[①] 而不同民族之间的语言差异则决定了不同文化背景下文化意象的差异，这对影视作品跨国家地区、跨文化意象传播提出了挑战。因此，在翻译影视作品过程中更重要的是巧妙转化文化意向，传播精神内涵，提高观众对语言意象本身的理解。

随着数字化科技深入发展，影视翻译产业迅速发展，翻译公司的数量显著增加，相关影视翻译公司也可以搭建网络数据库，通过计算机辅助翻译等方式，对相关翻译信息进行汇总，从而促进影视翻译行业向体系化、制度化方向发展。

★ 第三节 翻译传播的社会贡献 ★

一、对社会思想的影响

1. 经典哲学与法学思想

哲学思想是影响社会发展最大的学科思想之一。新时代柏拉图、亚里士多德等西方哲学家的著作翻译在不断完善，很多已有汉译全集出版，还有一部分是再度编译后重新出版。西方哲学经由翻译之后引入中国，国内哲学学者对其重新分析与解读，在学习和认识西方哲学思想之外探讨其理论与方法，从而不断丰富与发展中国哲学。在西方哲学汉译的过程当中，除语言转换之外，更重要的是将西方哲学当中非常独特的思想方式用汉语表达出来，翻译成中国受众能够理解的哲学观念；能否把原有的哲学思想通过翻译传播讲明白和说清楚，对于译者本身的哲学理解要求很高。[②] 国内研究中国传统思想、马克思主义哲学、西方哲学思想的诸多学者都在综合翻译比较当中发现哲学研究的新思路与新视野。有些学者开始对比研究中国传统思想与西方传统哲学，哲学学界力求认识到这些思维差异的客观存在并探究其中的规律以求同存异。[③] 同时，哲学学界展开了丰富的学术交流，如 2017 年清华大学与中国社会科学院联合举办了"黑格尔/费希特哲学翻译

---

① 谢一卓.中国品牌国际化之营销策略研究［J］.今传媒，2017，25（4）：74
② 王路.汉译哲学的翻译与理解［J］.西北师大学报（社会科学版）.2020，57（01）：5-13.
③ 何云松：黑格尔哲学国内的翻译与研究状况简述［J］.新西部，2020，（8）：115-116.

与研究"学术研讨会,就哲学文本翻译基础研究与前沿问题展开了深入的讨论。中国对德意志古典哲学的研究视角更为广阔,研究日趋精微,除了整体论、辩证法、科耶夫式主体性诠释等方法之外,还有学者运用分析哲学的方法,通过深入剖析基础概念与文本细节对德意志理论哲学提出了较为独到的见解。对于德意志等古典哲学的研究,有助于加深中国哲学界对于西方哲学中理性、批判等精神的反思。①

2. 代表性法学思想

新时代西方法学的译入沿袭了 20 世纪 90 年代起的高速发展态势,"美国法律文库""西方法哲学文库"等系列的法学译著不断面向市场出版。汉译法学著作的持续发展,对中国法律实践的开展、法学学科人才培养以及法学研究有着重大推动作用。通过借鉴国外比较发达的法学话语体系与相关理论,汉译国外法学推动着中国现代法学的发展。这些都为依法治国基本方略在新时代进一步推进与实施提供了更充足的理论借鉴,在扬弃中完善中国现代法学与新时代法制体系。② 同时,国际法、国际公约等的译入与研究有助于更好地弥补我国法律体系的不足,从而更好地保护国家与人民权益。

国人依稀记得 2000 年中国入世过程中遇到的艰辛,这突出显现出涉外法治人才的重要性。新时代我国社会法治人才的缺口依然很大。十八届四中全会上中共中央首次提出要加强涉外法律工作,要培养善于处理涉外法律事务,通晓国际规则,具有国际视野,能够参与国际合作与竞争的高端复合型法律人才。③ 步入新时代以来,中国与"一带一路"沿线国家联系日益紧密,不断开展并推进了一系列相关合作,涉外法务活动更为密集,④ 对法律文本翻译提出的要求愈来愈高。由于法学的严谨性,法律类翻译对于术语的专业化、标准化、规范化要求都非常之高,在新时代法学译入的过程当中,除了原有的对这些严谨性的不断考证之外,法学学者及译者开始注意到了法学术语的概念内涵与时俱进的问题,更加注意其发展演变过程,并且在必要的时候予以适当的创新。⑤ 这些对于启发法学学者对西方法学提出质疑与再思考有着极为重要的意义。在法学专业人士将西方法学论著译入的过程中,经过不断的反思,总会有新的发现。西方法学话语更多

---

① 郭东辉."黑格尔、费希特哲学翻译与研究"会议综述 [J]. 哲学动态. 2018,(7):109-110.
② 吴苌弘. 英美法学著作的汉译与中国现代法学的发展 [J]. 上海翻译. 2019,(3):13-17.
③ 张法连. 增设法律英语专业 系统培养涉外法治人才 [J]. 中国律师. 2020,(8) 74-75.
④ 张法连. 新时代法律英语复合型人才培养机制研究 [J]. 外语教学. 2018,39 (3) 44-47.
⑤ 张法连. 英美法律术语汉译策略探究 [J]. 中国翻译. 2016,37 (2):100-104.

的是立足于其原有的社会语境，符合当时当地的政治经济和社会发展需要，但是如若我们一味地将西方法学法制直接移植到中国法系当中，而不做变通与创新，那么西方法学在中国特色社会主义当中会水土不服，倘若以此为规范进行了法制活动，就会引发一系列社会问题。中国法学译者与相关研究人员都应当在重视引进西方法学和与国际化接轨之外，在求同的基础上要重视"存异"，从中国传统法学中汲取精华，形成有中国特色的法治文化体系。① 新时代中国特色社会主义法治需要有适合于当代中国发展与治理的法律体系。中国法律体系需要不断完善与发展，借鉴国际通行法律规则，提升中国法律体系与国外法律体系的交流互鉴，从而提升中国法制体系的国际话语权。

中国特色社会主义法律体系不断完善与发展，例如，《中华人民共和国民法典》的颁布标志着我国法制建设进程成功迈出一大步。对进一步推进依法治国、加快社会主义法治国家的建设，对推进国家治理体系和治理能力现代化，对发展社会主义市场经济，对坚持以人民为中心的发展思想、推动我国人权事业发展、依法维护人民权益，都具有重大意义。②

二、对经济发展的影响

1. 顺应经济全球化需要

全球一体化不仅让经贸关系日益密切，经贸交流的方式也日渐丰富。经贸类文本的翻译在促进中外经济贸易交流中发挥着不可或缺的作用，经济类经典著作的重译与研究有利于国人了解国外经济发展的现状、规律以及走向和趋势。一方面，经济、贸易、金融等专业文本的译入有助于推进新时代在进一步扩大对外开放的格局下更好地了解与把握全球经贸和国际金融形势的变化，更好地融入并利用全球化潮流。另一方面，对于《国富论》《资本论》等经典著作的重译与研究有利于重新审视国外经济发展的历程，更好地批判吸收和借鉴，在扬弃中促进我国自身经济的进步和发展。③

在《资本论》这部鸿篇巨制中，马克思为剖析政治经济学提供了坚实的理论

---

① 顾盼.试论中国法学话语权的构建与提升[J].法制博览，2019（3）：106-107.
② 习近平：充分认识颁布实施民法典重大意义 依法更好保障人民合法权益[EB/OL].（2020-05-29）[2020-08-30] https://baijiahao.baidu.com/s?id=16695485860547475498&wfr=spider&for=pc.
③ 胡慧.功能对等理论视角下英语经贸文本翻译研究:析《国富论》译本对比[J].英语广场，2018，（2）：38-39.

基础。2016 年 5 月 17 日，习总书记在哲学社会科学工作座谈会上指出："从国际金融危机看，许多西方国家经济持续低迷、两极分化加剧、社会矛盾加深，说明资本主义固有的生产社会化和生产资料私人占有之间的矛盾依然存在，但表现形式、存在特点有所不同。"[1] 现代资本主义国家的经济发展到达一定程度就会出现瓶颈，这是由资本主义的无法自身克服与超越的基本矛盾所决定的。今年以来反复出现的经济危机正是这种矛盾激化的突出表现。尽管资本主义国家的工薪阶层生活水平提高，但是他们薪资的增加与自身贡献依然远远不成正比，新科技革命带来的物质条件改善与更新始终无法抹杀资本家对他们的残酷剥削。以人为鉴，可以正衣冠。《资本论》对当下中国经济同样具有指导意义。习近平自年轻时期起，就非常重视对于《资本论》的研读。据作家曹溪谷所述，习近平曾三遍通读《资本论》，并写了整整 18 本笔记。而且对于《资本论》的不同翻译版本如数家珍，比较认同郭大力、王亚南的译本。有了包括《资本论》在内的马克思主义著作的熏陶，习近平更加坚定自己的理想信念，即便命运多舛，他也从未放弃自己的马克思主义信仰。习近平在自己的著述中，多次深刻阐述《资本论》的原理并直接引用《资本论》的论断。[2]

在《资本论》这部鸿篇巨制中，马克思详细阐释了劳动价值论，对当代世界而言依然有普遍性指导意义。剩余价值论不仅揭示了剥削的本质，也解释了资本主义生产方式的悖论，劳动者必须牢牢掌握生产资料。正如习近平在纪念马克思 200 周年诞辰大会上所强调的，"社会主义并没有定于一尊、一成不变的套路，只有把科学社会主义基本原则同本国具体实际、历史文化传统、时代要求紧密结合起来，在实践中不断探索总结，才能把蓝图变为美好现实"[3]。这或许解释了为什么在中国唯独有马克思主义能产生如此之大的影响和效应的根本原因所在。

习总书记曾在哲学社科工作座谈会上说道："有人说，马克思主义政治经济学过时了，《资本论》过时了，这个说法是武断的。……法国学者托马斯·皮凯蒂撰写的《21 世纪资本论》就在国际学术界引发了广泛讨论。该书用翔实的数据证明，美国等西方国家的不平等程度已经达到或超过了历史最高水平，认为不加制约的资

---

[1] 习近平. 在哲学社会科学工作座谈会上的讲话 [M]. 北京：人民出版社，2016：14.
[2] 张广昭，陈振凯. 跟着习近平学马克思经典著作 [EB/OL]. (2018 - 05 - 16) [2020 - 08 - 30]. http://cpc.people.com.cn/n1/2018/0516/c419242-29993519.html.
[3] 纪念马克思诞辰 200 周年大会 [EB/OL]. (2018 - 05 - 04) [2020 - 08 - 30]. http://www.xinhuanet.com/politics/zbmks200/index.htm.

本主义加剧了财富不平等现象，而且将继续恶化下去。"[1] 由此可见，《资本论》中的政治经济学原理即使在全球化时代仍然有现实的指导意义，因此，我们说《资本论》并没有过时，新时代重新翻译《资本论》必然带来新的时代价值和作用。

2. 文化产业化需求

文化是民族强大的重要标志，文化交流有助于促进国家间经济合作和民心相通，文化交流也有利于政治交融。十八大以来，文化产业的发展得到了党和国家的高度重视。我国的文化贸易持续较快增长，并逐步在全球贸易中占据了较为重要的位置。仅以2018年为例，我国文化贸易进出口总额达1 370.1亿美元。尤其是"一带一路"倡议更是为文化贸易的发展提供了长足的动力支持。一系列具体实施计划落地，如《文化部"一带一路"文化发展行动计划（2016—2020年）》等，将开展文化贸易提上具体日程，[2] 这其中翻译与传播的贡献举足轻重。再如，习近平在亚洲文明对话大会上提倡共同实施"亚洲经典著作互译计划和亚洲影视交流合作计划"[3]，帮助亚洲范围各国加深对彼此文化的理解与欣赏，以传播亚洲文明，促进文化的交流互鉴。2021年3月16日，中国和伊朗签署了《中华人民共和国国家新闻出版署与伊朗伊斯兰共和国伊斯兰文化联络组织关于经典著作互译出版的备忘录》，对进一步加深两国人文交流交往有着特殊意义，必将开启中伊文明交流互鉴的新篇章。[4]

三、对文化发展的影响

1. 促进自然科学交流

在信息技术爆炸式发展的新技术革命时代，科学技术的升级日新月异，自然科学界、工程技术界对国外新发现、新技术的学习借鉴与引进利用都是从科技翻译开始的。科技翻译工作者中包括很多一线的科学技术工作者，他们在翻译中不断传播和创造术语，[5] 同时一些科技翻译研究人员运用语料库进行科技术语的管

---

[1] 习近平. 在哲学社会科学工作座谈会上的讲话 [M]. 北京：人民出版社，2016：14-15.
[2] 尤立杰，张凌志. "一带一路"框架内中国文化贸易发展策略研究 [J]. 东北亚经济研究. 2020，（6）：18-27.
[3] 习近平. 深化文明交流互鉴 共建亚洲命运共同体 [EB/OL]. (2019-05-15) [2020-08-30]. http://www.xinhuanet.com/mrdx/2019-05/16/c_138062577.htm.
[4] 中伊签署关于经典著作互译出版的备忘录 [EB/OL]. (2021-03-16). [2021-03-30]. http://www.nppa.gov.cn/nppa/contents/719/75809.shtml.
[5] 殷健，刘润泽. 面向翻译的术语研究："中国学派"的实践特征和理论探索——冯志伟教授访谈录 [J]. 中国翻译，2018（3）：74-79.

理，这实际上是一种知识管理活动，① 有助于在引进比较与借鉴中，真正深入地帮助国内科技界认识新技术并且消化吸收而后创造性地再利用。日新月异的技术革命对于科技文本，尤其是国外科学界学术著作和论文的翻译提出了更高要求，科技文献的科学性、准确性、时效性和应用性都是翻译过程中需要严谨对待的问题。科学工作者在不断学习新技术后不断向国内民众传播与普及新知识，这有助于提高全民科学素养，"科学技术是第一生产力"的重要性越来越被广大普通民众所认可。科教兴国战略的重要意义愈加凸显，全民重视科技、重视教育的氛围已经日益浓厚。可以说全国各行各业都在科技发展的带动下蓬勃发展，中国创造彰显出大国气质。同时，重视科技文本的译入，有利于增强我国学术话语在国际学术界的话语权。

这其中非常值得一提的是医学翻译。新冠疫情暴发后，习近平总书记强调科学技术的创新与突破才是人类战胜疾病最有力的武器，医学科学工作者要以疫苗等药物以及医疗装备的研发为一线抗疫提供坚强有力的技术支撑。② 生命是无价的，在全世界范围内，所有国家和不同种族都是平等的，新冠疫情暴发以后，如何保护人类的生命健康是全球医学界最紧迫的课题。新冠疫苗研发需要国际医学界的携手合作，准确、专业的医学翻译在医疗技术创新过程中发挥着不可忽视的作用。

2. 促进中华文化发展创新

习近平总书记强调，应该以科学的态度对待世界各国各民族的文化，其实这和正确对待我们中华文化是一样的道理。③ 这是在文化层面结合中国文化实际发展践行马克思主义基本原理的创新型实践。新时代外国优秀文化作品包括文学、音乐、影视作品等的译入让国内民众更进一步地认识到中华文化与其他民族文化的差异所在以及历史渊源。一方面我们要强化自身的文化自信，尊重并鉴赏其他民族文化之美，体会其中别具特色的智慧与精神追求，这有利于对自身的自我认知。另一方面，中华文化本身有兼收并蓄的特质，文化之间的交流互鉴有利于通过吸收借鉴其他文化之长而保持中华文化的长久活力。任何一种文明都要不断吸

---

① 王华树，王少爽．翻译场景下的术语管理：流程、工具与趋势［J］．中国科技术语，2019，21（3）：9-14．

② 习近平：为打赢疫情防控阻击战提供强大科技支撑［EB/OL］．（2020-03-15）［2020-03-30］．http：//www.qstheory.cn/dukan/qs/2020-03/15/c_1125710612.htm．

③ 习近平在纪念孔子诞辰2565周年国际学术研讨会暨国际儒学联合会第五届会员大会开幕会上的讲话［EB/OL］．（2014-09-25）［2020-03-30］．http．://cpc.people.com.cn/n/2014/0925/c64094-25729647.html．

纳时代精华，与时俱进，实现自我发展与自我完善。为了让中华文化在继承传统的基础上能够不断突破，再创新的篇章，我们需要走入其他各具风格的文明，这样才能够发现其他文明的长处，启发我们再度创新的思维。① 文化强国需要人民对于民族文化有足够的自信，民族的文化就是世界的，同样，世界的文化也应该是中华民族的。世界各国在经贸等方面互联互通的同时，文化交流日益加深。文化是一个民族思想观念、行为习惯、自然条件、社会历史变迁等的积淀。当我们以包容、鉴赏的态度去看待各国文化时，我们就打开了新的世界。在某种程度上，改革开放初期部分民众崇洋媚外的心理多是因为对于外国文化与中华文化的异质性的认识比较浅显。随着文化强国战略的进一步实施，文学、音乐、影视等领域的外国优秀作品不断被推介到普通民众面前，当人们有机会去深入地了解这些异域风情的文化元素的时候，国人就会不断认识到中华文化与其他文化的异质性，也更能深刻地体会到国人对于中华文化的自信不会减弱，只会增强。民心相通的过程实现了中华民族文化与世界文化的共通共融、兼收并蓄。例如，古丝绸之路除了商贾往来之外，还给沿线各国留下了宝贵的丝路精神。现如今"一带一路"建设如火如荼、盛况空前，我们更应当秉持着丝路精神的互学互鉴，以更宽广、更包容的胸怀，展开更广范围、更深层次的民族间的文化交流，这些都助推着"文化强国"战略的实施。

此外，新时代外国优秀文化作品包括文学、音乐、影视作品等的译入助力于中国文化话语体系的多维度建设。有学者认为文化话语权是以价值取向、行为习惯、思维方式、倡议、理念等意识形态和非意识形态的形式借助话语传播的方式表述出来的具有一定影响力的权力效用。② 中华文化的国际话语权是一种软实力，是中国国际影响力的重要部分。文化软实力不是把自身的意识形态强加给对方，而是需要在文化交往中形成一种文化影响力，在"润物细无声"过程中建设中国的文化软实力才是中国作为文明古国的文化魅力所在。

---

① 习近平. 深化文明交流互鉴 共建亚洲命运共同体 [EB/OL]. (2019-05-15) [2020-08-30]. http://www.xinhuanet.com/mrdx/2019-05/16/c_138062577.htm.

② 易华勇，吕立志. 以新发展理念引领文化话语权提升的五个维度 [J]. 南京航空航天大学学报（社会科学版）. 2020，22 (1)：15-19.

第四节　新时代翻译传播与马克思主义中国化

一、代表作及翻译传播机构

1. 译入代表作品

2018年是马克思200周年诞辰，中央党史和文献研究院贯彻中共中央的部署安排，对一系列马克思主义经典著作进行了重新编译。表8-5为人民出版社在马克思200年诞辰之际出版的系列图书概况：

表8-5　马克思200周年诞辰人民出版社系列图书概况

类别	书名
经典原著	《共产党宣言》纪念版 《资本论》纪念版 《马克思诞辰200周年马克思恩格斯著作特辑》（15种）
辅导读物	《重读〈共产党宣言〉》 《重读〈资本论〉》 《十五部马克思经典著作导读》
理论研究成果	"马克思主义经典著作基本观点研究丛书"《马克思主义发展史》 《马克思恩格斯报刊活动年表》《马克思的十大理论创新》 《重建马克思经济哲学传统》《马克思主义基本原理核心范畴研究》 《马恩经典版本巡读》《马克思主义与近代中国》
通俗读物	《马克思主义简明读本》《卡尔·马克思（纪念版）》《马克思主义信仰十讲》 "马克思恩格斯故事系列"（《马克思的朋友圈》《〈国际歌〉的故事》《〈资本论〉的故事》《〈共产党宣言〉的故事》《恩格斯的故事》《马克思的故事》） 《当代中国马克思主义为什么是对的》

表8-5所列图书既包括中央重点图书项目如经典原著纪念版，同时也包含最新的理论研究成果；既包含有重要学术价值的图书，又包含了通俗类读物和辅导读物，兼顾了各个层面的受众，因而广受好评。这些权威出版的图书内容丰富，形式多样，通俗易懂。其中马恩经典原著精选均为重新审校的最新版译文，大约囊括了马恩全集的主要内容，有3 000多万字，是目前最为权威的译本。[1]

---

[1] 李子木. 人民社推马恩经典原著等30种重点图书［N］. 中国新闻出版广电报，2018-05-09（1）.

这些经典原著译作为党员干部进一步在实际生活中学习、理解并感悟马克思主义理论，坚定信仰并结合自身实践、保持理论的时代性，提供了强有力的理论支撑。为方便广大读者了解这些经典著作的写作背景、逻辑脉络，更好熟悉文本材料，人民出版社还策划出版了相配套的辅导读物。与此同时，人民出版社还相继推出了国内马克思主义理论的一系列研究成果，促进了马克思主义中国化的新时代进程。

在习近平新时代，重译马恩列著作对于当下的中国乃至于全世界都具有非常重要的实践性意义，有利于提高抵御风险的能力。2020年的新冠肺炎疫情深刻表明，新形势下人类历史随着时间的推移不断发展前进，矛盾的特殊性决定了我们遇到的问题一定是空前的，在愈加复杂的社会背景下，我们要面临实现人类自身的发展与解决时代呈现给我们的种种矛盾这些难题。应对这些难题，马恩列思想是重要的思想理论武器，需要我们结合时代发展对其进行新的解读。

新时期对马恩列著作新的解读，以《马克思恩格斯全集》第二版情况为例。经国际马克思恩格斯基金会的考证，《马克思恩格斯全集》的原稿其实是用多种语言撰写的，其中60%是德文，30%是英文，甚至还有5%是法文。[1] 而早前我国已经出版的原有汉语第一版是根据俄文翻译的，也就是说苏联译者已经对其文本进行了再次加工，因而在重新进行翻译和修订时，选择历史考证版为依据，有助于更好更深入地了解马克思恩格斯写作的时候遇到的现实情况，进而更深刻理解马克思和恩格斯的思想主张。因此，结合时代发展的脚步，重新翻译马克思恩格斯著作具有长远的战略意义。这是中央编译局，更是中国的马克思主义理论翻译界及研究界承载着的重大使命，也是一项长期的艰巨任务。

除了马克思恩格斯理论，新时代翻译传播列宁的著作在中国也得到了极大的重视，也是马克思主义传播史研究的重要内容。列宁著作的译入从早期片段翻译到新时代全文翻译，翻译的新版在全国范围内广泛推广，译入的媒介包含电视、电影等，这标志着列宁著作的译入发展到全新阶段。

翻译传播发展新时期，列宁的著作得到系统编译和传播。从2004年4月开始，党中央在全国实施马克思主义理论研究和建设工程，部署中央编译局重新审核编译马克思主义经典著作。为此编译出版了五卷本《列宁专题文集》：《论无产阶级政党》《论社会主义》《论资本主义》《论辩证唯物主义和历史唯物主义》

---

[1] 中央编译局介绍马克思主义著作翻译和研究等情况 [EB/OL].（2010-12-10）[2020-08-30]. http://www.wenming.cn/ll_pd/mgc/201012/t20101210_28317.shtml.

《论马克思主义》。① 这五卷本旨在反映在俄国社会主义革命和建设时代列宁对马克思主义的创造性运用和发展。《列宁专题文集》于 2009 年 12 月由人民出版社出版,是翻译传播新时期列宁主义在中国翻译传播的重要成果。

2012 年,在《列宁专题文集》基础上,《列宁选集》第三版经编译局重新修订后由人民出版社出版,这一版对已有的列宁译著进行了补充,更新了列宁对马克思恩格斯著作的引文。此外,2017 年《列宁全集》第二版增订版完成,其中收录列宁文献共计 3 300 万字,包括 9 000 多件文献,创当前世界之最,② 标志着列宁著作及其思想在中国的传播进入全新阶段。表 8-6 是新时代马恩列著作的译入概况,这些经典著作均由中央编译局组织翻译,人民出版社统一组织出版发行。

表 8-6 2013—2020 年马恩列著作的译入概况

卷名	出版时间	译者	出版机构
《马克思恩格斯全集》(第 14 卷)	2013 年 12 月	中央编译局	人民出版社
《马克思恩格斯全集》(第 26 卷)	2014 年 8 月	中央编译局	人民出版社
《马克思恩格斯全集》(第 28 卷)	2018 年 12 月	中央编译局	人民出版社
《马克思恩格斯全集》(第 35 卷)	2013 年 4 月	中央编译局	人民出版社
《马克思恩格斯全集》(第 36 卷)	2015 年 12 月	中央编译局	人民出版社
《马克思恩格斯全集》(第 37 卷)	2019 年 12 月	中央编译局	人民出版社
《马克思恩格斯全集》(第 38 卷)	2020 年 1 月	中央编译局	人民出版社
《马克思恩格斯全集》(第 42 卷)	2016 年 12 月	中央编译局	人民出版社
《马克思恩格斯全集》(第 43 卷)	2016 年 12 月	中央编译局	人民出版社
《马克思恩格斯全集》(第 49 卷)	2016 年 3 月	中央编译局	人民出版社
《列宁选集》(第 1—3 卷)第三版修订版	2012 年 9 月	中央编译局	人民出版社
《列宁选集》(第 4 卷)第三版修订版	2012 年 9 月	中央编译局	人民出版社

2. 翻译传播机构

(1) 中央编译出版社

中央编译出版社隶属于中央编译局,主要承担编译国内外社会科学类著作的任务,这其中不仅包括中西方经典名著,还包括社会科学类学科前沿作品。中央

---

① 中央编译局.《列宁专题文集》编辑说明 [N]. 光明日报,2010-01-08 (2).
② 白瀛,罗争光.《列宁全集》第二版增订版六十卷全部出版 [N]. 人民日报,2017-10-06 (4).

编译出版社与海内外多方出版机构都展开了深入而广泛的合作。多年来中央编译出版社以让中国与世界各国增进社会文化层面的相互了解为自身使命，荣获百佳出版单位的称号。①

中央编译出版社在译入著作方面专注于译介马克思主义理论，其中包括有关共产主义国际运动的历史和社会主义发展等方面的著作。新时代以来，编译的作品包括马克思的《资本论》等，也有文学社科经典著作的译本出版，如 2018 年出版的世界文学名著合辑，套装共 80 册，还有许多细分领域下的人文社科译本，如《乌合之众：大众心理研究》等。

（2）中央党史和文献研究院及中央编译局

中央党史和文献研究院是中央编译局、中央党史研究室、中央文献研究室三家国家机构经整合以后形成的。中央党史和文献研究院是党的历史和理论研究的专门机构，是党中央直属事业单位。其下设多个学术期刊，其中期刊《国外理论动态》关注一些国外综合性理论，包括马克思主义理论的最新国际研究动态，社会学者关于社会形态的最新研究成果；等等。通过翻译传播译入重要文献资料，其多个栏目如"国外马克思主义研究""当代资本主义研究""区域和国别研究"重要文献成果的译入，为领导者的决策和理论界的学术研究提供了大量的弥足珍贵的文献资料。

中央党史和文献研究院职责经整合后，对外保留中央编译局的牌子。中央编译局从新中国成立开始就坚持对马列经典的重译与修订工作。"三大全集"和"三大选集"就是典型代表（马克思、恩格斯、列宁、斯大林著作）。此外，中央编译局还出版发行这些相关著作内容的单行本，包括修订《共产党宣言》的第五个中译本。《共产党宣言》经由再次翻译与校订之后写入了 2009 年版的《马克思恩格斯文集》与 2012 年版的《马克思恩格斯选集》。该版本的《共产党宣言》首个单行本于 2014 年 12 月由人民出版社出版，标注为"第 1 版"，该版本于 2018 年又用以纪念马克思诞辰 200 周年的形式再次出版，至当年 5 月份，总计共印 17 次，发行量达 130 多万册。有关中央编译局组织翻译的《共产党宣言》初版以及五次修订版的概况均在表 8-7 中列出。此外，党的十八大后马列主义译著的单行本在干部群众中受到广泛传播，因而其发行需求大大增加，马列主义文库成套出版。

---

① 贾向云. 中央编译社读者服务部开业主营马列主义书籍［J］. 出版参考. 2006，(19)：14.

表 8-7　中央编译局《共产党宣言》初版及五次修订版概况

修订版本	第一版	第一次修订	第二次修订	第三次修订	第四次修订	第五次修订
出版时间	1956年	1959年	1964年	1978年	1997年出版单行本	2014年出版单行本
修订变化及意义	有利于深入阅读学习、探索解决建设社会主义理论	适应了解时代语境的变化,对体现其思想的重要内容做了更加细致的校订	确定并沿用至今一些耳熟能详的经典译句、译词	用词更加准确,更符合原文的最初意义、更符合现代的表达方式	修订译词、用部分阿拉伯数字代替前版本的汉语数字、增加注释及人名索引	附录了一些重要文献、新增"编辑说明"和"编者引言"、注释、人名索引、插图

二、马克思主义著作的翻译传播策略

1. 翻译策略

马克思主义中国化的理论源头是其经典著作文本的中国化。《共产党宣言》在中国的翻译经历了从个体翻译到集体组织规划再到国家翻译实践的转换,同时见证了从理论普及到实践探索直至学理探究的策略导向,在"适用性"与"实践性"并重的需求下,《共产党宣言》逐步建构起其中国化思想体系。[①] 共产党成立初期使用"归化"策略对《共产党宣言》进行翻译,由于侧重目的语文化,译文更加通俗易懂,为马克思主义在中国的传播开辟了道路,扩大了范围,奠定了理论基础。不管是在哪个时代,"归化"翻译策略都是以目的语为归宿,为了使不同文化之间在交流中达到"对等",大都使用意译的翻译方法,这样可以使译文更加贴近受众的语言表达和生活习俗,可以使受众更好地理解译文和原作者想要传达的意义,从根本上达到文化传播与交流的目的。因此,早期使用"归化"策略对《共产党宣言》进行翻译传播,可以使中国读者更加接近马克思主义,从而助力其在中国的传播过程。

相对来讲,使用侧重于源语文化的"异化"策略对《共产党宣言》进行翻译传播,从最大程度上保留了源文本的内容和语言表达方式,将源语言的文化内涵进行了再现,但在不同程度上却将受众范围缩小了。除了先进的知识分子,大多数普通人民群众对马克思主义从了解到逐步接受需要一定的时间。因此,《共产

---

① 方红.《共产党宣言》重要概念百年汉译及变迁 [J]. 外国语(上海外国语大学学报),2020,43(6):84-93.

党宣言》在中国传播的初期，使用"异化"的翻译策略会降低传播的效果。但随着受众思想的不断解放和范围的扩大，他们对于马克思主义经典著作的诉求越来越大，马克思主义在中国的翻译传播越来越需要保留源语的作品风格，这样才能使受众对马克思主义理论的掌握更深入透彻。

新时代不断译入新的马恩列著作及重新编译原有著作，在重译方面国内译者尽力完善译文，使之忠实于原文，确保能将文章中的中心思想和核心内涵流畅准确地表述出来。而马克思、恩格斯和列宁的著作都是科学客观的事实，这决定了马恩列著作翻译的方法和指导思想不同于经典文学翻译。译著和原文的精神内涵必须相同，在忠实翻译的基础上力求语言流畅。与文学翻译不同的是译者不能随意增加或删减原文内容，不能脱离原文实际再创作。另外译者还要重视原著的风格，并保留相同的表达方式，确保能够把原著所表达的风格保留下来。但是这并不等同于字对字的翻译，而应该灵活处理遣词造句，并力求译文能够通俗易懂，更易被读者接受。

2. 传播路径

（1）中央"四大平台"

习近平总书记在哲学社会科学工作座谈会上发表重要讲话，指出要充分发挥马克思主义理论研究等四大思想平台的推动作用，进一步拓展马克思主义的宣传教育和理论研究。[①] 这一论述，指明了"四大平台"在推进思想理论工作方面的努力方向。新时代背景下，"四大平台"成为开展马克思主义教育与传播、宣传马克思主义理论与方法的重要抓手。各地各相关部门在中央推进"四大平台"建设的工作部署下，不断结合自己的实际发展情况，制定具体的实施方案，讲好中国故事，将马克思主义在中国的传播路径不断拓宽，扎实推进马克思主义理论的高效传播。

（2）全媒体传播

任何理论的传播都需要借助一定的媒介或载体，而每个时代都有独具时代特征的传播方式，因此需要不断创新马克思主义的传播方式。从传播的不同方式纵观马克思主义在中国的传播，早期的传播路径主要是翻译马克思主义经典著作、创办宣传马克思主义的报刊、撰写和刊登马克思主义的相关文章；革命战争年代是依据不同农村革命根据地的特征，使用布告、横幅、传单等形式宣传党的政策和方针，从而争取广大的农村群众；抗战期间，红色电影与歌谣成为激发中华儿

---

① 习近平. 在哲学社会科学工作座谈会上的讲话 [M]. 北京：人民出版社，2016：24-25.

女爱国热情的重要手段,诸如电影《风云儿女》以及后来成为国歌的主题曲《义勇军进行曲》,以其充满斗志昂扬的节奏和激励人心的歌词迅速被广大群众所掌握,发挥着积极的战斗堡垒作用。随着新时代科技和网络的发展,传播途径越来越多样化,主要有:以新媒体为依托,以网络为载体建立各种网页、网站,各类手机应用程序以及短视频等,传播的便捷性、生动性、时效性较之以前大大增强。① 此外,还有通过学术研讨、微课、名家讲解等方式促进马克思主义的传播。

构建全媒体的传播平台是拓宽马克思主义在中国传播路径的重要保障。互联网科技的不断升级和全媒体的发展壮大,引起了传播方式的巨大变革。以全媒体为依托构建的互联网平台,为马克思主义传播实现了线下与线上的有机融合。要发挥马克思主义理论在网络空间的引领作用,增强其在网络空间的话语权,必须弘扬主旋律,做大做强国家政府的主流媒体,科学认识并合理利用网络传播的规律,构建主流媒体的移动传播平台,在传播内容上基于人民群众与社会现实的需要,使主流媒体具有较强的影响力、引导力、公信力和传播力。

随着网络科学技术的进步,信息的传播从平面到多维,从静态到动态,因此传播马克思主义可以借助音频、视频、动画等多种样式,以移动设备为终端,依托网络进行。运用人民群众喜爱的形式,将马克思主义中的抽象理论部分形象化、具体化,有助于大家接受。

(3) 大众化传播

从话语传播的角度来看,马克思主义在中国的传播擅长用通俗易懂的民间语言促进其进行大众化的传播。诸如早期毛泽东同志用"打土豪,分田地"简明扼要地表述其当时的政治主张,用"一切反动派都是纸老虎"来鼓舞广大人民群众,建立统一战线;后来改革开放时期,邓小平同志用"黑猫白猫"的理论表述其经济主张,凡是有利于经济发展的模式,都可以尝试。用"摸着石头过河"形象地描绘出改革开放时期探索路径的艰难情境;到了新时代,习近平总书记更是用当今生动风趣又容易理解的语言来宣传党的政策,如用"洗洗澡,出出汗"对于党员作风提出严格要求;用"房子是用来住的,不是用来炒的"来解释有关房地产的政策主张,严厉打击炒房行为,维护住房刚需。以上不同时期的话语,反映了鲜明的时代特征,贴近生活实际,形象生动,方便广大群众理解和接受。革命战争年代红色影片能发挥很好的传播效果,影片中生动形象的标语和墙画都是大众化传播的有效方式。影片中语言生动,标语传递有力,墙画也是一种形象的

---

① 刘东建,雷朋.马克思主义在中国的百年传播[J].前线,2019 (7):35-39.

语言，共同达到了良好的传播效果。

三、新时代翻译传播瞄准马克思主义"三化"

经过中国共产党带领中国人民坚持不懈的努力，中国特色社会主义进入了崭新的时代，马克思主义的传播也随之跨入了新的时代。中国共产党坚定不移地信仰马克思主义理论，在实践中不断摸索，赋予其新的生命力，为其注入新鲜血液。

一个理论要想保持旺盛的生命力，根本在于随着时代的不断变迁，创新理论的发展。党的十八大召开以来，习总书记带领党中央在历史发展的基础上，回应现时代人们的期盼，提出了中国特色的治国理政方针策略，回答了有关中国特色社会主义建设中的一系列现实问题，奏响了马克思主义中国化的时代篇章。人民幸福、民族振兴、国家富强，是我们党和政府提出的具有中国特色的社会主义的共同理想，习总书记将其精准地概括为"中国梦"，并用百姓熟悉的语言解释道："中国梦是民族的梦，也是每个中国人的梦"[①] "中国共产党是用马克思主义武装起来的政党，马克思主义是中国共产党人理想信念的灵魂"[②] "我们都是追梦人"。面对实践的要求和新时代背景，中国共产党人必须不断探索开辟当代中国马克思主义的新境界和新思路，推动马克思主义中国化、时代化和大众化的不断发展，从而最终实现"两个一百年"的宏伟目标。

1. 马克思主义中国化

习近平新时代中国特色社会主义思想作为马克思主义中国化的最新成果，既与马克思主义一脉相承，又是极具中国当代社会特征和原创性的马克思主义，是引领、解读和观察新时代的思想武器，是主动赢得国际优势和未来发展的理论宝典。[③] 新时期中国特色社会主义思想是在实践中不断形成和完善的。它是党和人民集体智慧和实践经验的结晶，是中国特色社会主义理论体系的重要组成部分，是全党全国各族人民为实现中华民族伟大复兴这一历史使命而奋斗的行动指南。必须长期坚持，并不断发展下去。[④] 新时代中国特色社会主义理论体系是马克思

---

① 习近平. 在第十二届全国人民代表大会第一次会议上的讲话 [M]. 北京：人民出版社，2013：4.
② 纪念马克思诞辰 200 周年大会 [EB/OL]. (2018-05-04) [2020-08-30]. http://www.xinhuanet.com/politics/zbmks200/index.htm.
③ 不断推进马克思主义中国化时代化 [EB/OL]. (2018-05-04) [2020-03-15]. http://news.cctv.com/2018/05/04/ARTI2WvLuWvGR8ehDPpQZ3bs180504.shtml
④ 习近平. 决胜全面建成小康社会 夺取新时代中国特色社会主义伟大胜利 [EB/OL]. (2017-10-18) [2020-03-15]. http://www.xinhuanet.com/politics/19cpcnc/2017-10/18/c_1121822489.htm.

主义基本原理与中国新时代的国情及发展目标相结合的产物，要想理解新时代中国特色社会主义理论体系的内涵，就必须知道马克思主义与其之间的关系，以及在新时代中国特色社会主义理论体系的发展建设过程中，马克思主义理论对其所产生的影响。这样才能真正理解新时代中国特色社会主义理论体系的本质，并在此基础上，对其进行不断发展和完善，使之能对我国的各项事业起到导向作用。

新时代中国共产党人将马克思主义基本原理融入新时代中国的实际建设中，团结带领广大人民群众推进伟大事业、进行伟大斗争、建设伟大工程、最终实现伟大梦想，推动党和国家事业取得开创性、全方位的历史成就。[①] 习近平总书记年轻时期在梁家河插队期间就苦心研读马克思主义经典著作，对于各种译本他如数家珍。他仔细研读了《共产党宣言》的不同翻译版本，发现这些译者其实是从不同的源语言翻译过来的，从俄语、日语、德语、英语、法语译过来的版本其实各有侧重，不同的译者对于《共产党宣言》本身所蕴含的真理有不同的理解和不同的阐释，可见认识真理的过程是非常曲折和艰难的。令人叹服的是艰苦的知青岁月并未阻挡年轻的心对于知识和先进思想的渴求，在当时年轻的习总书记就已经意识到了研究翻译版本差异的重要性。据他的知青伙伴回忆，习近平非常推崇的《资本论》译本是郭大力和王亚南的译本，他认为这两位译者之所以译得好是因为他们都是社会学家，他们能够从社会需求的角度运用社会阐释学理论指导他们对《资本论》的翻译，他们用尽毕生精力翻译《资本论》等著作，这样的译本对寻求解决社会问题的习近平很有启发作用，两位译者对于马克思主义在中国的传播做出了非常重要的贡献。除此之外，《法兰西内战》《国家与革命》《反杜林论》《哥达纲领批判》等都是习总书记年轻时反复阅读的经典著作。不仅如此，习近平总书记还经常与知青伙伴们讨论阅读马克思主义著作中遇到的问题，例如，关于《国家与革命》他们就反复探讨过在共产主义阶段国家是否还会存在的问题。[②]

习总书记不仅将马克思主义经典著作进行反复研读，同时还结合中国化马克思主义的经典著作进行比较分析，例如《毛泽东选集》等，这样才能搞清楚为什么在中国国情下坚持马克思主义会遇到这样或那样的问题。在不同的时间点遇到不同的问题，具体的解决方法也不同。以军事方面为例，习近平除了阅读《马克思恩格斯军事文选》《战争论》等马克思主义经典著作，他还对比分析了《毛泽

---

① 纪念马克思诞辰 200 周年大会［EB/OL］.（2018 - 05 - 04）［2020 - 08 - 30］. http://www.xinhuanet.com/politics/zbmks200/index.htm.

② 《梁家河》编写组. 梁家河［M］. 西安：陕西人民出版社，2018.

东军事文选》中的相关文章，在比较与鉴别中加深认识。① 年轻时对马克思主义经典著作的深入研读对于习近平辩证的思维方式、沉着的心态、遇事的定力都有着非常重要的启发作用。戴明深有感触："对于习近平来说，他就会有批判、有借鉴、有思考。可以说，他的执政理念和思想，就是在持之以恒的读书生活中积淀下来的。"② 这当然包括他对马克思主义经典的阅读以及中国马克思主义经典的阅读，阅读经典再加上善于思考为习近平新时代中国特色社会主义思想的诞生奠定了深厚的知识储备、充足的思想准备以及坚实的理论基础。可以说，正是翻译传播马克思主义经典如《资本论》等为年轻的习近平提供了阅读经典的机会，而阅读马克思主义经典著作为习近平提供了强大的思想武器，为习近平治国理政思想、中国梦思想和人类命运共同体思想的产生提供了理论支撑。

2. 马克思主义时代化

马克思主义自诞生两个世纪之后，人类社会发生了巨大而深刻的变化，但马克思的名字仍然受到全世界人民的尊敬，马克思主义的理论仍然熠熠生辉。原因在于：第一，马克思主义理论与时俱进，是一个开放的理论体系，是随着时代的变迁以及科学和实践的不断变化而发展的。第二，它不是教条，而是行动指南，始终站在时代前沿，开辟了通向真理的道路，随着实践的变化而发展。"与时代同步伐，与人民共命运，关注和回答时代和实践提出的重大课题，是马克思主义永葆生机活力的奥妙所在。"③ 总书记的这一深刻论断，是中国共产党 90 多年历史经验的深刻总结。马克思主义是审视和把握当今世界深刻变化的最有效工具之一，可以有效应对世界多极化、经济全球化等带来的各种社会问题，更好地应对信息化社会面临的风险。④

马克思主义的发展得益于马克思、恩格斯等先驱的伟大贡献，同时也离不开后继者的与时俱进、因地制宜、改革发展和突破创新。因为时代在不断前进，人们的实践与认识在不断更新发展，需要不断吸收人类历史上一切优秀思想文化成果，丰富科学理论。习近平于 1969 年插队到陕西省梁家河村，一待就是七年。这期间的艰苦知青岁月促成了习总书记以人民为主体理念的形成。习近平用马克思主义的方法和立场看待并处理不同时代的难题，善于从阅读书籍的过程中

---

① 中央党校采访实录编辑室. 习近平的七年知青岁月 [M]. 北京：中共中央党校出版社，2017.
② 《梁家河》编写组. 梁家河 [M]. 西安：陕西人民出版社，2018.
③ 彭劲松. 马克思主义永葆生机活力的奥妙所在 [EB/OL]. (2018 - 05 - 04) [2020 - 08 - 30]. http://www.wenming.cn/djw/djw2016sy/djw2016xxll/201805/t20180504_4675541.shtml.
④ 本报评论员. 继续高扬马克思主义伟大旗帜 [N]. 经济日报，2018 - 05 - 05 (1).

开阔眼界，充实自己的头脑。以上形成了新时期习近平治国理政实践与思想的根与源。① 在成为国家公仆的 40 余年期间，习近平坚持用马克思主义理论武装自己。从梁家河到正定，再到宁德，从一个基层生产大队的党支部书记，一直到国家最高领导人，习近平为了人民的美好生活，为了中华民族的伟大复兴，把《共产党宣言》蕴含的科学原理运用到实现中华民族伟大梦想的实践中，把马列主义科学精神运用到开创伟大事业的奋斗中，披荆斩棘，乘风破浪，不断谱写新时代坚持和发展中国特色社会主义的新篇章。社会主义的发展并没有受限于一成不变的套路，把科学社会主义的基本原则紧密结合时代要求、本国发展实际和文化历史传统，马克思主义理论一定永葆青春，这样才能回应人类社会所面临的新挑战，才能不断探索适应时代发展而提出的新课题。

习近平生态文明思想汲取了马克思主义生态观的智慧，并将其与中国特色社会主义在新时代的现实特点结合起来，形成了"绿水青山就是金山银山"等重要的科学论断，把创造良好的生态环境当作实现民生福祉的重要环节与题中之义，对于指导新时代生态文明的建设与发展具有开创性的意义。2020 年新冠疫情在全球范围内肆虐，习总书记提出了人类卫生健康共同体的思想，这对于恐慌中的各国民众应对疫情这一无法避免的自然灾害无疑是发出了坚定团结的信号，张开了合作抗疫、共克时艰的怀抱，同时也是对人类命运共同体思想的发展与创新。一系列彰显中国大国气度、大国风范的援助举动让整个国际社会为之动容。尽管新问题新情况层出不穷，但新时代中国持续不断地发展与创新，这与中国领导人对于马克思主义的理解与领悟以及结合中国新时代国情做出科学的研判是密不可分的。

3. 马克思主义大众化

众所周知，马克思主义经由翻译传播进入中国，并被人们认知与了解始于精英知识分子，而后才是广大党员和普通民众。我们推动马克思主义传播，强调马克思主义要大众化的精髓在于促进马克思主义真正走进普通百姓的日常工作生活，这样才能应用其理论价值；在于如何让广大普通民众都能够认识到马克思主义思想的科学性、真理性以及在现实中的应用性。换句话说，就是要在新时代让马克思主义这一科学的、系统的、复杂的理论体系能够用通俗化、接地气的表述方式宣介到广大普通民众当中去，让他们能够理解在社会主义新时代的当下马克思并非仅仅是崇高的哲学理论，而是与他们的生活息息相关，他们学习并

---

① 习近平这样纪念"千年第一思想家" [EB/OL]. (2018 - 05 - 05) [2020 - 08 - 30]. http://news.cctv.com/2018/05/05/ARTIC9kB1kxsQiY8SKeXwx8f180505.shtml.

懂得马克思主义哲学的普遍真理对于指导自身社会生活中的各种实践活动都具有非常重要的意义。这样马克思主义哲学就不再是被普通民众束之高阁、可望而不可即的理论，而是能够随时拿来应来指导自身实践的具有高度实践性和应用性的理论。要让广大普通民众都认识到马克思主义是适合于当下新时代中国特色社会主义的、是可以推进新时代的中国进一步前进的科学理论。

在中国特色社会主义迈入新时代后，有一系列的新问题亟待解决。作为与时代发展同向同行的理论，马克思主义要想得到有效且广泛的传播，就必须将新时代面临的新问题阐释好，特别是与广大人民群众生活息息相关的问题。如脱贫攻坚工作中的重难点、民生领域中的短板，包括群众关切的就业、医疗保障、住房、食品安全等问题，必须坚持马克思主义理论的指导作用和对现实的解释力，要勇于坚持真理。① 而作为理论本身，能够被时代接纳、被群众认可的关键就在于它能够客观、科学地回答现实中遇到的难题。既能在实践层面为群众谋利益、办实事，又能将实践与理论结合，从而更好地指导实践。将这些现实中的重难点问题解决好之后，马克思主义在中国的传播才有更加广泛的群众基础，才能打破西方的各种猜疑，中国特色的国家话语权才会牢牢掌握在自己的手中。

要在新时代推进马克思主义的大众化，需要开展能够直接深入大众的多种形式的宣传教育活动。首先，要在广大党员干部当中深入开展学习马克思主义、学习中国共产党党史的宣传教育活动。要让全党同志都能够不断深入地学习与领会马克思主义作为我党建党的理论旗帜之所以能够指导中国特色社会主义实践的真理性所在，领悟到马克思主义的时代性品质和与时俱进的理论风格，从而更加坚定自己对于马克思主义、对于社会主义与共产主义的信仰。同时更为重要的是要在学习中不断结合实际工作与学习中遇到的现实问题，力求以马克思主义理论为指导原则找到解决这些实际问题的正确方法。只有结合了实际问题，才能够加深对于马克思主义真理性与实践性的体会和领悟。2020 年中央党校推出一系列网络课程，包括中共党史专题、马克思主义经典著作导读专题等课程。通过网络精品课、优质课、公开课等形式主动发声亮剑，在网络空间宣传党的理论，成为新时代网络的"最强音"。这一举措是新时代背景下加强广大党员干部理论武装和思想教育的创新型探索，也是在建党百年来临之际，在新冠肺炎疫情常态化防控形势下献给党和祖国一份珍贵的生日礼物。② 此外，新时代广大干部群众对马列

---

① 刘东建，雷朋. 马克思主义在中国的百年传播 [J]. 前线，2019 (7)：35 - 39.
② 中央党校（国家行政学院）网络课程中共党史专题讲座正式上线 [EB/OL]. (2020 - 07 - 01) [2020 - 08 - 30]. http://dangshi.people.com.cn/n1/2020/0701/c85037-31766513.html.

著作阅读需求大大增加，马克思主义意识形态的传播更为普及。这些都为进一步推动马克思主义在新时代的大众化提供了扎实的理论基础。习总书记强调，共产党人要把感悟马克思主义理论、阅读马克思主义经典作为一种工作常态、生活习惯和精神追求，用经典著作指导实践、淬炼思想、涵养正气。① 中央和国家机关于2020年，以"重温马克思主义经典，深化新时代中国特色社会主义思想"为主题，开展"强素质·作表率"的读书活动，旨在进一步在国家机关形成读经典、强素质的浓厚氛围，活动还邀请这一领域国内权威专家进行了经典著作的导读。②

其次，要发挥广大党员的先锋模范作用，推动广大党员深入人民群众中去宣讲马克思主义。比如，在青年学生中展开的思政教育课活动，全面强化马克思主义的理论学习。对于广大青年学生而言，他们正处于人生非常关键的阶段，需要培养正确的世界观、形成正确的价值观。只有让青年一代学习并领悟到马克思主义的科学性与时代性，才能让马克思主义哲学与时俱进的理论品质随着青年一代的不断成长在中华民族的血液中得以流淌和延续。又如广泛开展以社区、村镇为单位的宣讲活动，用通俗易懂的语言，在生产生活实践中结合马克思主义原理，践行科学的方法论，用普通民众听得懂的语言去讲述马克思主义的理论内涵，让人民群众深刻地理解到其现实意义所在。

再次，要充分发挥新时代多媒体、多模态的宣传平台。运用这些新兴媒体与互联网等多种能够深入到广大群众日常生活中的媒介模式，逐步推进马克思主义宣传的大众化。2018年正值马克思200周年诞辰，为了纪念这一重大历史时刻，中宣部会同江苏省委宣传部，联合江苏省电视总台，共同策划制作了创新形式的理论对话节目《马克思是对的》，并于同年4月底在中央电视台综合频道首次播出，以新华网、人民网为主的融媒体矩阵同步推出。这档节目共分为五集，评论称节目有实践温度、有理论高度，处处洋溢着青春的气息。③ 此外，还有电视纪录片《不朽的马克思》，该片是由中央党史和文献研究院联合中央电视台共同制作推出的。在前期筹备策划过程中，该片的主创团队足迹遍布国内外，一方面

---

① 纪念马克思诞辰200周年大会 [EB/OL]．（2018-05-04）[2020-08-30]．http://www.xinhuanet.com/politics/zbmks200/index.htm.
② 牢记共产党人的初心和使命：《共产党宣言》导读 [EB/OL]．（2020-06-15）[2020-08-30]．http://theory.people.com.cn/GB/40557/432909/index.html.
③ 《马克思是对的》专题节目 [EB/OL]．（2020-04-27）[2020-08-30]．http://news.cctv.com/special/Marx/index.shtml.

大量搜集考察马克思恩格斯的珍贵原稿档案、文献资料等，另一方面也沿着马克思、恩格斯成长的足迹，实地进行拍摄，力求在最大限度上给广大观众展现马克思生活、成长、开展革命和研究理论的人生历程，从而将思想轨迹打造成一个个通俗易懂、生动有趣的马克思主义故事。

最后，多部门要联动联通，打造马克思主义大众化的综合平台。由中宣部、中央党史和文献研究院、中国文联于2018年8月联合主办，中国国家博物馆、中央编译局会同中国美术家协会共同承办的一系列主题展览成功落下帷幕。展会展出有关马克思、恩格斯和列宁的亲笔签名、著作手稿等原版珍贵文献百余件，原版图书900多种，以马克思主义为题材的美术作品70多幅，雕塑作品6尊，等等，这些都是通过主题展览首次面向广大市民群众。这一系列展览会于2018年5月开幕，总共持续三个月，观众数量逐月递增，共计百万余人前来参观，在当年党的生日时出现了参观人数日均接待量3.68万人次，出现了"井喷"，其中中青年观众约占88%。[①] 参展观众在琳琅满目的展品前发出感慨：任由时代变迁，社会变革，马克思主义理论仍然可以被誉为经典，指导着人类社会前行。

综上，马克思主义中国化、时代化、大众化各司其职。中国化是灵魂、总原则，制约着时代化和大众化的发展。时代化和大众化从时间和空间上彰显了马克思主义的丰富内涵。同时三者又是辩证统一的整体，只有坚持中国特色的科学引导，使马克思主义时代化的成果真正走进人民群众，贴近人民生活，浸润进百姓头脑中，才能真正呈现出马克思主义理论的凝聚力和富有时代鲜明特征的生命力，才能谱写中国化马克思主义不断前进的主旋律。最终的目标是引导广大党员干部进一步增强"四个意识"、坚定"四个自信"、做到"两个维护"；讲好中国共产党的故事，讲明白中国共产党为什么"能"、马克思主义科学性、中国共产党执政能动性，以及中国特色社会主义优越性的问题。

新时代中国翻译传播的外译传播要时刻把握住中国马克思主义国际化的总要求，把习近平新时代中国特色社会主义思想准确、完整和地道地翻译传播到世界各国，为马克思主义理论再升华提供机会，为马克思主义中国化理论成果用于解决国际问题提供机会，为讲好中国共产党故事、提升中国共产党国际影响力做贡献，为提升中国国际话语权做贡献。同时，新时代中国翻译传播的译入传播要时刻把握住马克思主义中国化的总要求，把马恩列斯的经典文献结合新时代中国特

[①] "真理的力量：纪念马克思诞辰200周年主题展览"落下帷幕 [EB/OL]. (2018-08-06) [2020-08-30]. http://news.cctv.com/2018/08/06/ARTIAe9E7YCQEQD74GmOO7G6180806.shtml.

色社会主义发展的新要求准确、完整和地道地翻译进来，使新时代的中国人通过读原著提升对马克思主义理论的新认识，准确把握马克思主义原理，结合中国实际解决中国问题，从而实现马克思主义中国化。马克思主义中国化要求中国国人不能信奉本本主义，要实事求是，理论联系实际。习近平新时代中国特色社会主义思想就是原创的中国马克思主义，是新时代马克思主义中国化的最伟大成果，《习近平谈治国理政》1—3册著作以及习近平军事思想、法制思想和教育思想等著作和文件为马克思主义中国化的光辉文献，这些文献所包含的理论将会有力指导中国人民建设好新时代中国特色社会主义。2021年适逢建党百年，中央电视台和各媒体机构推出的建党百年纪录片和央视的《党史故事100讲》等节目都是马克思主义大众化和中国马克思主义大众化的佳作。习近平新时代央视推出的纪念马克思200周年诞辰时做的纪录片《你好，马克思》和《不朽的马克思》等节目都是马克思主义中国化和时代化的优秀作品，更是马克思主义大众化的代表性节目。通过这些纪录片和展览项目，马克思主义理论以生动的形式展现在大众面前，这样的传播更为有力和接地气，使更多人能够直观便捷地学习和了解马克思主义，使马克思主义在新时代的中国得到更为广泛地传播和接受，这是马克思主义中国化和大众化最好的方式。

新时代的中国实现了从富起来到强起来，这样的飞跃得益于"中国共产党立志于中华民族千年伟业，百年恰似风华正茂"，中国共产党人担当伟大时代使命。中国共产党人在运用中国马克思主义解决好中国问题的同时，更关注世界问题和人类共同问题的解决。继习总书记提出"一带一路"倡议之后，人类命运共同体的概念在国际舞台一次次唱响，中国共产党人要为世界的发展提供中国方案和中国经验，中国的快速发展将千载难逢的好机会带给了"一带一路"沿线国家，与这些国家之间的贸易往来发展加快，推动了这些国家的经济和社会发展。人类命运共同体方案为解决世界问题提供了大格局和新思路，世界诸多问题都可以从人类命运共同体概念中找到解决的依据，这是马克思主义时代化的要求，是马克思主义中国化的国际化要求，是原创的中国马克思主义理论，为解决世界问题提供了新的理念和新的思路，是马克思主义中国化、时代化的最新成果。

总之，新时代马克思主义中国化、时代化和大众化不只是用马克思主义理论结合中国实际来解决当下国内的问题，更是用新时代马克思主义中国化的最新成果解决国际问题；中国马克思主义国际化的过程也有时代的要求和大众化的要求，中国马克思主义国际化过程为马克思主义理论升华提供了机会，为中国方案和中国智慧解决国际问题提供了机会。马克思主义从翻译传播进入中国的第一天起就开始了中国化进程,[①] 人们说十月革命一声炮响送来了马克思主义,实际上是翻译送来了马克思主义,德语版、英语版或俄语版马克思主义不会来到中国,马克思主义翻译成俄语或蒙古语也同样来不到中国,只有当马克思主义翻译成汉语时才能来到中国。老一辈无产阶级革命家高度重视翻译传播工作,毛泽东同志曾说过:"不要认为翻译工作不好,我们现在需要大翻译家。我是一个土包子,要懂一点国外的事还是要靠翻译。我们党内能直接看外国书的人很少,凡能直接看外国书的人,首先要翻译马、恩、列、斯的著作,翻译苏联先进的东西和各国马克思主义者的东西。"[②] 如果说中国翻译传播为中国带来了马克思主义之为"术",那么,中国翻译传播推进马克思主义中国化即为"道",同样,如果说中国翻译传播为国际社会送去中国马克思主义之为"术",那么,中国翻译传播推进马克思主义理论再次升华即为"道"。因此,建党百年,没有中国翻译传播就不会有马克思主义中国化,同样,建党百年,没有中国翻译传播也不会有中国马克思主义国际化。

[①] 王刚.《共产党宣言》在中国早期传播的特点:以《共产党宣言》的翻译和传播为视角 [J]. 当代世界与社会主义, 2018 (3): 61-67.

[②] 毛泽东. 毛泽东文集: 第3卷 [M]. 北京: 人民出版社, 1996: 342.

图书在版编目(CIP)数据

建党百年中国翻译传播研究 / 王建华编著. -- 北京：中国人民大学出版社，2021.6
ISBN 978-7-300-29454-4

Ⅰ.①建… Ⅱ.①王… Ⅲ.①翻译-研究-中国 Ⅳ.①H059

中国版本图书馆 CIP 数据核字(2021)第 097759 号

建党百年中国翻译传播研究
王建华　编　著
Jiandang Bainian Zhongguo Fanyi Chuanbo Yanjiu

出版发行	中国人民大学出版社			
社　　址	北京中关村大街 31 号	邮政编码	100080	
电　　话	010－62511242（总编室）		010－62511770（质管部）	
	010－82501766（邮购部）		010－62514148（门市部）	
	010－62515195（发行公司）		010－62515275（盗版举报）	
网　　址	http://www.crup.com.cn			
经　　销	新华书店			
印　　刷	北京宏伟双华印刷有限公司			
规　　格	170 mm×240 mm　16 开本	版　次	2021 年 6 月第 1 版	
印　　张	26.25	印　次	2021 年 6 月第 1 次印刷	
字　　数	445 000	定　价	68.00 元	

版权所有　　侵权必究　　印装差错　　负责调换

中国人民大学出版社外语出版分社读者信息反馈表

尊敬的读者：

  感谢您购买和使用中国人民大学出版社外语出版分社的 ＿＿＿＿＿＿ 一书，我们希望通过这张小小的反馈卡来获得您更多的建议和意见，以改进我们的工作，加强我们双方的沟通和联系。我们期待着能为更多的读者提供更多的好书。

  请您填妥下表后，寄回或传真回复我们，对您的支持我们不胜感激！

1. 您是从何种途径得知本书的：
   □书店　　　　□网上　　　　□报纸杂志　　　　□朋友推荐
2. 您为什么决定购买本书：
   □工作需要　　□学习参考　　□对本书主题感兴趣　　□随便翻翻
3. 您对本书内容的评价是：
   □很好　　　　□好　　　　□一般　　　　□差　　　　□很差
4. 您在阅读本书的过程中有没有发现明显的专业及编校错误，如果有，它们是：
   ＿＿＿＿＿＿＿＿＿＿＿＿＿＿＿＿＿＿＿＿＿＿＿＿＿＿＿＿＿＿＿＿＿＿＿
   ＿＿＿＿＿＿＿＿＿＿＿＿＿＿＿＿＿＿＿＿＿＿＿＿＿＿＿＿＿＿＿＿＿＿＿
   ＿＿＿＿＿＿＿＿＿＿＿＿＿＿＿＿＿＿＿＿＿＿＿＿＿＿＿＿＿＿＿＿＿＿＿
5. 您对哪些专业的图书信息比较感兴趣：
   ＿＿＿＿＿＿＿＿＿＿＿＿＿＿＿＿＿＿＿＿＿＿＿＿＿＿＿＿＿＿＿＿＿＿＿
   ＿＿＿＿＿＿＿＿＿＿＿＿＿＿＿＿＿＿＿＿＿＿＿＿＿＿＿＿＿＿＿＿＿＿＿
   ＿＿＿＿＿＿＿＿＿＿＿＿＿＿＿＿＿＿＿＿＿＿＿＿＿＿＿＿＿＿＿＿＿＿＿
6. 如果方便，请提供您的个人信息，以便于我们和您联系（您的个人资料我们将严格保密）：
   您供职的单位：＿＿＿＿＿＿＿＿＿＿＿＿＿＿＿＿＿＿＿＿＿＿＿＿＿＿＿
   您教授的课程（教师填写）：＿＿＿＿＿＿＿＿＿＿＿＿＿＿＿＿＿＿＿＿＿
   您的通信地址：＿＿＿＿＿＿＿＿＿＿＿＿＿＿＿＿＿＿＿＿＿＿＿＿＿＿＿
   您的电子邮箱：＿＿＿＿＿＿＿＿＿＿＿＿＿＿＿＿＿＿＿＿＿＿＿＿＿＿＿

  请联系我们：黄婷　程子殊　吴振良　王琼　鞠方安
  电话：010-62512737，62513265，62515538，62515573，62515576
  传真：010-62514961
  E-mail：huangt@crup.com.cn　　chengzsh@crup.com.cn　　wuzl@crup.com.cn
     crup_wy@163.com　　jufa@crup.com.cn
  通信地址：北京市海淀区中关村大街甲 59 号文化大厦 15 层　　邮编：100872
  中国人民大学出版社外语出版分社